靈媒之書

靈媒之書（繁體中文版）
靈性主義名著譯叢 2

原標題：	Le Livre des Médiums
	（巴黎，1861 年第一版，1862 年第二版）
作者：	亞蘭・卡甸（Allan Kardec）
翻譯：	辜偉（中文）以及 杜恩滿（英文）
	譯自法語版第二版
封面圖片：	克裡斯・勞頓（Unsplash Inc.）

LCCN：	2020948152
ISBN 平裝本：	978-1-950030-21-7
ISBN 精裝本：	978-1-950030-22-4
ISBN 電子書：	978-1-950030-23-1

© 2020 年 Luchnos Media LLC 版權所有
30 N Gould St, Ste 2852
Sheridan, WY 82801
http://www.luchnos.com

保留所有權利。未經本書版權所有人事先許可，嚴禁以任何形式或通過任何方式——包括電子、機械、影印、縮微膠片、互聯網、CD-ROM、DVD 錄製或其他方式對本出版物的任何內容進行複製，或將其存儲於檢索系統，或對本書的任何內容進行傳輸。

美國印刷
第一版：二〇二〇年十二月
10 9 8 7 6 5 4 3 2 1

實驗靈性主義

靈媒之書

或靈媒與召靈者指南

包含
靈性針對各類顯靈理論提出的特別教義；
與無形世界通靈的手段；靈媒的發展；
在實踐靈性主義的過程中所遇到的困難與障礙。
《靈性之書》編篇

作者：

亞蘭·卡甸
Allan Kardec

譯自法語版第二版（1862 年）
作者：辜偉 和 杜恩滿

Luchnos

The Mediums' Book (Traditional Chinese Edition)
Translation Series of Classical Spiritist Works: 2

Original Title :	Le Livre des Médiums
	(Paris, 1st edition 1861, 2nd edition 1862)
Author:	Allan Kardec
Translation:	Wallace Gu (Chinese), E. G. Dutra (English)
	Translated from the 2nd French edition
Cover Photo:	Chris Lawton (Unsplash Inc.)

LCCN:	2020948152
ISBN paperback:	978-1-950030-21-7
ISBN hardcover:	978-1-950030-22-4
ISBN eBook:	978-1-950030-23-1

Copyright © 2020 by Luchnos Media LLC
30 N Gould St, Ste 2852
Sheridan, WY 82801
http://www.luchnos.com

All rights reserved. No part of this publication may be reproduced, stored on a retrieval system or transmitted in any form or by any means, electronic, mechanical, photocopying, microfilm, internet, CD-ROM, DVD recording or otherwise, without prior permission from the copyright owner.

Printed in the United States of America
First Edition: December 2020
10 9 8 7 6 5 4 3 2 1

譯者序言

在亞蘭·卡甸（Allan Kardec）所著的五大著作（合稱靈性主義典集[a]）中，《靈媒之書》序屬其二。該書於1861年1月出版，為1860年出版的《靈性之書》第二版的續篇。

如果說《靈性之書》是從一個方面論述了靈性主義哲學的基本原則，那麼《靈媒之書》則是從另一個方面闡明了"關於顯靈與靈媒的基本教義"。[b] 正如卡甸所意識到的，這些教義"構成了一個值得專門對其進行分析的研究領域"，故而決定"宜將其獨立編撰成卷……，對涉及顯靈和靈媒的相關問題做出答覆，並對靈性主義的實際應用提出若干見解。"[c]

儘管《靈媒之書》距其首次出版已近160年之久，但其仍然堪稱關於靈媒現象最為全面和最為詳細的研究巨作。無論是靈性主義文學，抑或其他領域，迄今為止沒有任何一本著作曾經超越過《靈媒之書》。倘若你去讀一讀查理斯·裡切特（Charles Richet）的"玄心理學"（法語：Métapsychique）或約瑟夫·萊茵（Joseph Rhine）的"超心理學"（英語：Parapsychology），看一看後來之人在通靈能力方面所做的研究，你會不難發現他們既不能說明此類現象之所以存在多樣性的原因，也不能像卡甸在這本影響深遠的著作中所創立的體系一樣對諸多細節做出令人信服的解釋。

第二版（1862 年）進行了若干修訂，為《靈媒之書》的標準版本。能向全球華人推介卡甸的另一部基本著作，我們深感欣慰。

杜恩滿
二〇一九年八月二十三日於聖保羅

■■■

[a]　亞蘭・卡甸以靈性主義學說為主旨所出版的五本主要書籍為：《Le Livre des Esprits》（《靈性之書》，1857），《Le Livre des Médiums》（《靈媒之書》，1861），《L'Évangile selon le Spiritisme》（《福音書以靈性主義為依託》，1864），《Le Ciel et L'Enfer》（《天堂與地獄》，1865），and《La Genèse》（《創世紀》，1868）。

[b]　《靈性之書》，新版聲明。

[c]　《靈性之書》，新版聲明。

目錄

譯者序言 v
目錄 vii
引言 1

第一部分： 初步觀察 7

第一章： 靈性是否真的存在? 9
第二章： 特異現象與超自然現象 17
第三章： 方法 29
第四章： 理論 45

第二部分： 顯靈現象 67

第一章： 靈性對物質的作用 69
第二章： 物理顯靈現象和桌靈轉 77
第三章： 智慧顯靈現象 81
第四章： 物理顯靈現象的解釋 85
    運動和懸空；噪音 85
    物體重量的增減 98

第五章： 自發性物理顯靈現象 101
    噪音、吵鬧和騷亂 101
    物體的拋擲 109
    瞬移現象 116
    靈性關於瞬移的論述 116

第六章： 視覺顯靈現象 129
    關於幽靈的問題 129
    關於幽靈的理論論述 139

球狀靈性 144
　　幻覺理論 147

第七章： 雙體性與變容 153
　　生者幽靈 153
　　靈性替身——利古裡的聖阿方索與帕多瓦的聖安東尼 157
　　維斯帕先 159
　　變容 160
　　隱身 162

第八章： 無形世界的實驗室 165
　　靈性的衣著；可觸摸物體的自發形成 165
　　物質特性的改變 169
　　磁療作用 173

第九章：鬧鬼之地 175

第十章： 通靈的本質 181
　　粗俗的通靈 182
　　輕浮的通靈 182
　　嚴肅的通靈 183
　　教導式通靈 183

第十一章： 符號法與拼寫法 185
　　符號語言與叩擊聲 185
　　字母拼寫法 187

第十二章： 憑空描記法或直接書寫法；憑空傳音法 193
　　直接書寫法 193
　　憑空傳音法 197

第十三章：借物描記法 199
　　間接借物描記法：通靈籃與占卜板 199

直接或人手借物描記法 201

第十四章： 靈媒 205
　　物理效應型靈媒 206
　　帶電人 209
　　敏感型或易感型靈媒 210
　　超聽型靈媒 211
　　傳語型靈媒 211
　　超視型靈媒 212
　　夢遊型靈媒 216
　　療愈型靈媒 218
　　憑空描記型靈媒 221

第十五章： 書寫型或借物描記型靈媒 223
　　機械型靈媒 223
　　直覺型靈媒 224
　　半機械型靈媒 226
　　啟發型靈媒 226
　　預感型靈媒 228

第十六章： 特殊靈媒 231
　　靈媒的特殊稟賦 231
　　靈媒類型一覽表 234
　　各類書寫型靈媒 239

第十七章： 靈媒的培養 253
　　通靈能力的培養 253
　　筆跡的改變 266
　　通靈能力的喪失與中斷 267

第十八章： 通靈能力的問題與危險 273

運用通靈能力對健康、心智和兒童的影響......273

第十九章: 靈媒在通靈中的角色......277
靈媒靈性的影響......277
關於惰性靈媒的理論......281
某些靈媒在語言、音樂、繪畫等未知領域所擁有的稟賦..282
靈性關於靈媒角色的論述......287

第二十章: 靈媒的道德影響......293
相關提問......293
靈性關於道德影響的論述......300

第二十一章: 環境的影響......305

第二十二章: 動物的通靈能力......309
靈性關於這一問題的論述......310

第二十三章: 迷惑......317
單純的迷惑......317
蠱惑......318
征服......320
迷惑的原因......321
對抗迷惑的方法......327

第二十四章: 靈性的身份......337
可能的身份證明......337
區分善靈與惡靈......343
關於靈性本性和身份的問題......351

第二十五章: 召喚......363
概述......363
可召喚的靈性......367
與靈性交談的正確方式......371

私人召喚的作用 373
　關於召喚的提問 374
　召喚動物 386
　召喚生者 388
　人體電報 395

第二十六章： 可以向靈性提出的問題 397
　初步觀察 397
　適當的問題和不適當的問題 400
　關於未來的問題 402
　關於前世和來世 405
　關於道德和物質利益 406
　關於靈性的命運 409
　關於健康 411
　關於發明和發現 413
　關於隱藏的寶藏 414
　關於其他世界 415

第二十七章： 矛盾和欺騙 419
　矛盾 419
　欺騙 429

第二十八章： 江湖騙術與詭計 433
　受雇型靈媒 433
　欺詐性顯靈 439

第二十九章： 聚會與協會 447
　一般性聚會 447
　真正的協會 455
　研究物件 464
　協會之間的對立 467

第三十章： 巴黎靈性主義研究協會規章制度 ... 471
  第一章——協會的宗旨和組成 ... 471
  第二章——行政管理 ... 474
  第三章——會議 ... 476
  第四章——其他 ... 479

第三十一章： 靈性的論述 ... 483
  關於靈性主義 ... 483
  關於靈媒 ... 491
  關於靈性主義者聚會 ... 496
  虛構的通靈 ... 510

第三十二章： 靈性主義者術語表 ... 521

引言

　　日常生活中的經驗證實了我們的觀點，即在實踐靈性主義的過程中所遇到的困難和失望皆源於對科學原理的無知。我們欣慰地發現，我們之前為了避免這些追隨者掉入成為修道士的陷阱所付諸的努力可以說行之有效的，的確有許多人在看過這本書後避免了此類陷阱。

　　對於那些關注於靈性主義的人而言，他們顯然渴望能親自與靈性進行交流。這本著作旨在助這些人一臂之力，讓其能充分利用我們通過長期而艱苦的研究所取得的成果，因為如果一個人想當然地認為只要學會了如何將自己的手指放在桌子上讓其旋轉或拿著一支鉛筆讓其寫字便能成為這一方面的專家的話，那就大錯特錯了。

　　同樣，若有人希望能從這本著作中找到某種通用而可靠的靈媒訓練方法，這也是大謬不然的。儘管每個人天生擁有成為靈媒所必需的內在基本素質，但這些素質的自我表現程度是有所不同的，而且這些素質的培養取決於超乎人類意志之外的原因。如果一個人缺乏天賦，即便掌握了詩歌、繪畫和音樂的規律，也難以成為詩人、畫家或音樂家。這些規律只有在人們能夠發揮其與生俱來的能力時才具有指導意義。這本著作也是如此。其目的在於介紹根據每個人的能力培養通靈能力的方法，尤其是在已經具備通靈能力時，指導人們如何充分地運用這種能力。但這並不是我們的唯一宗旨。

　　與靈媒本身一樣，關注顯靈現象的人群也在日益增長。引導人們對他們所觀察到的現象進行反思，指出他們在面對新的自然規律時可能會遇到，以及必然會遇到的各種困難，幫助他們初步瞭解與靈性進行交流的方式，以及向他們傳授接收善意訊息的途徑——這便是我們為避免疏漏遺缺而必須逐一涵蓋的範疇。如此以來，也無怪乎本書中所傳授的教義乍一看可能會顯得毫無關聯——但經驗會證明它們一定是有用的。認真研讀過這本書的人能更好地理解其日後肯定會碰到的各種事情，在聽到某些靈性的話時，也不會覺得那麼的天方夜譚。由於本書中所包含的是切實可行的教導，所以它針對的並不僅僅是靈媒，而是所有希望觀察到顯靈現象的人。

   有人希望我們出版一本更加簡明實用的手冊，用幾句話來說明與靈性交流的技巧。這些人認為此類性質的書籍價格低廉，所以能夠得到更為廣泛的傳播，成為一種有力的廣告手段，從而有助於擴大靈媒群體的數量。但我們認為這種著作或有可能弊大於利——至少目前是如此。靈性主義在踐行過程中可以說是困難重重，回避問題並非萬全之策，唯有嚴肅而透徹的研究方為不變之法。有鑑於此，我們擔心過於簡潔的闡述可能更容易讓人們覺得枯燥無味，而這只會讓人們心生悔讀此書之意。這種事情既不**合時宜**，亦有失謹慎，故萬不可兒戲。我們認為，倘若真的有人無聊到將與死者交談視為一件趣事，那麼將這種書交到他們手上則無異於幫倒忙。相反，我們所關注的物件是那些能夠看到靈性主義所包含的嚴肅宗旨，清楚地理解靈性主義的重要意義，且無意於將與無形世界的交流僅僅當作一種消遣的人們。

引言

我們曾經出版過一本關於靈媒介指南的《實用指導手冊》，但該書現在已經絕版了。儘管我們是本著十分認真和嚴肅的初衷來付印這本手冊，但我們將不再對這本手冊進行重印，因為我們認為其內容尚不夠完尚，無法消除可能遇到的所有障礙。為此，我們用這本著作取代了原來的手冊，在這本著作中，我們收錄了通過廣泛的經驗和認真的研究所獲取得的所有資料。我們希望這本著作能更好地從本質上揭示靈性主義的嚴肅性，同時也能有助於打消人們對待靈性主義所持的輕率的態度和消遣的想法。

我們還有一個重要因素需要考慮：在未知曉全部事實的情況下草率地進行聚眾實驗，這不僅會給新入之輩和不懷好意之人留下極為糟糕的印象，而且會讓人們對靈性世界產生某種極為錯誤的認知，從而引得他人嘲笑奚落，平白為批評者落下口實。這也是為什麼參加此類聚會的懷疑者鮮有人會心悅誠服地離開，也鮮有人願意承認靈性主義的嚴肅性。某些靈媒因其自身的無知與輕率在思想觀念上給許多人造成了超乎想像的傷害。

靈性主義在短短幾年時間裡便取得了巨大的進步，但最大的進步是在其進入哲學領域之時，因為從那時起，靈性主義便受到了開明人士的認可。如今，靈性主義不再僅僅是一種消遣，而是一種令曾經嘲笑過桌靈轉的人再也不敢等閒視之的學說。只要我們堅持不懈、持之以恆，而不是單憑大量可能會被加以濫用的顯靈現象，我們就一定能贏得更多忠實的信奉者。單看那些只因讀了《靈性之書》便追隨而來的信奉者，其人數的與日遞增便是最好的證據。

續《靈性之書》從哲學層面對靈性主義科學進行闡述後，我們在本書中又從實踐層面為希望關注顯靈現象（無論是出於個人原因，還是被叫去觀察這一現象）的人們提供了一個指南。書中羅列了他們可能會遇到的各種障礙，以便他們能想辦法避免這些障礙。這兩本著作雖有先後之序，在某種程度上卻是相互獨立的。不過，倘若想要認真地鑽研這門學問，建議先看《靈性之書》，因為該書介紹了靈性主義的基本原則，如果不懂得這些基本原則，可能很難理解這本著作的部分內容。

本書的第二版相較於第一版本有了很大的改進。其經過了靈性的細心修訂，增添了許多極具趣味的觀察和指導性內容。由於整本書的修訂工作是由靈性完成的，其內容的批准或修改也是由靈性所權度的，可以說這本書在很大程度上是靈性的著作，因為靈性所做的貢獻遠非他們親自署名的隻言片語。然而，我們也僅僅只是在確乎有必要通過原文引用以進行更為廣泛的論述時，才會注明這些靈性的名字。否則，我們將不得不在本書的每一頁中頻繁提及他們的名字，尤其是在回答我們的問題時——於我們而言，這似乎有些多此一舉。眾所周知，對於這類問題，誰的名字並不重要。重要的是整本書符合其擬定的宗旨。第一版尚有諸多欠缺之處，卻仍然大受歡迎——希望這一版也能同樣受到讀者的喜愛。

一方面，我們補充很多材料，包括增添了許多完整的章節，但同時我們也刪除了部分重複的內容，例如"靈性的等級制度"，這部分內容已經在《靈性之書》

中進行了闡述。此外，我們從"詞彙表"中刪除了不適用於本書的內容，將其替換成了對本書更具有實用性的詞彙表。不過，這份詞彙表並不完整。我們打算稍後單獨出版一本關於靈性主義哲學的小詞典。但在這個版本中，我們僅保留了與當前主題相關的新詞彙或專用詞彙。

亞蘭・卡甸

巴黎，1861 年

第一部分：
初步觀察

第一章：
靈性是否真的存在？

1. 懷疑靈性存在的原因主要歸結於人們對於其本質的無知。靈性通常被認為是作為一種獨立的存在被創造出來的，而這種存在至今尚未得到任何證實。很多人對於靈性的瞭解僅僅局限於他們小時候聽過的一些荒誕的故事，這就像是通過閱讀小說去瞭解一個人的生活歷程一樣。除了令其感到心煩意亂的荒謬之處，他們從未嘗試通過這些故事去探究在荒謬的假像之外，是否還隱含著某些事實依據。他們不想花力氣去剝堅果的苦澀外殼，只想得到裡面的果仁。所以，和那些信奉宗教的人一樣，他們對此持全盤否認的態度，因不滿某些弊端，便不分青紅皂白，一股腦地加以譴責。

無論我們對靈性的看法是什麼，這種信仰必然是建立在一種脫離物質的智慧本源的存在形式之上的。這種信仰與全盤否認這種本源的觀點是水火不容的。因此，以靈魂的存在、存活和個性為出發點，**唯靈主義**從教條和理論上對其進行了論證，而**靈性主義**則以一種顯而易見的方式對其進行論證。不過，現在讓我們暫時將顯靈現象本身與導致這一現象的原因放在一邊。讓我們先來看看它可能產生什麼樣的後果。

2. 如果我們相信靈魂的存在，並且相信靈魂在死後仍會繼續保留自身的個性，那麼我們也必須認同以下兩個觀點：1) 靈魂的本質不同於肉體，因為靈魂一旦脫離肉體，就無法再保留其物質屬性；2）靈魂擁有自己的意識，因為它會感到幸福或痛苦。沒有意識，靈魂就只是一種惰性的存在，如此以來，靈魂的存在對我們而言便是沒有任何意義的。倘若我們認同這一觀點，那麼很明顯，靈魂死後一定會去往別的地方。可靈魂究竟會變成什麼？它實際上又去往了何處呢？人們普遍認為，靈魂死後要麼上天堂，要麼下地獄。可是天堂和地獄又在哪裡呢？常言道，天堂在上，地獄在下。然而在宇宙中，何謂上，何謂下？因為人人都知道地球是圓的，這樣的天體每運行 12 小時，在我們眼中的上下方向便會顛倒一次，而且外太空具有無限性，其可探索的距離是無法比擬的。誠然，我們可以將"下方"理解成地底深處，但在經過地質挖掘後，所謂的"深處"又該指什麼地方呢？此外，對於那些被稱為"火之天堂"和"星之天堂"的同心球體，我們又當做何理解？因為我們知道地球並非宇宙的中心，而我們的太陽不過是無限宇宙中光芒四射的數百萬恒星中的其中之一，而且每顆恒星皆位於其行星漩渦的中心。既然地球已經泯然於浩瀚的太空之中，其重要性又從何談起？這顆渺小的砂粒，無論是從大小或位置而言，還是從其在宇宙中所扮演的特殊角色而言，皆平平無奇而毫無特別之處，憑什麼就能享有超乎常理的特權，憑什麼就能成為唯一擁有理性生命的居住地呢？這種對於無限的浪費在理智上是讓人難以接受的，所有的一切都在告訴我們，在其他世界也必定會有居住者。若果真如此，它們也會向靈魂世界派出自己的特遣隊。然而，同樣的，一旦為其指定的居住地遭到了天文和地質上的毀滅，那麼這些靈魂將何去何從？

尤其是根據居住世界多樣性的這一合理理論，在其無限繁衍生息之後，靈魂又將變成什麼樣子？關於靈魂居住地的這一學說，目前還尚未找到足以支援其理論的科學資料，所以我們不得不接受一個更具有邏輯性的理念，即靈魂並不會讓自身受限於任何特定的區域，而是具有穿越整個宇宙空間的能力：它們在我們生活的地方形成了一個無形世界，不停地環繞和包圍著我們。這有什麼不可能的？又有什麼不合理的？絕對沒有！相反，萬事萬物都在告訴我們，只可能如此，絕無他法。可是，如果摒棄了特定的事發之地，來世的懲罰和獎勵又會變成什麼呢？需要注意的是，懲罰和獎勵的概念通常會導致人們產生懷疑，因為這是在不再被接受的條件下出現的。相反，我們應當說明的是：靈魂的幸福與否源自於其自身；靈魂的命運取決於其自身的道德水準；善良而合拍的靈魂聚集在一起是幸福的源泉；根據純潔程度的不同，高階靈魂能感知和預見低階靈魂所無法感知和預見的事情。如此以來，每個人都能毫不費力地想明白這個問題。還有一點需要補充的是，靈魂只有通過努力提升自我，並在經歷了淨化所需的必要考驗之後，方能達到最高的境界。此外，天使是已升到最高境界的人類靈魂；只要其願意，每個靈魂都能達到這一境界；天使是上帝的使者，負責監督整個宇宙執行神的計畫；完成這樣一個光榮的使命會讓靈魂感到快樂，你會認為靈魂的這種幸福狀態比日復一日的靜觀默禱和無休無止的一無是處更具有吸引力。最後要說明一點：惡魔只是尚未完成自我淨化的邪惡靈魂，只不過這些靈魂最終也有可能與其他靈魂一樣，達到純潔的狀態；相較于人生而邪惡且命中註定的說法，前一種理論貌似更加符合上帝的正義與仁慈。同樣，這一理念經得起最苛刻的推理以及最嚴謹的邏輯與常識的考驗。

正如我們所看到的，居住在太空中的靈魂更確切而言就是我們所說的"靈性"。因此，**靈性**就是脫離了肉身皮囊的人類靈魂。如果靈性是作為一種獨立的存在形式被創造出來的，那麼靈性的存在就更具有假設性。然而，既然接受了靈魂的存在，我們也必須接受靈性的存在，因為靈性與靈魂並無二致。如果我們接受了靈魂無處不在的事實，也必須同樣接受靈性無處不在的事實。因此，如果不否認靈魂的存在，我們就不能否認靈性的存在。

3. 當然，這只不過是一種比任何其他學說更具有合理性的理論，但它既不違背理性，也不違背科學。此外，這一理論得到了事實的論證，也得到了邏輯和經驗的支援；我們通過顯靈現象發現了這一事實，從而為靈魂的存在和存活提供了確鑿的證據。儘管如此，仍有許多人的信仰並未超越這一點。他們相信靈魂的存在，因此也相信靈性的存在，但他們否認與靈魂交流的可能性，因為——用他們的話說——非物質存在是無法與物質進行互動的。這種懷疑源自於他們對靈性真實本質的無知，他們通常錯誤地認為靈性是一種抽象模糊的不明之物——而這是不正確的。

在進一步討論之前，讓我們先來看一看靈性與肉體的結合。靈性是這種結合的基本存在，因為靈性是在死後仍能存活的**思維存在**。肉體不過是靈性的**附屬品**，是一個皮囊，猶如穿過之後就扔掉的衣服一樣。除了這個物質皮囊，靈性還另外擁有一個將其與肉體相連的半物質皮囊。人死之時，靈性雖會棄絕肉體，但並不會拋棄第二層包裹之物，即我們所稱的**"靈性包"**。這種半物質皮囊外具人形，為靈性提供了一具流態和霧狀的肉體，儘管我們在正常情況下是看不見這種半物質皮囊的，但其仍然具有物質的某些性質。因此，靈性並不是一個簡單的抽象概念，而是一種受到限制和界定的存在，一旦其變得可見和有形，便會顯現出人類的外形。為什麼靈性不能與物質相互作用呢？是因為其肉體的具有流動性嗎？難道說靈性真的有別於其他最稀有的流體（比如電流），有別於那些我們認為具有最強大的動力且最不可衡量的流體？不可衡量的光在可衡量的物質中不也能引發化學反應嗎？目前，我們還不瞭解靈性包的內在本質，但我們可以將其想像為一種由電物質或其他某種同樣微妙的物質所組成的存在。既然如此，那受到意志引導的靈性包為什麼不能具有與電相同的特性呢？

4. 靈魂與上帝的存在——前者源於後者——是靈性主義這一高屋建瓴的理論體系所依賴的基礎。但在我們能夠對靈性主義進行有力的論證之前，我們必須確定與我們討論這一問題的人也接受這樣一個基礎。針對"你相信上帝嗎？你相信自己有靈魂嗎？你相信靈魂在死後仍能存活嗎？"等諸如此類的問題，如果我們得到的回答是否定的，或者我們得到的答案過於簡單，例如"我不知道；我願意相信，只是不太確定"——以不甚明確的回答作為掩飾，避免讓對方感到過於震驚，從而維持其以為的體面的偏見，在大多數時候，這也等同於一種膽怯的否認。在這種情況下，繼續討論下去是毫無益處的。這就猶如試圖向一個不相信光存在的盲人展示光的屬性一樣，因為顯靈現象實際上只是靈魂屬性的作用。因此，如果不想在和對方談話時浪費我們的時間，就需要追求另一種思維過程。

接受這一基本原則，不僅是將其視為一種**可能性**，而是將其視為一個已得到證明且不可否認的事實，那麼自然就能得出靈性的確存在的結論。

5. 我們還必須確定一點：靈性是否能與人類溝通，即靈性是否能與人類進行思想交流。但問題是為什麼不能呢？一個人除了是禁錮在肉體中的靈性，還能是什麼？為什麼一個自由的靈性不能和一個被俘虜的靈性進行交流，就像為什麼一個自由的人不能和一個囚犯進行交流一樣？如果我們相信靈魂在死後仍然能夠存活，那麼否認靈魂情感的存在又是否合理呢？換而言之，既然靈魂無處不在，那麼相信一個生前愛過我們的人會接近我們，會想要和我們交流，並且會利用一切可能的手段去這樣做，這豈非是一件自然而然的事情？靈魂在世之時，難道不會對其肉體的物質產生作用嗎？難道不是人的靈魂在引導著身體進行運動的嗎？既然如此，為什麼靈性在死後就無法借助於另一個仍與肉體相連的靈性來表達自己的思想，就像一個啞巴借助於一個會說話的人來獲得他人的理解一樣？

6. 讓我們暫時將我們認為無可爭辯的事實放在一邊，將與靈性的溝通視為一個簡單的假設，同時要求懷疑者不是通過簡單的否定陳述——其個人觀點並不能等同於律法——而是通過不容置疑的推理來向我們證明這種溝通確實是不可能發生的。讓我們暫且袖手旁觀一回，既然他們想通過物理法則來觀察顯靈現象，那就讓他們從他們的科學寶庫中拿出數學、物理、化學、機械或生理方面的證據，通過 a + b 的方式逐一論證以下觀點——但前提是必須始終以靈魂存在和存活的基礎原則為出發點：

1）我們體內的存在生前擁有思想，死後便不再擁有思想；

2）即便它擁有思想，也不會再想念曾經愛過的人；

3）即便它會想念曾經愛過的人，也不會願意和他們進行交流；

4）即便它能去到任何想去的地方，也不可能就在我們身邊；

5）即便它就在我們身邊，也無法與我們交流；

6）因為它是一種流體，所以無法作用於惰性物質；

7）即便它能起作用惰性物質，也無法作用於生命存在；

8）即便它能作用於生命存在，也無法引導他或她的手去寫字；

9）即便它能通過這種方式寫字，也無法回答問題或傳遞思想。

唯有靈性主義的反對者能夠運用像伽利略證明太陽不繞地球旋轉一樣顯而易見的理由向我們證明這一切

皆無可能時，我們才會承認他們的懷疑是有充分依據的。然而不幸的是，但直到今天，反對者提出的所有論據無非可以歸納為以下幾個字：**我不相信，所以這不可能。**毫無疑問，他們會反駁說，我們有責任證明這些顯靈的真實性。只不過我們早就通過現象和推理給出這樣的證據；如果他們拒絕接受其中任何一種，甚至否認自己的親眼所見，那麼就應當由他們來證明我們的推理是錯誤的，證明這些現象是絕無可能的。

∎∎∎

第二章：
特異現象與超自然現象

7. 　　如果對於靈性及顯靈的信仰是一個孤立的概念，是一種理論的產物，那麼當然會有人質疑它是虛幻的。可誰又能向我們解釋，為什麼在所有的古今文化以及所有已知宗教的聖經中，都能發現它的存在呢？有的批判家指出，這只是因為人類自有史以來便一直熱衷於各種特異現象。如此以來，我們肯定會問："你所說的特異是指何意？"他們會回答說："凡屬超自然者。""你所說的超自然又指何意？""凡屬違背自然規律者。""你既如此熟知這些規律，便也知曉如何限制上帝的能力了？很好！以此來證明靈性及顯靈的存在是違背自然規律的，它不屬於，也不可能屬於這其中的任何一則規律。依循靈性主義學說，看看鏈條上的每一個環節是否都具有崇高規律所具有的全部特徵——這一規律解決了哲學原則迄今尚未解決的所有問題。"

　　思想是靈性的屬性之一。靈性能作用於物質，能影響我們的感官，從而能將思想傳遞給我們，這種可能性是其自身生理結構的結果（如果我們可以通過這種方式來表達自我的話）。因此，這一事實並沒有什麼超自然或特異之處。然而，有人認為一個真正死亡的人有可能在肉體上復甦，認為其散落的遺體仍能重新結合成一具身體，認為這確乎是一種特異和超自然的離奇現象，以及認為上帝只能通過奇跡才能做到這一點——這一觀點才是真正違背自然規律的。不過，靈性主義學說中卻不存在這樣的觀點。

8. "儘管如此",他們會說:"你聲稱靈性可以舉起桌子,並讓其停留在空中,而不用任何人扶。這難道沒有違背萬有引力的定律嗎?"沒錯,它的確違背了我們所知的這一定律,可真正決定這一切的難道不是大自然本身嗎?在對某些氣體進行舉升力實驗之前,誰又能想到一個載有幾個人的沉重物體能夠克服萬有引力的作用呢?對一個普通人而言,乍一眼看上去難道沒有特異之處或像惡魔作怪嗎?一個世紀以前,如果有人提出將電報發送到 1500 英里以外的地方,並且在幾分鐘內就能收到回復,那一定會被認為是瘋了。如果這件事真的發生了,大家會認為這樣的人能驅使魔鬼,因為在那個時候,只有魔鬼才能跑得這麼快。既然如此,一種未知的流體又為什麼不能在一條件下具有抵消桌子重力影響的特性,就像氫氣能夠抵消氣球的重量一樣?我們需要順便指出的是,這只是一種比較(而不是同化),僅僅是通過類比來說明舉起桌子在物理上並非是不可能的。只有當那些有學問的人在觀察到這類現象後,想要通過同化的方法來進行研究時,他們才會誤入歧途。無論如何,這種現象都是存在的,世間所有的否認都不能改變這一點,因為否認本身並不能作為證據。在我們看來,原本就沒有什麼超自然的東西——這就是我們現在要說的。

9. "如果這一現象能夠得到證實,"他們會說,"那麼,我們會接受這一現象,甚至還會接受你們歸結於這一現象的原因,即一種未知的流體。但誰又能證明

第二章：特異現象與超自然現象

這與靈性有關呢？這本來就是種特異和超自然現象。"

　　針對這種反對意見，有必要對這一現象進行充分的證明，當然在這裡是不可能的；此外，由於這一現象在教義的所有其他方面皆有重點體現，故再表恐有贅述之嫌。不過，非要用幾句話來進行概括的話，我們需要說明的是，從理論上而言，這一現象是基於這一原則的：每一個智慧的果，必然有一個智慧的因。在實踐中，這意味著：對所謂的顯靈現象的觀察證明了一種絕不可能起源于物質的智慧；這種智慧不是由觀察者本身所產生的（這一事實已通過實驗本身得到了證明），而是必然獨立於觀察者的；由於產生這種智慧的存在並不可見，所以這種智慧也應被視為一種隱形存在。因此，通過一次又一次的觀察，我們得出了這樣的結論：這種隱形存在（我們稱之為"靈性"）不是別的，正是一個人的靈魂，它生前依附於肉體而活，死後則會脫離其粗糙的有形皮囊，變得虛無縹緲，這種狀態在正常情況下是不可見的。因此，對於這種情況，最簡單的解釋莫過於將歸結為特異現象和超自然現象。這種隱形存在已被證明是確實存在的，它們對物質的作用是由其流態皮囊的性質所決定的。這種作用是智慧的，因為在死後，它們只是失去了肉體，卻仍然保留了構成其真正本質的智慧。而這正是人們將這一現象錯誤地當作超自然現象的關鍵所在。因此，靈性的存在既不是一個預先設想的理論，也不是為了解釋某種事實而虛構出來的一個假設，它是觀察的結果，也是靈魂存在的自然結果。否認這個原因，就等於否認靈魂及靈魂的屬性。如果有人認為他們可以為這種智慧之果找到更為合理的解決辦法，尤其是認為他們可以解釋所有的事實，那敬請自便——這樣我們就能從兩方面來討論這一問題的優點了。

10. 　　有些人認為物質是自然界中唯一的力量，**凡是無法利用物質定律來解釋的問題皆屬於特異或超自然的範疇**，對於這些人而言，"特異"即為"迷信"的同義詞。既如此，以非物質本源的存在為基礎的宗教便應被納入迷信的範疇——對此，他們不敢大聲言說，只敢在心裡這麼嘀咕；他們心想，只要鼓吹宗教對於讓人們及其孩子變得聰明睿智的必要性，便能顧全顏面，保全面子。由此，我們面臨著兩種選擇：要麼宗教原則是真的，要麼宗教原則是假的。如果是前者，那麼這對於每個人來說都是真實的；若是後者，那麼它對於未受過教育的人並不會比開明的人更有利。

11. 　　抨擊靈性主義的人會將其稱之為特異現象，這些人通常會從唯物主義原則中去尋找證據,他們否認所有來自于超物質本源的影響，因此也必然會否認靈魂的存在。然而，深入探究他們的思想，仔細分析他們所說的話的含義，你大約總能從中發現這一原則——即使並未明確說明——這一原則隱藏在以理性哲學為藉口的幌子背後，並透過這一幌子散發出刺眼的光芒。所以說，他們否認一切源於靈魂存在的事物，並將其視為特異現象，從這一點而言，起碼他們還是前後一致的。既然他們不肯承認這個因，自然也不會承認這個果；偏見使得他們無法對靈性主義做出明智的判斷，因為他們是以否認一切非物質事物的原則作為出發點的。而至於我們，只不過是因為聲稱這個結果是由於靈魂的存在而導致的，難道我們就必須得接受所有被視為特異現象的事實？難道我們就必須得稱霸於所有的空想家，就必須得玩轉各種烏托邦和古怪理論？唯有對靈性主義所知甚少的人才會這麼認為。只不過我們的反對者造才不會擔心這一點呢，因為要求他們必須理解自己所談論的問題，這對他們而言可謂毫無吸引力。

根據他們的說法，特異現象是荒謬的；靈性主義是以特異事件為基礎的；因此，靈性主義也是荒謬的。在他們看來，這是一個不可上訴的判決。他們認為自己所提供的證據是無可爭辯的，在對聖梅達爾的驚厥者、塞文山的卡米撒派教徒或勞登的修女進行過廣泛的研究後，他們在發現虛假證據方面可以說已達到了登峰造極的境地。但這些故事是否真的出自於靈性主義的《福音書》？靈性主義的支持者是否有否認過利用某些事件來為自己謀利的欺詐行為？是否有否認過想像給他們帶來的危害？是否有否認過將他們中的許多人誇大其詞的狂熱？然而，靈性主義並不需要為打著其名義進行的恣言肆行背黑鍋，就像真正的科學不需要為無知的謾罵背黑鍋，真正的宗教也不需要為過度的狂熱背黑鍋一樣。許多批判者僅僅根據虛構的童話故事和流行的傳說便對靈性主義做出了評價。這就像根據久遠的傳奇或悲劇來判斷歷史一樣。

12. 根據最基本的邏輯，要討論一個事物，首先需要對這個事物有一個全面的瞭解，因為只有剖析清楚了因果關係，批評家的觀點才會具有份量。唯有如此，他們的意見——即使是錯誤的——才能被人認真對待。然而，對於不熟悉的事物，這一份量又有幾何呢？真正的批評家必須提供證據——不僅自身要博學多識，還要對所研究物件有深刻瞭解，以及絕對公正的判斷。否則，任何吟游詩人都有權評判羅西尼，任何壁畫家都可以批評拉斐爾。

13. 　　因此，靈性主義並不接受所有可能被視為特異或超自然的事件——實事上遠非如此；相反，它證明了這其中大量的事件是不可能的，證明了許多本身就屬於迷信的信仰是愚蠢的。的確，在靈性主義所接受的靈性現象中，有一些在懷疑者看來就是在本質上具有明確的特異性；換句話說，它們代表著迷信。如其所願吧！不過，他們至少應當把討論限制在這些方面，因為對於其他方面，他們確實沒有什麼可說的——這無異於"對已持有相同觀點的人作宣傳"。批評靈性主義本身所反駁的東西，既彰顯出他們對於研究物件的無知，又反映了他們沒能抓住要點。你會問："可靈性主義信仰能走多遠呢？"多讀，多觀察，你自然就會明白。學習任何一門科學都是需要時間，需要鑽研的。靈性主義從社會秩序的各個方面闡述了哲學中最為嚴肅的問題，並且同時涵蓋了生理意義上的個體和道德意義上的個體；靈性主義本身就是一門完整的科學和哲學，它無法在幾小時內就被人徹底理解——其他科學亦是如此。妄想通過一張旋轉的桌子便能洞悉靈性主義的全貌，這是極其幼稚的，這與妄想通過幾個兒童玩具便能洞悉物理學的全貌一樣，並無不同。任何人若不想僅僅停留於事物的表面，若想探究事物的所有奧秘，其需要花費的時間就必須長達數月，甚至數年之久，而不是區區幾個小時。有鑑於此，當有人只是抱著娛樂或消遣的態度觀察了一兩次實驗，便覺得自己有權做出評判時，這些人對事物理解的程度究竟有多深，其所持觀點的份量究竟有多重，還是你們自己是權衡定奪吧！毫無疑問，他們會辯稱自己沒有時間進行這樣的研究。如其所願！沒有什麼能強迫他們這麼做。可是，如果你沒有時間去瞭解一件事，就不能去談論它，更不用說對它做出判斷了——除非你想背上不負責任的罵名。在任何一個科學領域中，倘若有人試圖不加思考地去解決其並不熟悉的問題，其所處的地位越高，就越不可被原諒。

14. 讓我們來對我們所主張的觀點進行一個總結：

1）所有的靈性現象都是以靈魂的存在、肉體死亡後靈魂的存活及其顯靈能力作為基本原則的；

2）由於這些現象是自然規律的結果，所以它們並沒有什麼**特異**或**超自然**的地方，至少從這些詞的一般意義上講是如此；

3）許多事件之所以被認為具有超自然性，是由於人們不瞭解個中的原因，而在找到其真正的原因之後，靈性主義又讓其重新回歸到了自然現象的範疇；

4）在被稱為超自然現象的事件中，靈性主義首先表明其中許多事件是不可能的，因此將其歸入了迷信信仰的範疇；

5）儘管靈性主義承認許多盛行的信仰擁有真實

的依據，但其絕對不能接受任何憑空捏造出來的荒誕故事；

　　6）用自己所不能接受的事實來對靈性主義做出評判只會證明一個人的無知，及其對正確意見的全然罔顧與無視；

　　7）對靈性主義所接受的現象及其原因和道德後果的解釋本身就構成了一門完整的科學和哲學，需要認真嚴肅、堅持不懈地對其進行深入研究；

　　8）只有那些對整個問題進行了觀察和研究的人，那些像盡心盡責的觀察者一樣耐心和毅力刻苦鑽研的人，那些像最開明的信奉者對於附著有盡可能多的對主題的理解，因此沒有獲得通過文學瞭解科幻小說，他們不會試圖反對任何他們**不熟悉的事實**，也不會試圖反對任何他們未曾考慮或僅通過否認來反駁的論點，但他們會使用其他更專橫的論點；最後，那些能夠指出既定事實背後更合乎邏輯的原因的人，只有對這些人所提出的批評，靈性主義才會嚴肅對待。這樣的批評還沒有出現。每個靈性都需要履行的職責。

15.　　我們以前曾提到過**"奇跡"**一詞，在討論特異現象攝的章節對這一問題進行一個簡短的介紹也並無不妥。

　　從這個詞的原始含義及詞源來看，"奇跡"一詞原指非同**尋常且神奇罕見**的事物。只是與其他很多詞語一樣，這個詞已經偏離了其最初的含義，現在所指的是（根據學術界的定義）違背自然界普遍規律的神力行為。事實上，這只是"奇跡"一詞的常用含義，只有在通過比較或隱喻時，才會借指那些令人感到驚訝且不明所以的普通事物。我們絕對無意去揣測在某些情況下，上帝是否會認為違背其制定的律法是一種有益之舉。我們的目的僅僅表明，儘管靈性現象可能具有離奇非凡之處，但其並不會以任何方式違背這些自然規律，也不存在任何神奇的特點——更談不上具有任何特異性或超自然性。奇跡沒有合理的解釋。相反，靈性現象可以用通過最理性的方式來進行解釋。因此，它們不是奇跡，而是純粹由於某種普遍規律所導致的結果。奇跡還具有一個特點：它是指非同尋常的孤立事件；因此，可以說凡能被多個人隨意複製的事件均不能稱之為奇跡。

在愚昧無知的人眼裡，科學每天都在創造奇跡。這就是為什麼過去那些比普通人知道得多的人被認為是女巫，因為人們相信所有超人類科學都是邪惡的，所以才會將這些人燒死在火刑柱上。而在更加"文明"的今天，只需要將這些人送進精神病院就足夠了！

如果一個人確已死亡，後因神的干預死而復生，那麼，正如我們之前說的，這才是真正的奇跡，因為這與自然法則是背道而馳的。然而，如果一個人只是貌似死亡，其體內仍殘存著些**許潛在的生命力**，後因某種科學行為或磁力作用而使其恢復生機，那麼在受過教育的人看來，這僅僅只是一種自然現象。儘管如此，在愚昧無知者眼中，這件事仍會被當作一個奇跡，而這一事件的始作俑者則會因個人品性的不同，要麼被眾人亂石劈頭，要麼被大家頂禮膜拜。在一個農村地區，如果有位元物理學家在放風箏引雷電時導致一棵樹被閃電擊中，那麼人們肯定會以為這位新的普羅米修士擁有某種惡魔般的力量。而且有人會說，在我們看來，普羅米修士無非就是本傑明·佛蘭克林的前身，而能使太陽——或者說地球——停止不動的約書亞才能給我們帶來真正的奇跡，因為我們從未聽說過任何磁性人天生擁有足以創造這一奇跡的力量。

在所有的靈性現象中，最不同尋常，最無可爭議，也是最能明顯體現隱形智慧行為之一的形式便是直接書寫。事實上，儘管這是由隱形存在所引發的行為，但這一現象並不會比同樣歸因於非可見介質的其他現象更為神奇，因為這種居住於空間中的隱形存在擁有一種自然的力量，一種能持續作用於物理世界和精神世界的力量。

靈性主義向我們揭示了這種力量的真正本質，為我們提供了一把解讀無數事件的鑰匙，在遠古時代，這些事件因令人們百思不得其解，而成為了未解之謎，故被人們視為奇跡。與磁學一樣，靈性主義所揭示的這一規律即便不是人們聞所未聞的，至少也是人們所知甚少的，或者更確切地說，我們雖然一直都知道其亙古以來所產生的影響，卻並未明瞭這其中的支配規律；所以說，正是由於對這一規律的無知才導致了迷信。可一旦人們瞭解了這一規律，特異性便從此消失，這一現象又被重新歸入了自然事件的秩序範疇。因此，無論是讓桌子移動，還是讓亡者寫字，靈性主義者所創造的奇跡並不會勝於任何一位令瀕死之人復活的醫生，或任何一位設法吸引雷電的物理學家。若有人企圖借助靈性主義科學**創造奇跡**，則要麼是對這一學說一無所知，要麼就是江湖騙子。

16.　　正如磁場現象一樣，在人們完全理解其成因之前，靈性現象是以奇跡的形式得以傳播的。固執己見的懷疑論者，即那些認為只有自己才擁有理性和常識的人，完全不相信自己無法理解的事物是可能發生的，所以他們無一例外地將所謂的驚人現象統統當作其嘲諷的物件。由於這種現象在宗教中比比皆是，所以他們也不相信宗教，只是這還遠算不上徹徹底底的懷疑。然而，既然靈性主義能對大多數的此類現象做出解釋，這便證明了其存在的合理性；證明某些雖非奇跡，卻實屬異常的現象具有發生的可能性，證明上帝在遵從神聖律法方面的不偏不倚，以此為宗教提供援證。以聖·古柏提諾的凌空飄浮術作為笑話對象的何其之多！儘管如此，重物懸浮在空中的現象是可以根據靈性主義的定律來進行解釋的。我們**曾親眼目睹過**聖·古柏提諾式現象，而且霍姆先生和我們所知的其他許多人還見證過不止一次。因此，這一現象也應當納入自然事件的秩序範疇。

17.　　在這類現象中，數量位居其首的當數幽靈，因為這是最為常見的一種形式。對於拉·薩萊特的幽靈，教士們抱有不同的看法，對此我們並不感到詫異。可以肯定的是，我們甚至無法確定這一事件的真實性，因為我們並沒有掌握此事的確鑿證據；但鑒於我們所熟知的**最近發生**的數千起類似事件，我們認為這完全有可能發生。我們之所以相信這一點，不僅僅是因為我們已經證實了這些事件的真實性，更是因為我們非常清楚這些事件發生的來龍去脈。如果有人希望瞭解關於幽靈的理論，我們將在後面做進一步的闡述。你會發現這些現象與無數的物理現象一樣簡單而可信，只有當我們缺乏解開謎團的鑰匙時，這些物理現象才會顯得非同尋常。

　　至於在拉・薩萊特顯現的真實人物，則另當別論。此人身份從未得到過確切的證明，我們只接受這樣一個事實，即可能出現了某種幽靈；至於其餘的細節，我們無從判斷。對待這一事件，每個人都可以各持己見，但不需要將其與靈性主義聯繫起來。我們只能說，靈性主義對於事實真相的解讀向人們揭示了全新的律法，它為我們提供了一把鑰匙，讓過去曾被視為超自然現象的諸多謎團迎刃而解。如果說這些所謂的奇跡般的事實在靈性主義中找到了一個合乎邏輯的解釋，這也是人們不應當急於去否認自己所不理解的事物的另一個原因。

　　靈性現象之所以受到一些人的質疑，既是因為它們看上去有悖於一般的規律，也是因為其無從解釋；但如果能為其提供一個合理的依據，便不會再有人懷疑。在當今時代，沒有人會僅僅滿足於空洞的泛泛而談，只有合理的解釋才能成為堅定信仰的強大動力。所以我們常常能看到有的人雖然從未親眼目睹過某種現象，從未親眼見過桌靈轉或靈媒書，但他們和我們一樣對此深信不疑，因為他們讀過我們的書，並理解其中含義。如果我們只能相信親眼所見的事件，那麼我們的信仰就會變得無足輕重。

■■■

第三章：
方法

18. 信徒有一種非常自然和值得稱讚的願望，那就是贏得皈依者的支持，這種願望永遠是值得鼓勵的。為了幫助他們更輕鬆地達成這一願望，我們現在來看看有什麼最可靠的方法可以實現這一目標，而不會徒勞無功，白費力氣。

我們曾經說過，靈性主義是一門完整的科學，它本身就擁一套完整的哲學體系。任何人想要精通這門學說，首先必須對其進行認真的研究，並且還必須認識到，若非全力以赴，定然學無所成，這一點更勝於其他任何一門科學。如前所述，靈性主義適用於人類感興趣的所有問題。這是一個廣闊的領域，我們首先必須從其後果來進行分析。毫無疑問，靈性主義的根基在於對靈性的信仰，但這種信仰並不會造就一個博學的靈性主義者，就像對上帝的信仰並不會造就一個神學家一樣。所以，讓我們來看看什麼才是教導眾人以傳播信仰的最為行之有效的方法。

信奉者們無需對"教導"一詞心生畏懼；教導並不一定非得立於三尺講臺之上，它也常見於簡單的對話當中。凡是試圖通過解釋或經驗來說服他人的，皆可稱之謂教導。通過教導產生成效，這是我們所樂見的，正因如此，我們才會視勸言忠告為己任，這對於希望自學自研的人而言可能同樣有益。他們將在這裡找到達成其目標的最可靠，也是最快捷的方法。

19. 　　人們通常以為，要使人信服，簡單地陳述事實就足夠了。誠然，這貌似是最合乎邏輯的一種辦法——儘管經驗表明，這並不一定是最好的辦法——因為我們經常遇到一些人根本不相信最顯而易見的事實。為什麼會這樣呢？這正是我們需要努力去尋根究底的問題。

　　　　靈性主義認為，靈性的物質是次要的，其具有承繼性；這並不是出發點，反而恰恰是一個人所犯的錯誤，而且往往是一個人無法說服某些人的原因。既然靈性只是人類的靈魂，那麼正確的出發點就應當是靈魂的存在。如果唯物主義者認為自己唯物質的，他們又怎麼能接受超脫於物質世界之外的生命存在呢？如果他們不相信自己的體內有靈魂，又怎麼能相信自己的周圍有靈魂呢？在他們面前，即使收集了最確鑿無疑的證據也是毫無意義的；他們會與所有人爭辯，因為他們根本就不相信這一基本原理。

　　　　任何一種教導方法都必須從已知走向未知，對於唯物主義者而言，已知的便是物質。因此，在言及其他事物之前，應首先以物質為出發點，試著向他們展示並說服他們相信其身體內有些東西是超脫於物質法則之外的。總而言之，**在讓唯物主義者轉變為靈性主義者之前，要先讓其轉變為唯靈主義者**。然而，要做到這一點，你需要改變事實陳述的順序，需要藉由其他方式進行一種特殊形式的教導。在他們確信自己擁有靈魂之前就和他們談論靈性，這無異於首尾倒置，因為他們如果不接受這一前提，自然也無法接受這一結論。

所以說，在試圖說服懷疑者之前——即便是採用擺事實，講道理的方法——最好先確定他們對靈魂的看法；也就是說，要確定他們是否相信靈魂的存在，是否相信靈魂在肉體死後仍能存活，並且在死後會保留其個性。如果對方的回答是否定的，那麼和他們談論靈性無異於是在浪費時間。這是個基本原則。我們並不是說無人例外，但即便有人例外，這些人也必定擁有不那麼抵制這一理念的其他原因。

20. 我們必須區分兩類唯物主義者：**第一類是理論唯物主義者**。他們對於通過自己推理得出的結論心無所疑，但對於異見卻持全盤否認的態度。在他們看來，人類不過是一台組裝起來就能工作的機器，人一旦死亡，機器便會分崩瓦解，只留下一具骨架。所幸的是，這類唯物主義者的數量相當有限，而且其並不代表某個公開主張的思想學派。無需多言，假如這樣的學說得到傳播普及，其必將對社會秩序產生惡劣的影響。對此，我們已在《靈性之書》中進行了充分的闡述（參見第147問和《結論》第三節）。

我們說異見人士在面對理性的解釋時會不再懷疑，這是將激進的唯物主義者排除在外的，因為他們否認除物質外的一切力量以及任何一種智慧本源。他們中的大多數人之所以堅持自己的觀點完全是出於傲慢之心，認為要維持自尊，就必要如此。他們之所以罔顧一切反證而固守成見，是因為他們不想丟面子。對於這樣的人，做什麼都無濟於事。如果他們說"只有讓我親眼看到，我才會相信"，你可千萬不要被他們這番情真意切的虛假說辭所迷惑。當然，有些人更誠實，他們會直言不諱地說，"即使讓我親眼看到，我也不會相信。"

21.　　　相較於第一類唯物主義者，第二類唯物主義者的人數要龐大得多，其中一部分人的初衷是源於漠不關心，甚至還有可能是因為**缺乏更好的選擇**，畢竟唯物主義是一種非自然屬性的觀點。這些人並不是刻意選擇唯物主義的，其最大的願望不過是有所信仰，因為世間的確定性常令其飽受折磨。他們對於未來有一種模糊的渴望，但這個未來卻以其理性無法接受的方式呈現在其面前；為此，他們心有疑慮，也因此產生了懷疑。對他們而言，懷疑是沒有任何理論基礎的。只要你給他們展示一些理性的東西，他們便會迫不及待地接受。他們能夠理解我們，因為他們比自己想像的更接近我們。與第一類人在一起，不要去談論啟示錄，也不要去談論天使或者天堂，因為他們不會理解你。相反，你應當站在他們的立場上，首先向其證明生理學規律無法解釋所有的事情——其餘的則留待後續進行。對於並非先入為主的懷疑，則另當別論，因為在這種情況下，信仰並不是完全不存在的；相反，它猶如一個潛在的萌芽，雖被雜草扼殺，但一個火花就能讓其重煥新生。這些人猶如盲人重見光明而欣喜若狂，又像溺水之人抓住了救命稻草。

22.　　　除唯物主義者外，還有第三類異見人士，儘管其在名義上屬於唯靈主義者，但其對靈性主義的抵制毫不遜色：**這些可謂是心懷惡意的懷疑者**。一方面他們不得不信，一方面他們又會為此而感到苦惱，因為他們覺得這樣會妨礙自己心安理得地享追求物質享樂。他們害

第三章：方法　　　　　　　　　　　　　　33

怕自己的野心、自私自利以及人性中沉迷於放縱的虛榮之心遭到譴責，所以才會以葉障目，掩耳盜鈴。對於他們，我們給予同情。

23.　　　為避免遺漏，我們還將列出第四類，**即所謂的自私或不誠信的懷疑者**。他們非常清楚如何看待靈性主義，卻出於個人利益的原因而公開譴責靈性主義。對於這類人，我們無話可說，亦毫無瓜葛。如果說激進的唯物主義者錯了，至少其還有一個善意的藉口——我們可以通過向其展示他們所犯的錯誤來糾正他們。但對於最後這類人，他們心中的偏見會讓一切論據化為烏有。時間會讓他們睜開雙眼，會告訴他們其真正的利益所在——或許他們會付出自己的代價——因為真相的傳播是無法阻擋的，他們以及他們所尋求的利益保障將被時代的潮流沖刷怠盡。

24.　　　除了對反對者進行的這一總體分類，他們當中還有許多細微的差別，其中包括：**膽小型懷疑者**，這類人如果看到靈性主義未對其他人造成傷害，便能找到信仰的勇氣；**宗教顧忌型懷疑**者，對於這類人，可以通過啟迪式的研究告訴他們靈性主義是支持宗教本身的基本教義的，靈性主義尊重所有的信仰體系，它的作用在於喚醒人們心中所缺失的宗教情感，讓躊躇不定的人變得意志堅定；此外，還有一些人屬於傲慢型懷疑者、敵對型懷疑者、疏忽型懷疑者、輕浮型懷疑者等等。

25.　　　同樣不可忽略的，是我們所稱的**欺騙型懷疑者**。這包括那些因為遭受欺騙而從過分自信轉變成心生懷疑的人。他們因此而灰心喪氣，拋棄並拒絕一切事物。他們與那些因感覺自己被誤導而善意否認靈性主義的人是一樣的。只是這一結果既源於對靈性主義研究的不全面，也源於自身經驗的匱乏。如果有人被靈性所欺騙，通常是因為他們問了一些不恰當或者是靈性無法回答的問題，或者，也有可能是因為他們缺乏明辨真偽的覺悟。還有許多人只是將靈性主義看作是一種新的神化形式，認為靈性的存在完全是為了占卜算命。事實上，輕浮虛偽的靈性從不會放過任何以消遣這些人為代價來自娛自樂的機會；所以，靈性會向女孩們承諾她們將找到美滿幸福的婚姻，會向懷滿抱負的人保證他們將獲得榮譽、遺產和隱藏的財富等等。其結果是：嚴肅而謹慎的人總能知道如何避免頻繁而惱人的欺騙。

26. 除去反對者，在所有類型的懷疑者中，人數最多的當數**猶豫不決的人**，他們通常是原則型**唯靈主義者**。他們對於靈性觀念大多只有一個模糊的直覺，渴望瞭解其無法完全定義的事物——他們所需要做的只是協調和闡明自己的思想。在他們看來，靈性主義就像一束光，一束能夠驅散迷霧的光。所以，他們會熱切地擁抱靈性主義，因為靈性主義使他們得以從不確定性的痛苦中解脫出來。

27. 現在，再讓我們來看一看不同類型的**信奉者**，首先要講的是那些**非自知型靈性主義者**。確切地說，這類人與前一種類型之間存在著某種不同或細微差別。即使他們從未聽說過靈性主義學說，他們對於這一學說所創立的偉大原則也擁有某種與生俱來的情感，這種情感會體現其著作和論文的某些段落中，如果你聽他們說話，你會相信他們是發自內心的。在聖典作家和世俗作家中間，在詩人、演說家、道德家、以及古代和現代的哲學家中間，這樣的例子比比皆是。

28. 　　針對通過直接研究這門學問而成為信奉者的人群，我們可以其劃分為以下幾種類型：

　　1) 這類人只單純地相信顯靈現象，認為靈性主義是一門簡單的觀察科學，其揭示的只是一系列或多或少存在著奇異性的現象。我們將他們稱之**為實驗型靈性主義者**。

　　2) 這類人不僅能透過靈性主義觀察現象，還能理解靈性主義的哲學內涵。他們相信基於靈性主義的道德情操，但未能付諸實踐，因而靈性主義學說對其性格的實際影響是微不足道的或根本沒有。他們既不會改變自己的習慣，也不會剝奪屬於自己的任何一種享樂。守財奴仍然吝嗇貪婪；傲慢的人仍然自高自大；喜歡羨慕和嫉妒的人仍然爭強好勝。他們認為基督教的仁慈不過是一句漂亮的箴言。這類人屬於**非完美型靈性主義者**。

　　3) 這類人並不滿足於單純地讚賞靈性主義者的道德，而是親身實踐並接受其產生的一切後果。因為他們相信塵世的生命只是一個暫時的考驗，他們渴望利用這短暫的一世，沿著進化之路砥礪前進——這是能帶領他們升入靈性世界更高地位的唯一途徑——努力行善積德，努力克服自身的邪惡傾向。與他們交友永遠是安全的，因為他們堅定的信念會使他們遠離一切邪惡的想法。仁慈是他們的行為準則。這類人是**真正的靈性主義者**，甚至於可以說是**基督徒式靈性主義者**。

4）最後一類是**狂熱型靈性主義者**。如果人類永遠只是喜歡事物好的一面，那麼人類就稱得上完美了。任何形式的誇張都是無益的，就靈性主義而言，它會對無形世界的顯靈現象產生一種盲目，甚至往往是幼稚的信任，從而導致有些人會輕而易舉，不由自主地接受但凡反思和審視一下就能覺察其荒謬性或不可能性的事物。狂熱使人無法思考；它只會令人眼花繚亂。這類信奉者對於靈性主義的事業是弊大於利的。由於他們的判斷無法獲得人們的認同感，所以他們難以讓人信服。他們很容易被心術不正的靈性或試圖利用其輕信的人所愚弄。如果他們是後果的唯一承擔者，那麼危害還不至於如此之大，但最壞的結果是，他們會為懷疑者提供更多嘲笑靈性主義的理由，而不是更多說服對方的理由——儘管這原非他們的本意，而他們肯定會將這一切歸咎於少數人的愚蠢。顯然，這既不公平，也不合理，可眾所周知的是，靈性主義的反對者只承認其自身推理的真實性，他們一點也不關心是否對其考慮的對象擁有全面的瞭解。

29. 令人信服的方式是因人而異的，能說服某些人的方法可能對另一些人毫無用處。儘管有的人可能信服於某種物理顯靈，有的人可能信服於智慧通靈，但大多數人還是信服於推理的。我們甚至可以說，對於大多數仍然無法通過理性來理解靈性主義的人而言，物理現象對其影響可謂微乎其微。這些現象在本質上顯得與已知的規律背離得越遠，它們遭遇到的反對就越多，原因很簡單：我們會自然而然地懷疑任何不被理性認可的事物。所有人都會從自己的角度來考慮這些問題，並給出自己的解釋：唯物主義者會將這些問題歸結為純粹的物理原因或某種騙局；無知或迷信之人會將其歸結為惡魔或超自然的原因。然而，精心準備好的解釋可以打破各種先入之見，它至少顯示出一種可能性，即在見到它之前先理解它——即便不是事實的全部真相。因此，只要能接受事實的可能性，則已達到了十之八九的說服效果。

30. 試圖說服冥頑不化的懷疑者有什麼用呢？我們曾說過，這取決於他們質疑的原因和性質。當我們堅持不懈地試圖說服他們時，常常會令他們自視甚高，這反過來又會使他們變得更加固執。那些既不信服於推理，也不信服於現象的人仍然需要經受懷疑的考驗，如何引導其走上更好的道路，這個任務就留給上帝去完成吧！有那麼多的人渴望接受光，而我們卻把時間浪費在那些拒絕接光的人身上。所以，你們要將努力付諸于善意之人，因為其人數之眾，遠遠超乎你們的想像。你們的榜樣將比單純的言語具有更強大的說服力。真正的靈性主義者從不缺少行善的機會：他們需要撫慰痛苦的心靈，需要給人以安慰，需要平息絕望的情緒，需要灌輸道德改革。這就是他們的使命，他們會從中找到真正的滿足感。空氣中會彌漫著靈性主義的氣息；它的傳播是緣於環境本身的力量，是緣於它給信奉者帶來的快樂。當理論反對者們聽到他們周圍——甚至於自己的朋友中間——紛紛傳頌靈性主義，他們便會處於孤立的境地，從而被迫保持沉默，或者投降順服。

31. 要參照其他普通科學的方式對靈性主義的教義

進行傳播，需要回顧可能產生的所有現象，從最簡單的現象開始，然後依次發展到最複雜的現象。但這是不可能的，因為人們不可能像上物理課或化學課那樣選修實驗靈性主義。在學習自然科學時，我們所面對的是可以隨意處置的原始物質，並且幾乎能對其影響擁有絕對的掌控性。但就靈性主義而言，我們所面對的則是天生無拘無束的智慧，他們無時無刻不在證明其根本不會受我們反覆無常的念頭的支配。正因為如此，我們才需要觀察，需要靜候結果，坐等收穫。這就是為什麼我們會極力聲明：**所有那些自以為能隨意獲得成果的人，都不過是些無知之人或江湖騙子**。這也是為什麼真正的靈性主義永遠不會舉辦展覽或求助於舞臺表演的原因。況且，如果認為靈性也會參加這樣的展覽，並讓自己成為好奇的研究物件，這顯然是不合乎邏輯的。因此，這些現象可能並不會在我們最期待的時刻發生，或者可能會以不同於我們所期待的方式發生。還有一點需要補充的是，要掌握這一現象，我們需要擁有特殊能力的人，而這種能力是因個人的資質而異的。此外，一個人同時擁有所有不同的資質是極其罕見的，而我們隨時都需要擁有一個真正完整的靈媒群體供我們差遣——這本身就是不可能的，所以難度愈發加大。

　　這一不便不處的補救方法很簡單：只需要以理論為基礎，對所有的現象進行分析和解釋，讓人們能夠識別現象，並理解其發生的可能性，清楚可能產生現象的條件，以及可能遇到的障礙。如此以來，無論我們如何因循具體情況去見證現象，我們都不會感到意外。這還有一個好處：可使希望獨立工作的人士免受諸多欺騙。讓他們提前意識到困難，從而保持警惕，以避免以自身為代價來吸取教訓。

自從我們開始關注靈性主義以來，來找我們的人可謂不計其數，其中有多少人在面對最明顯的現象時仍然無動於衷或心存質疑，後來才通過理性的解釋而被說服的，有多少人傾向於通過自己的推理來接受靈性主義的，又有多少人最終在什麼都沒看到的情況下，卻因為我們的引導使其理解而被說服的。因此，以我們的經驗來看，這就是為什麼我們肯定，傳播靈性主義最好的方法當借助於理性，而非眼睛。這也是我們在課堂上所採用的方法，為此我們深感慶倖[1]。

32. 事先研究靈性主義理論有一個更大的優勢，那就是它能立即向人們揭示這門科學的宏偉目標和範圍。那些第一次來看桌靈轉或聽叩擊聲的人可能會嘲笑它，因為很難想像從一張桌子能夠延伸出一種能讓人類重生的學說。我們常常發現這樣一個事實：那些沒有見過就相信的人並不是膚淺之輩，相反，因為他們有閱讀，有理解，是最有思想的人。他們看重基礎，更勝於形式，他們看重哲學內涵，更勝於僅僅只是附屬品的現象本身。他們指出，即使根本沒有任何現象，要想解決迄今為止尚未解決的諸多問題，也唯有依賴於這門哲學；它是關於人類過去和未來最具合理性的理論。為此，他們更偏向於能對事物做出正確解釋的學說，而不是無法對事物做出解釋或解釋得很糟糕的學說。任何反思過這一問題的人都能清楚地認識到，一個們可以無視這些顯靈現象，但這一學說本身並不會因此而消失。這些顯靈現象是對這一學說的佐證和確認，但其並不構成這一學說的根本基石。嚴肅的觀察者不會拒絕顯靈現象，相反，他們會等待有利的時機以便親眼見證這一現象。我們所取得的進步體現在，許多人在聽說顯靈現象之前，甚至就已經對靈性主義學說擁有了某種直覺，而這種直覺僅僅是其思想的整體體現。

33. 然而，認為一個人從理論開始，便會缺乏對實際觀察物件的瞭解，這是有失偏頗的。相反，他們不僅掌握了這方面的知識，而且這方面的知識比直接呈現在其眼前的現象更有分量。這其中包括許多**自發的顯靈現象**，對此，我們將在以下章節中進行討論。鮮有人不瞭解或從未聽說過顯靈現象，很多人還在不經意的情況下有過親身經歷。這一理論為顯靈現象提供了一個解釋，當這些事件因無可辯駁的證詞而得到支持時，我們意識到了這些事件的重要性，因為沒有人能將這些事件歸結為任何形式的預謀或共謀。即使不存在人為現象，也肯定會出現自發現象，即便靈性主義的作用只在於對其做出合理的解釋，這就足夠了。因此，事先讀過書的人大多都追溯了他們對於此類現象的回憶，對他們而言，這就是理論的佐證。

34. 從我們的角度來看，若我們曾建議忽略真實事件，那肯定是錯誤的，因為正是通過這些事件，我們才得出了這一理論。的確，我們不得不獻身於一項需要耗費數年時間，而且需要進行數千次觀察的艱苦工作。但既然我們曾經受惠於，而且將繼續時時受惠於這類事件，我們要是再對其重要性提出異議，那必將是前後矛盾的，尤其是現在我們已為其撰寫了一本專著。我們只是在肯定這樣一個事實，即除了理智之外，單純依靠這類事件是不足以使人信服的；倘若能事先對其作出解釋，消除偏見，證明其並未違背理性，**就會容易**為人們所接受。有一點勿庸置疑，一個從未接觸過這類事件的人在觀看了可能被信奉者們視為相當滿意的實驗過程之後，十之八九會心存疑慮，甚至其中一些人可能會比以前持更大的懷疑態度，因為這種實驗並不符合他們的預期。而通過先前的理論來理解顯靈現象的人，情況則會恰恰相反。他們會將這種理解當作一種控制的手段，沒有什麼會令他們感到驚奇——哪怕是不成功的實驗——因為他們知道在什麼條件下可能產生這種現象，而且他們一定不會強人所難。事先對顯靈現象的瞭解不僅使他們能夠意識到所有的異常現象，而且能夠捕捉到無以數計的細節以及往往極其微妙的細微差別，這些細節和細微差別是說服他們的因素，卻很有可能被無知的觀察者輕易忽略。正是鑒於這些原因，我們才會只讓那些已對即將發生的事情做好了充分思想準備的人參加我們的實驗過程，因為我們確信，若是讓其他人參加，要麼就在浪費他們的時間，要麼就在浪費我們的時間。

35. 如果您希望通過我們的著作獲得初步的瞭解，我們建議您按照以下順序進行閱讀：

  1)《何謂靈性主義？》：這本只有 100 頁左右的小冊子簡要地介紹了靈性主義學說的基本原則，通過以小見大，以點蓋面的方式對這一學說進行了綜合性的概述。讀者只需要通過寥寥數語，就能明瞭這一學說的宗旨，判斷這一學說的範圍。此外，書中還列出了新人經常提出的主要問題或反對意見。作為初級讀物，這本書只需要花費很少的時間，故不失為有助於進一步深入研究的入門之作。

　　2)《靈性之書》：該書包含了由靈性親自口述的完整教義，並且涵蓋了一套完整的哲學體系及所有的道德含義。它揭示了人類的命運，為理解靈性的本質和死後生命的奧秘提供了一個開端。在看完這本書後，你就會明白靈性主義擁有一個嚴肅的宗旨，它並不是一種無聊的消遣。

　　3)《靈媒之書》：該書旨在為那些希望參與顯靈現象的人們提供指導，並幫助其掌握與靈性交流的最佳方式。它是靈媒和召喚者的指南，也是對《靈性之書》的補充。

　　4)《靈性主義評論》：這本雜誌是現象事件、理論解釋以及單獨摘錄的合集，在內容上是對前面提及的其他著作的補充，在一定程度上包含了某些實際應用。這本雜誌可以和其他的書藉一起閱讀，不過最好是在讀過《靈性之書》之後再看這本雜誌，這樣理解起來會更容易一些。

　　　　以上是站在我們的角度所推薦的書單順序。但一個人若想要全面地掌握一門科學，就應當博覽所有相關的著作，至少也應當看完介紹其主要原理的文章，而不應將閱讀範圍局限在某一位作者身上。甚至還應當閱讀正反兩方面的意見，兼聽批評和辯護的觀點，學習不同的理論，以便能夠通過比較來做出判斷。在這方面，我們既不推薦也不批評任何著作，因為我們不想影響任何人形成自身觀點的能力。在給這座高樓添磚加瓦的過程中，我們只略盡了自己的綿薄之力。既當法官又當訴訟當事人，這不是我們的責任，我們也沒有愚蠢地假裝自己是唯一能夠傳播光明的使者。相反，讀者有責任區分好壞善惡，明辨是非對錯。

∎∎∎

[1] 我們的理論和實踐教導永遠是免費的——作者按。

第四章：
理論

36. 　　當靈性主義的怪異現象開始出現時，或者更確切地說，當這些現象在近來重新出現時，人們對其真實性產生了前所未有的懷疑，甚至對其起因產生了更大的懷疑。等到這些現象被無可辯駁的證據和任何人都能做的實驗所證實，人們便紛紛根據自己個人的想法、信仰和偏見，用自己的方式對其做出解釋。如此以來，許多理論應運而生，仔細觀察，你會發現這其實有損於它們的真正價值。

　　很快，靈性主義的反對者就從這些不同的觀點中發現了一個相反的論點，並聲稱靈性主義者自己都無法彼此達成統一意見。然而，這種說法是極其站不住腳的，因為有一個情況需要考慮到，那就是任何科學的發展，在其最初階段難免會存在一定的不確定性，需要經過一段時間才能將事實真相收集整理成一個既定的觀點。隨著事實真相變得完整，並得到更好的觀察，不成熟的想法就會被擱置一邊，最終形成統一的意見——即便不是所有細節，至少涵蓋了基本要點。靈性主義也是如此，它無法免於這一慣例，而且由於其自身的性質，衍生出了更多不同的解釋。儘管如此，從這個意義上說，靈性主義的進步比歷史更為悠久的科學——如醫學——的進步要快得多，而且後者至今仍在不斷孕育出傑出的學者。

37. 　　要有條不紊地遵循思想發展的遞進規律，首先研究所謂的**否定理論**，即由靈性主義的反對者所提出的理論對，或許不失為一個有用的方法。我們已經在《靈性之書》的前言和結論，以及名為《何謂靈性主義？》的小冊子中對這些反對意見進行了駁斥。所以本書中將不再一一贅述，只用幾句話來概括反對意見所根據的理由。

靈性現象分為兩種：一種涉及物理影響，另一種涉及智慧影響。即然靈性主義的反對者不相信靈性的存在——不相信除了物質以外的任何事物——所以不難理解他們也會否認智慧影響。至於物理影響，反對者們從自己的角度進行了評論，其論點可以歸納為以下四種理論。

38. **江湖騙子理論**：不少反對者將物理影響歸因於欺騙，因為他們中的一些人可能會被模仿。這種假設將所有的靈性主義者都變成了招搖撞騙之人，將所有的靈媒都變成了江湖騙子，甚至全然不顧及這些人的身份、性格、智慧和榮譽。如果說非要做出某種回應，我們會反駁說，舞臺魔術師也會模仿其中的一些物理現象，這並不能證明有任何事物違背了真正的科學。此外，有的人在性格中絕無半點欺騙之嫌，若不是缺乏禮貌和有失教養，誰也不敢當面指責其是江湖騙子的同謀。在一個非常體面的聚會場所，有位一位自認為風度翩翩的紳士進行了一次這樣的觀察，女主人對他說："先生，如果你不滿意，可以在門口拿回你的錢。"她指著門口，暗示怎麼做對他才是最好的。如果真如此，我們還真不得不相信人類是完美無缺的。然而相反的是，他們會濫用一切——甚至包括最神聖的東西。那為什麼有些人不同樣去濫用靈性主義呢？事實是，某些東西可能會被錯誤利用，但這並不是一個人過早對其做出不利判斷的理由。我們可以通過行為背後的動機來判斷一個人是否誠信。如果無利可圖，自然就沒有弄虛作假的動機。

39. **瘋狂理論**：出於優越感，有的人無視任何欺騙之嫌，聲稱那些未被別人愚弄的人是自我欺騙的受害者，這無異於稱其為蠢貨。但如果懷疑者不那麼圓滑，他們會直截了當地說，這只是一個簡單的瘋狂案例，然後便會毫不客氣地自封為"世人皆醉我獨醒"。對於那些想不出更好理由的人，這就是他們的主要論據。況且，這種形式的批評由於其自身的輕浮而被證明是愚蠢的，根本不值得浪費時間去反駁。再說，也鮮有靈性主義者會受到它影響。他們勇敢地走自己的路，想到在不幸之中仍有許多德高望重之人與自己同伴同行，他們便甚感欣慰。事實上，人們不得不承認，這種瘋狂——如果可以被這樣認為的話——具有一種奇怪的特徵：它貌似偏愛最開明的個人階層，即靈性主義目前所認為的絕大多數信奉者。如果他們當中有少數怪人，那麼這些人對靈性主義的威脅並不比宗教狂熱者對宗教、旋律狂人對音樂、或數學狂人對數學的威脅更大。任何一個體系都有自己的狂熱者，故切勿隨意混淆被誇大的體系和體系本身。至於如何從更廣泛的層面來解決這一問題，建議讀者參考《何謂靈性主義？》的小冊子或《靈性之書》"前言"第十五節。

40. **幻覺理論**：還一種觀點是要求將這些現象歸因

於感官的幻覺，由於其從科學上來說存在一定的細微差別，所以不那麼令人反感。如此以來，觀察者本身或許抱有善意的初衷，但他們看到的東西並非真實存在。當他們看到桌子上升並懸浮在空中，而且沒有任何可見的支撐，這意味著桌子實際上是沒有移動的。他們在空中看到的景象是由於某種幻覺或某種難以克服的效應所導致的，就像我們看到一顆星星或其他物體在水中的倒影一樣，它似乎已經偏離了其真實的位置。這或許有可能，但是那些親眼目睹過這一特殊現象的人能夠肯定桌子的確是懸空的，因為他們能夠從桌子下面走過去，假如桌子沒有離開地面，那麼這將是相當困難的。此外，在很多時候，被舉起的桌子一旦砸到地板上就會斷裂。難道這也可能是一種視覺錯覺嗎？

鑒於某種眾所周知的生理原因，我們無疑能看到一些根本不動的東西在轉動，或者覺得自己在旋轉，但實際上我們是站著不動的。然而，當幾個人圍著一張桌子，而桌子被某種快到難以跟上的運動所拖動著——有的人甚至被撞倒了——難道他們能像一個相信自己看到自己的房子從眼前飛過的酒鬼一樣突然克服眩暈嗎？

41.　　肌腱斷裂理論：如果視覺是這樣的情況，聽覺也不會有什麼不同。但當所有的叩擊聲都被一群人聽到時，就不能合理地將其歸因於聽覺錯覺了。而且我們已經完全摒棄了欺騙的概念，因為細心的觀察已經證明其不涉及任何偶然性或物質性的原因。

的確有一位元學問淵博的醫生根據自己的觀點對這一問題作出過武斷的解釋[1]："原因在於腓骨肌腱的

自願或非自願收縮。關於這一問題，他用最完整的解剖學細節來演示產生這些劈啪聲的機制，模仿鼓的敲打，甚至演奏有節奏的詠歎調。他因此得出結論，那些在桌子上聽到叩擊聲的人要麼是惡作劇的受害者，要麼是錯覺的受害者。這一事實本身並無新意。遺憾的是，對於那個聲稱這一發現的創立人而言，他的理論並不能解釋所有的情況。首先我們要說明的是，有人天賦異稟，能讓腓骨肌腱或任何其他肌腱隨意發出劈啪聲或演奏詠歎調，這些人都是特異生物，相反，使桌子發出劈啪聲是非常常見的，擁有這種能力的人很少有能力做其他的。其次，這位博學的醫生忘了解釋以下幾個問題：一個人靜止不動，離桌子還有一段距離，他的肌腱發出劈啪聲時如是何產生振動的——這種振動可以通過觸摸感覺到；參與者是如何在桌子、其他傢俱、牆壁、天花板等不同地方隨意聽到劈啪聲的；最後，肌腱的作用又是如何延伸到一張根本沒有被接觸到的桌子上，並讓它自己移動的。此外，如果這一理論真的能對任何事情作出解釋，那麼它只會使叩擊聲現象失效，卻並不會適用於其他所有的通靈方式。因此，我們的結論是，這一理論的創立者並沒有看到所有事物，或者沒有對所有事物進行充分的觀察就妄加判斷。令人遺憾的是，在研究其不熟悉的課題時，科學家們總是急於給出與事實不符的解釋。他們自身所擁有的知識應當使他們在判斷時更為謹慎，尤其是在這一知識拓展至未知領域時。

42.　　物理原因理論：從現在開始，我們將把絕對否認理論拋諸腦後。在承認了這些現象的真實性之後，那些目擊這些現象的人首先想到的自然是將這些運動歸因於磁力運動、電流運動或某種流體的作用，即某種特殊的物質和物理原因。這個理論並沒有什麼不合理之處，如果將這一現象局限於純粹的機械效應的話，它是很具有說服力的。在某些情況下，這一點甚至得到了更有力的佐證，因為這種現象的威力會因為在場人數的眾多而進一步增加——每個人都可以看成是人類電池的一個元件。正如我們曾經說過的，一個理論之所以成其為一個真正的理論，在於它能夠解釋所有的事實。只要有一個事實與之相矛盾，就說明它是錯誤的、不完整的或過於死板的——正如這個例子中所體現的。這些運動和叩擊聲顯示了智慧的跡象，它們服從於意志，並能對思想作出反應。如此一來，它們的背後必定存在著智慧的原因，既然結果不再僅僅是物質的，那麼原因本身也就必然是物質以外的東西。因此，由物質仲介所產生的**排他性**作用這一理論被排除在外，而如今重新湧現的只有那些尚未看到任何東西**就事先做出判斷的人**。所以，關鍵的一點在於要證明某種智慧行為，在於這一觀點要能夠說服任何想要仔細觀察的人。

43. **反射理論**：一旦認識到這其中涉及到智慧行為，就必須確定智慧的來源。人們可能會認為這是靈媒或者參與者自身的智慧，就像光或聲波的反射作用一樣。這是完全有可能的，只有經驗才能最終對這一問題作出最後的判定。然而，不久之後，我們便注意到，這一理論完全已脫離了任何純粹的唯物主義思想；要間接地複製參與者的智慧，就必須承認人類中存在著某種獨立於其有機體的本源。

　　如果所表達的思想總是參與者的思想，那麼反射理論便能得到證實。但即使減少到這樣的比例，這一現象不也是最令人感興趣的嗎？如果思想能在某個惰性物體中產生迴響，並將其轉化為運動和聲音，那不是件很了不起的事嗎？這其中難道不會有什麼東西引起學者們的好奇心嗎？既然如此，那為什麼那些竭盡全力去尋找神經纖維的人會如此鄙視這一話題呢？

　　正如我們所說的，只有經驗才能對這一理論作出最後的判定，可經驗證明事實恰恰相反，因為在每個案例中，即使是最正面的事實也表明，通過這種方式所表達的思想不僅有異於參與者的思想，而且往往是與參與者的思想全然相反的。這否認了所有的先入之見，也挫敗了所有的期望。事實上，當我本人心裡想的是"白色"，可得到的回答是"黑色"時，我無法相信這竟然是我自己的回答。如果所表達的思想與參與者的思想相同，在這種情況下，有的反對者就認為其找到了佐證。但這除了證明參與者可能會像進行通靈的智慧一樣思考之外，這又能證明什麼呢？我們並沒有說兩者之間一定是不同的。在談話過程中，如果對方表達了與你相似的想法，你會說他或她的想法是來自你的想法嗎？只需要舉幾個得到了充分證明的反例就能夠證明這個理論是有失偏頗的。

　　此外，如何根據思想反射理論來解釋不知道如何書寫的人卻能寫出字來；如何解釋文盲給出的回答竟然達到了哲學的最高境界；如何解釋靈媒能夠對非語言的心理問題做出回答，或者能用自己不知道的語言來進行回答；或者如何解釋其他無以數計的能證明顯靈智慧存在獨立性的事實案例？如對此有任何相反的意見，只能說是觀察不足。

如果根據回答的性質，可以證明在外部智慧的精神存在，那麼根據直接書寫的現象，即在完全不接觸以及採取了各種預防措施來避免任何欺騙的情況下，不用鋼筆或鉛筆也能自發地進行書寫，則可以證明外部智慧的物理存在。這一現象的智慧特徵是勿庸置疑的；所以，這其中所涉及的不僅僅是簡單的流體作用。此外，表達的思想所具有的自發性不僅獨立於所有的預期，同時也獨立於任何既定的問題，故而不能將其視為對參與者思想的一種反射。

在某些情況下，反射理論是相當不討人喜歡的。如果一群誠信的人在一次聚會上意外地接收到了一個相當令人反感的資訊，將責任歸咎於其中一人是極不得體的，而且毫無疑問，每個人都會立即否定這一觀點。（見《靈性之書》"前言"第十六節）。

44. **集體靈魂理論**：這是前一個理論的變體。這一理論認為，只有靈媒的靈魂才能真正表達自己，但靈媒將自己的靈魂與許多既有可能在場，也有可能不在場的其他人的靈魂聯繫在一起，從而形成了一個將每個人的天賦、智慧和知識彙聚在一起的**集體**。然而，對於在一本名為《**光明**》[2]的小冊子中所揭示的這一理論，其風格似乎相當晦澀。我們必須承認，對於從該書中所讀到的內容，我們其實理解得不甚透徹，是僅憑記憶引用的這本著作。此外，這一理論更多的只是代表了一種個人觀點——就像其他許多觀點一樣——它並沒有贏得多少追隨者。作者採用了埃馬·蒂普塞這個名字來指代其代表的集體存在。他的座右銘是：**沒有什麼隱藏的東西是不可以揭露的**。只不過，這一命題顯然是錯誤的，因為有無數的事物是人類無法知道，也不允許知道的。倘若有人聲稱自己能夠洞悉上帝的所有秘密，那就太自以為是了。

45.　　**夢遊症理論**：這一理論曾一度擁有眾多的追隨者，直至現在也依然為數不乏。就像集體靈魂理論一樣，這一理論認為所有的智慧通靈都來自於靈媒自身的靈魂或靈性。然而，為了解釋靈媒如何處理超出其理解範圍的問題，而不是將其視為一個集體靈魂，這一理論將其歸因於靈媒的心智慧力受到了短暫的過度刺激；換而言之，即處於一種能使其興奮並激發其智力的夢遊狀態或狂喜狀態。不可否認，在某些情況下，這樣的原因的確可能產生影響，但只要看過大多數靈媒的做法，就足以理解這一理論其實並不能適用於所有的情況——這只是例外，而不是常規。如果靈媒總是營造出某種幻想或狂喜的氛圍，這倒不失為一個答案，他們若想要上演一齣喜劇，完全可以完美地模仿出這樣的假像。然而，如果靈媒像一台機器一樣寫字，對自己所接受到的資訊毫無意識，沒有任何表情，也不關心自己在做什麼，完全處於一種漫不經心的狀態——甚至還會在做其他事情的同時放聲大笑，請問他們的靈感是從何而來的？人們或許能理解思維的過度興奮，但卻無法理解它是如何讓那些不懂寫字的靈媒寫字，更不用說通過叩擊聲或借助占木板或籃子來傳遞資訊了。在撰寫本書的過程中，我們將看到哪些原因必須歸結於靈媒的思想影響。然而，通過確鑿的跡象揭示外部智慧的案例是如此之多，如此之明顯，以致於它們可以毫無疑問地證實其真正的起源。對於靈性主義創立之初所出現的理論，其錯誤大多在於僅憑一些孤立的事件就得出了普遍的結論。

46.　　悲觀主義、妖魔或惡魔理論：這裡，我們將介紹另一種思想體系。既然已經證明了外部智慧的介入，那麼就有必要去瞭解它的本質。最簡單的方式莫過於是直接詢問，但有人認為這還不夠穩妥；相反，他們更願意將所有的顯靈現象視為魔鬼的傑作。在他們看來，只有魔鬼才能用這種方式進行通靈。儘管這一理論現在鮮有人接受，但鑒於那些試圖傳播這一理論的人所具有的特殊品質，它曾一度受到某些人的認可。具有諷刺意味的是，惡魔理論的追隨者並不應當視為靈性主義的反對者，事實恰恰相反。無論是惡魔還是天使，進行通靈的始終是無形的存在；因此，承認惡魔的顯靈，就等同於承認與無形世界溝通的可能性，或者至少與那個世界的一部分進行溝通的可能性。

　　　　儘管可能不合理，但相信這種通靈是惡魔的專屬產物也並不是不可能的，前提條件是只要認為靈性是在人類範圍之外被創造出來的存在。然而，既然我們知道靈性只是亡者的靈魂，那麼這一理論就徹徹底底地失去了它的權威，甚至失去了它成為真理的可能性，因為它意味著所有的這些靈魂都是惡魔，無論是父親的靈魂、孩子的靈魂、或朋友的靈魂，而且一旦我們死去，我們也會變成惡魔。因此，對許多人來說，這不是一個非常討好或令人慰藉的學說。你很難讓一位母親相信，她失去了一個可愛的孩子，這個孩子在死後前來向她證明了自己對母親的情感，表明了自己生前的身份，可實際上卻是個不折不扣的魔鬼。的確，有的靈性是相當邪惡的，他們只配被稱為**惡魔**，原因很簡單：有的人非常邪惡，死亡也沒能讓他們立即進步。問題在於要知道是否只有他們才能和我們通靈。對於相信這一理念的人，我們不妨問問以下幾個問題：

1）世上是否既有善良的靈性，又有邪惡的靈性？

2）上帝比邪惡的靈性——或者說惡魔（如果你們想這麼稱呼的話）——擁有更強大的力量嗎？

3）確定只有邪惡的靈性才能通靈，就等於說善良的靈性不能通靈。如果真是這樣，那這要麼是對上帝旨意的體現，要麼就是對上帝旨意的違背。若是後者，就意味著邪惡的靈性比上帝擁有更強大的力量。若是前者，那為什麼上帝不允許善良的靈性去通靈，以抵消其他靈性的影響呢？

4）你們能舉出什麼樣的證據來證明善良的靈性是不可能進行通靈的？

5）當我們將一些通靈所顯露的智慧呈現在你們面前時，你們卻認為這是魔鬼使用了各種各樣的面具，目的是為了更好地引誘我們。我們發現有些偽善的靈性很擅自于用智慧的外衣粉飾自己的語言，但你們真的以為無知可以模仿真正的智慧，邪惡的本性可以模仿美德而不露出馬腳嗎？

6）既然只有魔鬼才能通靈，而魔鬼又是上帝和人類的敵人，那麼為什麼靈性會建議人們向上帝祈禱，服從於神的意志，忍耐生活的磨難而不抱怨，不追求榮華富貴，以及踐行仁慈和基督的所有箴言；總而言之，盡一切可能摧毀魔鬼的帝國？假如所有這些忠告都是由魔鬼提出來的，那麼我們必須認同一點，即不管魔鬼有多麼狡猾，他也不會蠢到說要來對付自己。[3]

7）如果靈性能夠通靈，那是因為這是上帝所允許的。既然能同時接受到善良與邪惡的訊息，那麼，認為上帝允許邪惡的靈性來考驗我們，同時也允許其他靈性給我們提出明智的忠告，這不是更合乎邏輯嗎？

8）如果一個父親任由自己的孩子受到不良榜樣和建議的擺佈，完全棄自己的孩子于不顧，而且還禁止他們去尋找可以幫助其遠離邪惡的人，你們會作何感想？我們是否應該相信，上帝，這位至善至美的神，會去做一個好父親或者其他人都不會去做的事情？

9）教會確認了聖母和其他聖徒通過幽靈、異象、口頭交流等形式的顯靈現象所具有的真實性。而這一理念不是正好與只有惡魔才能交流的教義相矛盾嗎？

我們相信，有的人是誠心誠意地提出這一理論的，但我們也相信，很多人這樣做的唯一目的是為了阻止人們參與這樣的事情，因為人人都會接受到邪惡的資訊。他們說只有魔鬼才會顯靈只是為了嚇唬人，就像嚇

第四章：理論

唬小孩一樣："別碰那個；你會被燒傷的！"也許這個意圖是值得稱讚的，但它並沒有達到其本身的目的，因為越是禁止某些東西，就越會引起人們的好奇，而對魔鬼的恐懼只是阻止了少數人而已。事實上，他們中的大多數人其實很希望能夠見到魔鬼，也許沒有別的原因，只是想看看魔鬼長什麼樣，他們會驚奇地發現魔鬼長得並不像他們想像的那麼醜陋。

難道這一理論的背後沒有更深層次的動機，即交流完全來自于魔鬼自身嗎？有的人認為，凡是和自己想法不同的人都是錯的。難道那些認為靈性交流是魔鬼傑作的人不用擔心靈性會不認同他們的觀點嗎，尤其在是涉及這個世界的問題，而不是另一個世界的問題時？既然他們無法否認這些事實，所以他們就試圖以一種盡可能令人恐懼的方式來陳述這些事實。然而，這種方法所產生的結果並不會比其他任何方法更好，一旦對荒謬的恐懼變得無力，最好的方法莫過於讓事情順其自然。

如果一個穆斯林聽到靈性說的某些話違反了《可蘭經》的律法，他必然會認定那是一個邪惡的靈性。同樣的，猶太人發現靈性違反了《摩西律法》的教義時，也會如此。至於天主教徒，我們聽到過其中一位說交流的靈性是**魔鬼**，因為他對世俗的權力[a]有著不同的看法，儘管這個靈性只宣講了仁慈、寬容、愛鄰、棄俗，所有這些都與基督所宣揚的箴言如出一轍。

既然靈性只是人類的靈魂，而人類是不圓滿的，那麼有理由認為，同樣也有不圓滿的靈性，而它們的性格必然會體現在交流當中。不可否認，我們必須防範邪惡、狡猾和極其虛偽的靈性。然而，僅僅因為這個世界上有一些乖張之人，我們就有理由逃離社會生活了嗎？上帝賜予了我們用於評判靈性和人類的理性和洞察力。為了避免靈性主義在踐行過程中可能帶來的不便，最好的方法是不要去禁止，而是去澄清。假想的恐懼只能產生短暫的印象，它難以影響到每一個人，而相反，清晰呈現的真相反倒能贏得所有人的理解。

47. **樂觀主義理論**：除了那些將靈性現象完全視為魔鬼產物的理論，還有一些人認為靈性現象只是善靈的傑作。這類理論的出發點基於這樣一個原則：靈魂一旦脫離物質，便蛻下了任何一種面紗，所以其必定擁有至高無上的知識和智慧。然而，盲目相信無形世界的存在擁有絕對優勢，這已成為了導致許多人受到無數欺騙的根源。他們必須以自己為代價，學會不去信任某些靈性，就像學會不去信任某些人一樣。

48. **統一靈性或單一靈性理論**：各種各樣的樂觀主義理論認為，只有一個靈性能與人類交流，這個靈性就是**基督**，即地球的守護者。然而，如果這種交流是輕浮和淺薄的，是令人厭惡和粗鄙的，是充滿惡意和怨恨的，人們卻依然認為這可能來自於上神的靈性，那就是一種不敬和褻瀆。如果那些相信這一理論的人只接受無懈可擊的交流，那麼我們就能接受他們的幻覺。但他們大多宣稱自己曾經收到過極其邪惡的資訊，並試圖將其解釋為這是善良的靈性通過向其口述荒謬之事以對其進行考驗。因此，有的人將所有的交流全部歸因於魔鬼，認為魔鬼會以花言巧語來誘惑人們；而有的人則相信只有耶穌才能自我顯靈，但耶穌會通過邪惡的話語來考驗人們。對於這兩種截然不同的觀點，該如何來做出判定呢？常識和經驗。我們之所以要借助於經驗，是因為持有這種排他性觀點的人不可能對所有的事物都進行充分的驗證。

我們若將這種已確認了身份的案例擺在他們面前，即通過書面交流、視覺交流以及其他方式的交流證明了親戚、朋友或熟人的在場，他們會回答說這總是同一個靈性：有人認為是魔鬼，有人認為是基督——二者皆會模仿所有的形式。但是他們並沒有給出任何理由來解釋為什麼其他的靈性不能交流，或者說為什麼真理之靈會在虛假的外表下欺騙我們，為什麼他會去欺騙一位可憐的母親，假裝是她正在哀悼的孩子。理性拒絕承認，最神聖的靈性會來上演這樣一出暗黑的喜劇。此外，如果否認可能存在任何其他形式的交流，豈非摒棄了靈性主義最善良的特點：安慰受苦之人？我們只能說，這樣的理論是不合理的，是經不起認真檢驗的。

49.　多重靈性或多元靈性理論：我們前面研究的所有理論，包括那些否認靈性現象的理論，無一例外都存在著觀察不全面，或對觀察解釋不合理的問題。如果一棟房子一面是紅牆，另一面是白牆，單看其中一面的人肯定會認為這棟房子要麼是紅的，要麼是白的，如此以來，這即對，又不對。可凡是見過這棟房子兩面的人都會說這房子是紅白相配的，這也是唯一知道真相的人。關於靈性主義的觀點也是如此：它們可能在某些方面是正確的，但如果它們以偏概全，以點蓋面，那麼它們就是錯誤的。這就是為什麼我們說，想要認真研究這門科學，必須花費很長的時間進行大量的觀察，因為只有通過較長的時間才能確認細節，才能注意到微妙的細微差別，才能觀察到無數猶如明亮的光芒一樣閃耀的典型事例。然而，如果僅僅停留在表面，就會讓自己過早做出錯誤的判斷。

讓我們對這一問題進行全面的觀察，然後來看看所獲得的普遍性的結果，這會讓我們從此樹立起靈性具有普遍性的信念，因為上面所列的具有局限性的理論無非是一些孤立的觀點：

1）靈性現象是由超物質智慧，即靈性所產生的。

2）靈性構成了無形世界，且無處不在；他們居住於無窮空間；有的靈性不斷地圍繞著我們，而我們始終與他們保持著聯繫。

3）靈性不斷地作用於物質世界和精神世界，他們是大自然的力量之一。

4）靈性並不是作為一種獨立的存在類別被創造出來的：他們是那些曾經生活在地球或其他世界上的人的靈魂，已經褪去了物質皮囊。因此，男人和女人的靈魂都是靈性的化身，其死後又變成了靈性。

5）世上有各種等級的靈性，有善良的，有邪惡的，有智慧的，也有愚昧的。

6）靈性服從于進步的規律，所有靈性都可以達到圓滿，但這取決於他們如何運用自己的自由意志，根據其自身的努力和意志，靈性達到圓滿境界所需的時間

第四章：理論　　　　　　　　　　　　　　61

有長有短。

　　7）靈性的幸福與否取決於他們一生中行善作惡的多寡及其發展的程度；只有那些達到了最高淨化程度的靈性才能獲得圓滿而純粹的幸福。

　　8）在特定的環境下，所有的靈性都能向人類顯靈，能夠進行交流的靈性的數量是無限的。

　　9）靈性通過靈媒進行交流，靈媒是他們的工具和傳釋者。

　　10）人們可以通過靈性的語言辨別出靈性進化程度的高低：善良的靈性只會提出好的忠告，只說好的事情——方方面面都能證明其進步性；而邪惡的靈性只會欺騙人，他們所說的話無一不帶著破綻和無知的印記。

　　靈性通過不同的等級構成了**靈性的等級制度**（見《靈性之書》第二部分第一章第110節）。對這一分類體系的研究，對於評價顯靈靈性的本質及其善惡品質都是不可或缺的。

50.　　**物質靈魂理論**：這一理論只包含了一個專門關於靈魂本質的觀點，這一觀點認為靈魂和靈性包並非互不相同，或者恰好相反，靈性包就是靈魂本身，靈魂可以通過多次輪回而逐漸淨化，就像酒精可以通過多次蒸餾而進行提純一樣。然而，靈性主義學說認為，靈性包僅僅是靈魂或靈性的流態皮囊。既然靈性包是一種物質，儘管其極為虛無縹緲，那麼依據我們所討論的理論，靈魂的本質也或多或少具有物質性，具體取決於靈魂的淨化程度。

這一原則並不能否認靈性主義學說的任何一個基本原則，因為靈魂的命運是不會改變的。其未來獲得幸福的條件是完全相同的，靈魂和靈性包形成一個整體，稱為靈性，就像胚芽和外胚乳形成一個整體，稱為果實。整個問題可以歸結為把整體看成是同質的，而不是由兩個不同的部分組成的。

可以看出，這個問題其實無關緊要，如果我們沒有遇到有人想要看一看實際上只有寥寥數語解釋的新學派，我們也根本不會討論這個問題。這個理論受到了很大的限制，然而即使不是如此，也並不意味著靈性主義者之間存在分裂，就像關於光的發射或光的波動兩種理論並不意味著物理學家之間存在分裂一樣。有的人因為這樣一個幼稚的問題就想要分道揚鑣，這證明了重視附屬物更勝於重視原則本身，同時也證明了不善良的靈性在煽動他們鬧分裂，因為善良的靈性永遠不會想播下刻薄與不和的種子。有鑑於此，我們敦促所有真正的靈性主義者對要這些建議保持警惕，不要過分看重某些不值得關注的細節——核心才是至關重要的。

儘管如此，我們認為我們還是有必要提一提，認為靈魂和靈性包是兩種截然不同的本源，這一觀點所依據的是什麼。這是基於靈性自身所傳授的教義，就這一方面而言，他們從來沒有任何分歧。但我們所指的只是開明的靈性，因為大多數靈性往往並不比人類知道得更多，有的甚至人類所知更少，而這一對立理論是人類的一種觀念。我們既不是捏造虛構，也不是憑空想像出靈性包的存在來解釋靈性現象的。靈性包的存在是由靈

第四章：理論 63

性自己向我們揭示的，而且這一存在也通過觀察得到了證實（見《靈性之書》第 93 節）。對靈性感覺的研究進一步證實了這一點（見《靈性之書》第 257 節），尤其是涉及有形幽靈的現象，對於其他人而言，這意味著靈魂構成元素的固化和隨後的分解，以及因此導致的靈魂的紊亂。此外，我們還必須承認，這種能為人類感官所能感覺到的（幽靈的）物質其實就是智慧本源本身，將肉體和靈魂相混淆的荒謬性無異於將衣服和身體混為一談。至於靈魂最深處的性質，我們一無所知。當我們說靈魂是一種**非物質時**，我們應當從相對的而不是絕對的意義上去理解它，因為絕對的非物質是虛無一物的——然而靈魂或靈性仍屬於某種事物。因此，我們想說的是，靈魂的本質是高度進化的，因此絕對沒有類似於我們所說的物質本身的東西，這就是為什麼對我們來說它是非物質的（見《靈性之書》第 23 節和第 82 節）。

51. 以下是一位靈性對這一問題的回答：

"有些人所稱的**靈性包**其實等同於另一些人所稱的流態物質皮囊。為了能以最合乎邏輯的方式讓人們理解我，我想說的是，這種流體具有感官上的完美性，它是視覺和思維的延伸。但我所指的只是高度進化的靈性。

"至於不圓滿的靈性，他們則仍然為塵世的流體所浸潤，所以仍屬於你們所理解的物質。正是由於這一原因，這些靈性才會經歷高階靈性不會感受到的饑餓、寒冷等體驗，因為塵世的流體已經從高階靈性的思想，即靈魂中被蒸餾出來了。靈魂要進步是永遠也離不開某種介質的，沒有這一介質，靈魂對你們而言就什麼都不是，或者說，你們將就無法想像靈魂是什麼。我們這些游離的靈性將靈性包視為與你們進行交流的介質，無論是間接地通過你們的身體或靈性包進行交流，還是直接與你們的靈魂進行交流；所以說，靈媒和交流的方式具有無限的多樣性。

"至於科學的觀點，即而靈性包的本質，則是另一回事。首先，你們要瞭解它在邏輯上的可能性。這就涉及到關於流體性質的討論，目前還無法解釋這一問題，因為科學對此仍然缺乏充分的瞭解，但如果它想要跟上靈性主義的發展，這一問題最終會得到解決的。靈性包有可能擁有無限的差異和變化，而靈魂是智慧的——它的本質並不會改變。不要再繼續問這個話題了，因為這個問題目前還不能解釋清楚。難道你們沒有意識到，其實我也和你們一樣在調查此事嗎？你們研究的是靈性包，而我們現在研究的是靈魂。所以，不妨再等等。"

拉梅奈

如此看來，我們認為進化程度較高的靈性尚且未能探究清楚靈魂的本質，何況我們？因此，細究萬物起源是在浪費時間，正如《聖靈之書》（第17節和第49節）所教導的，那是屬於上帝的秘密。想要通過靈性主義來發現一般人類至今無法企及的東西，這將使人類偏離其真正的目標；就像一個孩子妄想擁有與成年人一樣淵博的知識。對人類而言，最重要的是要將靈性主義應用到自身的道德完善過程中；其他的一切只不過是全然無益的好奇心，而且幾乎總是包含著傲慢的意味，一旦滿足了這種心理，人類就會懶得再向前邁進一步。進步的唯一方法就是在道德上提升自我。

　　作為本書口述者和署名者的靈性證明了自己的睿智，他們尊重上帝不允許其擅自探究萬物起源所設下的界限，讓喜歡推斷和自以為是的靈性去承擔過早做出錯誤假設的責任，這種假設的蠱惑性遠遠超過了其嚴肅性，總有一天會像人類出現的其他思想一樣，在理性的抨擊面前而最終隕落。這些睿智的靈性只是對真正必要的問題進行了闡述，以便世人能夠理解等待他們的未來，從而鼓勵世人積極行善。（請參閱《靈媒之書》第一章第二節："靈性對物質的作用"）

■■■

[1]　喬伯特博士（德·蘭巴勒）。為了公平起見，我們必須聲明這一發現其實應歸功於希夫先生。喬伯特博士只是向醫學學會詳細闡述了這一後果，其目的旨在對靈桌發出叩擊聲的這一現象給予決定性的抨擊。所有細節詳見1859年6月的《靈性主義評論》——作者按。

[2]　"交流：靈性現象之光。占卜桌、夢遊者、靈媒、奇跡。靈性磁力：實踐信仰的力量。由名為艾瑪·蒂普塞的集體靈魂在占卜板上寫下的字。"布魯塞爾，1858年，德弗羅耶——作者按。

[3]　這一問題在《靈性之書》（參觀第128節）中有提到。不過，關於這個問題以及所以涉及到宗教的問題，我們建議您參考前法國領事格蘭特博士所著的《一位天主教徒關於靈性主義的信》，以及我們自己即將出版的《唯靈主義的矛盾——從宗教、科學和唯物主義的觀點來看》——作者按。

[a]　這是指教皇參與並決定世俗事務的權力——譯者按。

第二部分：
顯靈現象

第一章：
靈性對物質的作用

52. 既然我們已經否認了唯物主義理論，因為它既受到理性的譴責，也受到事實的抨擊，那麼我們現在必須確定，靈魂在死後是否能夠向生者顯靈。如此以來，將這一問題簡化為最簡單的表達方式，就變得非常容易解決了。首先，我們要問是的，為什麼在某種程度上生活在我們中間的智慧存在（儘管其本性是無形的）無法以某種方式讓我們感覺到它們的存在。常識告訴我們，這一想法並非完全不可能，至少其本身就是一個開端。此外，這一理念得到了所有文化的認可，因為我們發現它無處不在，無時不在。此外，一個直覺性的想法，若其背後沒有個中原因，是不可能得到如此廣泛的普及，或者一直流傳下來的。由於這一理念還得到過聖經和教會教父的證實認可，所以當前時代的懷疑主義和唯物主義將其歸入了迷信的範疇。因此，如果說我們犯了錯誤，那麼這些權威亦不例外。

不過，這些還只是哲學層面上的思慮。在一個和我們一樣積極上進的時代，人人都需要知道一切，人人都想瞭解所有事情的原委和運行的方式，而這其中有一個助長懷疑的最重要的原因。這一原因源於對靈性本質及其顯靈方式的無知。一旦人們理解了這一問題，這類顯靈現象便見怪不怪，並且變得符合自然事件的規律了。

53. 　　人們對於靈性的普遍觀念使得顯靈現象在一開始似乎難以為人所理解。如果沒有靈性對於物質的作用，這種現象是不可能發生的，這就是為什麼那些認為靈性完全缺乏物質性的人會堂而皇之地問靈性是如何能對物質產生作用的。然而，這恰恰是錯誤的，因為靈性並不是一個抽象的概念，而是一種明確的、有限的、受限制的存在。道成肉身的靈性包含了靈魂；但當其死後離開肉體時，靈性並沒有喪失其整個皮囊。所有的靈性都告訴我們，他們保留著人形，事實上，當他們出現在我們面前時，我們就是根據這一形態中認出他們的。

　　　　讓我們仔細研究一下他們剛剛離開塵世的那一刻。他們發現自己處於一種混亂的狀態；周遭的一切都變得模糊不清；他們會看到自己或完整，或殘缺的身體——這取決於死亡的方式；另一方面，他們覺得自己還活著；有些東西告訴他們，躺在那裡的那具身軀是屬於自己的，但是他們不明白自己如何會與自己的肉體分離。他們仍會看到自己原來的樣子，這種景象會在一段時間內讓某些靈性產生一種奇怪的錯覺：認為自己仍然活著。他們對於這個新的狀態缺乏足夠的經驗，無法完全相信當前的現實。然而，當這最初的困惑消散時，肉體便如破衣襤褸，他們從中解脫出來，不再想要了。他們會感到更加輕鬆，如釋重負。他們不必再承受任何肉體上的痛苦，能在空中飛升飄移令他們感到無比喜悅，就像他們活著時在夢中做過很多次那樣[1]。然而，儘管沒有了肉體，他們發現自己仍然保留了原來的個性。他們處於一種無憂無慮、自由自在的形態；最後，他們會恢復自我和個性的意識。從這一切，我們能得出什麼結論呢？靈魂死後並不會拋棄一切，而是會帶走一些東西。

54.　　大量的觀察和我們將在後面討論的確鑿事實表明，人類是由三大部分組成的：1）靈魂或靈性，即道德觀念所依賴的智慧本源；2）肉體、物質和緻密皮囊，靈性暫時將其作為一件衣服，以完成上天的旨意；3）靈性包，用於聯結靈魂和肉體之間的一種半物質流態皮囊。

　　　　死亡會破壞，或者說，分解靈魂所拋棄的緻密皮囊。而另一個皮囊則會跟著靈魂自行剝離，因此靈魂始終擁有一個皮囊。雖然這一皮囊在正常狀態下呈流體狀，虛無縹緲，如煙似霧，且無法為我們所見，但它仍然具有物質性，儘管到迄今為止我們還無法將其捕獲並對其進行分析。

　　　　所以說，靈魂的第二層皮囊，或稱**靈性包**，在俗世生命期間是一直存在的。它是靈性所感知到的所有感覺的仲介，靈性可以通過它將自己的意志傳遞給外部世界，並作用于身體的生理器官。以現實物質作一個類比，靈性包就像是用於接受和傳遞思想的電線。最後，這種神秘而難以察覺的物質也被稱為神經流——它在人體的有機運作中扮演著非常重要的角色——但這一因素在生理和病理現象方面還沒有得到充分的考慮。由於只考慮到了可稱量的物質因素，所以醫學在進行事實研究之初就已經自行排除了一個永久的作用原因。然而，這樣並不益於研究這一問題，我們只需要記住，瞭解靈性包是解答迄止尚未得到解釋的諸多問題的關鍵。

　　　　靈性包並不是科學為了試圖解釋某個事實所做

的一種假設。它的存在不僅是由靈性所揭示的，而且也得到了觀察的證實，對此，我們將有機會進一步證明。不過，為免日後遇到一些意想不到的問題，我們日前暫且這樣表述：無論靈魂在與肉體結合期間，還是與肉體分離之後，它都永遠不會與靈性包分離。

55. 我們以前曾其它地方說過，靈性猶如火焰，宛若火花。這是指靈性本身是一種智慧和道德本源，但我們並不知道如何為其指定一個特定的形狀。然而，無論其進化程度如何，靈性始終包裹著一層皮囊或靈性包，隨著靈性的不斷淨化及其等級地位的提升，這層皮囊或靈性包也會變得越來越虛無空靈。因此，對於我們來說，形態的概念與靈性的概念是如此的密不可分，以致我們無法摒棄其中一個來設想另一個。故靈性包是靈性的組成部分之一，正如身體是人類的組成部分之一。然而，靈性包並不等於靈性，正如身體本身並不等於人類一樣，因為靈性包是不具有思考能力的；相反，它對靈性的作用就像身體對人的作用一樣：是活動的介質或工具。

56. 靈性包的形態即為是人類的形態，當其出現在我們面前時，它通常與我們所知的處於物質生命狀態的靈性具有相同的形態。這就是為什麼我們可能會認為，即使與肉體的所有組成部分斷開了聯結，靈性包也一定會以某種方式仿效肉體，並在此之後依然保留其形態。然而，情況似乎並非如此。除了一些細節上的差異以及根據生活環境的需要在生理器官上所做的改變外，人類的形態與所有星球上的居住者幾乎是完全相同的——至少從靈性來看是如此——這也是所有脫離肉身，只擁有靈性包的靈性所具有的形態。此外，世代沿襲下來的天使或純潔靈性的形態也是如此。為此，我們只能得出這一結論，即人形是所有人類的典型形態，無論其等級高低。然而，靈性包這種虛無縹緲的物質並不像肉體的緻密物質那樣持久或者僵硬。我們可以說它是靈活的、可延展的，這也是為什麼靈性包所假定的形態——儘管是對肉體的精確複製——並不是一塵不變的。它可以根據靈性的意志自由地變幻形態，靈性可以隨意地賦予其任何想要的外觀，而物質皮囊則會以不可戰勝的阻力與其對抗。

一旦從壓抑自己的阻礙中掙脫出來以後，靈性包就會膨脹、收縮或改變自身的形態；換句話說，它會根據作用於自身的意志進行各種變形。正是由於具有流態皮囊的這一特性，靈性才能在必要時通過再現其處於物質生命狀態時所具有的外觀以亮明自己的身份，甚至可以展現出代表其身份標誌的相同生理缺陷。

總之，靈性是如我們一樣的存在，是生活在我們周圍的一個群體，他們在正常狀態下是隱形的——之所以說正常狀態，是因為正如我們即將看到的，這種隱形並不是絕對的。

57. 現在，讓我們再來看看靈性包，因為這對於我們後續的闡述至關重要。我們已經說過，儘管靈性包具有流體形態，但仍是由一種物質構成的，這種物質使得可觸摸的幻象成為可能，我們稍後還將對這一問題進行討論。在某些靈媒的影響下，我們曾看到過顯靈的手的，它具備了活人的手所具有的所有特性——溫暖、可觸摸、具有實物特有的阻力，而且能抓住旁觀者——但會像影子一樣突然消失。這些手具有智慧行為，在進行某些動作時會明顯服從於某種意志（甚至能在樂器上演奏曲調），這證明它們屬於某種隱形智慧存在的可見部分。它們的可觸性、溫度和產生的感覺，甚至能在皮膚上留下明顯的痕跡（我們親眼所見），能進行讓人產生疼痛的拍打或輕柔的愛撫，這無一不證明了它們是由某種物質構成的。此外，它們具有瞬間消失的能力，這表明這種物質極其微妙，其特性就像某些能在固體和流體之間進行自由轉換的物質一樣。

58. 對於靈性的終極本質，即思維存在的終極本質，我們一無所知。靈性只能通過自身的作用來揭示自己，而這些作用又只能借助於某種中間類型的物質來打動我們的感官。因此，靈性需要通過物質才能對物質起作用。靈性起作用的直接工具是靈性包，正如一個人起作用的直接工具是身體一樣，如我們剛才所見，靈性包本身的確是由物質所構成的。作為中間介質的靈性包擁有宇宙流體，這是一種載體，其作用就像我們自身通過膨脹、壓縮、推進或振動等方式作用於空氣，以產生一定的效果一樣。

從這一角度來看，靈性可以作用於物質的事實是很容易為人們所接受的。由此，不難理解，這種作用所產生的效果完全符合自然事件的規律，並沒有什麼不可思議之處。它們之所以看上去具有超自然性，只是因為人們不明白其個中原委；一旦瞭解背後的原因，它們便不再匪夷所思，因為這完全可以歸結于靈性包所具有的半物質特性。我們可以將這一切視為一種新的自然規律，一種用於解釋事物的新的律法，不久以後，就不會有人再對此感到驚奇，就像現在沒有人會對只用幾分鐘就能通過電力實現遠距離通訊感到驚奇一樣。

59. 也許有人會問，靈性如何能夠借助這種微妙的物質作用於沉重而緻密的物體，例如如何舉起桌子等等。科學家當然不會提出這樣的異議，因為即使不考慮這種新的物質肯定具有某些未知的特性，難道我們就沒有親眼見過類似的例子嗎？難道人類工業沒有在最稀薄的氣體和最不可稱量的流體中發現最強大的動力嗎？當我們看到空氣能推翻建築，蒸汽能推動龐大的物體，氣化的爆破炸藥能將巨石炸飛，電能襞樹穿牆，那麼，接受靈性能利用其靈性包舉起桌子這一事實又有好奇怪的呢，尤其是在明白了靈性包具有可見性、可觸性以及類似於實物的特性之後？

■■■

[1] 有人引用了我們在《靈性之書》中針對睡眠期間的夢境和靈性狀態（第 400 節至第 418 節）所做的闡述，他們需要瞭解的是，幾乎每個人在夢中都會夢到自己在天上飛來飛去，這其實是靈性在脫離其肉體後所體驗到的感覺記憶，靈性在脫離其肉體後呈流體狀，這也是其死後所保留的形態。因此，這類夢境可以讓我們大致瞭解靈性脫離束縛它的枷鎖後所具有的狀態——作者按。

第二章：
物理顯靈現象和桌靈轉

60.　　物理顯靈現象是指那些能讓感官產生感知效果的現象，例如噪音、實物的運動和位移等。有些是自發的，即獨立於任何人類意志的，有些則是可以人為誘發的。首先，我們只考慮後者。

　　最簡單的效果，也是最早被觀察到的效果之一，是桌子的圓周運動。使用其它物體也能產生這一效果，但由於桌子是最常用的物品，因而最為方便，所以"**桌靈轉**"這一名稱已成為了這類現象的常用代名詞。

　　我們說這種效果是最早被觀察到的現象之一，是僅就現代而言的[a]，因為人們自古以來就已經知道了各種各樣的顯靈現象——這是肯定的。既然這屬於自然產生的效果，那麼必然在各個時代都會發生。德爾圖良[b]曾明確地提到過會旋轉和說話的桌子。

　　曾幾何時，這種現象曾是各種沙龍裡的趣味娛樂活動，但後來就不再風靡而為其它消遣所替代，因為它實際上也只算得是一種消遣。桌靈轉之所以受到冷落有兩大原因：對於輕浮的人來說，這不過是一種時尚，而連續兩個冬天玩同樣的遊戲是算不上時尚的；但事實上，這項特殊的娛樂活動盛行了三到四個冬天！然而，對於認真的人和觀察者而言，其原因更為嚴肅——他們之所以冷落桌靈轉，是為了專心投入對桌靈轉所產生的更為重要的後果進行研究。為了追求科學，他們放棄了使用字母的最初階段；這就是這種顯而易見的摒棄背後所隱含的全部原因，對此，嘲笑者們非議紛紛。

無論是哪種情況，桌靈轉始終代表著靈性主義學說的一個起點，正因為如此，我們必須對它進行更深入的討論。通過最簡單的方式對靈性現象進行表達，有助於更好地研究靈性現象的原因，而一旦建立起了一個理論，它就能為我們解釋更複雜的效果提供一把鑰匙。

61. 為了產生這一特殊的現象，需要一個或多個具有特異稟賦的人參與。這些人被稱為**靈媒**。其它參與者的人數無關緊要，但他們當中必須要有靈媒，但靈媒對於這一事實並無所知。對於不具有通靈能力的參與者來說，他們的在場不會產生任何影響，甚至可能是有害無益的，因為這些人通常會表現出其心理傾向。

從這方面而言，靈媒促使這一現象發生的能力有大有小，因而產生的效果也會有大有小。能力極其強大的靈媒通常勝過二十多個能力較弱的靈媒，對於前者而言，只需其將手放在桌子上，就足以使桌子立即開始移動、漂浮、轉圈、跳動或劇烈地旋轉。

62. 通靈現象沒有外在表徵，只有通過經驗才能看得出來。在需要這種體驗的聚會中，所有人都必須圍坐在桌子旁，雙手平放在桌子上，不要有任何壓力或肌肉運動。由於一開始並不瞭解這一現象的原因，所以採取過許多後來被認為是完全無效的預防措施；例如：讓男女間隔著交替而坐，或者讓參與者的小手指勾在一起，以形成一個完整的鏈條。後一種預防措施貌似有必要，因為人們相信有某種電流參與其中，但後來的經驗表明這是沒有用的。唯一必須具備的真正條件是專注和絕對的沉默，尤其是效果顯現得很慢時，要有耐心。這種效果有可能在幾分鐘內顯現，也有可能需要半個小時甚至一個小時才能顯現；這取決於參與者的通靈能力。

63. 有一點我們要補充的是，桌子的形狀和材質、是否有金屬、參與者衣服上的絲綢、日期、時間、光線明暗等因素都沒有影響，下雨或好天氣也沒有影響。只有桌子本身的重量可能有所關係，但也只涉及靈通能力不足以移動桌子的情況。有時一個人——甚至一個孩子——就能夠舉起一張重達200磅的桌子，而在條件不太好的情況下，12個人甚至連一張小桌子都搬不動。

待實驗準備就緒並開始出現跡象時，通常會聽到桌子裡面發出輕微的劈啪聲，桌子在移動前能感覺到它在振動；它看上去像是努力地要從地板上掙脫出來。隨後，桌子開始旋轉，並有可能逐漸加速，直至快到參與者都難以跟上的程度。一旦桌子開始運動，參與者甚至可以離開桌子，桌子會繼續向各個方向移動。

有時，桌子會從一條腿傾斜到另一條腿，然後輕輕地恢復其自然的狀態。還有的時候，它會前後搖擺，左右晃動，仿佛在模仿一艘船的運動。最後，還有一些情況——但這需要非常強大的通靈能力——桌子會完全從地板上升起，在沒有任何支撐的情況下懸浮在空中，有時甚至會升到天花板上，下面還可以過人。然後，它會像紙片一樣在空中飄動，輕輕地落下來，或者猛地掉在地上被摔碎。這是不存在視覺錯覺的明顯證據。

64. 　　根據靈媒的性質，還有可能出現一個常見的現象，即木頭的中心發出叩擊聲，是在木頭裡面，桌子本身並沒有任何運動。這種叩擊聲有時很弱，有時很響，而且還有可能傳到房間裡的其它傢俱、門、牆和天花板上（我們很快就會就這一問題進行討論）。當桌子裡面發出這種叩擊聲時，會產生一種手指可以感覺到的震動，如果將耳朵貼在桌子上，這種震動會變得格外明顯。

∎∎∎

[a] 　本書著於十九世紀末——譯者按。

[b] 　昆圖斯·塞普提米烏斯·弗洛倫斯·德爾圖良諾斯，西元 160 年—西元 230 年，迦太基神學家——譯者按。

第三章：
智慧顯靈現象

65. 關於我們前面所研究的事件，其中並不一定表明存在某種隱藏力量的參與。這一結果或許可以合理地解釋為某種電流、磁流或某種流體的作用。事實上，這也是針對這一現象給出的第一個解釋，當然，人們可以認為這是非常合乎邏輯的。如果沒有其它事實證明這種解釋存在著不足之處，那麼它無疑會佔據上風。這些事實證明了通過這一現象所揭示的智慧。此外，每一個智慧的結果都必然有一個智慧的原因，所以很明顯，即使承認了電流或其它某種流體參與其中的可能性，這其中仍然存在著另一個原因。這會是什麼呢？這種智慧又為何物？這就是進一步觀察所揭示的。

66. 要在特定的顯靈現象中顯現智慧的存在，其不一定非得是令人信服的、聰明的或明智的。它所需要的只是能自由和自願地行動，能揭示某種意圖或對應某種想法。當我們看到一個風向標在風力的作用下運動時，我們知道其只受到了機械衝擊的作用，但如果我們發現這種運動存在著明顯的目的性，例如會遵從我們的指令快速或緩慢地向左或向右旋轉，那麼我們必須承認這並不是風向標本身擁有智慧，而是它在服從於我們的智慧。在桌子上發生的事情也是如此。

67. 我們曾經見過一張桌子在一個或多個靈媒的影響下移動，飛到空中並發出叩擊聲。最初觀察到的智慧效果是桌子會服從於下達給它的指令。桌子沒有移動，而是交替地站立在指定的桌腿上。接著，當桌子回到地面上時，它會發出一定次數的叩擊聲來回答特定的問題。有時，在沒有任何人碰它的情況下，桌子也會自己在房間裡四處移動，或左或右，或前或後，以執行參與者所要求的各種動作。很明顯，我們可以排除一切欺騙的嫌疑；我們確認參與者擁有無可質疑的忠誠度，因為他們全部都是德高望重、公正無私的人。我們後面將對欺騙問題進行討論，防範欺詐須謹慎。

68. 通過叩擊聲——主要是在木頭裡面發出的聲音，我們前面已對此做過討論——我們觀察到了智慧程度更高的現象，例如模仿擊鼓，用銼刀或槍排打步槍，射擊大炮，拉鋸子，敲錘子，演奏有節奏的詠歎調等。所以說，這是一個有待研究的完整而廣泛的領域。進一步的推論是，如果真的有某種隱形智慧的存在，它或許能對問題做出回答，事實上，它的確會根據所發出的叩擊聲的次數來回答"是"或"不是"。但鑒於這兩種回答非常具有局限性，所以又創建了一個系統性的方法，即通過一定次數的叩擊聲來對應字母表中的每個字母，從而構成單詞和句子。

69. 既然每個國家都有成千上萬的人隨意地重複著這類事件，所以其無疑具有智慧的性質。當時有人創立了一個新的理論來解釋這類事件，即將顯靈的智慧歸因於靈媒、觀察者，甚至是參與者。然而，難點在於如何解釋這種智慧能在桌子的內部體現出來，以及其如何通過叩擊聲來進行交流。既然叩擊聲並不是由靈媒發出的，那麼它們必定是由思想產生的，但由於思想能以某種方式產生這類叩擊聲，說明這與其它已觀察到的事件相比是一種更為顯著的現象。只是沒過多久，經驗就否認了這一理論。事實上，這些回答往往與參與者的想法完全相反，而且超出了靈媒的智力範圍；它們甚至會說靈媒體不知道的語言，或者涉及任何參與者所不瞭解的事實。這樣的例子比比皆是，以至於幾乎人人都有過不止一次親眼目睹通靈現象的經歷。這裡我們只舉一個例子，這是由一名目擊者向我們講述的情況。

70. 在一艘駐紮在中國周邊海域的法國皇家海軍艦艇上，全體船員，從海員到船長，都喜歡玩桌靈轉來自娛自樂。有一次，他們決定召喚兩年前在這艘船上去世的一名中尉的靈性。這位中尉的靈性做出了回應，在經過幾次通靈後，令所有人吃驚的是，他通過叩擊聲的方式說出了下面的話："我請求你們給船長付……（他表示了金額），這我欠他的，很遺憾死前沒能把這筆錢還給他。"這件事甚至沒有人知道。順便說一句，船長本人已經把那筆金額極小的借款忘得一乾二淨了。但在檢查了自己的財務記錄後，船長發現中尉欠款的帳目與所說的金額完全一致。現在我們要問的是：在這種情況中所體現可能是誰的思想？

71. 利用這種基於叩擊聲的字母系統進行通靈方式最終得到了完善，只不過使用起來總歸是非常麻煩的事情。儘管如此，我們還是通過了一些冗長的通靈和有趣的啟示瞭解到了靈性世界的情況。這種方法還衍生出了一些其它方法，筆仙通靈也因此應運而生。

對於這種通靈方式，最初是在一張小桌子上進行的，桌上放著一張紙上，然後張上放著一支鉛筆。在靈媒的影響下，這張小桌子開始勾畫出幾個字母，接著開始寫出單詞和句子。這一過程逐漸簡化，先是使用更小的專門用來放手的桌子，後來又換成了小的籃子和紙箱，最後變成了簡單的占卜板。寫的字又流暢、又快速、又簡單——仿佛是用手寫的——但後來人們才意識到，所有這些東西只不過是手的延伸而已：簡單的鉛筆支架，是完全可以省略的。事實上，只有靈媒自己的手會不自覺地受到推動，並在靈性的影響下寫出字跡，但這並不需要靈媒在思想或意志上的配合。自此之後，與亡者通靈就變得像生者之間的日常交流一樣簡單。

對於這些不同的方式，我們還需要再次討論，以對此做出更詳細的解釋。這裡，我們先進行一個大致的介紹，以揭示導致有隱形智慧，即靈性參與的通靈現象的一系列事件。

■■■

第四章：
物理顯靈現象的解釋

. 運動和懸空；噪音
. 物體重量的增減

運動和懸空；噪音

72. 　　我們已經通過推理和現象證明了靈性的存在，及其對物質產生作用的可能性，現在我們必須確定這種作用是如何產生的，以及它們是如何讓桌子和其它惰性物體發生移動的。

　　　　我們曾經一度支持過這個自然而然形成的觀念。然而，靈性對此提出了異議，並給我們提供了一個完全不同的解釋——一個完全出乎我們預料的解釋；此外，他們給出的解釋顯然並非源自於我們（其它人也有可能跟我們最初的想法相同）。至於靈性的解釋，我們認為是其它任何人所沒有想到過的。當然，我們不難看出，靈性的解釋雖然也很簡單，但比我們自己的解釋要優越得多，因為它為諸多缺乏合理解釋的其它事件提供了一個答案。

73. 　　在瞭解了靈性的本質及人類形態、靈性包的半物質特性、靈性對於物質的機械作用、流態幽靈的出現，甚至是能夠舉起和移動物體的可觸摸的手的出現等等相關知識後，這一切使得我們理所當然地相信靈性只需要用手就能轉動桌子，而且相信靈性是用其手臂舉起的桌子。但如果真是如此，又需要靈媒做什麼呢？難道靈性不能自己行動嗎？由於靈媒的手放在桌上的位置往往與桌子的運動方向相反，或者根本就沒有把手放在桌子上，所以他們顯然無法通過任何肌肉運動來協助靈性。那麼，讓我們先來看看我們所詢問的那些靈性對這件事有什麼看法。

74. 　　名為聖·路易士的靈性給出了下面的回答，這些回答後來又得到其它靈性的印證：

　　1）宇宙流體是神的氣息嗎？

　　"不是。"

　　2）它是神創造的嗎？

　　"除了上帝以外，萬物都是神創造的。"

　　3）宇宙流體就是宇宙本源嗎？

　　"是的，它是萬事萬物的本源。"

　　4）它與我們所熟悉的電流有關係嗎？

　　"它是電流的本源。"

　　5）宇宙流體是如何以最單純的形式呈現在我們面前的？

　　"要擁有絕對的最單純的形式，必須進化成純潔的靈性。但在你們的世界裡，靈性為了形成你們周圍的緻密物質，總是需要做出不同程度的改變。儘管如此，可以說靈性處在名為活化磁性流的流體中時最接近其最單純的形式。"

　　6）有人說，宇宙流體是所有生命的源泉。那它

第四章：物理顯靈現象的解釋

也是所有智慧的源泉嗎？

"不是。這種特殊的流體只賦予物質以生命。"

7）既然靈性包是這種流體形成的，那它看上去像某種凝聚物，在某種程度上，這使得其接近於物質本身。

"正如你所說的'在某種程度上'，因為它並不具備物質本身所擁有的全部屬性，它的凝聚程度有大有小，這取決於不同世界的性質。"

8）靈性是如何移動一個實物的？

"靈性會將一部分宇宙流體與靈媒釋放出的流體結合起來，這樣就能移動實物。"

9）靈性能用自己已通過某種方式實物化的手臂舉起桌子嗎？

"對於你們想要知道的事情，並不在這個問題的答案中。當一張桌子在你的手底下移動時，那是因為被召喚的靈性吸收了足夠的宇宙流體，從而為桌子注入了仿造的生命。通過這種方法讓桌子準備就緒之後，靈性就能運用自己的意志發散出自身的流體，並通過流體的作用吸引和移動桌子。如果想要移動的物體對靈性而言太過沉重時，靈性也會向具有類似特徵的其它靈性求助。由於靈性的虛無本質，如果沒有某種媒介，即將靈性與物質聯繫起來的紐帶，靈性本身是不能作用於緻密物質的。這個紐帶就是你們所稱的靈性包，它是所有物理顯靈現象的關鍵。我相信我已經把這件事解釋得很清楚，很明白了。"

我們想提醒大家注意這句話："對於你們想要知道的事情，**並不在**這個問題的答案中。"這位靈性心裡很明白，前面所有的問題都是為了引出第9問。他所指的是我們的思想，事實上我們已經預料到會有不同的回答，即這將證實我們自己關於靈性移動桌子的方式所持有的看法。

10）靈性會求助於進化程度較低的靈性嗎？他們是奉命行事嗎？

"他們通常是等級相當的，而且是自願來的。"

11）所有靈性都能製造出這種現象嗎？

"製造這種現象的靈性往往進化程度比較低，尚未完全擺脫物質的影響。"

12）我們理解高度進化的靈性可能並不關心比他們等級低的靈性，但是我們想知道如果他們願意的話，是否有能力這樣做，因為畢竟他們的去物質化程度更高了。

"他們擁有精神力量，就像其它的靈性擁有物理力量一樣。如果他們需要後者，他們就會去雇傭那些擁有物理力量的人。我們不是說過他們利用低階靈性和你們雇用搬運工的方法是一樣的嗎？"

我們前面說過，靈性包的密度——如果可以這麼說的話——會因為世界性質的不同而存在差異。即使在同一個世界，它貌似也會因個體的不同而存在差異。靈性**道德進化**程度越高，靈性包就越空靈，就越接近高階靈性的靈性包。相反，低階靈性則更偏向於物質性，正由於這一原因，才會使這類靈性持久地保留著俗世生命的錯覺，他們會像生前一樣思想和行動，擁有相同的願望，甚至可以說擁有同樣的感官享受。這種靈性包的密度使得其對物質具有更大的吸引力，這也是低階靈性更擅長於物理顯靈的原因所在。這就好比一個身體纖弱而優雅的人習慣於腦力勞動，卻不能像搬運工那樣扛起沉重的貨物。此人身體的物質沒那麼密實，各個器官沒有那麼有彈性，神經流也沒有那麼旺盛。靈性包對於靈性的意義就像身體對人的意義一樣。靈性的純潔性越低，則靈性包的緻密性越大；因此，這種緻密性相當於肌肉力量，它相較於本質更為空靈虛無的靈性，能對實現這類顯靈所需的流體施加更強大的力量。如果進化程度更高的靈性想要製造出這樣的效果，他會像我們當中虛弱的人所做的那樣：雇用**靈性以作為交易**。

13) 如果我們對你剛才所說的話理解無誤的話，那麼生命原力是存於宇宙流體中的。靈性能從這種流體中吸取半物質皮囊，以形成自己的靈性包，並通過這種流體對惰性物質產生作用。是如此嗎？

"是的，這意味著靈性能賦予物質以一種仿造的生命：即在物質中注入動物生命。在你手底下移動的桌子具有動物般的生命，而且能服從智慧存在的自身意志。靈性本身並沒有像推動某種重物一樣地去推動桌子，當桌子升到空中時，也不是靈性用手臂將它舉起來的；相反，是被賦予了生機的桌子受到了靈性的衝動驅使。"

14) 靈媒在這一現象中起什麼作用？

"我已經說過，靈媒自身的流體是與靈性所積累的宇宙流體相結合的。為了賦予桌子以生命，需要將活化流體和宇宙流體聯結起來。但不要忘記，這個生命只是短暫的。它會隨著流體作用的終止而終止，通常是在整個過程全部完成之前——直至流體的數量不再足以賦予桌子以生機。"

15) 靈性能否在不求助於靈媒的情況下起作用？

"靈性可以在靈媒不自覺的情況下起作用；換句話說，會有很多人說明靈性製造某些現象，但他們對此甚至對毫無猜疑。這些人就像噴泉一樣，靈性能從中吸取其所需的生命流體。所以如你所知，靈媒的自覺參與並不一定是必要條件，尤其是對於自發現象而言。"

16) 擁有生命力的桌子是否具有智慧？它能思考嗎？

"物體本身並不能思考；它就像一根拐杖，你可以借用它來給別人發出一個智慧信號：它被賦予的生命力使其能夠服從背後的智慧衝動。你應該知道，移動的桌子並不會變成一個**靈性**，它既沒有思想，也沒有意志。"

我們在日常用語中經常會使用類似的表達：當一個輪子快速旋轉時，我們說它是被快速運動**所啟動的**。

17) 產生這種現象的主要原因是什麼：是靈性本身，還是流體？

"靈性是原因，流體是工具。兩者不可或缺。"

18) 在這種情況下，靈媒會扮演什麼樣的角色？

"召喚靈性，並協助靈性推動流體。"

- 靈媒的意志總是必不可少的嗎？

"靈媒的意志能加強力量，但並不一定是必不可少的，因為運動可能是在不顧或違背靈媒意志的情況

第四章：物理顯靈現象的解釋

下產生的——這進一步證明了獨立原因的存在。"

要讓物體運動，並不總是需要手與物體發生接觸。大多數情況只需要提供最初的衝動，但是當物體被賦予生機後，則可以在沒有任何物理接觸的情況下服從意志。當然，這取決於靈媒的力量或參與靈性的性質。此外，即使是第一次接觸也不一定是必需的。對此，我們的證據來自于自發性運動和非人為主動造成的位移。

19）為什麼不是每個靈性都能產生同樣的效果，為什麼不是所有的靈媒都具有同樣的力量呢？

"這取決於物理成分，以及流體結合的難易程度。此外，這還取決於靈媒和靈性彼此之間吸引力的大小，因為靈性需要在靈媒中找到所需的流態能量。就像磁性人一樣，這種能量是有大有小的。在這方面，我們發現有的人對這一過程是完全抗拒的；有的是需要動用自己的意志才能促成流體的結合；而還有一些則發生得如此自然，以至於靈媒自己完全沒有意識到這一點，正如我們剛才所說的，在這種情況下，靈媒充當著未知的工具。"（請參見下文中關於"自發性顯靈現象"的章節）

毫無疑問，磁力是這些現象背後的原理，但這並不像人們通常認為的那樣。我們有充分的證據證明，即使強大的磁性人也無法移動一張小小的桌子，而完全不知道何為磁化效應，僅僅是將自己的手指放在一張大桌子的人——甚至是孩子——卻能夠讓桌子搖來晃去。所以，如果通靈能力不依賴於磁力，那麼其必定取決於其它方面的原因。

20）帶電者可以被視為靈媒嗎？

"這些人可以從自身內部吸取產生現象所需要的流體，可以在沒有靈性的幫助下自主行動。他們本身並不是確切意義上的靈媒。但也許會有靈性幫助他們，並利用其天生的能力。"

這些人就像夢遊者一樣，無論是否有靈性的幫助，他們都可以自主行動。（請參見下文第十四章"靈媒"中關於夢遊者的內容）

21）在作用于實物時，靈性是穿透實物，還是停留在實物之外？

"兩者皆有。我們已經說過，物質對於靈性而言不再成其為阻礙，靈性可以穿透任何東西。可以說，代表靈性身份的靈性包會有一部分穿透物體。"

22）靈性是如何產生叩擊聲的？需要借助於實物嗎？

"不會。就像他們不會用自己的手臂舉起桌子一樣，你需要知道的是，他們並沒有可以用來產生叩擊聲的錘子。相反，他們的'錘子'實際上是一種組合的流體，通過這一流體，他們可以運用自己的意志來移動物體或產生叩擊聲。當他們移動物體時，你會因為光線的傳播而看到物體的運動；當他們產生叩擊聲時，你們會因為空氣的傳播聽到聲音。"

23）如果我們面對的是一個堅實的物體，這一點不難理解，但靈性如何能讓我們憑空聽到噪音或清晰的聲音呢？

"既然靈性能對物質起作用，那麼也必然能對空氣起作用，就像能對桌子起作用一樣。至於發出清晰的聲音，那是因為靈性能夠模仿這種聲音，就像能模仿其它所有噪音一樣。"

24）你說過靈性不會用自己的手來移動桌子，但在某些視覺顯靈事件中，的確出現了可以彈奏鍵盤的手，也的確是手在按動琴鍵並發出聲音的。在這種情況下，琴鍵的運動難道不是由手指的壓力所導致的嗎？當我們感覺到他們觸摸我們，甚至在皮膚上留下痕跡的時候，他們的手指所產生的壓力難道不是直接而真實的嗎？

"你們不能僅僅通過比較來理解靈性的本質和作用方式，比較只會讓你們形成一個不完整的概念。將靈性的作用方式與你們的作用方式進行比較，這永遠是錯誤的。靈性必然會至始至終按照他們的組織行事。難道我們沒有說過，靈性包的流體會穿透物質並與之相一致，從而賦予物質以仿造的生命嗎？那麼，當一個靈性用手指彈奏鍵盤時，他的確有這麼做，但並不使是用肌肉力量來按動琴鍵的。相反，就像桌子一樣，靈性能賦予鍵盤以生命，讓鍵盤聽從自己的意志，並振動琴弦。在這種情況下，還會發生一些你們難以理解的事。與高度進化的靈性相比，某些靈性的進化程度較低，且物質性較高，以至於他們仍然保留了俗世生活的錯覺，認為自己仍能向身在肉體時一樣行事。他們沒有意識到自己能產生影響的真正原因，就像一個普通人不理解自己能發出聲音背後所隱含的理論。如果你們問這樣的靈性如何能彈鋼琴，他們會說用自己手指，因為他們自己就是這麼以為的。他們甚至會在完全不自知的情況下本能地產生這種效果；儘管如此，這實際上仍然是靈性自身意志的體現。無論是他們什麼時候說話，還是發出聲音，這並無任何區別。"

由此，我們可以理解，靈性可以產生人類自身所能產生的一切效果，但其實現的方式是與靈性的組織保持一致的。他們擁有某種內在的力量來代替我們的肌肉，就像不會說話的人用手勢來表示一樣。

25）在被證明有某種隱藏力量發揮了作用的現象中，有一些明顯地違背了所有已知的自然規律。故對此表示質疑是否正確？

"人類恰恰遠遠不瞭解所有的自然規律；如果他們瞭解了這些規律，就意味著他們是高度進化的靈性。相反，每天都會有實例來反駁那些自以為無所不知的人，那些試圖對自然施加限制的人，那些實事上對自己不甚滿意的人。通過不斷揭示新的奧秘，上帝在警告人類不得對自己的所知過度自信，因為總有一天，**最博學多識的人也會感到困惑不解**。在日常生活中，你們難道沒有見過物體被某種能夠克服重力的運動所推動的例子嗎？難道拋向空中的球不能暫時克服這個作用力嗎？可憐的人們啊，你們以為自己很有學問，時時刻刻被愚蠢的虛榮心所糊弄，但你們一定要認識到，人類依然很渺小！"

75. 上面的解釋說得很清楚，很直接，也很明確。在這裡，我們需要強調的一個重點是，承載著生命本源的宇宙流體是實現顯靈的主要介質，這種介質能夠接收到靈性的衝動，無論是道成肉身的靈性，還是脫離肉身的靈性。這種凝聚的流體構成了靈性的靈性包或半物質皮囊。道成肉身時，靈性包與肉體的物質相聯結；而在游離狀態下，靈性包則是自由的。當靈性道成肉身時，其靈性包的物質會或多或少地受到束縛，或者說或多或少地存在著依附性。在某些個體中，鑒於其物理組成的特殊性，這種流體會散發出某種氣體，準確地說，這種物理組成就是產生物理效應的媒介。這種活化流體散發的數量多少及其結合的容易程度取決於媒介的力量。但這種散發並不是永久的，所以這種能力具有間歇性。

76. 我們不妨來做個比較。當我們想要敲擊某個位於遠處的物體時，我們首先是思想上想這麼去做，但是思想本身並不能實現我們的意圖。我們需要一個可供我們思想指揮的仲介：一根木棍、一枚炮彈，一股氣流等等。此外，還需要注意的是，我們的思想並不能直接作用於木棍，因為如果我們不去觸摸它，它就不會自己行動。我們的思想，即道成肉身的靈性，會通過靈性包與肉體結合，沒有靈性包，就無法對肉體產生作用，正如沒有身體的幫助，就不能作用於木棍一樣。因此，靈性作用于靈性包，即與靈性最為接近的物質。然後，靈性包作用於肌肉，肌肉又使得手能夠拿起木棍，木棍便能擊中目標。在其脫離肉身時，靈性需要借助一種工具，即流體，以使物體執行自己的意志衝動。

77. 所以，當一個物體被移動、舉起或拋向空中時，靈性並不會像我們那樣用手去抓、去舉或去扔。可以說靈性是用自己的流體，結合靈媒的流體去**充盈**物體。因此，物體會在短時間內被活化，但不同的是它並沒有自己的意志，而是服從於靈性的意志衝動。

因此，在靈性的推動下，生命流賦予了惰性物體以仿造而短暫的生命。既然靈性包就是這種生命流體，所以道成肉身的靈性會通過自己的靈性包賦予自身的肉體以生命，並在其組織允許的情況下保持與肉體的結合狀態。一旦肉體死亡，靈性就會全身而退。所以，如果我們用一個木制雕像代替桌子，並像我們在桌子上所做的那樣，我們就能讓雕像四處移動並發出叩擊聲來回答我們的問題；換句話說，我們就能在短時間內賦予雕像以仿造的生——除了會說話的桌子，我們還能得到會說話的雕像。對於迄今為止無以數計的未解之謎而言，這一解釋堪稱一道曙光！它為了無數的寓言和神秘的結果提供了答案！

78. 儘管擁有了所有的證據，懷疑者仍會加以反駁，他們認為桌子懸空現象在沒有支撐的情況下是不可能實現的，因為它違反了萬有引力定律。首先，我們要回答的是，否認本身並不是證據；其次，如果這種現象是真實的，而它在某種程度上違背了所有已知的定律，那麼這只能證明一件事：這種現象源於某種未知的定律，而否認這一事實的人並不能聲稱自己掌握了所有的自然規律。我們剛才已對這個未知的定律進行了解釋；但懷疑者並不會贊同這一解釋的充分性，因為他們認為這一解釋是來自於已經脫下了俗世外衣的靈性，而不是那些仍然衣冠楚楚並在學院佔有一席之地的"靈性"。所以說，如果阿拉戈的靈性在生前就揭示了這條定律，人們一定會盲目地接受，但如果是其死後才揭示得這條定律，那就純粹是無稽之談了。原因何在？因為他們認

第四章：物理顯靈現象的解釋

為既然阿拉戈已經去世，那麼他所相信的一切也會永遠隨之而亡。對於這些人，我們無意勸服；但由於這一反對意見可能堆疊使某些人感到不安，所以我們將設法從他們的角度來作出回答，也就是說，我們暫且把仿造生命的說法放在一邊。

79. 當一個人用真空泵在玻璃鐘中製造真空時，玻璃鐘會粘在底座上，由於空氣壓力的作用，所以不可能把它打開。如果重新放入空氣，玻璃鐘就能很容易地鬆開，因為氣壓已經恢復到了平衡狀態，如果不動玻璃鐘，由於重力定律，玻璃鐘會一直留在木板上。但如果玻璃鐘內部的氣壓大於外部的氣壓，玻璃鐘便會克服重力的影響而上升。如果對其施加一股快速而有力的氣流，玻璃鐘會懸浮於空中，沒有任何**可見的**支撐，就像在噴泉上旋轉的玩具娃娃一樣。所以，為什麼在桌子周圍所凝聚的宇宙流體——**所有物質的基本元素**——不能在不違背重力定律的情況下，增加或減少桌子的相對重量，就像空氣對於玻璃鐘，或氫對於氣球的作用一樣呢？你瞭解這種流體所具有的所有特性和全部能量嗎？不瞭解。那麼，就不要因為你無法解釋某一事實就否認它。

80. 讓我們重新回到對桌子移動的解釋。如果一個靈性能按照所示的方式舉起一張桌子，那麼他也能舉起其它任何東西：比如一把扶手椅。如果靈性能舉起扶手椅，那麼若用足夠大的力氣，他也能舉起一張坐著人的扶手椅。如此，我們便為由霍姆先生[a]和其它人重現過千百次的這一現象提供了一個解釋。在最近一次去倫敦時，他再次重現了這一現象，為了向觀眾證明他們並不是視覺錯覺的受害者，他特地用鉛筆在天花板上做了一個記號，還讓觀眾從椅子下面通過。每個人都知道霍姆先生是一位元能夠實現物理顯靈且功力強大的靈媒。在這一案例中，他既是有效的原因，同時也是懸空物體本身。

物體重量的增減

81. 　　我們前面提到過一個物體的重量有可能增加，實事上，這種現象時有發生；而關於這一現象，並沒有什麼比大氣壓對玻璃鐘所產生的阻力更加奇特的。在某些靈媒的影響下，我們看到有些非常輕的物體具有同樣的阻力，然後又會然因為受到很小的力而發生彎曲。在玻璃鐘的實驗中，物體的實際重量與正常情況相比並無太大差異；它之所以看起來更重，是由於有外部原因的作用。桌子也有可能出現同樣的情況。桌子固有的重量是保持不變的，因為它的品質並沒有增加，只是有一個外力與桌子的運動產生了對抗。這一原因可能歸結于周圍穿透桌子的流體，就像玻璃鐘的原因是歸結於大氣壓力一樣。在一個沒有文化的農民面前做這個玻璃鐘實驗，他不會明白發揮作用的介質實際上是他看不見的空氣；要讓他相信這是魔鬼的傑作，這反而是很容易的事情。

　　　　　人們可能會認為，既然這種流體是不可稱量的，那麼流體的聚集也不會導致物體重量的增加。的確沒錯。但請注意，我們之所使用了"**聚集**"一詞，只是用來作比較流體和空氣的，而不是用來區分流體和空氣的。是的，這種流體或許是不可稱量的；但並沒有任何證據能證明這一點。我們對其本質一無所知，對其各方面的特性亦知之甚少。在瞭解空氣的重量之前，沒有人曾對這種影響的可能性產生過質疑。電也屬於不可稱量的流體；儘管如此，一個物體卻有可能被電流擊倒，無論誰想將扶起這個物體，都會遭受強大的阻力。如此以來，這一物體似乎變得更重了，但事實上只是由於沒有看到任何支撐的原因，如果因此而得出沒有支撐的結論，這是不合乎邏輯的。因此，靈性可能擁有我們所不瞭解的杠杆手段。大自然每天都在向我們證明，它不會局限於我們感官的見證。

　　對於一個擁有諸多類似例子的顯著現象，我們只能用類似的原因來解釋。例如：一位年輕嬌弱的女士，她只用兩根手指就能將一個身強體壯的男人連同他所坐的椅子一起舉起來，仿佛舉起一根羽毛一樣輕鬆。在這類現象中所表現出來的間斷性能力證明其原因對於擁有這一能力的人而言是外來的。

∎

[a]　丹尼爾·鄧格拉斯·霍姆（Daniel Dunglas Home）是擅長製造懸空現象的英國著名靈媒——譯者按。

第五章：
自發性物理顯靈現象

- 噪音、吵鬧和騷亂
- 物體的拋擲
- 瞬移現象
- 靈性關於瞬移的論述

噪音、吵鬧和騷亂

82. 我們前面所討論的現象通常是人為促成的；但這種現象有時也會在參與者毫無意願的情況下自發產生，事實上，它們的出現往往極不合時宜。此外，這種現象之所以不同於因對靈性觀念的過度狂熱而臆想出來的結果，是因為它們發生在甚至從未聽說過靈性主義的人中間，而且出現在最出人意料的時候。這些可以視為涉及自然靈性主義者實踐的現象具有非常重要的意義，因為它們完全排除了任何預謀設計之嫌。為此，我們建議，如果你關注靈性現象，就應當全方位地收集你所知道的所有資料，尤其是通過詳細的實例研究確認了真實性，並確保其不是簡單的錯覺或惡作劇對象的事件。

83. 在所有的顯靈現象中，最簡單和最常見的就是噪音和叩擊聲。然而，針對這類情況，我們尤其需要提防錯覺，因為有很多自然原因都可以導致這類現象的產生：風的呼嘯聲或敲擊物體的聲音、我們下意識移動物體時發出的聲音、某種音響效果、隱藏的動物、昆蟲等等——甚至有可能是低俗的惡作劇。此外，靈性噪音具有獨特的特徵，其強度和音調各不相同，這使得它們具有很強的辨識性，而不會與木頭的嘎吱聲、火焰的劈啪聲或時鐘沉悶的滴答聲相混淆。叩擊聲是乾巴巴的，有時低沉、微弱而輕快，有時響亮、清晰，甚至很嘈雜，它們會變換地方，不斷重複，毫無任何機械規律。控制叩擊聲，以便確認其起源的最有效的方法是使其服從於我們的意志。如果我們無論指什麼地方都能聽到這些聲音，如果它們能對我們的思想做出回應，重複我們所要求的次數，如果聲音能大能小，我們就不會否認其背後存在著一個智慧原因。儘管如此，缺乏這種反應也並不一定證明事實恰好相反。

84. 但在經過詳細的核實後，如果我們承認這種噪音或其它效果的確是真實的顯靈現象，那麼我們有理由對此感到害怕嗎？當然不會，因為這些案例並不具有危險性。只有相信魔鬼與之有關的人才會受到它們的不利影響，就像害怕狼人和妖怪的孩子一樣。我們承認，在某些情況下，這些顯靈現象的確會讓人感到非常不快和陰魂不散；因此，有過類似經歷的人自然希望擺脫它。因此，對於這一問題，需要作出解釋。

85. 我們曾說過，物理顯靈是為了引起我們對某些事物的注意，並使我們相信某種超人類力量的存在。我們還曾指出，高度進化的靈性並不會直接參與這些顯靈現象，而是利用進化程度較低的靈性來產生這些現象；正如我們利用僕人來做更繁重的工作一樣，高度進化的靈性這樣做正是為了我們剛才所說的目的。一旦達到這

第五章：自發性物理顯靈現象   103

樣的目的，則再無必要，顯靈現象也隨之終止。為了便於理解，我們將舉一兩個例子來進行說明。

86. 　　我涉及這一問題是在幾年前，當時我才剛開始研究靈性主義，有一天晚上，我聽周圍有一種叩擊聲持續響了四個小時。這種情況還是第一次發生。我確認這並不是偶然的原因，但當時的我所知寥寥。那時我經常去見一位出色的書寫型靈媒，所以第二天我就問這位靈性，是什麼原因導致了這些叩擊聲。這位靈性回答我說："那是你熟悉的靈性想要和你說話。""他想要對我說什麼？""你可以自己問他，因為他就在這裡。"於是我問他，對方便用了一個寓言中的名字來表明自己的身份（後來其它靈性告訴我，他的等級非常高，在地球上扮演著極為重要的角色）。他指出了我著作中的錯誤，並讓我找到了錯誤所在的**確切位置**。他向我提出了有用和明智的建議，並補充說，他將永遠與我在一起，而且只要我想，他會隨時回答我問的問題。從那時起，這位靈性就再也沒有離開過我。他為我提供了許多極有價值的證據，他**仁慈**和**有效**的介入幫助我解決了物質生活中的許多日常問題和形而上的問題。然而，自從第一次談話後，就再也沒過聽到過叩擊聲了。那他想要的到底是什麼呢？他希望能和我定期交流，但要做到這一點，就必須提醒我注意他的存在。這樣做之後，他解釋了自己的動機，我們建立了正常的關係——叩擊聲自然就再無必要了。就像士兵起床後，便不再需要敲鼓來喚醒他們一樣。

　　我們有一個朋友也遇到過一個非常相似的案例。

很長一段時間以來，他一直聽到房間裡有各種各樣的噪音，這令他非常苦惱。有一次他通過書寫型靈媒見到了自己父親的靈性，然後才知道那些靈性想要的是什麼。他滿足了那些靈性的要求，從此以後，便再也沒有聽到過那些噪音了。我們需要指出的是，那些定期通過簡單的方式與靈性進行交流的人很少會受到這種顯靈現象的影響，這其實不難理解。

87. 自發的顯靈現象並不總是局限於噪音和叩擊聲。這種現象有時會退變成真正的吵鬧和騷亂。傢俱和其它物體被打翻；各種各樣的炮彈被扔到房間外面；門窗被隱形的手打開和關閉，窗戶玻璃碎成一地——而這一切絕不是錯覺。

這種混亂的情景通常是非常真實的，儘管有時只是表面現象。隔壁房間裡可能會聽到吵鬧聲——餐具掉在地板上發出的撞擊聲，或者圓木滾來滾去的聲音。然後，等到有人跑去檢查時，卻發現一切都是平靜有序的；可人一離開房間，騷動又開始了。

88. 這種顯靈現象既不罕見，也不新鮮，在地方誌中也多有記載。毫無疑問，恐懼往往會誇大事實，當這些事情被以訛傳訛時，就會顯得極其荒謬可笑。在迷信的推波助瀾之下，人們將發生了這一現象的房子視為魔鬼出沒的地方；因此才有了各種荒誕可怕的鬼魂傳說。另一方面，騙子們也會抓住這一機會，利用人們的這種盲目輕信為自己謀取私利。即便在瞭解事實的真相之後，人們也肯定會產生一種，即這類事件只可能發生在那些容易受到迷信觀念影響的弱者身上。要避免這類事件可能帶來的麻煩（因為其無法防範），最安全的方法就是讓真相大白於天下。即使是最簡單的事情，如果不清楚其背後的原因，它們就會變得非常可怕。只有當人們最終對靈性有了廣泛的瞭解，當那些與靈性交流的人不再相信自己是在與一群惡魔打交道時，恐懼才會完全消失。

在《靈性主義評論》中，收錄了許多類似的真實事件，其中便有柏澤伯恩靈性的叩擊聲事件，其惡劣的影響持續了八年之久（1858 年五月刊、六月刊和七月刊）；迪貝爾多夫靈性事件（1858 年八月刊）；迪耶普附近的麵包師格蘭德斯-文特斯事件（1860 年三月刊）；巴黎諾耶斯街事件（1860 年八月刊）；卡斯特爾諾達裡靈性事件，標題為《被詛咒的故事》（1860 年二月刊）；聖彼德堡製造商事件（1860 年四月刊）等等，不一而足。

89. 這種性質的顯靈現象往往具有善意的強迫性。我們知道有六姐妹生活一起，好幾年來，她們每天早上醒來都會發現自己的衣服散落一地，有的藏在天花板上，有的被撕成碎片，儘管她們已經很小心地將衣服全部鎖起來了。人們經常遇到這種情況，自己躺在床上，**但完全清醒**，卻看到窗簾被掀開，或者自己的被子和枕頭被突然搶走，或者自己被舉到半空中，有時甚至被扔出床外。這類事件之多，已經超出了人們的想像，但大多數受害者會保持沉默，因為害怕被嘲笑。據我們所知，好些人因為經歷了這樣的事情而不得不接受專門針對精神病人的醫學治療，就好像他們真的產生了幻覺，而且最後真的失去了理智一樣。醫學無法理解這類事件，因為它只接受物質原因，而這導致了災難性的錯誤。歷史總有一天會對十九世紀的某些治療方法作出評價，就像今天會對中世紀的某些治療方法作出評價一樣。

當然，我們也承認這其中有的事件是出於惡意的或不懷好意的，但是這也足以證明其始作俑者並非人類，我們所能得出結論的是，這些現象有的源于於魔鬼，有的則源自於靈性。但這是哪些靈性呢？

90. 高度進化的靈性，正如嚴肅負責的人一樣，絕不會通過製造騷亂來消遣他人。我們經常採訪這類現象中的涉事靈性，詢問他們打擾別人休息的原因，發現他們大多只是想自娛自樂而已。這些靈性只是生性輕浮，而非邪惡，他們會為自己所引起的恐慌而放聲大笑，會嘲笑受害者在試圖找出騷亂原因時所做的徒勞的努力。他們常常會對某些人糾纏不休，隨時隨地為其製造麻煩，以此自娛自樂。有的靈性會長久地流連於某個地方，有時純粹是出於任性，有時則是出於報復，我們後面將會對此進行討論。不過，在某些情況下，靈性擁有更值得讚賞的初衷；他們之所想要引起別人對自己的注意並與對方建立聯繫，是為了向對方提出有用的忠告，或者是為自己提出某種要求。我們經常看到他們請求祈禱或履行他們無法履行的義務；有的靈性為了獲得內心的安寧，希望彌補他們生前犯下的錯誤。對靈性的出現心生恐懼往往是錯誤的，這可能只是時機不宜，但並不危險。

想擺脫靈性的願望是可以理解的，但過去的做法通常與正當的做法恰恰相反。在與那些只喜歡自娛自樂的靈性打交道時，他們越是受重視，就越是糾纏不休——就像調皮搗蛋的孩子一樣，誰越是不耐煩，就越是煩擾誰，誰越是膽小，就越是嚇唬誰。相反，如果人們對他們的滑稽行為嗤之以鼻，他們反倒會感到厭倦，還受害者以清靜。我們就認識這樣的靈性，你若不惱不怒，而是添油加醋，使喚他們做這做那，幾天後他們就會乖乖離開。但正如我們所說的，有些靈性的行為並不是出於那麼輕浮的理由。因此，最好是試著弄清楚他們究竟想要什麼。如果他們有什麼要求，當這一要求得到滿足時，他們就不會再登門拜訪了。獲取資訊的最佳途徑是通過一位有能力的書寫型靈媒來召喚他們。根據靈性的回答，可以判定他們的身份，並採取相應的對策。若是不幸的靈性，要仁慈對待，關照有加；若是騙人的靈性，可直接對付；若是邪惡的靈性，應向上帝祈禱，讓其棄惡從善。但無論哪種情況，祈禱都是有益無害的。反之，一本正經的驅魔公式只會引起靈性的嘲笑——這招對他們毫無影響。如果一個人能和靈性交流，就不應該隨意相信他們有時為了戲弄觀眾的盲目輕信而給自己取的或滑稽或嚇人的頭銜。

對於這一問題以及祈禱無效的常見原因，我們將在"鬧鬼之地"（第九章）和"迷惑"（第二十三章）中進行更加詳細的討論。

91. 儘管這些現象是由進化程度較低的靈性所產生的，但其往往是由等級更高的靈性所造成的，其目的在於證明非物質存在和某種超人類力量的存在。這類現象所產生的影響以及在人群中所造成的極大恐慌會引起人們對這一問題的關注，最終讓徹徹底底的懷疑者們大開眼界，這些徹徹底底的懷疑者原本認為這一現象不過是想像的結果——這不失為一個既簡便又容易找到共鳴者的解釋。但當物體被掀翻或扔向人們的頭部時，只有憑藉極其自以為是的想像力才會忽視這些事件的真實性。一個事件的發生顯然是有它的原因的，如果**根據冷靜而全面**的觀察顯示，這一結果不取決於任何人類意志或物質原因，而且有**明顯**跡象表明其存在自主智慧和自由意志——**最典型的特徵**——那就不得不將其歸結於某種隱形智慧了。但這種神秘的存在是什麼呢？靈性主義研究以無可爭議的方式揭示了這一點，也正是因為這一研究提供了與這些神秘的存在進行交流的方式。

此外，靈性主義研究還教會了我們如何去判斷非親眼見證的現象哪些是真實的，哪些是虛假的，哪些是誇大的。在出現某種奇怪的結果時——噪音、運動，甚至是幽靈等等——我們首先應當將其歸結于自然的原因，因為這是最有可能的原因。為此，我們在尋找其原因時必須格外謹慎，除非保持審慎明智的態度，否則不要隨意接受靈性的干預。這可以避免我們掉入錯覺的陷阱。例如，如果一個人在沒有任何人接近的情況下（就像曾經發生的那樣）就被一根棍子打了或拍了一下後背，他是不能懷疑世間有某種隱形存在的。

我們必須告誡自己，不要聽信那些或多或少有些誇張的報導，也不要輕信我們自己的印象，這樣我們就不會把一切難解之謎全部歸因於某種看不見的根源。

對於乍一眼看上去很離奇的結果，其實是由許多簡單和自然的原因所導致的，如果看到靈性在到處打翻傢俱，捅破窗戶，將家里弄得亂七八糟，這顯然是一種迷信的，或許這可以更合理地歸因於我們自己的粗心大意。

物體的拋擲

92. 對於惰性物體如何自然運動的解釋適用於我們剛才討論過的所有自發性結果。儘管它們的聲音比桌子裡的叩擊聲更響，但兩者的原因是一樣的。物體的拋擲和位移正是由把物體舉到空中的力所導致的。甚至還有一種情況支援這一理論。我們可能會問，在這些事件中哪裡有靈媒，而且靈性曾解釋說，一定有在無意識的情況下利用某人的力量。自發顯靈現象很少發生在偏遠之地，而是往往發生在有人居住的房子裡，這是由於有人在不自覺地施加了自己的影響。這些人就是靈媒，但他們對自己的能力毫不自知；因此我們稱之為**自然靈媒**。他們相較於其它媒介，就像自發性夢遊者相較於磁激性夢遊者一樣，都是值得研究的。

93. 在大多數情況下，具有特殊稟賦的人自願或非自願干預貌似是產生這些現象的必要條件，儘管有時在某些情況下，似乎是一個靈性在單獨起作用。然而，即使在這種情況下，靈性仍然可以從不在附近區域的人身上吸取活化流體。這就解釋了為什麼即使靈性一直在我們身邊，也不並會一直造成干擾的原因。靈性必須首先要有意願，而且還必須要有目的和動機，沒有這些，靈性不會有所行動。然後，靈性還必須在附近找到一個能夠幫助自己行事的人——這種巧合極少發生。如果有這樣的人突然出現，靈性就會利用這個機會。然而，即便滿足了這些有利的條件，靈性仍有可能受到上級意志的阻攔，上級意志可能不允許靈性按其意願行事，或者在認為顯靈有用的情況下——無論是旨在說服，還是作為對當事人的考驗——只允許靈性在一定的範圍內採取行動。

94. 針對上述問題，我們將引用一段1860年6月發生在巴黎諾耶斯街的談話。這一事件的詳情可參考1860年8月的《靈性主義評論》：

1)（對聖‧路易士說：）您能不能告訴我們，在諾耶斯街上發生的那件事情是真是假？我們毫不懷疑發生這種情況的可能性。

"沒錯，這些事件是真的，但出於恐懼或嘲弄，公眾的想像誇大了事實。儘管如此，我還是要重申，它們都是真實存在的。這些顯靈現象是由一個喜歡以消遣當地居民為代價自娛自樂的靈性所造成的。"

2) 屋子裡的人是不是導致這些現象的原因？

"之所以會出現這些顯靈現象，完全由於屋子裡有一個人不招靈性喜歡，所以靈性就附在了這個人身上。這個討厭的靈性不喜歡住在這裡的居民，想要搗亂，甚至想要把他趕出去。"

3) 我們想問的是，居民中是否有人具有自發和非自願的通靈能力，因此才產生了這些現象。

"這肯定是必不可少的條件，**如果不是這樣，**

就不會發生這些事情。靈性生活在自己選擇的地方。只要沒有人可供其使用，靈性就會一直無所作為，但一旦有這樣的人，靈性就會極盡可能地拿來消遣。

4）此人必須呆在這個地方是不可或缺的條件嗎？

"通常情況下是的，針對這一特殊情況也是如此。這就是為什麼我說，如果不是這樣，就不會發生這些事情。。但我並不想一概而論。事實上，在某些情況下，靈媒本身的存在並不是必要條件。"

5）既然這些靈性的等級較低，那麼當事人作為這些靈性的輔助者，其所具備的能力是否也有不好的含義？這是否表明其對這種性質的存在有一種親近感？

"不完全正確，因為這種能力來自於身體的傾向性。儘管如此，這通常表明了一種不宜擁有的物質傾向，因為一個人在道德上越進步，就越能吸引善良的靈性，而善良的靈性必然會擊退邪惡的靈性。"

6）靈性要到哪裡去尋找供其利用的物體？

"靈性往往能當地或附近找到這樣的物體。來自靈性的力量將物體拋向空中，然後任其隨意掉落。"

7）既然通常允許，甚至引起自發性顯靈現象的目的是為了說服懷疑者，所以在我們看來，如果這其中有些人本身就是他們的目標，那他們就會被迫屈服這一證據。人們經常抱怨沒有看到確鑿的事實。難道不能依靠靈性為他們提供顯而易見的證據嗎？

"難道無神論者和唯物主義者不是時時刻刻都在見證上帝的能力和思想的結果嗎？但這並沒有阻止他

們否認上帝和靈魂的存在。耶穌的神跡使其同時代的人皈依正道了嗎？難道對耶穌說"夫子，我們願您顯個神跡給我們看"的法利賽人不像那些要求你給他們展示顯靈現象的現代人嗎？如果他們不能被創造的奇跡所說服，就不會再受到靈性顯身的影響，即使是以最明顯的方式顯身，因為這些人已因為自己的傲慢而變成了冥頑不化之輩。只要真心尋找，他們會有許多機會目睹這類現象。這就是為什麼上帝認為為這些人所做的不應該超過上帝為那些真誠尋求自我教育的人所做的，因為上帝只獎賞那些心存善意的人。他們的懷疑並不會妨礙神聖旨意的實現。你們已經看到了，這並沒有妨礙這一學說的傳播。所以，不要擔心他們的反對，反對意見之於這一學說，正如陰影之於油畫：這是一種更偉大的解救。如果必須用武力說服他們，那他們的功德何在？上帝讓他們為自己的固執承擔責任，而這種責任比你想像的還要重。耶穌說，眼不見而信的人是有福的，因為他們不質疑神的大能。"

8）你認為召喚靈性並要求其作出解釋合適嗎？

"如果你想，可以召喚靈性，但這是低階靈性，其答案其實不足為憑。"

95. 與愛惹麻煩的諾耶斯街靈性的對話：

1）（召喚）

"你們為什麼叫我？你們想我朝你們扔石頭嗎？然後，讓我們看你們灰頭土臉地拼命逃跑！"

2）石頭你想扔多少就扔多少；我們也不害怕。

事實上，我們想看看你是否真的能扔石頭。

"嗯，也許我不能在這裡扔。你有一個把你看得牢牢的守護者。"

3）在諾耶斯街，有沒有人幫你搗鬼，幫你戲弄住在那棟房子裡的居民？

"當然有。我找到了一件非常好的工具，而且沒有博學、聰明、謹慎的靈性來阻止我，因為我很快樂，有時我喜歡自娛自樂。"

4）作你工具的人是誰？

"一個女傭"。

5）她在不知情的情況下說明你嗎？

"噢，是的！可憐的女孩！她最膽小了。"

6）你是不懷好意的嗎？

"我？我沒有針對任何人。只是那些總覺得自己必須插手一切的人會借此機會為自己謀利。"

7）你這話是什麼意思呢？我們不明白。

"我只是想找點樂子，而你們是要研究這件事，要找到一個證明我們存在的事實。"

8）你說你沒有任何惡意，可你把所有的窗戶玻璃都打碎了，這已經造成了真正的傷害。

"區區一件小事而已。"

9）你亂扔的東西是在哪裡找到的？

"到處都有。我在院子裡和鄰居的花園裡找到的。"

10）**全部**是你自己找的，還是有一部分是你自己做的？（參見第八章）

"我沒有創造或構造任何東西。"

11）如果你沒有找到這些東西，你自己能做出來嗎？

"那會比較棘手。但我們可以通過混合材料來做一些東西。"

12）現在你能告訴我們你是怎麼扔這些東西的嗎？

"哦，這很難說！我有借助那個女孩的電流成分，並將它和我的混合在一起，我的物質性較低。所以我們可以舉起這些東西。"

13）我想你應該會同意向我們介紹一下你自己的情況。首先說說你是不是很久以前就已經去世了。

"是很久以前——至少有五十年了。"

14）你以前是做什麼的工作的？

"沒什麼特別的。我只是這附近的一個拾荒者，有時會受到別人的侮辱，因為我真的很喜歡好喝的奧萊諾厄紅酒。這也是我想趕他們走的原因。"

15）是你自己和你自己的自由意志在回答了我們的問題嗎？

"我有一個導師。"

16）那位導師是誰？

"是仁慈的　　路易一世國王。"

我們之所以提出這一問題是考慮到了回答的性質，它在實質內容和語言形式等方面似乎都超出了靈性自身的能力。他得到了一位更開明的靈性的幫助，想借這個機會來教導我們，這不足為奇。這本來很常見，但這一案例有一個顯著的特點，即筆跡中明顯了透露了另一位靈性的影響。在聖‧路易士插入回答時，筆跡顯得更加規整流暢，而在拾荒者的回答中，書寫筆跡則顯得笨拙、粗糙、不規整，而且往往難以辨認，表現出一種截然不同的風格。

17）你現在做什麼工作？你關心你的未來嗎？

"還沒有工作。只是四處閒逛。人世間沒有什麼人記得我，甚至沒有人為我禱告。沒人幫我，所以我什麼也不做。"

很快我們就會看到，祈禱和忠告對於進化程度較低的靈性取得進步和獲得安慰具有多大的幫助。

18）你生前叫什麼名字？

"珍妮特。"

19）那好吧，珍妮特，我們會為你祈禱的。能否告訴我們這次召喚你，你是高興，還是不高興？

"這讓我很高興，因為你們都是好人，快樂又活潑，儘管你們有點嚴肅。不過，這沒關係。你們聽到了我的話，我很滿足。"

珍妮特

瞬移現象

96. 這種現象之所以不同於我們上面討論的那些現象，一是因為產生這種現象的靈性是出於仁慈的意圖，二是因為這些物體大多具有令人感到愉悅的性質，而且移動物體的方式是溫和的，並且往往是微妙的。這種現象是指自發地帶來幾分鐘前還不在聚會地點的物體，通常是花，有時也會是水果、糖果、珠寶等。

97. 然而，我們也必須指出，這種特殊現象是最容易被模仿的現象之一，因此有必要提防欺騙行為。我們知道舞臺魔術表演也能製造出這樣的效果。但即便我們面對的不是專業人士，也很容易被純熟而自私的伎倆所糊弄。所以最好的防範措施是，首先要確認實驗者的個人人品，確認其是否擁有公認的**誠信和絕對的無私**；其次是要仔細檢查這一現象所發生的各種條件；最後還要對靈性主義擁有開明的認知，這是確定這一現象中是否存在可疑之處的唯一途徑。

靈性關於瞬移的論述

98. 在接下來的論述中，有一位靈性明確地總結了關於瞬移與物理顯靈現象的一般解釋，他的交流具有無可爭辯的深度和邏輯性。本書中還將進一步引用他的更多解釋。他自稱伊拉斯圖斯，是聖保羅的信徒，也是充當其釋譯者的靈媒的守護靈性：

"要體驗這類現象，必須借助於我稱之為'**異能者**'的靈媒，即必須具有最強延伸性和穿透性的通靈能力。這些靈媒擁有容易興奮的神經系統，這使得他們能通過一定的振動，在其周圍地散發出大量的活化流體。

"如果一個人具有易受影響的特質，其神經會根據影響其心理或生理，內在或外的最細微的情緒產生振動，那麼這個人就最有能力在涉及可觸性和瞬移的物理顯靈現象中擔任一位優秀的靈媒。事實上，他們的神經系統幾乎已經完全脫離了那個紛繁複雜的皮囊——這種皮囊通常會隔離大多數化身中的神經系統，這一特點為他們製造這類現象提供了便利的條件。如此，具有這一特質的主體，如果他的其他官能不會對通靈造成負面影響，就更容易產生可觸性、牆壁和傢俱內部的叩擊聲、**具有智慧的**四處移動、甚至是惰性重物的懸空等現象。如果利用的不是一個靈媒，而是多個具有相當能力的靈媒，那麼不僅能獲得同樣的結果，而且具有更大的確定性。

"然而，從這類現象的產生到瞬移的完成，這中間其實有很大的差距，因為在後一種情況下，靈性的工作不僅更加複雜和困難，而且只能借助於一個通靈工具來完成；也就是說，多個靈媒介並不能同時促成同一現象的產生。相反，如果某些人對施術的靈性是心存反感，那麼他們的存在甚至有可能從根本上阻礙靈性的行動。除了這些非常重要的原因外，我們還要補充一點，即瞬移要求只能從極具稟賦的靈媒身上所獲得的流體具有最大的濃度和最大擴散性；總而言之，就是需要具備良好的**電介通靈**工具的靈媒。

"通常而言，瞬移現象在現在和將來都是極為罕見的。我無需說明為什麼它們現在和將來都比其它的可觸性現象更為罕見；根據我剛才所說的，你們自己就能推斷出原因了。此外，這些現象並不是所有的靈媒都能產生的，也並不是所有的靈性都能誘發的；事實上，靈性和靈媒之間必須擁有某種親和力——這只是一種比喻——總之，必須要有某種相似之處，才能使靈媒的**靈性包流體**[1]的擴展部分與希望進行瞬移的靈性的靈性包流體相混合、結合，然後聯結在一起。可以說，這種融合的方式必須是合力為一，即類似于作用於木炭上的電流產生一個光線的焦點。你們可能會問，為什麼這種結合和融合是必要的。它之所是必要的，是因為要產生這類現象，必須增強靈性媒介的基本屬性，即必須將**生命流體**——通靈現象產生的必要元素以及化身靈性的**特有**屬性——注入給靈性媒介。只有這樣，靈性媒介才能利用人類環境中的某些特性——這是你們所不知的，將某些物體，甚至個人隔離起來，使之隱形並發生移動。

"現在我還不允許向你們揭示支配你們周圍氣體和流體的特殊規律。不過，不用過多少年，在你們的俗世生命結束之前，你們會瞭解關於這些規律和現象的解釋的，你們會看到一類新的靈媒出現和產生，他們在通靈時會進入一種特殊的僵硬狀態。

"你們已經看到了實現瞬移的過程有多難。從邏輯上，你們可以得出這樣的結論：這類現象是極其罕見的，正如我前面所說的；靈性之所以不願費勁這樣去做，還涉及到其它許多原因，因為這需要他們付出一種近乎物質性的努力，而這對他們來說是乏味和無聊的。

此外，除了靈性的能量和意志外，靈媒的狀態也往往是一個不可逾越的障礙。

　　"因此很明顯（我毫不懷疑你們會接受這一事實），像叩擊聲、運動和懸空等這類可感知的現象在本質上比較簡單，它們可以通過某種流體的聚集和膨脹來得以實現，此外，這也有可能是由具有異能的靈媒通過自身的意志和努力所導致和產生的，前提是他們得到了友好而仁慈的靈性的幫助。相反，瞬移現象在本質上則具有多重性和複雜性，需要滿足特殊的條件。此外，這類現象的實現僅限於一位靈性和一位靈媒的參與，而且除了產生可觸摸現象所需的所有資源外，它們還需要非常特殊的組合來對物體或瞬移物件進行隔離和隱形。

　　"你們每一個靈性主義者都能理解我的解釋，並且完全清楚這種特殊流體的聚集是使惰性物質具有流動性和觸知性的必要條件。你們已經接受了這一點，正如你們已經接受了電磁現象，電磁現象類似於通靈現象，可以說，前者是後者的確證和發展。對於懷疑者和學者（後者甚至比前者更糟），我沒有責任去說服他們，我甚至不關心他們。他們總有一天會被事實的證據所說服，因為他們將不得在靈性現象的一致證詞面前屈服，就像他們已經不得不對他們最初否認的其它現象屈服一樣。

　　"總而言之：儘管可觸性現象常有發生，但瞬移現象是非常罕見的，因為產生這一現象所需的條件極難滿足。因此，任何靈媒都無法承諾說"在某時某刻，我可以進行瞬移"，因為靈性常常發現自己會被阻止這樣做。我想要補充的是，這些現象在公共場合會愈發困難，因為這種場合大多存在強大的、難以駕馭的因素，這些因素不僅會令靈性筋疲力盡，甚至還會令靈媒無法動彈。相反，如你們所知，這類現象通常是在私人聚會中自發產生的，而且通常是在靈媒既不自知，也無預謀的情況下發生的，如果事先告知靈媒，反而很少成功。由此，你們可以得出這樣的結論：但凡哪個靈媒吹噓自己能隨意製造此類現象，或者換句話說，能夠像僕人一樣指使靈性，你們完全有合理的理由對此表示懷疑，因為這簡直是荒謬可笑的。你們要知道這樣一條準則：靈性現象絕不能用來表演，也不能作為好奇之人的消遣。如果有少數靈性參與了這類事情，這只可能涉及非常簡單的現象，而不會涉及瞬移以及其它需要滿足特殊條件的現象。

"靈性主義者們，你們一定要記住，如果系統性地全盤否定所有的亡者現象是荒謬的，那麼盲目地接受一切也是輕率的。當某種可觸性現象、幽靈現象或瞬移現象自發而意外地發生時，你們要接受它。但我還是會不厭其煩地再次重申：不要盲目地接受任何事物；每一個事實都必須經過細緻、深入和批判性的檢驗，相信我，因為靈性主義涉及到如此多崇高和偉大的現象，它並不能從舞臺魔術師也能模仿的微不足道的顯靈現象中得到任何好處。

"我知道你們肯定會說'但這類現象對於說服懷疑者卻是有用的啊'。但你們必須明白，如果你們沒有其它的方法來說服他們，靈性主義者的隊伍甚至不可能達到今天人數的零頭。你們要打動他們的內心；這也最常見的說服方式。如果你們覺得適合，可以訴諸於物質現象，或者至少應以一種不會被人誤解的方式呈現它們。尤其是要滿足這些現象發生的正常條件，因為如果引入的方式方法不恰當，那麼這些現象反而會成為懷疑質的論據，而不是說服他們的手段。"

伊拉斯圖斯

99. 這一現象表現出了一個非常顯著的特徵：有的靈媒只有在夢遊狀態下才能做到這一點——這很容易解釋。夢遊者會表現出一種自然的放鬆，其靈性和靈性包處於某種隔離狀態，這有助於所需流體的結合。我們所看到的瞬移現象就是如此。

以下是向製造這一現象的靈性提出的問題，但這個靈性的回答有時會受限於其自身知識的匱乏。為此，我們把它們提交給了聖靈伊拉斯圖斯，伊拉斯圖斯在理論的觀點上得到了更大的啟發，並用非常明智的評論對這些回答做出了補充。一個是工匠；另一個是學者，這兩種智慧的比較本身是很有啟發性的研究，因為這清楚地表明，僅僅成為靈性還不足以理解一切事物。

1）你能否告訴我們為什麼你製造的瞬移現象只有在靈媒處於磁激性休眠狀態時才能完成？

"這是因為靈媒個人的特質。我在這個靈媒睡著時產生的現象，同樣可以在其它靈媒醒著時產生。"

2）你為什麼要花這麼長時間才能把東西帶給我們？你為什麼要激起靈媒的貪婪，激起他得到所許諾的東西的欲望？

"我需要時間來準備用於攜帶物體所需的流體。至於我讓靈媒興奮，我通常只是為了使在場的人和夢游者本人高興才這麼做的。"

伊拉斯圖斯注釋：回答問題的這個靈性所知有限。他沒有意識到這種貪得無厭的興奮有什麼用，這種興奮是由他本能引起的，但他並不明白它的效果。他認為這是一種娛樂，而實際上他在不知不覺中刺激了更多流體的釋放。這一結果是由產生這類現象的難度所導致的，如果這一現象不是自發的，難度會更大——尤其是對於某些靈媒而言。

3）既然這一現象的產生取決於這一特定靈媒的特殊性質，那麼借助其它的靈媒是否有可能更容易、更快速地產生這種現象？

"這一現象的產生取決於這一靈媒所具的特質，而且它只能由具有類似特質的靈媒產生。至於速度，我們發現經常借助同一個靈媒的習慣是很有幫助的。"

4）在場的人能否以某種方式影響這種現象？

"只要其中有任何人不相信或反對，就會給我們帶來嚴重的問題。我們更願意與信奉者和精通靈性主義的人一起做實驗，但這並不意味著惡意會讓我們完全手足無措。"

5）你給我們帶來的花和糖果是從哪裡來的？

"我是從不同的花園裡摘的好看的花。"

6）那糖果呢？糖果商肯定會發現糖果少了。

"我在任何喜歡的地方都能找到。我會把別的糖果放回去，所以糖果商什麼也沒發現。"

7) 可戒指是很貴重的；你從哪里弄來的呢？你沒有有傷害過被你拿走戒指的人？

"我是不為人知的地方把它們拿過來的，而且不會傷害任何人。"

伊拉斯圖斯注釋：我認為這個問題沒有得到全面的解釋，因為做出回答的靈性對這一問題缺乏瞭解。的確有可能造成過真正的傷害，但這個靈性並不想讓人覺得他偷了什麼東西。一個物體只能被一個相同的物體——具有相同的形狀和相同的價值——所替換。所以，如果靈性看到了用一個類似的物體替換其拿走的物體的可能性，就沒有任何理由先拿走這個物體，因為他可以直接使用用於替換的物體。

8) 有可能對另一個星球的花進行瞬移嗎？

"不行，那對我來說是不可能的。"

- （問伊拉斯圖斯）"它靈性也有這種力量嗎？"

（伊拉斯圖斯）"沒有，這是不可能的，因為環境的差異。"

9) 你能將另一個半球——比如熱帶——的花移過來嗎？

"只要是地球上的，我就可以。"

10) 你能讓你帶來的物體消失並歸還原位嗎？

"就像我帶來一樣容易。我可以隨意將其歸還原位。"

11) 製造瞬移現象對你而言不是很麻煩嗎？它不會給你帶來任何問題嗎？

"我得到適當的許可就不麻煩了。但如果我想在未經授權的情況下這麼做，那就有可能會引發大問題。"

伊拉斯圖斯注釋：他不想說這是有問題的，儘管確實如此，因為他是在被迫執行一項可以說是具有物質性的行動。

12）你會遇到什麼樣的困難？

"沒有什麼困難，除了流體狀態不好的情況，這可能是不利的。"

13）你怎麼把這個物體帶過來的？是你用手拿著的嗎？

"沒有。我是用自己把它包裹起來的。"

伊拉斯圖斯注釋：他並沒有很清楚地解釋自己是如何做到這一點的，因為他實際上並沒有用自己把物體包裹起來。但由於他個人的流體具有自我膨脹的特性，而且是可滲透和可延展的，所以他能將其中一部分與靈媒自身的一部分活化流體結合起來。他正是利用了這種混合物來隱藏和攜帶瞬移的物體。所以他說用自己把物體包裹起來是不正確的。

14）你拿更重的東西——比如 50 公斤——是不是也一樣容易？

"重量不是問題。我們之所以拿花，因為它們比更重的物體更賞心悅目。"

伊拉斯圖斯注釋：這沒錯。他可以拿兩百磅重的東西，也可以拿四百磅重的東西，因為對你們而言的重力對他來說是不存在的。但對於這個問題，他還是沒有真正弄明白其中的原因。混合流體的品質與物體的品質是成正比的。換句話說，作

第五章：自發性物理顯靈現象

用力必須與阻力成正比。因此，如果一個靈性只拿了一朵花或其它較輕的物體，那往往是因為他既不能從靈媒身上，也不能從自己身上找到施加更大的作用力所需的元素。

15）有沒有這樣的情況，物體因為某種未知的原因消失了，但實際上是被靈性拿走了？

"這種情況經常發生——比你們想像的要頻繁得多。這可以通過直接請求靈性歸還消失的物體來補救。"

伊拉斯圖斯注釋：這是事實，但有時被拿走的東西會永遠被拿走，因為從這間房子裡消失的這些東西往往會被帶到很遠的地方。但由於取物所需要的流體條件與瞬移相同，因此只能借助於具有特殊能力的靈媒才能實現。所以說，如果有樣東西消失了，它更有可能是由於你自己的粗心大意造成的，而不是由某個靈性導致的。

16）有沒有一些事件我們認為是自然現象，但實際上是由於某些靈性的作用所導致的？

"你們的日常生活中充滿了你們尚未理解的這類事件，因為你們沒有想過它們，但稍加思考，你們就能看得很清楚。"

伊拉斯圖斯注釋：你們不能將人類努力的結果歸因於靈性。但你們應當相信靈性潛移默化和持續的影響，他們在你的周圍形成了數以千計的環境，製造了數以千計的事件，這些都是實現你們的行為和存在所必需的。

17）在用於瞬移的各種物體中，有沒有哪些是可以由靈性自己製作的，即可以通過對流體或宇宙本源元素的改變來自發產生的？

"我自己不行，因為我沒有得到允許。只有高階靈性才能做到這一點。"

18）前幾天，你是怎麼在門已被關上的情況下把那些東西帶進房間的？

"我隨身帶進來的，就像我說的，我用自己把它們包裹起來的。我不知道還能說什麼，因為這是無法解釋的。"

19）你是如何把一分鐘前還看不見的東西變成看得見的？

"我拿走了包裹著它們的物質。"

伊拉斯圖斯注釋："包裹著它們的並不是物質本身，而是一種流體，其一半來自於靈媒的靈性包，一半來自於靈性。"

20）（問伊拉斯圖斯）物體能被帶到一個完全密封的地方嗎？換句話說，靈性是否能使物質物件靈性化從而使其穿透物質？

（伊拉斯圖斯）"這是一個複雜的問題。靈性能讓其攜帶物體隱形，卻無法使其具有穿透性。靈性不能解除物質的聚合，這是對物體的破壞。但通過使物體隱形，靈性可以將物體帶到任何想去的地方，並在最佳時機釋放物體，以讓其顯形。我們自己組成的物體完全是兩碼事兒。在這種情況下，我們只會引入物質的元素，因為這些元素基本上是具有穿透性的（因為我們可以輕鬆地穿透和通過緻密物體，就像太陽光穿透窗戶一樣），我們當然可以說我們能將一個物體引入某個地方，無論其有多封閉——但前提是必須在這樣一個特定的情況下[2]。

■■■

[1]　我們看到，當我們試圖對一種新的思想進行表述，而這種思想的語言還缺乏恰當的術語時，靈性完全知道如何創造新詞。諸如電介通靈和靈性包之類的詞彙並不是我們使用的詞彙。有的人批評我們創造了"靈性主義者"、"靈性主義"和"靈性包"這三個名詞，可即便沒有類似的術語，他們也會對靈性本身做出同樣的批判——作者按。

[2]　關於物體自發形成的理論，請參見下文第八章"無形世界的實驗室"的——作者按。

第六章：
視覺顯靈現象

- 關於幽靈的問題
- 關於幽靈的理論論述
- 球狀靈性
- 幻覺理論

關於幽靈的問題

100. 在所有的顯靈現象中，最有趣的無疑是可以讓靈性自己顯形的現象。通過對這類現象的研究，我們會發現，這類現象和其他現象一樣，並沒有什麼超自然的東西。首先，我們來看看靈性對這一問題的回答。

1）靈性能讓自己顯形嗎？

"能，尤其是在人睡覺的時候。但有的人在醒著的時候也能看到他們，儘管這種情況並不常見。"

當肉體處於休息狀態時，靈性會放鬆物質束縛，變得更加自由，所以更容易看到其它靈性並與其交流。夢只是對這種狀態的回憶。如果我們什麼都不記得了，我們會說自己根本沒有做過夢，但是靈魂卻有看到並享受他的自由。在這裡，我們要特別注意的是清醒狀態下所發生的幽靈現象[1]。

2）具有自身顯靈能力的靈性是否屬於一個與眾不同的特殊類別？

"並非如此。他們可能屬於任何一個類別——從最高的，到最低的。"

3）是否所有的靈性都被允許自身顯靈？

"所有的都可以這麼做，但他們並一定都能得到允許，或者說他們並不一定都希望這麼做。"

4）他們自身顯靈的目的是什麼？

"這取決於靈性的本質；他們的目的可能是善良的，也可能是邪惡的。"

5）如果他們的目的是邪惡的，為什麼會被允許？

"之所以被允許，是為了考驗看見這一現象的人。這樣以來，雖然靈性的意圖可能是邪惡的，但結果有可能是好的。"

6）那些帶著惡意顯形的靈性有何目的？

"他們顯形是出於想要恐嚇他人，而且往往是出於報復。"

- 那些帶著善意顯形的靈性又有何目的？

"是為了安慰那些悼念追思自己的人，向他們證明自己仍然存在，而且就在他們身邊。靈性的顯形還有可能是為了提出忠告，有時也是為了尋求幫助。"

7）如果在人類中間能夠永久而且廣泛地看到靈性，那樣有什麼害處？這難道不是消除懷疑者心中所有疑慮的一種方法嗎？

"人類一直是被靈性圍繞著的，如果他們時時刻刻都能看到靈性，這會帶來很多麻煩，也會妨礙人類的日常活動。"在大多數情況下，這還會剝奪人類的主動性；相反，如果人類認為自己是孤獨的，反倒會更自由地行動。至於懷疑者，如果他們願意利用靈性，如果他們沒有被傲慢蒙蔽雙眼，還有許多其他的方法可以使他們信服。你們也很清楚，有的人雖然親眼見過，但並不相信，因為他們會說自己產生了錯覺。所以，不要為這等人掛慮。上帝會對他們負責的。"

如果我們時時刻刻都能看到周圍有靈性，那將帶來極大的不便。這就像看到我們周圍的空氣，或者聚集在我們周圍的無數微生物一樣。由此，我們不得不得出這樣的結論：上帝已將一切事情安排妥當，上帝比我們更清楚什麼最有益於我們。

8）如果能看到靈性可能帶來不便，那為什麼在某些情況下又允許呢？

"為了證明肉體的死亡並不是一切的終結，靈魂在死亡後仍會保持其個性。只需這樣短暫的一瞥，就足以提供這樣的證據，證明你的朋友就在你身邊，但這又不會像時時刻刻都能看到他們那樣不方便。"

9）在比我們人類進化程度更高的世界裡，靈性顯形的頻率會不會更高？

"人類越接近其靈性的本質，就越容易與靈性交流。因為你們的身體密度太大，所以更難得，也更難以感知虛無的存在。"

10）在靈性顯形時感到害怕是有道理的嗎？

"任何人只要反思一下這件事就會明白，一個靈性，無論其看起來是什麼樣子，都沒有活人那麼危險。而且，靈性無處不在，你並不需看到他們，也知道他們就在你身邊。一個靈性想要傷害某個人，甚至不顯形，也定能做到。靈性的危險並不在於他是靈性，而是在於他能影響一個人的思想，能讓一個人遠離仁善，或趨從邪惡。"

害怕黑暗和孤獨的人很少真正理解他們恐懼的原因。如果有人問他們害怕什麼，他們會不知如何做答，但他們肯定是更害怕遇到其他人類，而非靈性，因為一個壞人活著比死後更危險。有一天晚上，我們認識的一位元女士在自己的房間裡看到了一個幽靈。這個幽靈是如此的清晰可見，以至於她相信確實有人在場。她的第一感覺是恐懼；但當她確信沒有其他人的時候，她對自己說："看來那**只是一個靈性**，所以我可以安心地睡覺了。"

11）看見靈性的人能與靈性說話嗎？

"當然。在這種情況下，就應該這麼做。要問問靈性是誰，問他想要什麼，能為他做什麼。如果他是不幸和痛苦的，表示同情會讓他感到安慰。如果他是一個仁慈的靈性，他有可能想要給你提出有益的忠告。"

- 在這種情況下，靈性會作何反應？

"有時會像活著的人一樣發出清晰的聲音，但通常是通過傳遞思想來做出回答。"

12）顯形時擁有翅膀的靈性是真的擁有翅膀嗎？還是只是象徵性的外表？

"靈性沒有翅膀。靈性也並不需要翅膀，因為作為靈性，他們可以去任何地方。靈性之所以以這種方式顯形，是為了給對方留下深刻印象：作為其代表的靈性種類的一種特徵，有的會穿著平常的衣服，有的會披著卷衣，有的會長著翅膀。"

13）我們在做夢時看到的人總是他們看起來的樣子嗎？

"通常是一樣的；你們的靈性會去迎接他們，或者他們會來迎接你們。"

14）難道騙人的靈性不會裝扮成我們所愛的人來迷惑我們嗎？

"他們只是為了拿你們開心才會以這種奇異的方式出現在你們面前，但有些事情是不允許他們開玩笑的。"

15）因為思想是一種召喚方式，所以我們理解它可以誘導靈性出現。但是，為什麼那些我們最思念、最渴望再見的人幾乎從未出現在我們的夢裡，反倒是常常看到那些我們根本不感興趣，也從未想過的人呢？

"即便在夢裡，哪怕你們很想見，靈性也不一定總能讓自己顯形。除了靈性自身的意志之外，阻礙他們顯靈的還可能有其他原因。此外，如果你們給予最熱切的期盼也難以如願，那麼這通常是一種考驗。至於那些你們不感興趣的人，有可能是他們在思念你們，即使你們並沒有想他們。更何況，你們對靈性世界的人際關係一無所知，在靈性世界，你們可能會遇到許多親密的新老朋友，而在醒著的時候，你們根本不記得他們。"

在沒有辦法驗證幻象或幽靈時，我們幾乎可以肯定地認為它們只是幻覺。可一旦得到了環境的證實，我們就不能再將其歸因於我們的想像。例如，死亡時出現的幽靈——不論是睡著，還是醒著——涉及到我們沒有想過的人，他們會通過各種跡象來揭示自己死時的離奇情景。在這類案例中，我們曾看到馬匹在恐嚇騎手的幽靈面前畏縮不前。想像力或許是人類與生俱來的，但動物並非如此。此外，如果我們在做夢時看到的景像總是我們清醒時擔心發生的結果，那就無法解釋為什麼我們幾乎從來夢不到我們思考最多的事情。

16）為什麼某些幻像在生病時發生得更為頻繁？

"這種情況在身體很健康的時候也會經常發生，只不過在生病期間，物質紐帶會放鬆，身體的虛弱會給靈性帶來更多的自由，從而更容易與其他靈性進行交流。"

17）某些國家出現自發性幽靈現象的情況似乎更為頻率。從接收這些顯靈現象的角度而言，某些文化群體是否比其他文化群體更具有天賦呢？

"你們將每一個幽靈事件都登記在案了嗎？"幽靈、噪音和其他顯靈現象在世界各地都有發生，只不過它們會因為發生地的文化而表現出各自的特點。例如，在那些大多數人不會寫字的地方，就沒有書寫型靈媒；而在其他國家中，這種情況卻比比皆是。此外，在前者中，涉及噪音和物體運動的顯靈現象比不太受重視和追捧的智慧通靈更為頻繁。"

18）為什麼幽靈會更多地出現在夜間？難道這不能說明這只是寂靜和黑暗對人們的想像所造成的影響嗎？

"正如你們只能在夜晚而不是大白天才看見星星一樣。強烈的光線會令一個微妙的幻影黯然失色。儘管如此，如果認為這只是晚上才有的現象，那就大錯特錯了。問問那些見過幻影的人，你們就會發現其實大多發生在白天。"

　　幽靈現象遠比人們想像的要頻繁和普遍得多，但許多人之所以並未將其公諸於眾，要麼是因為他們害怕被人嘲笑，要麼是因為他們把這種現象歸因於錯覺。如果說在某些文化中，這種現象表現得更為突出，那是因為這些文化更好地保留了其正確或錯誤的傳統，而很多時候，這些傳統都會被誇大，主要是因為人們對於這些地區存在著或多或少的偏愛，所對當地的奇聞異事也格外癡迷。此外，輕信也會使人們從最普遍的現象中看到超自然的效果：孤獨的寂靜、峽谷的陡坡、樹木的沙沙聲、暴風雨的轟鳴聲、山間的回聲、雲朵的奇異形狀、陰影和海市蜃樓等等。任何事物都有可能迷惑單純、天真且想像力豐富的人，他們會誠心誠意地講述，或相信他們所看見的一切。然而，除了小說，還有現實，對靈性主義的認真研究可以讓人們擺脫迷信這一愚蠢的糟粕。

　　19）靈性的顯形是在正常狀態下發生的，還是只發生在靈魂出竅的時候？

　　"它可以在完全正常的狀態下發生；但看到這一現象的人大多處於一種接近於靈魂出竅的特殊狀態，這種狀態會使他們擁有一種超視力。（參見《靈性之書》第 447 節）

　　20）那些看見靈性的人是用眼睛看見的嗎？

　　"他們以為自己是用眼睛看到的，但實際上是他們的靈魂看到的。事實證明，他們閉著眼睛也能看到。"

21）靈性如何才能讓自己顯形？

"這其中的原理與其他的所有顯靈現象是一樣的。它取決於靈性包的特性，而靈性包可以根據靈性的意願隨意地進行改變。"

22）靈性是依靠自身顯形，還是只能借助於靈性包才能顯形？

"在你們的物質狀態中，靈性只能通過其半物質皮囊來讓自己顯形，而這種半物質皮囊就是靈性對人類感覺產生作用的仲介。在這個皮囊之下，靈性可以幻化成人類，也可以幻化成其他任何形狀，無論是在夢中，還是在醒著的時候，無論是在大白天，還是在黑暗中。"

23）我們能否說靈性是通過靈性包流體的凝聚而讓自身顯形的呢？

"凝聚一詞並不恰當。它只是用來做一個比較，旨在幫助你們理解這一現象，但實事上並不存在真正的凝聚。流體的結合會使靈性包處於一種特殊的狀態，這種特殊的狀態對你們而言是難以言喻的，但不管怎麼樣，這能使靈性得以顯形。"

24）靈性顯形時是否總是無形的，不可觸及的？

"正常狀態下是無形的，就像在夢裡一樣。但他們也可以在觸覺上給你們留下印象，並留下他們存在的跡象。在某些情況下，他們甚至還能暫時讓自己變得可觸摸，這證明他們和你們之間存在著某種物質聯結。"

25）每個人都能看見靈性嗎？

"在睡著的時候，是的，但醒著的時候未必。在睡著時，靈魂可以在沒有任何仲介的情況下直接看到靈性；而在你們醒著的時候，靈魂會在不同程度上受到身體器官的影響。因此，這兩種情況下的條件是不一樣的。"

26）在清醒狀態下看到靈性需要具備什麼能力？

"這取決於人的身體機能，以及顯靈物件的流體與靈性的流體相互結合的程度。因此，僅靈性自己想要顯形是不夠的；靈性還必須在顯靈物件的身上找到所需的稟賦。"

- 這種能力可以通過練習來培養嗎？

"可以，這與其他所有的能力是一樣的。但這種能力最好是自然培養，而不是人為培養，因為後者存在過度刺激想像力的風險。能普遍而永久地看到靈性是一種特異功能，人類的正常狀態是難以做到這一點的。"

27）幽靈現象可以人為誘發嗎？

"有時或有可能，但極為罕見。這種現象幾乎總是自發的。一個人要想看到靈性，必須具備一種特殊的能力。"

28）除了人形，靈性還能幻化成其他形態嗎？

"人形是常見的一種形態。靈性可以改變自己的外表，但大多保持著人類的形態。"

- 靈性不能幻化成火的形態嗎？

"靈性可以產生火光以及其他任何一種效果來

展示自己的存在，但這些屬性並不屬於靈性本身。火通常是一種光學效果，或者是靈性包的輻射。無論哪種情況，它都只是靈性包的一部分，只有在幻象中，靈性包才會展現出它的全貌。"

29）對於將鬼火歸咎於靈魂或靈性的觀點，我們應如何看待？

"無知導致迷信。鬼火的物理原因已是眾所周知的。"

- 當塞爾維烏斯·圖利烏斯（Servius Tullius）[a] 是個嬰兒時，他頭頂上出現的藍色火焰是真實的，還是只是一個傳說？

"那是真實的，那是由他所熟悉的一個靈性產生的，旨在警告他的母親。因為他的母親是一個天眼靈媒，她看到了她兒子的守護靈性之光。超視型靈性在感知程度上是不同的，就像扶乩靈性在書寫能力上是不同的一樣。這位母親只看到了火焰，而另一位靈媒有可能看到了靈性本身。"

30）靈性能幻化成動物的形態嗎？

"這有可能，但低階靈性大多會以這種形態顯形。不過，無論哪種情況，這都只是一個暫時的表像，因為相信動物是靈性的化身是荒謬的。動物永遠是動物，僅此而已。"

只有純粹的迷信才會相信某些動物是靈性的化身。要在時有動物出現的略顯怪異的環境中看到超自然的東西，這個人必須具有相當自以為是或易受影響的想像力才行。恐懼往往會令人看到一些並非真實存在的東西。儘管如此，恐懼並不是產品這一觀念的唯一原因。我們認識一位元相當聰明的女士，她非常喜歡一隻黑貓，因為她認為這只貓具有**超動物**的天性。但她從來沒有聽說過靈性主義。如果她瞭解靈性主義，就會明白自己的偏愛有多麼愚蠢，因為這一學說揭示了這種變形是不可能發生的。

關於幽靈的理論論述

101. 幽靈這一顯靈現象最常的是發生在睡夢中。這些都是幻象。在這裡，我們無法對夢境所能呈現的所有特徵進行討論，我們只是大致地總結一下夢境中可能出現的情景：對存在或不存在的事物的真實視象；對過往的回顧視象；在某些特殊情況下對未來的預測。這些往往也是寓言形象，是善良的靈性給我們提出的有用的警告或有益的忠告；如果是不圓滿的靈性，則有可能利用這種形象來誤導我們，以激發我們的激情。下面所介紹的理論適用於夢境和其他所有的幽靈事實。（參見《靈性之書》第 400 節）

如果我們駁斥通俗解夢中所包含的荒謬和愚蠢的概念，就不會冒犯讀者的常識。

102. 幽靈現象本身是發生在清醒狀態，即一個人能充分享受和完全自由支配自己的官能時。幽靈通常會以霧狀和透明的形式出現，有時看上去模糊不清。第一次出現時往往會發出一種白光，輪廓會逐漸變得越來越清晰。有時候，幽靈的幻形非常明顯，能辨別出面部的細微痕跡，以至於能被準確地描述出來。幽靈的外表和其他特徵與靈性道成肉身時相似。

　　既然靈性可以幻化成任何外表，所以只要他們希望，就能以最易識別的外表進行顯形。因此，即使靈性沒有實際的肉體上的缺陷，但為了便於識別，他們也有可能顯現出殘廢、跛足、駝背、受傷或疤痕累累的樣子。例如，伊索並不是一個畸形的靈性，但如果我們召喚他，無論他經歷了幾生幾世，都會顯出醜陋、駝背，穿著傳統服飾的模樣。有一點值得注意的是，除非在特殊情況下，幽靈顯形時最不清晰的通常是下肢部分，而頭部、軀幹、手臂和手則大多清晰可見。所以，我們幾乎從未見過幽靈走路的樣子——它們會像影子一樣滑行。至於幽靈的服裝，通常是由一種衣裾飄飄、拖尾較長的卷衣組成的。至於沒有保留任何俗世生活痕跡的靈性，他們會以飄逸優雅的頭髮顯形，而我們所熟悉的人的普通靈性則通常會穿著他們生前的衣服。

　　通常情況下，幽靈會顯現出與其進化程度相匹配的特徵，例如使人們將其當作天使的光環或翅膀等。有的則會帶有能讓我們回想起其生前活動的標誌：戰士可能穿著盔甲顯形，學者可能拿著書顯形，刺客可能拿著匕首顯形，等等。高度進化的靈性會展現出一種美好、高貴和寧靜的形象，而進化程度最低的靈性則會表現出某種兇殘和獸性，有時還會保留著其生前所犯罪行或所受折磨的痕跡。服裝和配飾的問題可能是最讓人感興趣的。我們將利用一個專門的章節來對此進行討論，因為這涉及到其他非常重要的問題。

103.　　我們曾說過幽靈具有某種虛幻性。在某些情況下，我們可以將幽靈類比為未鍍銀的鏡子中的影像，儘管鏡子是清晰的，我們仍能看到鏡子後面的物體。這通常也是天眼靈媒感知幽靈的方式。靈媒能看到幽靈一會兒來，一會兒去，走進或離開一個房間，在人群中轉來轉去——至少普通的靈性是如此，他們對各種各樣的事物感興趣，願意傾聽人們說的一切，而且積極融入周遭的人和事。善良的靈性接近某個人是為了向對方密授某種思想，是為了影響和安慰對方；而邪惡的靈性這樣做，只是為了嘲笑對方，為了表達對結果的失望或滿意。換而言之，靈性是物質世界的對應物。

這就是環繞在我們周圍的神秘世界，我們生活在其中，甚至毫不懷疑，就像我們與微觀世界的無數生靈共存一樣。顯微鏡揭示了我們從未懷疑過的無限微小的世界；靈性主義則借助天眼靈媒，向我們揭示了靈性世界，這也是自然界的有為力量之一。有了這類天眼靈媒的幫助，我們就能對隱形世界展開研究，並深入瞭解這個世的風俗習慣，就像盲人在視力正常者的幫助下能夠對有形世界進行研究一樣。（參見第八章"靈媒"中關於天眼靈媒的內容）

104. 如果一個靈性既有顯形的意願，實際上又具有顯形的能力，有時則會幻化為一種更為清晰的形態，具有實體的全部表徵，乃至於呈現出一種完美的錯覺，使我們相信我們在與一個真實的物質存在打交道。有時，幽靈的可觸性能會非常逼真，這意味著我們可以觸摸，可以抓握，可以感覺它的阻力和溫度，仿佛是一具擁有生命的軀體。儘管如此，這些特徵並不能阻止幽靈像閃電一樣迅速消失。在這種情況下，幽靈的存在不僅可以通過眼睛，而且可以通過觸感得到證實。

如果說我們可以將一個簡單的，可以看見的幽靈現象歸因於錯覺或某種幻想的話，那麼當我們能抓住並感覺到它，而且它也能抓住並擁抱我們的時候，我們就不應該再有任何懷疑了；然而，可觸摸的幽靈是最為罕見的。然而，近來在某些能力強大的靈媒的影響下出現的幽靈現象已經為無可指摘的見證者所證實[2]，這一切證明和解釋了歷史上所記載那些涉及亡者以真實面貌重現的事件。此外，正如我們前面指出的，儘管這種現象看上去極不尋常，但一旦我們瞭解了這一現象所產生的原理，知道其並沒有違背任何自然規律，而只是對自然規律的一種新的應用，所有離奇之處的神秘面紗便不復存在。

105. 就其本質和正常狀態而言，靈性包是無形的。我們知道其存在，但卻從未見過的無數流體也是如此。就像某些流體一樣，靈性包也可以通過某種凝聚或改變分子排列的方式發生變形，從而呈現有形之態。這時，靈性包就會以煙氣的形式出現在我們面前。凝聚（我們不能從字面上來理解這個詞語；我們之所以使用這個詞，是因為暫時沒有其他的詞，只將其作為一個類比的工具而已）是指靈性包獲得了某種實體的、可觸摸的肉體特性，但其有可能在瞬間返回原來的空靈和無形狀態。我們可以將這一過程比作蒸汽，蒸汽可以從看不見的狀態變成霧氣，然後變成液體，最後變成固體，**反之亦然**。然而，靈性包的不同狀態取決於靈性自身的意志，而不是物理或外部原因，就像我們的真氣一樣。當靈性將其靈性包處於顯形所需的狀態，靈性就能在我們面前現身，但單純有這樣的意願還不足以產生這一結果，因為靈性包的改變只能發生在靈性包自身的流體與靈媒的特定流體相結合的情況下。這種結合並不是時時刻刻都能做到的，所以說，靈性自身的顯靈現象是非常罕見的。

因此，僅僅是靈性想要顯形或某個人想要看到顯形是不夠的；這兩種流體的結合是一個必要條件，這意味著它們之間必須擁有某種親合關係，而且靈媒所散發的流體要足夠充足，才能促使靈性包發生轉變。此外，還有可能存在我們尚不清楚的其他條件。最後，靈性還必須得到允許才能顯形，但並不是每次都能得到允許，如果不被允許，有時可能是由於我們還無法確定的原因所導致的。

106. 潛伏期的另一個特性是其空靈本質所固有的穿透性。任何物質都不能阻擋它；它可以穿過任何東西，就像光穿過透明物體一樣容易。因此，沒有辦法阻止靈魂進入一個地方。他們可以很容易地去探訪牢房裡的囚犯，就像他們可以去探訪開闊場地中央的人一樣。

107. 清醒時出現幽靈現象既不罕見，也不是什麼新鮮事；從古至今都有發生，這為我們提供了大量的類似案例。但我們並不需要求助於過去，我們這個時代也經常遇到。很多人都見過幽靈，最初都以為是傳統觀念中所謂的幻覺。這種情況特別是在客死他的人回去拜訪親戚和朋友時經常發生。他們通常沒有明確的目標，但我們可以說，以這種方式顯形的靈性通常是出於同情才這麼做的。如果我們仔細回想一下，我們會發現鮮少有人從未聽說過這類事件，其真實性已經是勿庸置的。

球狀靈性

108. 　　除了上述思考外，我們還將對某些光學效應進行研究，這些效應導致了**球狀靈性這**一奇特理論的誕生。

　　在通常情況下，空氣並不是完全潔淨的，氣態分子的流動及其產生的熱量運動是完全可以看得見的。有些人認為這種現象是大量的靈性在空中飄蕩所造成的。要駁倒這一理論簡直不足一提；但還有另一種錯覺也同樣離奇，對此，我們必須加以警惕。

　　眼睛裡的水狀液體中有時會含有一些幾乎看不見的，透明度較低的斑點。這些斑點就像是懸浮在液體中的不透明物體，會跟隨液體流動。它們看起來猶如微小的圓盤，直徑不過十六分之一英寸，但因折射的作用而被放大——看上去像是漂浮在一定距離之外的空氣中。我們看到有的人將這些圓盤當作自己隨影而行的靈性，狂熱之人甚至還會在彩虹的細微差別中看到人形。這與看到月球上有人的道理是一樣的。只需要簡單地觀察一下，他們就能讓自己回歸到現實中來。

　　他們說這些圓盤或圓形浮雕不僅會跟隨自己，而且會複製自己的運動；它們會根據頭部的運動左右移動、上下移動或停止移動。這一點並不奇怪，因為這種現象的根源在於眼球，所以自然會跟隨眼球運動。如果這些真的是靈性，人們將不得不承認，對於智慧和自由的存在，這些圓盤所表現出的運動過於機械——這是一個無聊的角色，即使對於低階靈性也是如此——而且這種角色也不符合我們對於高階靈性的認知。有的人甚至將眼睛裡出現的黑色或不透明斑點當成邪惡的靈性。

  圓盤和黑點的運動都是波浪式的，而且會受限於一定的角度，由於它們不會突然跟隨視線進行移動，所以更容易讓人認為是錯覺。原因很簡單。正如我們所說，這種現象的主要原因是水狀液體中的不透明斑點，這些斑點會懸浮在液體中，而且有向下漂浮的趨勢。當眼睛從下往上看時，這些斑點會上升，但達到一定高度後，就會靜止不動，看起來就像是向下漂浮，然後自己停下來。這些斑點非常活泛，因為只要眼睛做一個細微的動作，就能使其改變方向，並使弧線的整個寬度在空間中快速移動，從而產生圖像。只要沒有證明圖像具有自發性的智慧運動，我們就只能將其視為一種光學和生理現象。

  同樣，有時眼部肌肉收縮時也會出現"眼冒金星"的現象，這種現象或多或少是由於眼睛被束縛太緊造成的。其原因可能在於虹膜產生的磷光電，因為這種現象通常局限在眼睛的虹膜圈部分。

  類似的錯覺只能歸結於觀察不全面的結果。一個人只要通過實踐靈性主義所提供的方法認真研究過靈性的本質，就會明白這種想法是多麼幼稚。正如我們駁斥在對事實一無所知的基礎上創立的，旨在反對通靈現象的魯莽理論一樣，我們還必須摧毀其錯誤的思想，這種思想容易讓人陷入狂熱，甚於讓人理性反思，對於已經自然傾向於尋找荒謬之處的懷疑者而言，這是有害無益的。

109. 我們已經看到，靈性包是所有顯靈現象的本源。理解這一點，可以讓我們找到許多現象的答案；它推動了靈性主義科學的巨大進步，並將其引入了一條摒棄奇跡糟粕的全新道路。得益於靈性的幫助（我們必須指出，是他們為我們指引的方向），我們從靈性包中找到了靈性對物質的作用、惰性物體的移動、噪音和幽靈等現象的解釋。以靈性包為出發點，我們還將進一步尋找在研究通靈現象之前有待檢驗的其他諸多現象的解釋。我們越是徹底地瞭解個中的根本原因，就越能更好地理解這些通靈現象。瞭解這一本源有助於我們更好地將其應用於各種可能出現的現象，以便於我們進行觀察。

110. 然而，我們不可盲目地認為我們所提出的理論就是絕對正確的，就是關於這一問題的最終結論。毫無疑問，日後進行的新的研究肯定會對這一理論做出完善或修正，但無論目前它有多麼的不全面或不完善，只要我們理解存在由非超自然因素導致這類現象的可能性，這一理論就總會有所助益。如果說這是一個理論，我們就不能否認其合理性和可能性的優點，它的價值體現在針對我們的批判者試圖證明凡是涉及靈性現象的事物都只不過是錯覺、幻影和欺騙所給出的解釋。

幻覺理論

111. 那些否認非物質世界和無形世界存在的人認為他們可以用"**幻覺**"一詞來解釋一切。"幻覺"一詞的定義是眾所周知的：它是指是一種錯誤，一種以為自己經歷了某種感知，但實際上並未如此的人所產生的錯覺（這一詞彙來自拉丁語"halucinari"，意為"錯誤"，詞源為"ad lucem"）。但據我們所知，學者們至今還未能解釋這一現象的生理原因。

既然光學和生理學對於這些博學多知的人而言已不再是任何秘密，那麼他們為什麼無法解釋在某些情況下向靈性展示的圖像的性質和起源呢？他們希望用物質定律來解釋一切，所以也應當能夠根據這些定律提出關於幻覺的理論——無論好壞，至少是一種解釋。

112. 科學從未對做夢的原因做出過解釋。它將夢境歸因於想像力的作用，但卻沒有告訴我們這種想像力是什麼，也沒有告訴我們這種想像力是如何在我們面前時不時產生如此清晰而鮮明的圖像的。因此，他們用了另一個更鮮為人知的事物來解釋一個未知的事物——這有什麼兩樣呢？他們說，夢應當是人清醒狀態時的一種記憶。然而，即便我們接受了這個答案，它實際上也解決不了任何問題；我們仍然需要知道這面魔鏡到底是什麼，是什麼讓我們保留了這種令人擔憂的印象。最重要的是，他們會如何解釋我們在清醒狀態下從未見過或想過的真實事物的幻象？只有靈性主義才能為我們提供解秘那些怪異現象的鑰匙，而這些現象之所以被忽視，僅僅是因為它們是如此普遍，就像被我們低估的所有自然奇觀一樣。

　　學者們並沒有想要解決幻覺的問題，但無論其是否真實存在，幻覺都應當是生理學所能解釋的一種現象；否則，就有可能暴露科學的無能無力。既使有一天，某個學者不僅決定就這一現象給出一個定義，還決定給出一個生理學上的解釋，我們也仍然需要確認這一理論是否能解釋所有的案例，是否有忽略人死瞬間所出現的極為普遍的幽靈現象，是否驗證了幽靈現象與人的死亡之間的巧合性。如果這些事件是孤立的，或許還可將其歸結為偶然性，但鑑於它們發生得相當頻繁，偶然是不可能導致這種頻率的再現的。如果看到幽靈的人已經意料到對方的死亡，那當然可以理解；但在大多數情況下，幽靈現象所涉及的是根本就沒有想到過人。所以說，這與想像毫無關係。

　　至於在全然不知對方已去世的情況下所出現的幽靈現象，就更加不能用想像來解釋了。幻覺理論的擁躉者會說，靈魂（如果他們真的相信有靈魂的話）會出現過度興奮的狀態，在這種時刻，官能會得到提升。我們認同這一點，但是當靈魂看到的是真實的，就不能將其當作錯覺。如果說在這個高度興奮的狀態下，靈魂看到了並不存在的某種事物，那是因靈魂去到了這一事物實際所在的地方，既然我們的靈魂可以很容易地去找一個不在現場的人，那麼為什麼不在現場的人的靈魂不能很容易地來找我們呢？那些固守幻覺理論的人是需要將這些事實考慮進去的，要知道，一個與事實相矛盾的理論必然是錯誤的，或不全面的。在等待他們給出解釋的同時，我們將設法就這一問題提出我們自己的一些觀點。

113. 　　事實證明幽靈是真實存在的，對於這一點，靈性包的理論做出了完美的解釋，只有那些只承認物理有機體的人才會予以否認。然而，除了這些真實的視象，難道不存在一般意義上的幻覺嗎？我們並不懷疑這一點。但是其原因是什麼呢？靈性為我們指明了正確的方向，並在回答以下問題時為我們給出一個完整的解釋：

- 　　看到的幽靈總是真實的嗎？還是有時只是幻覺的結果？例如，如果我們在夢中或以其他方式看到了魔鬼或其他神奇的事物，而我們知道這些事物是不可能存在的，這難道不是由於想像導致的嗎？

　　　　"沒錯，有時的確是這樣的，比如有的人看了某些關於巫術的資料或故事，回憶起來後會以為自己看到了實際上並不存在的東西。然而，我們曾經也說過，一個靈性可以通過其半物質皮囊幻化成各種各樣的形態，來對自己進行顯形。因此，如果一個靈性想要嘲弄輕信的人，他可以幻化出頭角和爪子，就像善良的靈性可以幻化出翅膀和光芒四射的外表一樣。"

- 　　當我們處於半夢半醒狀態或只是閉上眼睛時，是否可以將經常浮現的面孔和其他肖像視為幽靈？

　　　　"當感覺處於麻木狀態時，靈性會釋放自己，此時可以近距離或遠距離地看到用眼睛無法看到的東西。這些肖像大都屬於視象，但也有可能是特定物體在大腦中留下的印象，大腦保留了這一物體的輪廓，就像保留了聲音一樣。然後，處於自由狀態的靈性在自己的頭腦中看到了固定在那裡的印象，就像印在照相底片上的影像一樣。這些印象的多樣性和混雜性使其構成了奇特而短暫的組合，儘管人們盡了一切努力去保留它們，但這些印象幾乎總是轉瞬即逝的。這些奇異的幽靈現象也應歸結於同樣的原因，它們不存在任何的真實性，而且通常會在人生病時出現。"

　　記憶是大腦所保留的印象，這是一個公認的事實。然而，究竟是什麼奇異的現象使得這些千變萬化、數不勝數的印象不會彼此混淆呢？這是一個未解之謎，但它並不比聲波更奇怪，聲波在空氣中縱橫交錯，但仍保留著各自的鮮明特徵。在一個健全而有條理的大腦中，這些印象是清晰而精確的；而在大腦狀態不好的情況下，它們則會淡化和混淆；這就是記憶喪失或思想混亂的原因。如果從顱相學的角度來說，一個人接受大腦的各個部位，乃至每根纖維都具有其特殊的目的，那麼這就沒有什麼好奇怪的了。

　　通過眼睛傳遞給大腦的圖像會在大腦中留下印象，這會使人記住這一圖像，並感覺其仍然歷歷在目，但其實這只是一種記憶行為，因為眼前是什麼也沒看到的。此外，在處於超脫狀態時，靈魂可以看到大腦，並找到存儲在大腦中的圖像，尤其是那些由於靈性的先取性或內在傾向給其留下印象最深的圖像。靈魂正是通過這種方式來回憶宗教、惡魔、戲劇或世俗場景的印象，回憶以前在某一幅畫中見過的，或在某一個故事中聽說過的類似於動物一樣的怪異形象，因為這些也會留下印象。所以說，靈魂的確能看到，只不過靈魂看到的只是印在大腦中的影像。

　　在正常狀態下，這些圖像是短暫易逝的，因為此時大腦的各個部分都在自由運行。但在患病期間，大腦會變得更加虛弱，大腦各個部分正常的平衡狀態被打破；只有某些部分保持活躍，而某些部分則或多或少處於癱瘓狀態。這使得關於外界事物的某些圖像無法像大腦處於正常狀態時一樣被刪除，所以才會永久地保留下來。這是一種真實的幻覺，也是產生固定觀念的主要原因。

　　可以看到，我們採用了眾所周知的生理規律——大腦印象——來解釋這種異常現象，但同時也有必要考慮到靈魂的介入。如果說唯物主義者還無法對這一現象給出令人滿意的答案，那是因為他們不願意相信靈魂。為此，他們會說我們的解釋是錯誤的，因為支援這一解釋的原理是存在爭議的。至於這一爭議來自於誰？來自於他們。可自人類在地球上存在以來，這一原理早已得到了大多數人的承認。少數人的否認是無濟於事的。

　　那我們的解釋是否就盡然令人滿意呢？鑒於別論尚乏，僅以一得之見，聊做參考，或許你也可以稱之為一個簡單的假設，我們不過是拋磚引玉，以待後世佳論。既然如此，這能解釋所有涉及視象的案例嗎？當然不能，不過，我們向所有生理學家展示了一點，即根據他們這一排外主義的觀點，可以解釋這一切。然而，若他們只是出於過度狂熱和天馬行空的想像力提出他們的神聖言論，這其實等於什麼也沒說。所以，如果所有關於幻覺的理論都不足以解釋所有的事實，因為這其中存在比幻覺本身更為複雜的事物。不過，如果把我們的理論應用於所有涉及視象的案件，這也是不對的，因為有的情況並非如此；所以說，只有針對某些結果，這一理論才是適用的。

∎∎∎

[1] 關於睡眠時的靈性狀態，請參閱《靈性之書》第 409 節"靈性的超脫"。——作者按。

[2] 霍姆先生和其他人——作者按。

[a] 中的羅馬第六任國王，西元前 578–535 年——譯者按。

第七章：
雙體性與變容

- 生者幽靈
- 靈性替身——利古裡的聖阿方索與帕多瓦的聖安東尼
- 維斯帕先
- 變容
- 隱身

生者幽靈

114. 雙形體和變容是兩種不同的視覺顯靈形式。它們乍一看上去貌似很不尋常，但通過對其個中原因的探究，我們不難看出，它們其實並未超越自然現象的規律。這兩者的基本原理是一樣的，即一切都與死後靈性包的特性與生前靈性包的特性有關。如我們所知，在睡眠中，靈性可以在一定程度上恢復自由，即只有在這種狀態下，我們往往才有機會去觀察靈性。但是，無論是生者的靈性，還是亡者的靈性，其始終保留著其半物質皮囊，正如我們前面所分析的原因，靈性具有可見性和可觸性。對此，已有充分的例子可以證明這一點。我們只舉幾個我們個人所瞭解的例子，並且我們可以保證這些例子的真實性。此外，每個人都可以回顧一下自己的記憶，增添自己的例子。

115. 有一個朋友的妻子，晚上總看見一個在附近賣水果的女人走進她的臥室，不管燈是開著的，還是關著的，她一眼就認出了對方，但從來沒有和對方說過話。這個幽靈讓她非常害怕，尤其是因為當時她對靈性包一無所知，而且這種現象一而再，再而三的出現。那個女人本來活得好好地，而且晚上那個時候肯定是睡著了的。只是她的身體在自己的家裡，靈性和流體卻在另一個女人的家裡。為什麼會出現這種情況呢？我們現在還無從得知。遇到這種情況，有經驗的靈性主義者通常會問對方想要什麼，但是我們那位朋友的妻子從來沒有想過這一點。那個幽靈總是在朋友妻子不知所以然的情況下消失，而且每次消失之後，她還要確保所有的門都關好了，不讓任何人進入她的房間。

這一預防措施證明她是完全清醒的，並沒有受到夢境的愚弄。還有一次，她以同樣的方式看到了一個陌生人。可是有一天，她看到了一直住在加利福尼亞的哥哥。他乍一眼看上去是那麼真實，她以為是哥哥回來想和她說話，但他沒有給她機會就消失了。後來，她又收到了哥哥的一封信，這證明他並沒有去世。這個女人可以說是一種自然的視覺型靈媒，但正如我們所說的，當時的她甚至從未聽說過靈媒這回事兒。

116. 另外有一位住在鄉下的女士，她病得很重，有天晚上十點鐘左右，她看到了一位來自己城裡的老先生，她有幾次在社交場合上見過這位老先生，但和他並沒有更密切的關係。這位老先生坐在她床腳的扶手椅上，時不時地吸一口鼻煙。他似乎在照看著她。這時，有位客人來訪，她感到很奇怪，想問他為什麼在那兒，可是那位先生做了個手勢，要她不要說話，接著睡。她

第七章：雙體性與變容

試著跟他說了幾次話，但每次他會重複他那無聲的建議，然後，她就又睡著了。

幾天以後，她的病好了，這位先生又來看她。但這次來自時候很合適，而且確實是本人親自來的。他穿著同樣的衣服，帶著同樣的鼻煙壺，行為舉止也一模一樣。她確信他在自己生病期間來探望過自己，並對他的關照表示感謝。但這位先生非常驚訝，說自己已經很長時間沒有見到她了。這位女士熟悉靈性現象，所了明白發生了什麼事，但她不願多作解釋，只是告訴他，這可能只是一場夢罷了。

懷疑者會說這實際上只是一個夢——那不過是一些自以為無所不知，自以為有文化有知識的人。然而，事實是，這個女人並不比另一個睡得更沉。這是一場醒著的夢，還是一種幻覺？這是最後一句口頭禪，是對他們無法理解的一切事物的萬能解釋。現在，我們已對這一反對意見進行充分的駁斥，接下來，我們還需要代表那些理解我們的人進行進一步的探討。

117. 這裡有一個更獨特的例子，我們很好奇是否可以將其解釋為一個簡單的想像戲法。

從前，有一位紳士住在鄉下，儘管家裡人再三勸說，他始終不肯結婚。他們再三堅持要這位紳士見見從鄰近城市來的一位素昧謀面的年輕女子。有一天，他在臥室裡驚訝地發現有一位年輕的姑娘，她穿著白色的衣服，頭上戴著花環。她告訴他，她是他的新娘，並向他伸出手來。可過了一會兒，她就消失不見了。這個幽靈令他感到非常吃驚，他確信自己當時是完全清醒的，所以四處尋找，想看看白天裡有沒有人來過。他被告知沒有人來過這間屋子。

　　一年後，架不住一位親戚的再三懇求，他決定去會一會那位推薦給他的姑娘。他在基督聖體節那天到的。大家結束遊行後回到家裡，他一進屋就看見一個年輕女子，並認出她就是之前在自己面前出現過的那個姑娘。她穿著同樣的衣服，因為幽靈出現的那天也正好是基督聖體節。他萬分驚訝，那個女孩自己也驚訝地叫了起來，然後暈了過去。等她蘇醒過來後，她解釋說自己曾在一年前的同一天見過這位先生。他倆最後結婚了。那件事發生在 1835 年。當時，鮮人知道何謂靈性，而且兩個當事人都非常實際，想像力也不如大多數人那麼豐富。

　　也許有人會說，他們兩人都一心想著提議的聯姻，這種狀態引起了一種幻覺；但不要忘了，這位未來的丈夫對這件事一直是漠不關心的，整整一年過去了，他都沒有去看過自己未來的新娘。即使接受了幻覺假說，我們也難以解釋雙重幽靈之間的相似之處：同樣的裙子，同樣在基督聖體節，而且兩個素昧謀面的人同時認出了對方，這一切巧合絕不可能是想像力的結果。

118. 在進一步討論之前，我們還必須馬上回答一個無法回避的問題：當靈性離開肉體時，肉體如何維持生命？我們的回答是，肉體是依靠其有機生命得以存活的，它並不依賴靈性的存在——就像植物一樣，它們活著，但並沒有靈性。不過，我們還需要補充的是，在有生之年，靈性從來不會完全脫離肉體。就像某些視覺型靈媒一樣，靈性能通過一條末端與肉體聯結的發光軌跡來識別生者的靈性，一旦肉體死亡，這種現象就永遠不會發生，這樣以來，才算是完成了真正的靈肉分離。這種聯結對於靈性而言是一種警告，即無論其處於何地，都必須光速返回肉體。其結果是，在靈性缺位時，肉體永遠不會死亡，而在靈性返回時，大門也永遠不會關閉，就像某些浪漫主義作家為娛樂大眾而創作的故事中所描繪的那樣。（參見《靈媒之書》第 400 節。）

靈性替身——利古裡的聖阿方索與帕多瓦的聖安東尼

119. 讓我們回到正題上來。與亡者的靈性一樣，生者的靈性在離開肉體時也自己顯靈，而且所有的外表都是真實的。此外，正如我們之前所解釋的，這種顯靈具有短暫的可觸性。這種現象被稱之為"**雙體性**"，由此衍生出了許多關於替身的故事，即確認同一個人同時出現在兩個不同的地方。在教會的歷史中就有兩個這樣的例子，這可不是什麼流行的傳說。

利古裡的聖阿方索曾被封為聖徒，人們通常請求他在兩個不同的地方同時顯靈，這在當前曾被認為是一個奇跡。

帕多瓦的聖安東尼有一次遠在西班牙講道時，他在帕多瓦的父親被指控謀殺，終致含冤而死。聖安東尼在那一刻出現了，證明了他父親的清白，並揭露了真正的罪犯的身份，後來這個罪犯被處死。事實證明，當時聖安東尼並沒有離開西班牙。

我們召喚了聖阿方索，向他詢問了這件事，他給出了下麵的回答：

1）你能給我們解釋一下這種現象嗎？

"當然可以。當人類通過自己的功德達到完全去物質化的境界，並讓自己的靈魂向上帝靠近時，他們就能夠同時現身兩地。這是如何做到的呢？在感知到睡眠來臨時，道成肉身的靈性可以請求上帝允許其去往某個地方。然後，這個靈性（或靈魂，如果你想這麼稱呼的話）會拋棄肉體以及自己的**一部分**靈性包，從而讓粗糙的物質處於一種類似於死亡的狀態。我之所以說'類似於死亡'，是因為此時的肉體與靈性包之間，以及靈魂與物質之間仍然是依靠某種無法定義的紐帶而彼此聯結的。在這之後，靈性包就能在需要的地方顯形。我相信這就是你們想知道的一切。"

2）但是，這並沒有對靈性包的可見性和可觸性做出解釋，不是嗎？

"因為靈性與物質是分離的，而且靈性的可觸性取決於其進化程度。"

3）難道肉體處於睡眠狀態是靈性得以在別處顯形的必要條件嗎？

"當靈魂被位於不同地方的肉體所吸引時，靈魂就會一分為兩。肉體不一定要處於睡眠狀態——儘管這種情況很少見；不過，此時的肉體也並不是處於完全正常狀態的，而是處於某種程度的靈魂出竅狀態。"

從字面意義上來講，靈魂實際上並沒有發生分裂。相反，靈魂是向多個方向輻射的，因此可以在多個地方顯現，但並不會變得支離破碎，就像光可以同時在幾面鏡子中反射一樣。

4）如果一個人在熟睡中，而靈魂正在其他地方出現，此時叫醒這個人會發生什麼情況？

"不會出現這種情況，因為如果有人想要叫醒這個人，只要靈性讀到了這個想法，這個人的靈性便會預先返回肉體。"

許多亡者和生者的靈性曾多次向我們作出過同樣的解釋。聖阿方索解釋了雙重存在現象，但沒有提出有關可見性和可觸性的理論。

維斯帕先

120. 塔西佗報告了一個類似的案例：

為了等待夏季風的週期回歸，等待著海洋最安全的季節，維斯帕先一直在亞歷山大港停留了幾個月時間。這幾個月裡發生了許多被人們視為是上天庇佑王子和眾神眷顧王子的奇跡。

這些奇跡令維斯帕先愈發地想去參觀眾神的居所，以便向其請教治國安邦之事。他命人關閉神廟，嚴禁其他人員入內。當他走進神廟時，他看到神諭後面站著一位德高望重的埃及人，這個人名叫巴希理德，他知道這個人病了，而且其所在的地方離亞歷山大有幾天的路程。後來，維斯帕先問祭司們那天巴希理德是否來過神廟，而且還問過許多行人是否在城裡見到過巴希理德，最後又了騎兵去調查，騎兵回來向他保證說，巴希理德當時確實在八十英里以外的地方。如此以來，維斯帕先深信不疑地認為這是一個超自然現象，從此以後，巴希理德的名字對他而言就成了神諭（塔西佗，《歷史》第四卷第八十一章和第八十二章，伯努夫譯）。

121. 因此，同時顯身兩地的人擁有兩個身體，其中只有一個是真實的，而另一個只僅是表像。可以說，前者具有有機生命，後者具有精神生命。當人醒來後，兩個身體重新結合，精神生命重新進入肉體。這看似不可能——至少，我們沒有實例——但理性似乎表明，在分離狀態時，兩個身體並不能同時擁有同等程度的活躍性和智慧生命。此外，關於我們剛才所說的，我們要強調的是，在表觀肉體仍然可見的情況下，真實肉體是不會死亡的：死亡來臨時總會召喚靈性返回肉體，哪怕只是一瞬間。這也意味著，表觀肉體是不能被殺死的，因為它既不是有機的，也不是由血肉和骨骼所組成的——一旦有人想殺死它，它就會消失[1]。

變容

122. 現在，我們要來討論第二種現象——**變容**，這是指改變一個生命體的外表。關於這一點，我們想要列舉 1858 至 1859 年期間，發生在聖艾蒂安郊區的一件事，我們可以保證這件事是完全真實的。

有一個十五歲左右的年輕女孩，她具有一種改變自我形象的神奇能力，無論什麼時候，她都能幻化成某個亡者的樣子。這種錯覺太過真切，因為無論是面部特徵，還是表情和聲調，甚至是特有的說話模式，全都是一模一樣的，以至於人們相信站在自己面前就是另外一個人。這種現象反復出現數百次之多，完全沒有受到女孩意志的任何干擾。她經常變成幾年前去世的哥哥的樣子，不僅模仿他的五官，還模仿他的腰圍和身高。

　　當地有一位醫生經常遇到這種奇怪的事情，為了確認自己並沒有受幻覺的蒙蔽，所以做了以下實驗（我們從醫生本人、女孩的父親以及許多值得信賴和尊敬的其他目擊者那裡收集到了相關的資訊）。這個女孩的哥哥在二十歲時就去世了，他比她大得多，也比她強壯得多。醫生決定先稱一下這個女孩的正常體重，然後在她變成了哥哥的樣後再稱一下她的體重。醫生隨後證實，在變容後，女孩的體重幾乎增加了一倍。

　　這一實驗是具有結論意義的，因為不可能將這種現象歸因於簡單的視覺錯覺。我們會嘗試去解釋這類事件，它們一直以來被視為奇跡，但我們只是把它們稱為一種現象。

123.　　在某些情況下，變容可能是由於簡單的肌肉收縮造成的，這種收縮可能導致全然不同的面部表情，以至於使人變得面目全非。我們往往會在一些夢遊者身上觀察到這一點；但在這種情況下，並不是真正意義上的蛻變。一個女人可能看起來或年輕，或衰老，或美麗，或平凡，但她永遠是同一個女人，而且她的體重既不會增加也不會減少。但就那位小女孩而，事情顯然要複雜得多。靈性包理論為我們指引了正確的方向。

原則上，我們承認靈性可以隨意地賦予其靈性包以任何外表，並且可以通過改變其分子排列的方式，使其變得可見和可觸摸，從而變成**不透明**狀態；當靈性脫離肉體時，生者的靈性包也可以發生同樣的轉變，這種狀態的改變是通過流體的結合而產生的。

接著，讓我們來想像一個生者的靈性包，它沒有與身體分離，而是像蒸汽一樣以身體為中心向四周輻射。在這種狀態下的靈性包可以像脫離肉體的靈性包一樣發生同樣的改變。當靈性包失去了透明度，身體就好像消失了，變得看不見了，就像被某種霧籠罩著一樣。它甚至還能根據靈性的意志或能力改變自己的外觀，並且變成發光的樣子。如果另一個靈性將自己的流體與前者的流體結合起來，就可以替換成前者的容貌，而自己的真實肉體會隨之消失，並被一個外部流體皮囊所覆蓋，而這個皮囊的外表是可以隨靈性的意志發生改變的。貌似這是這一神奇現象的真正原因，同時我們必須指出，變容是相當罕見的。重量的差異可以惰性物體發生變化的原因來進行解釋；也就是說，身體本身的內在重量並沒有變化，因為它的物質品質沒有增加；相反，身體只是受到了外部因素的影響，而外部因素可以增加或減少其相對重量（正如我們在上文第 78 節中所解釋的那樣）。因此，變成一個孩子的模樣後，體重可能也會相應的減輕。

隱身

124. 如果向我們剛才所說的，體形在外觀上可以變大或者相同或許還能理解，但如何才能變小，變成小孩的體形呢？在這種情況下，真實肉體難道不會取代表觀身體的界限嗎？這正是為什麼我們沒有說這樣的事情曾經真正發生過。根據比重理論，我們只是想證明表觀比重也有可能出現減少的情況。

　　至於這種現象本身，我們既不肯定，也不否認其可能性。但如果確有可能，即便我們無法對此給出合理的解釋，也不會因此而否認事實的真實性。不要忘記，我們仍然處於這門科學的開端，它還遠遠沒有就這一問題以及其他許多問題作出最後的結論。此外，如果原來的肉體超過了身形較小的肉體的界限，超出的那些部分是完全可以隱形的。

　　這一隱形理論自然也進一步強調了前面的解釋以及那些涉及幽靈現象的解釋。（參見上文第 96 節）

125.　　我們或許還可以對**阿格納雷斯（自發幻影）**這一奇怪的現象作一個簡短的討論，這一現象儘管乍看很不尋常，但並沒有比其他任何一種現象更具有超自然的性質。不過，既然我們已經在 1859 年 2 月的《靈性主義評論》中對此作出了解釋，此處便不再一一贅述。簡單點說，這是一種可觸摸的幽靈，是某些靈性暫時借用生者的形態來產生某種完美的錯覺（源於希臘語：a，剝奪，詞源為"geine"、"geinomi"，意為引起；使產生）。

▪▪▪

[1]　參見《靈性主義評論》，1859 年 1 月，"巴約恩·福萊特"；

1859 年 2 月，"阿吉內雷斯（自發幻影）"；"我的朋友赫爾曼"；1859 年 5 月，"靈性與肉體之間的聯繫"；1859 年 11 月，"游離的靈魂"；1860 年 1 月，法國高等法院和法國陸軍；1860 年 3 月，"關於生者靈性的研究：V 醫生與 I 小姐"；1860 年 4 月，"聖彼德堡的製造者"；"可觸摸的幽靈"；1860 年 11 月，"瑪麗‧達‧瑪麗的歷史"；1861 年 7 月，普羅維奇的幽靈——作者按。

第八章：
無形世界的實驗室

- 靈性的衣著；可觸摸物體的自發形成
- 物質特性的改變
- 磁療作用

靈性的衣著；可觸摸物體的自發形成

126. 我們前面說過，靈性顯形時經常是穿著衣服的，或披著飄逸的卷衣，或穿著普通的衣服。飄逸的卷衣似乎是靈性世界中最常見的服飾。但我們可能要問，他們所穿的衣服以及所有的飾物都和我們生活中所穿的一模一樣，這是在哪裡找到的。顯然，他們並沒有帶走這些東西，因為這些東西一直在我們身上。那麼另一個世界，他們又是從哪裡找到所穿的衣服的呢？這是一個非常有趣的問題，不過很多人對此也只是好奇而已。儘管如此，它確實提出了一個非常重要的問題，這一問題的答案指引我們發現了一個同樣適用於我們物質世界的普遍規律。許多事實使得這一問題變得複雜，也暴露了所提理論的不足。

在某種程度上，衣服本身的存在是可以接受的，因為我們可以把它當成人的一部分；但在飾物方面卻不能這樣說，例如在上文第 116 節中所討論的拜訪那位生病女士的男士的鼻煙壺。需要我們注意的是，在這個事件中，我們面對的不是一個已故的人，而是一個活著的人，而且客人親自來訪時，他也擁有一個同樣的鼻煙壺。那麼，他的靈性是在哪裡找到在那位女士的病榻旁使用的鼻煙壺的呢？死者和生者的靈性在顯形時都會帶著各種各樣的物品，諸如棍棒、武器、煙斗、燈籠、書籍等，這樣的例子數不勝數。

於是，我們提出了一個理念：在無形世界裡，惰性物體可能擁有空靈的對應物，而構成各種物體的凝聚態物質可能包含有我們的感官無法察覺到的某種精華成分。儘管這一理論並非全無可能，卻也不能解釋所有的事實。所謂一"釋"不成，萬"釋"皆空。在此之前，我們只討論了圖像或表觀，我們已經看到靈性包可以借用物質的特性，並使自己變得可觸摸。但這種可觸性是暫時的，實體會像影子一樣消失。這一現象本身就已經很不尋常了，但更令人印象深刻的是實體化物質的產生，這已被諸多經過驗證的事實所證明，尤其是涉及直接書寫的事件，對此，我們將用專門的章節進行更為詳細的討論。然而，鑒於這些現象與我們當前討論的主題密切相關，而且代表著一種更為主動的顯靈現象，所以我們先在此作一些初步的探討，以對其中的規律作出猜想。

127. 直接書寫法或**憑空描記法**是指在沒有靈媒使用手或鉛筆的情況下自動完成書寫。所需要的只是一張乾淨的紙，準備時可以採取一切必要的防範措施，以避免任何形式的欺騙。這張紙可以折起來放在某個地方——放在抽屜裡，或放在一件傢俱上。在適當的條件下，經過一定的時間，這張紙上就會出現字母或各種各樣的標記、單詞、句子，甚至是完整的信件，通常是用一些類似於石墨的黑色物質書寫的，但有時似乎是用紅鉛筆、普通墨水甚至印表機墨水寫出來的。

　　這是這種現象最簡單的形式，儘管不是很普遍，但也不是很罕見，因為有的靈媒可以很容易地誘發這類現象。如果把鉛筆和紙放在一起，人們可能會認為這是靈性用筆和紙寫出來的，但當只有紙的時候，很顯然，所有的字都是由靈性自己找來的東西書寫的。那靈性又是從那裡得到這些東西的呢？根據前面提到的鼻煙壺的例子，我們不難找到這一問題的答案。

128.　　聖‧路易士針對這一問題做出了以下的回答：

　　1）我們舉過一個生者靈性顯形的例子，他拿著一個鼻煙壺，不時地從裡面捏取東西。在這種情況下，靈性的感覺和我們的感覺是一樣的嗎？

　　"不是。"

　　2）這個鼻煙壺的形狀和那個男人在家裡慣常使用的是一樣的。那靈性使用的鼻煙壺是什麼呢？

　　"只是一個表像。它看起來像真實的物體，只是為了引起注意，以避免這個幽靈被當成是因目擊者身體不適而引起的幻覺。這個靈性想讓那位女士相信他真的在這裡，所以他呈現出了所有真實的樣子。"

　　3）你們說那只是一種表觀，但表觀並不是真實的，它就像一種視覺錯覺。我們想知道鼻煙壺究竟只是一個不真實的圖像，還是具有一定物質性的。

　　"當然有。正是借助于這種物質本源，靈性包才能穿著與生前相似的衣服顯形。"

顯然，我們必須理解"表觀"一詞的含義，它是指"外貌"、"模仿"。這個靈性並沒有攜帶真正的鼻煙壺；這只是鼻煙壺的一種代表。因此，儘管它是由物質構成的，但與原物相比，它只是一種表觀。

經驗告訴我們，我們不能總是從字面上機械地去理解靈性所使用的表述。如果我們根據自己的想法來解釋它們，就有可能大錯特錯。正因為如此，哪怕是靈性所說的話一點也不含糊，我們也必須弄清它的意思。靈性自己也反復地提出這個建議。如果沒有以上的解釋，在類似情況下經常出現的"**表觀**"一詞可能會被誤解。

4）惰性物質能被複製嗎？無形世界是否包含有某種基本物質，這種物質能夠借用我們世界的可見物體的形態？換句話說，這個世界上的物體在無形世界中是否會擁有**對應的虛無替身**，就像靈性代表著人類一樣？

"事實並非如此。

靈性會對散佈在你們大氣空間中的物質元素施加一種力量，一種你們根本無法察覺的力量。

靈性可以運用自身意志來凝聚這些元素，並按照自己的意圖賦予其相應的外觀。"

有人可能會注意到，這個問題其實是對我們之前針對靈性造物的本質所提出的思想觀念的一種解讀。如果這一回答體現了我們自己的觀點，那正如有些人所說的那樣，這是對我們理論的證實，而不是駁斥。

5）為了避免誤解，我想再一次明確地重申這個問題：靈性所穿的衣服是真的嗎？

"在我看來，前面的回答已經解決了這個問題。

難道你還不明白靈性包是真實存在的嗎？"

6）你的解釋表明靈性可以讓虛無的物質轉變成其所需的形態；例如，在鼻煙壺的例子中，靈性並不是找的現成之物，而是在需要時，按照自己的意願自己製造出來的，然後又以同樣的方式讓其消失。這一過程適用於衣服、珠寶等其他所有的物品嗎？

"這是顯而易見的。"

7）在那位女士看來，鼻煙壺是如此地清晰可見，以致於使她產生了一種實物的錯覺。那靈性是否能夠讓她感受到鼻煙壺的存在呢？

"的確能夠。"

8）如果是這樣話，她拿著鼻煙壺，會不會以為這是一個真正的鼻煙壺呢？

"是的。"

9）如果她打開鼻煙壺，能看到鼻煙嗎？如果她吸入一些鼻煙，會打噴嚏嗎？

"是的。"

物質特性的改變

10）如此，靈性不僅僅是造物，還能賦予物體獨有的特性，是這樣的嗎？

"如果靈性願意的話。正是基於這一原則，我對前面的問題作出了肯定的答覆。你將會找到證據證明靈性會對物質施加你們根本無法想像的強大作用——正如我之前說過的。"

　　11）我們假設某個靈性想要製造一種有毒藥，然後讓一個人吃下去。那這個人會中毒嗎？

　　"靈性可以這樣做，但不會這麼做，因為不允許。"

　　12）靈性能製造出一種有益健康的物質來治療疾病嗎？這種事情曾經發生過嗎？

　　"是的，有很多次。"

　　13）同樣，靈性能製造出營養物質嗎？假設這是由一片水果或其他東西做成的；人吃了會覺得飽嗎？

　　"是的，沒錯；但不要費勁去想原本很容易理解的問題。只需要一縷陽光，就能讓你們粗糙的器官感知到讓你們賴以生存的空氣中充滿著各種物理粒子。難道你們不知道空氣中含有水蒸氣嗎？水水蒸氣一旦凝結，就會恢復到液態。將熱汽中看不見、摸不著的水分子去掉，它們會變成一個非常堅固的物體。因此，化學家能將多種物質轉變成不同尋常，甚至令人驚訝的其他物質。靈性只是比你們擁有更加完美的工具：上帝的意志和許可。"

　　在這個問題上，上面關於飽腹感的提問非常重要。如果某種物質的存在和特性不僅具有暫時性，而且在某種程度上具有傳統性，這種物質如何能產生飽腹感呢？當這種物質到達胃部時，就會產生**飽腹感**，但這飽腹感有別於通常因由肚子填滿而產生的飽腹感。如果說這種物質可以作用於有機體，改變病理狀態，那麼它也可以作用於胃部，引起飽腹感。不過，

第八章：無形世界的實驗室

藥劑師和餐館老闆也大可不必嫉妒，或者認為靈性要來和他們搶飯碗。這些案例既罕見，又特殊，而且從來不取決於個人的意志；要不然話，每個人吃飯看病的費用就太過便宜了。

14）那些靠靈性意志變得可觸摸的物體能否保持這種狀態，且能否供人使用？

"這是有可能，**但從來沒有發生過**，因為這超出了一般的規律。"

15）所有的靈性在製造具有可觸性的物體方面是否擁有同等水準的能力？

"顯然，靈性的進化程度越高，就越容易，但這也要取決於具體的環境；進化程度較低的靈性也有可能具備這種能力。"

16）靈性是否知道自己是通過什麼方式來製造衣服，或賦予物體以可見性的？

"並不知道。這往往是基於一種本能的行為，如果靈性不夠開化，他們自己也是無法理解這種本能行為的。"

17）如果一個靈性能從宇宙本源中吸取物質來製造這些物體，並且暫時賦予物體一種具有自身特殊性質的真實性，那麼靈性是否也能使用這些物質來寫字——這或許能為我們提供一把解秘直接書寫現象的鑰匙？

"你們終於說到正題上了！"

事實上，這才是我們前面所有問題想要達到的目的，這證明了這位靈性明白了我們的想法。

18）如果靈性使用的物質不具有永久性，那為什麼直接書寫的文字不會消失呢？

"切勿斷章取義。首先，我不使用"從不"，因為我所指的是無以數計的物質物件。但在直接書寫的案例中，這些符號是有用的，也是需要保存的——事實也是如此。我想說的是，由靈性所造的物體是無法被使用的，因為在現實中，它們不可能擁有與實物相同的物質聚合。"

129. 以上的解釋可以概括為：靈性可以作用於物質；靈性能隨心所欲地從宇宙的普遍物質中提取必要的元素，以構成地球上的各種物體，並賦予其相應的外觀。靈性還可以通過自身的意志作用於基本物質，以使其發生內在的轉變，從而具有某些特性。這種能力是靈性固有的本質，靈性往往會在必要的時候本能地，也就是無意識地運用這種能力。因此，靈性所造之物是暫時的，這取決於靈性的意志或需求——靈性可以隨心所欲地創造物體，或者令它們消失。在某些情況下，這些物體在生者看來可能極為真實，它們具有暫時的可見性，甚至是可觸性。這種過程只能被視為一種形成的過程，而不是創造的過程，因為靈性並不能憑空造物。

130. 正如我們剛才所看到的，存在一種獨特的基本物質這一理念如今已被科學所廣泛接受，並且得到了靈性的證實。這一物質是所有自然實體的本源，其他各種特性也是通過這一物質的轉變而實現的。這就是為什麼一種有益健康的物質只需要簡單的改變就會成為有毒的物質。就化學本身而言，這樣的例子數不勝數。

眾所周知，兩種無害的物質以某種比例結合後有可能形成有害的物質。一份氧和兩份氫本身是無害的，兩者結合可以形成水，但要是再加一個氧原子，我們就能得到一種腐蝕性液體。即使不改變比例，僅僅是分子聚合形式的簡單改變往往也足以導致特性的改變，這就是不透明物體變成透明物體，以及透明物體變成不透明物體的原理。

既然靈性單憑其意志就能對基本物質產生決定性的作用，那麼也不難理解，靈性不僅可以形成各種物質，甚至還可以運用自己的意志作為反應劑來改變物質的性質。

磁療作用

131.　這一理論為我們解釋磁力問題提供了一個答案。到目前為止，磁力問題——通過意志力改變水的特性的現象——是眾所周知的，但卻一直未能得到解釋。作用媒介是磁性人的靈性，在大多數情況下，會有一個脫離肉身的靈性來協助他。靈性可以通過磁流引起某種演變，正如我們之前說過的，磁流是最接近宇宙物質或宇宙本源的物質。如果它能因此改變水的性質，那麼它也能很容易地改變在正確指引下可以通過磁力作用產生治癒效果的有機流體。

我們知道意志在所有磁力現象中起著至關重要的作用，可我們該如何來解釋這種微妙介質的物質作用呢？意志本身並不是一個實體，或者一種物質，甚至不具有高度虛無物質的屬性；相反，它具有靈性的本質屬性，即思想存在。在這一杠杆的幫助下，靈性可以作用於基本物質，並通過一個相應的作用與其組成部分發生反應，從而使這些組成部分的內在屬性發生轉變。

　　意志是道成肉身的靈性和處於流離狀態的靈性共有的屬性，而如我們所知，磁性人的力量是由靈性的意志力量所產生的。道成肉身的靈性可以作用於基本物質，從而在一定範圍內改變事物的屬性。這就解釋了通過接觸和按手達到治癒效果的能力，這種能力的高低因人而異。（參見《靈媒》中關於療愈靈媒的章節。同時參見《靈性主義評論》1859 年七月刊第 184 頁和第 189 頁；"祖阿韋·德·馬格恩塔：義大利軍官"）。

■■■

第九章：
鬧鬼之地

132. 自發性顯靈的頻繁出現以及某些靈魂的持續存在使得某些地方看上去像是鬼魂出沒之地。下面是針對這些問題的回答：

1）靈性是只纏附於個人，還是也會纏附於事物？

"這取決於靈性的進化程度。某些靈性可能會纏附於塵世之物。例如，那些把錢財藏起來的守財奴，如果沒有充分地去物質化，他們可能會繼續看管和守護這些錢財。"

2）游離的靈性會特別偏好某些地方嗎？

"原理是一樣的。不依戀地球的靈性會更偏愛能踐行仁愛之舉的地方；對於這些靈性而言，人的吸引力大於物質物件的吸引力。儘管如此，有的靈性可能會在一段時間內偏愛某些地方，不過這些都進化程度較低的靈性。"

3）既然靈性對一個地方的依戀是不純潔的象徵，這是否意味著這個靈性是邪惡的呢？

"當然不是。一個靈性不邪惡，但有可能進化程度較低。人不也是這樣的嗎？"

4）靈性更偏愛常去的廢墟，這一說法有事實依據嗎？

"沒有。靈性會去那些地方，也會去其他任何地方，但人們會因某些地方的陰森景象而胡思亂想，並認為靈性的存在在大多數情況下只是一種純粹自然的結果。因為恐懼將樹影看成鬼怪，或將動物的咆哮或風的呼嘯當成幽靈，這樣的例子何其之多。靈性喜歡人類的存在，這就是為什麼他們更喜歡有人居住的地方，而不是荒涼之地。"

- 儘管如此，我們知道不同的靈性有不同的性情，那麼肯定也有厭世者會更喜歡獨處。

"所以我並沒有給你們一個明確的答案。我說過，他們可以去荒涼之地，也可以去其他任何地方，所以顯然，那些避免與人接觸的靈性之所這樣做是因為這合適他們的性情。然而，這並不意味著廢墟一定是靈性的最愛，因為可以肯定的是，他們更多地出現在城市和宮殿裡，而不是森林深處。"

5）流行的信仰通常是以事實為依據的。那關於鬧鬼之地的信仰起源是什麼呢？

"在這一案例中，其事實依據的確是人類一直以來本能地相信顯靈現象，但正如我所說的，陰森恐怖的地方容易讓人胡思亂想，並讓人自然而然地以為那裡到處是超自然的存在。這種迷信思想在詩人的作品和童話故事中得到了充分地體現。"

6）聚集在一起的靈性是否更偏愛特定的日期和時間？

"並非如此。人類在物質生活中會利用日期和小時來控制時間，但靈性對此並不需要，也不在乎。"

7）靈性更喜歡在夜間出沒，這一觀點的起源是什麼？

"黑暗和寂靜會給人們的想像力留下深刻的印象。所有這些都是迷信觀念，是由於缺乏對靈性主義的理性認識所導致的。這同樣適用于對於吉日吉時的信仰。你們必須認識到，除了在寓言中，從來就不存在午夜的影響。"

- 如果是這樣，那麼為什麼有的靈性會宣稱他們會在午夜和特定的日子，比如週五出現呢？

"這些都是喜歡利用人類的輕信來取樂的靈性。有的靈性自稱是魔鬼或者給自己取了其他邪惡的名字，其原因是一樣的。告訴他們你沒那麼蠢，他們就不會再回來了。"

8）靈性是否更偏愛去他們屍體所在的墳墓？

"肉體不過是一件衣服。靈性並不喜歡被皮囊束縛的痛苦，就像囚犯不喜歡戴著鐐銬一樣。被所愛的人銘記是他們唯一珍視的東西。"

- 在他們的墳墓上作祈禱是否比在其他地方所作祈禱更令靈性高興？前者比後者是否對靈性具有更大的吸引力？

"正如你們所知，祈禱是吸引靈性的一種召喚方式。禱告越熱烈、越真誠，就越有效果。因此，人們在尊者的墓碑旁保持莊嚴肅穆以及虔誠地保存死者生前的遺物，這些都是對靈性依戀之情的見證，而靈性對這種依戀之情總是非常敏感的。思想總是作用於靈性，而不是物質物件。這類物質對象會對祈禱者產生更大的影響，因為他們會把注意力集中禱告上，而不是集中在靈性身上。"

9）那麼認為有鬧鬼之地貌似並非完全錯誤，對嗎？

"我們已經說過，有的靈性可能會被物質事物所吸引，因此有可能被吸引到某些地方，看上去就像是在那裡久居一樣，直到吸引他們的環境不復存在。"

- 什麼樣的環境才會對靈性具有這樣的吸引力呢？

"靈性與經常去這些地方的某些人有一種親合關係，或擁有與這些人交流的願望；只不過靈性的意圖並不總是那麼值得稱道。在涉及到邪惡的靈性時，他們可能會試圖報復那些抱怨自己的人。對某些靈性而言，必須呆在一個固定的地方也有可能是一種懲罰，尤其是靈性曾在那個地方犯下了罪過的話——這會不斷地提醒靈性"[1]。

10）以前的居住者總是在這些地方鬧鬼嗎？

"有時是，但並不總是這樣。如果以前的居住者是先進一個的靈性，那麼他將不會再與生前的住所有更多聯繫，正如不會與生前的肉體有更多聯繫一樣。靈性之所以經常出沒於某些地方，大多是出於任性，至少是那些出於對某些人的情感共鳴而被吸引的靈性。"

- 靈性會不會為了保護一個人或家庭而流連於某個地方？

第九章：鬧鬼之地

"當然會，如果他們是善靈的話。但在這種情況下，靈性從來不會以不愉快的方式讓人知道他們的存在。"

11）那個白衣女子的故事是真實嗎？

"這是從千千萬萬個真實事件中演變出來的一個寓言故事。"

12）害怕靈性出沒的地方有沒有道理？

"沒有。那些經常出沒於某些地方並製造騷亂的靈性大多只是想消遣一下容易上當和心性膽小的人，而不是為了做壞事。要記住，靈性無處不在，無論你在哪裡，都有靈性在你身邊——即使是在最安靜的屋子裡。靈性似乎只會出沒於某些住所，因為他們能在那裡找到讓自己顯靈的機會。"

13）有擺脫他們辦法嗎？

"有，但這樣做反而會吸引他們。驅逐惡靈的最好方法是吸引善靈。所以要通過盡可能多做善事來吸引善良的靈性。因為善與惡是不相容的。永遠做個好人，你身邊只會有善良的靈性。"

- 儘管如此，仍然有一些非常善良的人還是會遇到惡靈製造的小煩惱。

"如果這些人真的很善良，這有可能是對其耐心的考驗，旨在激勵他們變得更好。"但不要輕易相信那些滿口仁義道德的人就一定是真正的正人君子。真正的正人君子幾乎從不自居，或從不自誇。"

14）驅魔術是將惡靈驅逐出鬧鬼之地的有效方法嗎？

"你們見過有效的驅魔術嗎？"你們並沒有，相反，驅魔儀式之後的麻煩不是變本加厲了嗎？那是因為這些靈性喜歡被人們當作魔鬼。沒有邪惡意圖的靈性也有可能通過製造噪音，甚至讓別人看見自己的方式來顯示他們的存在，但他們從來不會通過這種方式來製造麻煩。這些往往是受苦的靈性，你們可以為他們禱告來幫助他們。有的則是仁慈的靈性，他們這樣做是希望展示自己是和你們在一起的，還有的則可能是輕浮的靈性，他們這樣做只是在自娛自樂。因為那些喜歡用噪音擾亂平靜的大多是自娛自樂的靈性，所以最好是對他們的滑稽行為一笑置之。當他們看到既沒法嚇唬你們，也沒法惹你們生氣時，他們就會自行離開。"（參見第五章："自發性顯靈現象"）。

　　上述解釋可總結為，有的靈性依戀某些地方，並喜歡呆在那裡，但他們並不需要通過可感知的效果來顯示自身的存在。任何地方——即使是一個邪惡的地方——都有可能是某個靈性必須呆的或偏愛的居所，而且有可能從來沒有發生過任何類型的顯靈現象。

　　如果一個靈性將自己與任何地方或物質事物聯繫起來，這絕不可能是高度進化的靈性，不過，雖然他們沒有進化，也並不意味著他們是邪惡的，或者是充斥著邪惡意圖的。有時，他們甚至是比害人的靈性更為有用的同伴，因為如果他們對某些人感興趣，就可能會保護他們。

■■■

[1]　參見《靈性主義評論》1860 年二月刊：被詛咒的人的故事——作者按。

第十章：
通靈的本質

- 粗俗的通靈
- 輕浮的通靈
- 嚴肅的通靈
- 教導式通靈

133. 我們之前說過，每一個結果都會揭示作為其原因的自由意志的作用，無論其是多麼的微不足道，它都能證明這種原因實際上是一種智慧原因。因此，桌子根據我們的思想作出反應，進行簡單的移動或者表現出有意圖的特徵，這些都可以視為一種智慧顯靈現象。如果只是桌子在移動，那麼我們對這件事就不會那麼感興趣了。然而，我們已有證據證明這些現象並不僅僅是簡單的物理作用。我們從中得到的實際用處近乎於零，或者說極為有限；但當這種智慧能夠確保有規律的、持續的思想交流時，一切都會發生變化。從這點而言，不能再將其視為簡單的智慧顯靈現象，而應視為真正的**通靈**。如今，我們所掌握的接收這些訊息的手段與人和人之間交流的手段一樣具有廣泛性、明確性和快捷性。

如果我們已經完全理解了靈性在智力和道德水準方面的無限多樣性——根據**靈性的等級制度**（參見《靈性之書》第 100 節），我們就不難理解靈性在通靈方面的不同之處。靈性的交流必定會反映靈性思想的高尚或卑賤，反映靈性的智慧或無知，惡習或美德。換句話說，通靈與文盲和文化人之間的交流並無二致。通靈具有不同的類型，具體可以分為四大類。根據其主要特點，通靈包括**粗俗的通靈、輕浮的通靈、嚴肅的通靈**、或**教導式通靈**。

粗俗的通靈

134. **粗俗的通靈**是指那些包含有不禮貌用語的通靈。這些只能來自於最低階的靈性，他們仍然沾染著物質的各種不純潔，與墮落和粗魯的人類所使用的表達方式並無不同。這些靈性會排斥那些對自己無動於衷的人，因為他們的性格是小氣的、不光彩的、淫穢的、無禮的、傲慢的、惡毒的，甚至是不虔誠的。

輕浮的通靈

135. **輕浮的通靈**來自於輕浮草率、喜歡嘲笑別人或頑皮成性的靈魂，他們比徹頭徹尾的邪惡更狡猾，特別喜歡信口開河、胡說八道。由於這些交流對於靈性而言並沒有什麼不妥之處，所以他們往往會讓那些覺得自己很有趣，而且滿足於毫無益處的誇誇其談的人感到高興。這些靈性有時會滔滔不絕地發表機智尖銳的長篇大論，中間常常夾雜著陳詞濫調的笑話以及鐵證如山的事實，幾乎總是一擊即中。輕浮的靈性聚集在我們周圍，會利用一切機會干涉我們的通靈。對他們而言，真相是無關緊要的，所以他們在迷惑那些軟弱而輕信的人時，會感到一種惡意的快感。喜歡這種交流方式的人自然也會對輕浮和騙人的靈性敞開心扉。嚴肅的靈性會對他們避而遠之，就像嚴肅的人會對不負責任的人一樣避而遠之。

嚴肅的通靈

136. **嚴肅的通靈**無論從主題還是形式上都具有嚴肅性。任何一次通靈，只有沒有表現出任何輕浮或粗俗，而且是為一個有益的目的，哪怕只是為了個人利益，它自然是嚴肅的。但這並不意味著這種通靈永遠沒有錯誤，因為嚴肅的靈性並不都是開明的靈性。他們可能對許多事物一無所知，可能犯過某些方面的錯誤，儘管他們是誠心誠意的。這就是為什麼真正的高階靈性一直建議我們要對所有的通靈進行理性和最嚴格的邏輯分析。

為此，我們有必要區分**真正的嚴肅**和**錯誤的嚴肅**，這並非易事，因為某些自以為是或偽學者的靈性可能會試圖用嚴肅的表述方式來強化最錯誤的思想和最荒謬的理論。此外，為了讓自己更受人歡迎，更受人尊重，他們會毫不猶豫地用最體面，甚至最尊貴的名字來裝飾自己。這是實踐靈性主義所面臨的最大障礙之一。對於這一問題，我們需要進一步地討論，以使其得到與其重要性相匹配的發展，同時我們還需要闡明採用什麼方法來避免錯誤通靈的危險。

教導式通靈

137. **教導式通靈**是一種嚴肅的通靈，其主要目的在於提供靈性在科學、道德、哲學等方面所提出的教義。通靈內容的深度決於特定靈性的進化程度和**去物質化程度**。為了對其進行充分利用，必須定期且堅持不懈地進行這類通靈。嚴肅的靈性會將自己與那些渴望得到教導和幫助的人聯繫在一起，而輕浮的靈性則專門負責愚弄那些只將通靈當作一時消遣的人。只有通過此類通靈的規律性和頻率，我們才能評估與我們交流的靈性的道德和智力價值，以及他們值得信任的程度。如果說我們需要經驗來判斷別人，那麼我們就更需要經驗來判斷靈性。

既然我們認為這樣的通靈是具有**指導意義**的，所以也就承認它們的**正確性**，因為缺乏**正確性**的東西，即便用最引人注目的語言進行傳播，也不可能具有**指導意義**。因此，這一範疇中並沒有包含那些語出驚人和華而不實的教導，因為它們來自於那些自命不凡而非真正睿智，並且喜歡欺騙我們的靈性。但是，這樣的靈性並不能掩蓋他們的膚淺，也不能長久地保持他們的偽裝。他們在交流時很少表現出前後一致，只要我們對他們的言論提出質疑，他們就會很快暴露出自己的弱點。

138.　　通靈的方式千差萬別。靈性可以通過作用於我們的身體器官和感官來表達自己：視覺——幽靈；觸摸——隱藏或可見的可觸摸印象；聽覺——噪音；嗅覺——原因不明的氣味。儘管最後一種顯靈方式非常真實，但由於存在很多可能導致錯誤的原因，所以其可靠性無疑是最低的。因此，我們目前暫時不會花時間去專門研究它。我們需要仔細研究的是接收訊息，即定期地、持續地交流思想的不同方式。這些方式包括**叩擊聲、說話和寫字**。我們將在專門的章節中對其進行進一步的研究。

■■■

第十一章：
符號法與拼寫法

- 符號語言與叩擊聲
- 字母拼寫法

符號語言與叩擊聲

139. 最早的智慧顯靈是通過叩擊聲或打字法來進行表達的。這種原始的方法受制於這一過程的初始條件，故實用性不大。正因如此，以這種方式接收到的通靈訊息一開始僅僅局限於通過預先確定的叩擊次數來做出"是"或"否"的單音節回答。但正如我們所說的，這一方法在後來得到了改進。叩擊聲的產生需要兩個步驟，而且需要借助於特殊的靈媒，為了確保這種方法的有效性，靈媒通常需要具備物理顯靈能力。第一個步驟可以稱為蹺蹺板拼寫法，即移動一張桌子，使其蹺起一個桌腿，然後再將其放下來。在這種情況下，靈媒所需要做的就是將手放在桌子邊緣。如果靈媒想與某個特定的靈性對話，必須首先召喚這個靈性；否則，顯靈的就將是最先或慣常來訪的靈性。例如，公認的是敲擊一次表示"是"，敲擊兩次表示"否"（具體次數無關緊要），然後再向靈性提出問題（稍後我們會討論應當避免提哪些問題）。難點在於回答的簡潔性以及提問的方式，即如何才能使用"是"或"不是"來回答問題。假如我們想問靈性"你想要什麼？"，而靈性只能用一個詞來回答，那麼我們就只能問"你想要這個嗎？"，"不"，"那是想要那個嗎？"，"是的"等等。

140. 　　有趣的是，在使用這種方法時，靈性通常會增加一種**擬態**，即通過敲擊力度的大小來對肯定或否定的回答進行強調。此外，靈性還有可能會表達出自己所產生某種的情緒：通過粗暴的動作表示暴力，或者通過反復而有力的敲擊表示生氣和不耐煩——就像人生氣會跺腳一樣——甚至將桌腿重重摔到地上。不過，善良溫柔的靈性在通靈結束時會讓桌子傾斜一點，就好像是在揮手告別。如果靈性想要直接對其中某個參與者說話，根據其想要表達的是愛意還是敵意，靈性會輕柔或粗暴地抬起對著這個人的桌腿。準確地說，這是一種**符號法**或符號語言，正如**拼寫法**就是一種叩擊語言。在這裡，我們舉一個自發使用符號法的著名案例：

　　　　我們認識一位元先生，有一天，他在客廳裡就遇到了顯靈現象，現場還有好幾個當事人。當時他剛收到我們寄給他的一封信，可正當他看信的時候，那張用來做實驗的小桌子突然朝著他移動了一下。他看完信後，就將信放在了房間另一頭的桌子上。這個時候，小桌子跟著他，朝他放信的方向又移動了一下。他對於這一巧合感到非常驚訝，認為桌子的運動和這封信之間可能存在某種聯繫，於是他問靈性，後者回答說，這是我們熟悉的一個靈性（卡甸的靈性）。這位先生將事情的經過告訴了我們，我們詢問了靈性這次來訪的原因。靈性回答說："去拜訪與你們保持聯繫的人，以便在必要時向你們和他們提供必要的忠告，這是很自然的事情。"

很顯然，靈性是想引起這個人注意自己的存在，並且他也找到了這樣一個機會。啞巴也不能做得比這更好了。

字母拼寫法

141. 沒過多久，拼寫法就得到了改進，並以一種更完整的通靈形式得到了豐富，這種形式就是字母拼寫法，包括使用**叩擊聲表示字母**。通過這種方式可以獲取單詞、句子，甚至完整的論述。根據所使用的方法，桌子會敲擊出每個字母所對應的次數，例如，敲擊一次表示"a"，敲擊兩次表示"b"，以此類推，與此同時，有人會將相應的字母記錄下來。在通靈結束時，靈性會按照預先設定的信號給出提示。

不難看出，這一過程是非常緩慢的，需要花費很多時間才能完成漫長的交流。儘管如此，還是有人肯花足夠的耐心來獲得幾頁紙的訊息。然而，這種做法迫促人們去研究能讓工作進展得更快的一些捷徑。其中最常用的是在靈媒前面放一份字母表和一系列表示單位的數位。一個靈媒坐在桌子旁，另一個靈媒用手指向字母（如果想要拼寫單詞）或數位（如果想要數位）。當第二個靈媒指到所需的字母時，桌子就會敲一下，然後實驗者就會記下這個字母。第二個、第三個以及後面的所有字母都要重複這樣一個過程。如果出現錯誤，靈性會通過敲擊或移動桌子來警告靈媒，然後他們又會重新開始。實踐證明，這一過程快多了。根據具體情況猜測尚未拼完的單詞，還可以進一步縮短交流的過程。中間如有任何疑問，可以向靈性請教，他們會回答是或否。

142. 要達到所有的這些效果，其實還有一種更為簡便的方式，即在桌子一動不動的情況下由桌子內部發出叩擊聲（參見第 64 節關於物理顯靈現象的討論）；這就是所謂的**內音拼寫法**。並不是所有的靈媒都同樣擅長最後一種通靈方法，有的靈媒只能通過桌子傾斜敲擊以發出響聲的方式才以能接到通靈訊息。不過，只要多加練習，大多數靈媒都能做到這一點，而且這種方法具有雙重優勢，不僅更快，而且不容易讓人懷疑桌子的傾斜可能是靈媒人為施壓所導致的。當然，內部叩擊聲也有可能被喜歡騙人的靈媒所效仿——好東西總是容易被模仿——但這並不能否認其真實性。（參見本卷最後部分的"騙術與詭計"章節）

　　這種方法無論怎麼改進，都永遠無法達到寫字所具有的速度和方便程度，這也是為什麼現在很少使用這種方法的原因。儘管如此，有的時候，其獨有的現象還是挺吸引人的，尤其是對於新來者而言，因為這種方法有一個特殊的優點，即它無可置疑地證明了通靈現象是獨立於靈媒自己的思想的。在用這種方法時，我們所得到的回答往往非常令人出其不意，驚訝不已，以致於人們會不由自主地心存偏見，不願承認這一證據。因此，對很多人來說，這是堅定信念的強大動力。只不過在使用這種方法時——甚至是在使用其他方法時——靈性並不喜歡有人出於獵奇的心理，故意用一些不相干的問題來試探自己。

143. 為了更好地確保通靈具有不依附於靈媒自身意

第十一章：符號法與拼寫法

志的獨立性，人們發明了幾種儀器，例如，刻有電報所用字母的字母盤。指標在靈媒的影響下，能夠借助導線和滑輪進行移動，以指示相應的字母。

鑒於我們對這些儀器的瞭解僅限於美國所公佈的設計和描述，所以我們並不能確定這些儀器的真正價值，但就其複雜程度來看，這些儀器用起來應該是極為不便的。我們認為，相較於其他的物質手段，內部叩擊聲已很好地證明了通靈完全不依賴於靈媒的獨立性，而且其出人意料的回答也進一步證明了這一點。此外，懷疑者大多會關注於結繩的數量和佈景，甚至更傾向於懷疑一張沒有任何裝飾的普通桌子是不是擁有某種特殊的機制。

144. 有一種簡單但很容易被人惡意濫用（我們將在欺騙的章節對此進行討論）的設備，我們稱之為吉拉爾丹通靈桌，這種桌子是由埃米爾·德·吉拉爾丹夫人設計製作的，在其作為靈媒的通靈過程中曾被多次使用過。吉拉爾丹夫人非常聰明，但她有一個弱點，就是不相信靈性，也不相信顯靈現象。這種設備是由一個直徑約 18 英寸的小圓桌組成的，可以像輪子一樣輕鬆自如地圍繞轉軸進行旋轉。桌子的邊緣刻有字母、數位以及"是"和"否"等字樣，中間則是一個固定的指標。靈媒將自己的手指放在桌面的邊緣，桌面會自行旋轉，直至指標停在所需字母的位置。寫下這些字母，即可快速地組成單詞和句子。

需要注意的是，圓桌的桌面並不會在靈媒的手指作用下滑動；相反，它會保持在邊緣的一個位置，並跟隨運動。如果靈媒的能力足夠強大，或有可能產生獨立的運動。雖然我們相信這一可能性，卻我們從未親眼目睹過。如能以這種方式進行實驗，結論將更具有說服力，因為欺騙的可能性更小。

145. 我們必須糾正一個普遍存在的錯誤，那就是將所有通過叩擊聲進行通靈的靈性與所謂的"叩擊靈性"混為一談。與寫字和說話一樣，拼寫法也是一種通靈手段，也值得被高階靈性所使用。所有的靈性，無論是善良的還是邪惡的，既可以使用這種方法，也可使用其他方法。對於高度進化的靈性，其特徵在於他們思想的崇高性，而不是他們用來傳遞思想的工具。毫無疑問，高階靈性更喜歡採用最方便、最快捷的通靈方式，但如果沒有紙筆可供使用，他們也會毫不猶豫地使用普通的通靈桌。其證據在於我們曾以這種最莊嚴的方式接收過通靈訊信。如果說明我們不再使用通靈桌，並不是因為我們輕視這種方式，而是作為一種現象，它已經教會了我們所需要知道的一切，已無法再進一步增強我們的信念。而且，就我們現在所接收到的通靈訊息而言，其內容之長，已遠遠超越了拼寫法所能支援的範圍。

所以說，通過叩擊聲進行通靈的靈性並不一定都是叩擊靈性——這一稱號應當留給那些我們所謂的"專業"叩擊者，他們要麼使用這方式來取悅人，要麼搗亂給人找麻煩，雖然有時也不乏機智的交流，但絕對不可能深刻。因此，問他們任何與科學或哲學有關的問題都是浪費時間。由於他們的無知和卑微，其他靈性理所當然地將其形容為靈性世界的小丑。我們還需要補充一點的是，儘管如此，這些靈性也並不能總是按照自己的意願來行事，而往往是作為工具為高度進化的靈性所利用，藉以產生物質效果。

■■■

第十二章：
憑空描記法或直接書寫法；
憑空傳音法

- 直接書寫法
- 憑空傳音法

直接書寫法

146. 憑空描記法是指靈性在未借助任何媒介的情況下直接書寫。這種方式不同於借物描記法，後者是通過靈媒的手來書寫，以傳遞靈性的思想。

直接書寫現象無疑是最不尋常的靈性主義現象之一，儘管其乍看離奇古怪，但今天卻已被證明是一個無可爭辯的事實。如果說一般的靈性現象需要一個理論來解釋其可能性的話，那麼這種現象就更是如此了，因為這是迄今為止最令人震驚的現象之一。儘管如此，一旦人們理解了其背後的基本原理，就不會再覺得這是一種超自然現象了。

在這種現象第一次出現時，人們對普遍對其採取質疑的態度。因為事實上，大家都知道所謂的隱形墨水，這種墨水寫的時候看不見，要寫完一段時間之後才會顯形出來，所以人們立即懷疑這是不是一場騙局。看上去，這有可能是對人們輕信的濫用，我們也不能說這種事情從來沒發生過。我們甚至相信有些人會出於唯利是圖，或者純粹出於虛榮，或者為了使人們相信他們的

權威而使用過這種詭計。（參見"騙術"章節）

然而，僅僅因為某一事物可能被模仿，就得出其因此不存在的結論，這是荒謬的。難道最近不是發現了一種方法，可以模仿夢游時的清醒狀態，以讓人達到產生幻覺的程度嗎？正因為在各種各樣的狂歡節上都用過這種騙人的方法，所以我們就一定得出這樣的結論：沒有真正的夢遊者嗎？僅僅因為某些零售商銷售摻假的葡萄酒，我們能說沒有純粹的葡萄酒嗎？直接書寫也是如此；但為了確保這一現象的真實性，所需採取的預防措施也是非常簡單和容易的，正因為如此，現在已沒有人再質疑這一現象。

147. 既然不需要媒介也能書寫是靈性的一種屬性，而靈性一直存在，並且在每個時代都產生了我們所熟悉的各種現象，因此，靈性的直接書寫現象肯定是古已有之，且今亦尚存。這就可以解釋為什麼伯沙撒[a]盛宴的王宮牆壁上會出現四個大字。在中世紀——當政者試圖掩蓋令人們驚訝不已的神秘奇跡——人們對直接書寫肯定也是有所瞭解的。根據靈性可以使物質發生變化的理論（我們在第八章中對此進行過闡述），或許我們可以找到中世紀的人們相信金屬能發生變化的原理。

然而，拋卻以往的結果不論，直接書寫的問題是在顯靈現象得到普及之後才開始受到重視的。在巴黎，這一現象第一次被人們所熟知好像是在幾年前，當時的古爾登斯圖布男爵發表了一本關於這一問題的著作，這本有趣的著作中使用了大量以這種方式書寫的摹本[1]。在美國，這一現象則早已廣為人知了。古爾登斯圖布男爵

第十二章：憑空描記法或直接書寫法；憑空傳音法　　　　195

所擁有的社會地位，他的獨立性以及他在上流社會所享有的尊重，都不容置疑地排除了任何可疑的主動欺騙行為，因為他完全沒有這麼做的動機。頂多有可能出現的是，他本人出現了錯覺。但也有人提出了一個確鑿的事實來反對這一概念：其他人也目睹了同樣的現象，他們採取了一切必要的預防措施，以避免任何欺騙或導致錯誤的原因。

148.　　與大多數非自發性顯靈現象一樣，直接書寫是需要通過冥想、祈禱和召喚來接收訊息的。這種現象經常發生於教堂裡、被召喚者的墳墓旁及其雕像和畫像旁。不過很顯然，地理位置的作用僅僅在於促進冥想以及讓人的精力更加集中，事實證明，即便有類似的輔助道具，即使在最普通的地方，例如使用簡單的傢俱等，只要具備所需的道德條件以及必要的通靈能力，同樣也能發生這一現象。

　　　　最開初，人們發現是需要將鉛筆和紙放在一起的；所以，這一現象可能比較容易解釋。因為我們知道靈性可以移動和打亂物體的位置，有時甚至會把物體倒處亂扔，因此拿起一支鉛筆，用它寫字，這對於靈性而言並不是一件難事。既然靈性可以借助靈媒的手或占卜板來寫字，那麼他們肯定也可以直接書寫。因此，人們很快發現鉛筆並不是必要的道具，提供一張紙就足矣了——折疊或不折疊的都可以，幾分鐘後，紙上就會開始出現字母。這樣以來，這一現象的性質就已經完全變了，這讓我們見識到了一個新的思想體系。這些字母的確是用某種物質書寫的，既然這不是我們所提供的物質，那必然就是靈性自身所製造和帶來的物質。可這物質又是哪裡來的？這就是問題的關鍵所在。

如果我們回顧第八章第 127 節和第 128 節的內容，就不難找到對這一現象的全面解釋。在進行這種類型的書寫時，靈性並沒使用我們提供的物質或工具。靈性自身會從宇宙的原始要素中吸取物質以製造出其所需的事物，而宇宙的原始要素在靈性意志的影響下，需要經過必要的改變才能達到靈性所期望的效果。通過這種方法，靈性可以造出紅色鉛筆、印刷機專用墨水或普通墨水，如黑色墨水等，甚至還能造出堅硬到能在紙上留下凹痕的印刷字元，這是我們見證過的。我們有一個熟人的女兒，大約十二三歲，她就收到了幾張帶有淺色筆跡的紙。

149. 這就是我們在第七章第 116 節中所講的鼻煙壺現象所產生的原因——我們之所以要對此進行詳細的討論，是因為這對於探究靈性主義最重要的法則而言是一個難得的機會，理解了這一法則，就能解開與隱形世界有關的諸多謎團。所謂知微見著，以小觀大；我們所需要做的就是仔細觀察，只要不僅僅局限於只觀察結果而不去尋找其根本原因，我們以及其他人就都能做到這一點。我們的信仰之所以越來越堅定，那是因為我們理解了個中原因。這也是想要贏得忠實的追隨者的前提條件。對於物質的深入理解使得我們在真理和迷信之間劃出一條清晰的界線。

若要分析直接書寫所具有的優點，我們會說，到目前為止，其主要作用在於為一個重要的事實提供了確鑿的證據：即這其有某種隱藏力量的介入，它可以利用這一過程以作為一種新的顯靈方式。只是通過這一方式所獲取的通靈訊息少之又少。這種現象往往是自發的，且僅限於單詞、句子，甚至常常出現難以理解的符號。它們可能以希臘語、拉丁語、敘利亞語、象形文字等任何一種語言出現，但它們還不能通過借物描記法——借靈媒之手寫字——進行連續而快速的對話。

憑空傳音法

150. 既然靈性可以發出噪音和叩擊聲，所以自然也能在我們身邊或空中製造出各種各樣的哭聲和用嘴發出的聲音，包括模仿人聲。我們稱這種現象為憑空傳音現象。根據我們對靈性本質的瞭解，可以想像有一些低階靈性會誤以為自己還能像生前一樣說話。（參見《靈性主義評論》1858年二月刊"克拉里昂小姐亡魂記"）

所以，我們要避免將所有的不明聲響或者單純的耳鳴當成是神秘的聲音，尤其是要避免輕信耳鳴是在警告我們有人在某個地方談論我們這樣一種廣為流傳的觀點。耳鳴純粹是生理原因所導致的，它沒有任何意義，而憑空傳音的聲音表達的是思想，所以我們可以判定這背後必定有一個智慧的原因，而非偶然的原因。作為一個指導原則，我們可以確定這樣一個事實，即只有明顯的智慧結果才能證明顯靈現象。至於其他結果，有百分之一以上的幾率是由偶然原因所造成的。

151. 我們在半夢半醒時，經常會聽到一些單詞和名字，有時甚至還能聽到整句話，這些聲音非常清晰，常令我們猛地一下被驚醒。儘管這些事件中有一些可能是真正的顯靈現象，但它們並沒有什麼特別之處，以致於我們無法將其歸因於我們在幻覺理論中提出的原因（參觀第六章第 111 節）。所以，在這種狀態下聽到的往往是無關緊要的內容。但在我們真正清醒時，這就不一樣了，因為如果我們真的聽到了靈性的聲音，我們通常就能和靈性交流想法，並進行正常的對話。

　　靈音或憑空傳音是以兩種截然不同的方式表現出來的：一種是與我們內心產生共鳴的內在之音，儘管這些詞彙可能是清晰而明確的，但它們並不是由身體器官所發出來的；另一種是位於我們外部的外在之音，聽上去非常清晰，就好像是站在我們身邊的某個人說的話。

　　無論是哪種方式，靈音現象大多具有自發性，很少能被召喚。

▄▄▄

[1] 《直接書寫現象證實了靈性存在及顯靈現象的真實性》，古爾登斯圖布男爵著，第一卷第 1 節，配有 15 張圖片和 93 幅摹本——作者按。

[a] 　寫在牆上的文字向尼布甲尼撒二世之子，即巴比倫末代君王預示了末日的來臨，這句話是由丹尼爾翻譯的——譯者按。

第十三章：
借物描記法

- 間接借物描記法：通靈籃與占卜板
- 直接或人手借物描記法

間接借物描記法：通靈籃與占卜板

152. 正如其他的所有科學一樣，靈性主義科學也取得了發展，只是發展的速度更快。僅僅數年時間，我們就從俗稱為"桌靈轉"的原始而不完整的方法，發展到了今天能夠採用說話和書寫等常人交流的方式輕鬆快速地與靈性進行交流。書寫有一個特殊的優勢，它能夠留下可供人們像書信一樣保存的字跡來證明某種隱形力量的介入。我們最初採用的方法是使用占卜板或裝有一支鉛筆的小籃子，準備的方法如下所述。

153. 我們曾經講過，具有特殊稟賦的人可以使桌子或其他物體發生旋轉運動。我們不需要桌子，而先準備一個直徑為四到六英寸的小籃子（木制或柳條編制的均可；具體材質並不重要）。現在，將一支鉛筆牢牢地固定在籃子的底部，使筆尖朝下，然後將其平放在一張紙上，同時把手指放在籃子的邊緣，籃子就會開始移動。但籃子並不會轉動，而是會引導鉛筆在紙上的各個方向上移動，以寫下毫無意義的符號或字母。如果被召喚的靈性願意參與通靈，則會通過書寫而不是叩擊聲的方式做出回答。籃子的移動並不像通靈桌那樣是自動旋轉的，它是一個智慧的過程。當鉛筆到達紙的邊緣時，並不會抬頭另起一行，而是會繼續畫圈。這樣，書寫的筆跡就會形成一個螺旋型，需要旋轉紙張才能閱讀。以這種方式接收到的文字一般不容易辨認，因為詞彙之間沒有間隔，但靈媒可以根據直覺輕鬆地做出解讀。為了節約，我們可以使用石板和石筆來代替紙和鉛筆。我們將這種小籃子稱之為"**通靈籃**"。有時，籃子會被一個類似於小藥盒的紙盒子所代替，然後用鉛筆形成一個軸，就像一種被稱之為四方陀螺的遊戲一樣（英語：teetotum）。

154. 　　出於同樣的目的，人們還發明了許多其他的小道具。最方便的方法是我們所說的**喙形籃子**，它包含了一個傾斜的木紡錘這個木紡錘與籃子固定在一起，且伸出籃子幾英寸，看上去就像船首的斜桅。在紡錘的頂端鑽一個洞，將一支鉛筆放進去，鉛筆的長度要足以使筆尖平放在紙上。然後,靈媒將自己的手指放在籃子的邊緣，整個儀器開始移動，同時鉛筆像上面一樣寫下字跡；由於字與字之間有空隙，所以字跡通常更為清晰，行與行之間也不再呈螺旋型，而是像正常書寫一樣是平行的，因為在寫完一行後，靈媒可以很容易地讓鉛筆換行。通過這種方法，我們獲得了很多長篇大論的論述，而且速度之快，與我們親手寫字並無二致。

155. 　　顯靈的智慧往往會通過其他明確的跡象揭示自身的存在。例如，當鉛筆移動到一頁的末尾時會自動進行翻轉；如果靈性想要在同一頁或另一頁上引用前面的段落，會用筆尖指出相應的位置——就像人們用手指一樣——並在下面劃線。如果靈性想要指向某個特定的參與者，木籃子的頂端就會指向那個人。為了簡便易懂，靈性經常使用一個特殊的符號來表示"是"和"否"，就像我們點頭或搖頭一樣。如果靈性想要表現出生氣或不耐煩，就會不停地用鉛筆敲擊，甚至於常常將筆敲斷。

156. 有的人會將籃子換成一種特製的小桌子，長約五英寸，高約二英寸，有三條腿，一條腿上連著一支鉛筆，另外兩條腿則是圓形或裝有一個小的象牙球，以便能輕鬆地滑過紙面。還有的人只簡單地使用一個正方形、三角形、橢圓形或長方形的**占卜板**，大約五英寸長，板的邊緣部位有一個斜孔，孔裡面裝著一支鉛筆。將占卜板放在紙上寫字時，板的一側會傾靠在紙面。有的時候，占卜板每面裝有兩個小輪子，以方便移動。總之，我們需要明白的是，這些設備並不是一塵不變的。最方便的就是最好的。

無論使用哪種類型的設備，都需要有兩個操作人員，但不必都是靈媒。其中一個人只是說明平衡設備，以及減輕靈媒的負擔。

直接或人手借物描記法

157. 採用上述方式進行書寫，我們稱之為**間接借物**

描記法，與之相對的是由靈媒本人進行書寫，我們稱之為**直接**或**人手借物描記法**。要理解後一種體系，就必須知道它是如何工作的。進行通靈的靈性首先作用於靈媒，靈媒在靈性的影響下**機械地**移動自己的手臂和手來寫字，但在大多數情況下，靈媒對自己所寫的東西毫無意識；即手作用於籃子，籃子作用於鉛筆。因此，**籃子本身並沒有智慧**，而只是作為智慧的一個工具。籃子其實就是一個筆架，是手的延伸，是手和鉛筆之間的仲介。如果跳過這個仲介，將鉛筆直接放在靈媒手中，結果是一樣的，因為使用簡單的機械裝置來寫字與靈媒正常寫字並無差別。因此，凡是能夠借助通靈籃、占卜板或其他道具來寫字的靈媒肯定也能直接書寫。在所有的通靈方式中，**人為書寫**無疑是最簡單、最容易、最方便的一種方式，因為它不需要做任何準備，就像正常寫字一樣，適用於進行內容更為繁複的論述。在討論靈媒時，我們也會談到這個問題。

158. 在剛出現這類顯靈現象時，由於人們缺乏對這一現象的正確瞭解，許多刊物所發表的文章標題都是這樣的："與通靈籃的交流"、"與占卜板的交流"、"與通靈桌的交流"等等；即便不考慮其中的輕率之意，今天的我們也明白這種說法其實是有失準確或有欠妥當的。事實上，正如我們所看到的，無論是通靈桌、占卜板，還是通靈籃，都不是具有智慧的工具，儘管其暫時被虛構的生命所活化，但它們都無法自主進行通靈。我們不妨進行一下逆向思維，即由果到因，或由工具到本源。這就像一個作家用金屬筆或鵝毛筆在書名下方題上自己的名字是一樣的。而且，這類工具並沒有排他性。我們知道還有人用漏斗在頸部插上鉛筆來代替通靈籃的。所以，無論是漏斗，平底鍋，還是沙拉碗，都能夠接收通靈訊息。如果不是用桌子而是用椅子或手杖來接收叩擊聲，那麼就不會有會說話的桌子，而是會說話的椅子或手杖了。由此可見，重要的不在於工具，而是在於獲取通靈訊息的方式。無論支撐鉛筆的支架是什麼，只要是通過書寫進行交流的，我們即稱之為**拼寫描記法**；只要是通過叩擊聲進行交流的，我們即稱之為**拼寫法**。要成為一門真正的科學，靈性主義需要科學的語言。

∎

第十四章：
靈媒

- 物理效應型靈媒
- 帶電人
- 敏感型或易感型靈媒
- 超聽型靈媒
- 傳語型靈媒
- 超視型靈媒
- 夢遊型靈媒
- 療愈型靈媒
- 憑空描記型靈媒

159. 凡是能在不同程度上感受到靈性影響的人都屬於靈媒。這種能力是人類與生俱來的。所以，這並不是一種專有的特權，在原基狀態下，很少有人不具備這種能力。可以說，每個人在一定程度上都是靈媒。只不過這一稱號通常專指那些具有非常典型的通靈能力的人，他們能通過某程度的顯著效果來表現出自己的這種能力，而這種顯著效果主要取決於靈媒生理組織的敏感程度。還有一點需要注意的是，並不是所有的靈媒都會以同樣的方式來表現自己的這種能力。靈媒通常對某一類現象具有特殊的稟賦，根據不同的顯靈方式，靈媒也被分為了不同的類型。主要的類型包括：物理效應型靈媒、敏感型或易感型靈媒、超聽型靈媒、交談型靈媒、超視型靈媒、夢遊型靈媒、療愈型靈媒、憑空描記型靈媒、書寫型靈媒或借物描記型靈媒。

物理效應型靈媒

160. **物理效應型靈媒**的特點在於能夠誘發物理現象，例如惰性物體的運動、噪音等。這類靈媒可以細分為**自主型靈媒**和**無意識型靈媒**。（參見第二部分第二章和第四章）

自主型靈媒既能意識到自己的這種能力，也能通過自己的意志誘導靈性現象的發生。正如我們前面所說的，儘管這種能力是人類物種所固有的，但也並不是所有的靈媒都能表現出同等程度的能力。如果說完全不具備這種能力的人很少，那麼能產生驚人效果的人就更少了，例如，使重物懸浮在半空中，讓物體在空中飛來飛去，尤其是誘發幽靈現象等。最簡單的效果包括物體的旋轉，物體升降產生的叩擊聲，或者物體內部產生的叩擊聲。雖然我們並未賦予這些現象以任何重大意義，但我們也不應當輕視這些現象。這些現象不僅可以提供有趣的研究，而且有助於加強人們的信念；不過，需要注意的是，如果一個靈媒能夠運用更高級的通靈方式，例如書寫和說話等，則鮮少表現出誘導物理效應的能力。這種能力的弱化會使另一種能力得到增強。

161. **無意識型靈媒**，或**自然型靈媒**是指那些在不自覺的情況下施加影響的人。他們沒有意識到自身的能力，而且大多對周遭所發生的異常事件不以為然。因為他們生來如此，就像天生擁有超視力的人完全意識不到自己擁有超視力一樣。這些人是非常值得觀察的，所以不要忽視對這類可能引起我們關注的案例進行收集和研究。自古以來，這類事件往往多見於兒童身上。（參見第五章：自發性顯靈現象）

這種能力本身並不是一種病態的徵兆，因為它與完美的健康並不矛盾。如果擁有這種能力的人生病了，那麼這種病肯定是由其他原因引起的。此外，治療也無法使這種能力消失。在某些情況下，身體長期虛弱的人會表現出這種能力，但這絕不是導致身體虛弱的真正原因。因此，沒有理由擔心這會影響一個人的健康。只有成為自主性靈媒並濫用這種能力時，才會出現問題，因為那有可能導致生命流體的過度釋放，從而削弱身體器官的功能。

162. 從理智上來說，我們並不願意回憶人們有時曾利用科學手段對軟弱和脆弱的人進行身心上的折磨，目的是為了確保其沒有說謊。在大多數情況下，這種帶有惡意的實驗往往對敏感的有機體造成傷害，並有可能導致生理系統的嚴重紊亂。進行這樣的測試與玩弄生死無異。心懷善意的研究者並不需要借助這樣的手段。熟悉這些現象的人也知道，這些現象與其說是生理性的，不如說是心理性的，要想利用現有的科學對其進行解釋不過是徒勞之舉。

鑒於這些現象屬於心理範疇，所需應當謹慎地避免任何有可能過分激發這類人想像力的事情。我們知道很多事情都有可能引起恐懼，倘若見過因狼人和妖怪的故事而引發神經衰弱和癲癇的所有病例，也就不會有那麼多人魯莽行事了。如果你讓一個人相信自己正在與**魔鬼**打交道，結果會是怎樣？甚至你都不知道自己需要承擔什麼樣的責任：**你可能是在殺人**！這種危險不僅存在于患者本人身上，也存在於他們周圍的人身上，他們可能會因為想到自己的房子變成了魔鬼的巢穴而深感恐懼。正是這種災難性的信念導致了無知時代的暴行。所以，但凡有點辨識力的人都能明白，將一個以為被魔鬼附身的人處以火刑，燒死的其實並不是魔鬼。因為他們想要擺脫魔鬼，所以就應該將這個人燒死。靈性主義學說為我們解釋了所有這些現象的真正原因，並對上面的這種觀念進行了致命的打擊。**所以，我們的道德義務和人道責任並沒有認同這種想法，相反，是在隨時隨地與其作鬥爭。**

如果一個人身上自發地形成了這種能力，他所需要做的就是讓一切順其自然：自然比人類更聰明。此外，上天自有安排，即使最卑微的生命也能成為完成上天宏圖大志的一個工具。儘管如此，我們不得不承認，這種現象有時也會讓當事人感到疲憊不堪和力不從心[1]。下面我們來講一講在各種情況下所應做的事情。在第五章"自發性物理顯靈現象"中，我們已就這個問題提出了相關的建議，即我們應當與靈性建立關係，以便知道其想要什麼。以下方法同樣是以觀察作為依據的。

有的隱形存在可以通過感官效果揭示自身的存在，這些通常是我們可以通過道德優勢對其控制的低階靈性，而這種優勢條件需要我們努力才能獲得。

為此，靈媒必須從**自然狀態**過渡到**自主狀態**。產生的效果類似于夢遊。我們知道，當自發性夢遊被磁激性夢游所取代時，前者往往會就此中斷。靈魂獲得解脫的能力並未消失，而是另辟他徑。通靈能力也是一樣的。我們應當教導靈媒用自身意志去誘發顯靈現象，並將自身意志施加於靈性，而不是去阻止顯靈現象，因為這不僅很難做到，而且也並非全無危險。通過這種方式，靈媒可以控制一個專橫，有時甚至是專制的靈性，讓其成為自己的下屬，而且往往還會讓其變得相當溫順。有一個值得注意的事實是，經驗證明，在這種情況下，小孩子有可能擁有與成人相同甚至更大的能力。這是論證靈性主義學說基本原則的又一證據，靈性主義學說認為，一個身形尚幼的孩子，其內在的靈性可能已在前世得到了發展，這使其對進化程度較低的靈性具有支配能力。

如果靈媒做不到這一點的話，可以借助於另一個具有影響力且經驗豐富的人的忠告來進行顯靈，這一手段往往非常見效。對於這一問題，我們稍後還會進行討論。

帶電人

163. 具備這一通靈能力的人貌似天生就帶有某種自然電荷，可以說是名符其實的"人類魚雷"，與他們進行簡單的接觸就能產生吸引和排斥的效應。然後，將這些人當作靈媒卻是錯誤的，因為真正的通靈需要靈性的直接介入，而且實驗證明，在這種特殊情況下，電是這一現象背後的唯一仲介。這種怪異的能力常常被人們當作一種病，有時可能會與通靈能力聯繫一起，就像柏澤伯恩靈性靈性的叩擊聲事件一樣，但大部分時候是完全獨立的。正如我們所說的，靈性的介入是檢驗顯靈現象具有智慧特徵的唯一證據。只要不具備這一因素，最合乎邏輯的做法就是將現象歸因於純粹的物理原因。但還有一個問題在於，**帶電人**是否擁有更強大的能力，使其能夠成為**物理效應型靈媒**。我們相信他們具備這種能力，但只有經驗才能證明這一點。

敏感型或易感型靈媒

164. 這一稱號主要指有能力通過模糊的印象，即一種不明原因的普通的顫抖來感知靈性存在的人。但是，這類人並不會表現出任何明確的特徵。靈媒肯定都是容易受到影響的，因此，易感性是一種普遍的特性，而不是一種特殊的特性——作為一種基本的能力，這對於其他能力的形成具有不可或缺的意義。這種易感性與純粹生理和神經上的易感性有所不同，兩者不應混為一談，因為有的人在神經上並不敏感，卻能在不同程度上感覺到靈性的存在，而有的人雖然在神經上非常敏感，卻完全無法察覺靈性的存在。

　　這種能力的形成與習慣有關，具有這種能力的人不僅能夠通過某種微妙的感覺識別附近靈性的善惡本質，而且還能識別出靈性的個性，就像盲者通過某種感覺去辨別其他人的一樣。相對於靈性而言，這類靈媒是真正敏感的。善良的靈性總是給人留下溫和愉快的印象；相反，邪惡的靈性總會給人留下痛苦、焦慮和不愉快的印象——後者似乎帶有某種不純潔的氣息。

超聽型靈媒

165. 　　這類靈媒可以聽到靈性的聲音。正如我們對憑空傳音法進行討論時所指出的，有時是內心深處聽到的一種內在之音，而有時則是猶如真人發出的一種清晰而明確的外在之音。因此，超聽型靈媒如果同時具備了與靈性交流的能力，便可以與靈性進行對話，他們能通過音調識別不同的靈性。即使不具備這種能力的人也可以通過超聽型靈媒與靈性進行交流，此時的超聽型靈媒充當的是釋譯者的角色。

　　　　如果說這類靈媒只能聽到善良的靈性或其召喚的靈性說話，那麼擁有這種能力是非常令人愉悅的，可如果遇到惡靈的糾纏，情況就不一樣了，這會使他們不得不時時刻刻聽到最令人討厭，往往也是最不得體的事情。遇到這種情況時，便需要通過我們在"迷惑"章節中所指出的方法來擺脫這些惡靈。

傳語型靈媒

166. 　　超聽型靈媒只能傳遞他們所聽到的聲音，實際上他們並不屬於**傳語型靈媒**，後者大多什麼也聽不到。靈性可以作用於傳語型靈媒的發聲器官，就像其作用於書寫型靈媒一樣。為便於交流，靈性很擅長于利用其在特定靈媒身上所能找到的最靈活的器官。一是假借於靈媒之手；二是假借於聲帶；三是假借於耳朵。通常而言，傳語型靈媒在傳語時並不知道到自己在說什麼，而且他們所談論的話題往往與自身的慣有理念毫不搭邊，或者超出了自身的知識範疇，甚至於智力範疇。儘管這些靈媒在整個過程中是完全清醒和正常的，但他們很少記得自己說過些什麼。換而言之，靈媒的聲音只是供靈性使用的一種工具，靈性可以通過這一工具與另一個人進行交談，這一點與超聽型靈媒是一樣的。

儘管如此，傳語型靈媒也不一定是完全被動的。有人對自己傳語時所說的話有一種直覺。在討論直覺型靈媒時，就需要關注這類人群。

超視型靈媒

167. 超視型靈媒是指那些天生就能看見靈性的人。有的人在正常狀態下就擁有這種能力，他們是完全清醒的，而且能清楚地記得自己所看到的東西。有的人則只有在夢遊狀態或接近夢遊狀態時才會表現出種能力。這種能力鮮有永久性的，因為它大都是突發危機和暫時危機的結果。凡是具有超視力天賦的人都可以歸在這類超視型靈媒中。還有一種通靈能力是在能做夢時看到靈性，但這並不包括超視型通靈能力本身。（我們已在第六章"視覺顯靈現象"中對這一現象進行過解釋）。

第十四章：靈媒

與那些擁有超視力的人一樣，超視型靈媒以為自己是用眼睛在看，但實際上他們是用靈魂在看，這就是為什麼他們無論閉著眼睛，還是睜開眼睛都能看見東西的原因。所以，盲人也能像正常人一樣看到靈性。對這個問題進行一項研究，看看這種能力在盲人中間是否更為常見，這將是一件非常有趣的事情。那些生前曾是盲人的靈性告訴我們，他們能夠通過自己的靈魂感知到某些物體，而且他們的世界也並不是完全黑暗的。

168. 我們需要對偶發性或自發性幽靈與真正能看見靈性的能力加以區分。前者大多發生在所愛或熟悉的人去世時，以前來告訴對方自己將不久于人世。這樣的例子舉不勝舉，更不用說在睡眠中出現的幻覺了。有時，他們是早已去世的親人或朋友，他們的出現是為了在危險時警告我們，或向我們提出忠告，或要我們幫他們實現生前未能達成的願望，或要我們幫他們祈禱等等。

這些幽靈是孤立的事件，而且總是具有其獨特的個性；因此，他們並不屬於一種能力。這種能力是指能夠一直看到，或者至少是經常看到靈性，甚至是陌生人的靈性。準確地說，這種能力是成為超視型靈媒的基本條件。

在超視型靈媒中，有的只能看見被召喚的靈性，他們能通過最微小的細節去描述靈性的姿勢、面部表情和面部特徵輪廓，以及穿著的衣服，甚至靈性所表達的情感。有的則擁有更為廣泛的能力，他們能看到周圍的整個靈性群體，看著靈性來來去去地做著日常的工作。

169. 有一天晚上，我們坐在一位很厲害的超視型靈媒的旁邊，觀看了歌劇《奧伯倫》的演出。當時有很多座位都是空的，可也有很多座位被靈性坐了，他們似乎也在看這場演出。有的坐在不同的聽眾的旁邊，似乎在偷聽旁人的談話。舞臺上則是另一番場景：在表演者的身後，有幾個自得其樂的靈性正在滑稽地模仿表演者的動作。還有一些更為嚴肅的靈性似乎在鼓勵歌唱家，為他們帶來更多的能量來支持他們。其中有個靈性正好站在一位主要女歌手的旁邊。我們當時認為這個靈性頗有輕浮之意，所以在落幕之後召喚了他。他在回答我們時，嚴厲地駁斥了我們輕率的判斷："我並不是你想的那樣；我是她的嚮導，是她的守護靈性，引導她是我的責任。"經過幾分鐘非常嚴肅的交談之後，他便離我們而去，說："再見。她在化妝間裡，我得去照顧她。"在演出過程中，我們又召喚了歌劇作曲家韋伯的靈性，並詢問了他對此次演出的看法。"還不錯，"他回答說，"只是還有點薄弱；表演者們有在唱歌，但僅此而已。激情不夠。等等……"他補充道，"我要試著給他們注入一點神聖的火焰！"然後，我們就看到他飛去舞臺，在歌唱家們的頭頂上方盤旋。當時仿佛有一股氣息從他身上流向歌唱家們，並將歌唱家們包圍起來。就在那一刻，歌唱家們體內的能力出現了明顯的復蘇。

170. 這一事件再次證明了靈性在人類不知情的情況下對人類施加的影響。我們在觀看一場戲劇表演，就像另一位超視型靈媒在觀看另一場戲劇表演一樣。當我們和一位**靈性觀眾交談時**，他告訴我們："你看見一樓包廂裡的那兩位女士了嗎？我要讓她們離開劇院。"然後他走進了女士們的包廂，開始和她們說話。她們一直在聚精會神地看演出，突然看向對方，好像在商量什麼，然後就走了，再也沒有回來。隨後，這個靈性對著我們做了一個愉快的手勢，意思是他是說到做到，但後來我們再也沒有見到他，沒法讓他作出更多的解釋。我們經常以這種方式見到靈性在現實生活中所扮演的角色。我們曾經在舞會、音樂會、佈道、葬禮、婚禮等許多人群聚集的地方見到靈性，到處都能看到他們在挑起邪惡欲念，挑撥離間，引發激烈爭論，而且還為自己的得逞感到洋洋得意。相反，有的靈性則會與這種有害的影響作鬥爭，但很少有人聽他們的。

171. 　　看見靈性的能力無疑是可以培養的，但這種培養應當順其自然，而不是人為地刺激，以避免出現因想像而產生的錯覺。當我們擁有一種能力的種子時，它就會自己發芽。作為一個基本準則，我們應當滿足於上帝賦予我們的能力，而不是去強求不可能的，正所謂貪得必失。

　　　　我們說涉及自發性幽靈的事件時有發生（參見第107節），我們並不是說這是極其普遍的現象。而涉及超視型靈媒的事件，這就更為罕見了，對於那些宣稱自己擁有這種能力的人，我們有充分的理由表示懷疑。最明智的方法就是沒有確鑿的證據，就千忌不要相信。我們所指的並不是那些助長了對球狀靈性的荒謬錯覺的人

（對此我們在第 108 節中進行過介紹），而是那些聲稱以更理性的方式看待靈性的人。有人可能是真心誠意的，但也有人可能是出現虛榮心或別有用心而效仿這種能力的。在判斷這類案例時，要特別注意當事人的品格、道德和誠信；不過，真正最可靠的評判方法是對具體情況的細節進行仔細的分析。有些情況是確鑿無疑的，比如對於靈性生前之事的準確描述涉及到靈媒絕對不可能有機會知道的情況。下面所舉的案例就屬於這個類型。

　　　　有一位寡婦，她已故的丈夫經常和她聯繫，有一天，這位寡婦遇到了一位與自己和家人素昧平生的超視型靈媒。靈媒對她說："我看到你旁邊有一位靈性。""哦，"女士回答道，"那可能是我的丈夫，他幾乎從未離開過我。""不，"靈媒回答說，"是一位上了年紀的女士，她留著奇怪的髮型，戴著一條白色的髮帶。"

　　　　由於這一獨特的特點和其他的細節描述，這位寡婦立即認出這是她的祖母，她當時甚至想都沒有想到這一點。如果靈媒只是在裝模作樣，肯定會輕易地順著寡婦的話，說這是她的丈夫，是她心裡所想的那個人，而不會說那是一位梳著獨特髮型的女士，這是一個他根據不可能知道的人。此外，這一案例還進一步證明了靈媒所看到的並不是任何外在思想的反映。（參見第 102 節）

夢遊型靈媒

172.　　夢遊可以視為一種通靈能力，或者更確切地說，這兩種現象經常同時出現。夢游者的行為會受到其

第十四章：靈媒　　　　　　　　　　217

自身靈性的影響；當他們的靈魂處於超脫狀態時，就能看到、聽到和感知到超越感官極限的事物。他們所表達的是他們自己。夢遊者的思想通常比正常狀態更為正確，知識面也更廣，因為他們的靈性是自由的。換句話說，他們活在對靈性生命的期待之中。相反，靈媒是外部智慧的一種工具，他們是被動的，他們所表達的並不是他們自己。總之，夢遊者表達自己的想法，而靈媒表達他人的想法。然而，通過普通靈媒進行交流的靈性也能通過夢遊方式來進行交流。在夢遊期間，靈魂的這種超脫狀態往往會使通靈變得更為容易。許多夢遊者都能清楚地看到靈性，並且能像超視型靈媒一樣對靈性做出準確的描述。夢遊者可以和靈性進行交談，並將靈性的想法傳遞給我們；因此，他們所說的話往往會超出自身的知識範疇，而且大多是其他的靈性建議他們說的。下面列舉一個著名的案例，這其中涉及到夢遊者的靈性和另一個明確顯形的靈性出現了同步的舉動：

173. 　　有人找了我們的一個朋友來作夢遊者，他是個十四五歲的小男孩，智力很低，受的教育也很有限。但在夢遊狀態下，他卻表現得異常的清醒和機敏。他展示出了自己的能力，尤其是在治療疾病方面，治癒了很多不治之症。有一天，這個孩子去看一個病人，他先是非常準確地描述了對方的病情。"這不夠啊，"對方說，"你現在還得給我開藥方。""我開了不，"孩子回答說，"**我的天使醫生不在這兒。**""你的天使醫生是誰？""開藥方的人。""那你自己看不到藥方嗎？"

"哦,不行。我剛才不是說了嗎，是我的天使醫生給他們開的藥。"

所以說，在這個夢遊者案例中，是夢遊者自己的靈性在不需要任何說明的情況下獨立看病問診的，但藥方卻是由另一個靈性所開的。如果後者不在場，前者就無法告知治病之方。就這個小孩自己而言，他只是一個**夢遊者**；在他所謂的天使醫生的幫助下，他成了一個**夢遊型靈媒**。

174. 夢游時的清醒程度依賴於個人的身體機能，因此它獨立於主體的等級高低、進化程度和道德水準等因素。如果夢游者的靈性進化程度較低，他們可能非常清醒，但有可能無法解決某些問題。因此，那些自言自語的夢遊者所說的話可能有好有壞，有真有假，多多少少掺雜著些世故圓滑或重重顧慮，這主要取決於其靈性的進化程度或等級高低。在這種情況下，如果有另一個靈性的幫助，可以克服他們自身的不足。但就像靈媒一樣，夢遊者也有可能會從騙人的、輕浮的，甚至是邪惡的靈性那裡得到幫助。這就是為什麼夢游者的道德品質對於吸引善良的靈性有著特別重大的影響。（參見《靈性之書》"夢遊症"章節第 425 問和本書關於"靈媒的道德影響"章節）。

療愈型靈媒

175. 我們之所以在這裡專門討論這一類型的靈媒，是因為在這一方面需要在我們現有目標的基礎之上得到

第十四章：靈媒

更大的發展。此外，我們還獲悉，有一位醫生朋友提議在一本關於直覺醫學的專著中討論這一問題。我們所要說的是，這類靈媒主要是指有的人天生就具有通過簡單的觸摸、一個眼神，甚至一個手勢，而不訴諸於任何藥物的方式治癒病患的能力。人們想當然地認為這是磁力的作用，很顯然，磁性流體在其中發揮了很大的作用。但對這一現象進行仔細觀察後，我們不難發現這其中隱藏著更多的東西。普通的磁化作用是一種真正的治療形式，需要按照有系統和有規律的步驟進行實施。但在靈媒治療的過程中，其做事方式是全然不同的。所有的磁性人，只要掌握了正確的治療方式，都能在一定程度上治癒病症；但在療愈型靈媒中，這種能力是自發的，他們有時甚至根本沒有聽說過磁性。在某些情況下，可以明顯地看出有一種隱藏力量的介入——這是通靈能力的特徵，尤其是在大多數有資格成為療愈型靈媒的人在進行祈禱時，這種祈禱本身就變成了一種真正的召喚。（參見第 131 節）

176. 以下是我們從靈性那裡得到的關於這一問題的回答：

1）我們是否可以將天生擁有磁力的人視為具有某種通靈能力？

"這是勿庸置疑的。"

2）所以說，靈媒是靈性和人類之間的仲介，而利用自身力量的磁性人似乎並不是任何外部力量的仲介。

"這個想法是錯誤的。磁力屬於個體，但這種力量在他們所請求的靈性的幫助下會得到增強。例如，在你利用磁力來治療病人時，你召喚了一個對你和病人都感興趣的善靈，這個善靈會通過引導你的流體並賦予其必要的品質來增強你自己的能量和意志力。"

3）儘管如此，還是有一些很厲害的磁化體並不相信靈性的存在。

"這麼說來，你們認為靈性只會對那些相信自己的人起作用嗎？那些心懷善意的磁性人會得到善靈的幫助。所有擁有道德追求的人都會在不知不覺中召喚善靈，就像其他人會因為心懷邪念和惡意而召喚惡靈一樣。"

4）相信靈性介入的磁性人會發揮更大的功效嗎？

"他們所做的事情有可能被人當作奇跡。"

5）有的人真的有這樣的天賦，不需要磁性傳遞，通過簡單的觸摸就能治癒疾病嗎？

"當然，你們難道沒見過這樣的例子嗎？"

6）這種情況是由於磁力作用，還是僅僅來自於靈性的影響？

"兩者皆有。這些人是真正的靈媒，因為他們在靈性的影響下行動，但這並不意味著他們就是你們所理解的療愈型靈媒。"

7）這種能量可以傳遞嗎？

"能量本身不能，需要理解的是當一個人擁有這種能量，應當對此如何加以運用。些人認為是別人將

第十四章：靈媒

這種能量傳遞給自己的，不這麼想的話，他們甚至會懷疑自己是否擁有這種能量。"

8）僅僅通過祈禱就能治癒疾病嗎？

"是的，有時上帝允許這麼做，但有時為了病人好也會讓其繼續受苦，這時，人們會認為祈禱是徒勞無益的。"

9）在治療疾病方面，某些祈禱的程式是否比其它的更為有效？

"只有迷信才會將功德歸因於某些詞語，也只有無知或狡詐的靈性才會通過規定程式的方法玩來戲弄這種想法。但對於那些對靈性問題所知甚少或無法理解的人來說，使用程式可能有助於增強他們的信心。在這種情況下，有效的不是程式，而是因為相信程式的運用而得到增強的信仰。"

憑空描記型靈媒

177. 這一稱號專指那些天生就擁有直接寫作能力的靈媒，但並不是所有的寫作型靈媒都擁有這種天賦。自古以來，這種能力都是相當罕見的。通過實踐或有可能使這一能力得到培養，但正如我們所指出的，它真正的作用僅限於提供了一個明顯的證據，證明了在顯靈現象中存在著一種隱藏力量的介入。一個人是否真正擁有這種能力，只能依靠經驗去判斷。因此，你可以用它來做實驗，就像你可以通過其他形式的交流來尋求守護靈性一樣。根據靈媒能力的強弱，書寫的內容可能為簡單的痕跡、符號、字母、單詞、句子，甚至整頁紙的論述。通常需要做的就是將一張折好的紙放在某處或靈性指定的地方，然後等十分鐘、十五分鐘或更長時間。祈禱和冥想是必不可少的條件；所以，我們認為，在不嚴肅的聚會上或在缺乏親和力和仁慈情感的人身上，這是不會發揮作用的。（參見第八章"無形世界的實驗室"第127節和第十二章"憑空描記法"中關於直接書寫的解釋）。

我們將在接下來的章節中專門對書寫型靈媒進行討論。

∎

[1] 我們已經提到的現象——1853年發生在巴伐利亞州維森堡附近的貝格紮本——是一個最特別的例子，無論從現象的多樣性還是從現象的奇異性來看都是如此。在只有一個靈媒在場的情況下，出現了許多類型的自發表現：聲音大到建築物會震動、傢俱移動、物體被無形的手搬運、幻覺和幽靈、夢遊、恍惚、催眠、電吸引、尖叫和其他聲音、樂器在沒有人接觸的情況下被演奏、智慧通訊等。重要的是，這些現象得到了一些聰明和有聲望的目擊者的證實。當時德國的幾家報紙都刊登了關於這些現象的報導。一年後，《靈性主義評論》發表了一篇摘要，並作出了評論和解釋——作者按。

[a] 磁力傳遞是一種能量療愈法，即通手的接觸傳遞能量（或氣），類似於日本的靈氣——譯者按。

第十五章：
書寫型或借物描記型靈媒

- 機械型靈媒
- 直覺型靈媒
- 半機械型靈媒
- 啟發型靈媒
- 預感型靈媒

178. 在所有的通靈形式中，人手書寫是最為簡單，最為方便，也是最為完整的一種方式。這種方式應當大力提倡和發展，因為這有助於使我們與靈性保持聯繫，正如我們普通人之間保持長久而穩定的關係一樣。我們之所以要強調這一點，是因為這種通靈方法能夠更好地揭示靈性的性質及其等級的高低。靈性通過這種方法也能夠輕鬆地表達自己，向我們傳授其內心深處的思想和知識，從而便於我們對靈性做出評估並確定其真正的價值。此外，對於靈媒來說，這種能力是最容易通過實踐得到強化的。

機械型靈媒

179. 如果研究以通靈桌、通靈籃或占卜板的運動所表現出來的某些效果，我們可以毫無疑問地得出靈性正在對這些物體施加直接作用這一結論。籃子有時會劇烈地運動，甚至從靈媒手中跳出來，有時會撞向圈子裡的某些人，有時則會通過動作表達某種情感。靈媒手中所握的鉛筆也會出現這種情況。鉛筆經常會從手中飛出去，手或者籃子可能會像痙攣一樣地、憤怒地拍打桌面——發生這一切時，靈媒是一動不動的，但會因無法控制這些動作而感到驚訝。順便說一句，我們認為，這種效應代表著在場的是進化程度較低的靈性；高階靈性永遠是安寧詳和，莊嚴仁慈的。如果沒有得到應有的尊重，他們就會退出，由其他靈性取而代之。因此，靈性可以直接表達自己的思想，無論是借假靈媒之手移動某個物體，還是直接作用於靈媒之手。

當靈性直接作用於靈媒之手時，靈性的驅使動作是完全獨立於靈媒的個人意志的。靈媒的手會不停地書寫，不管靈媒願不願意，只要靈性有話要說，就會一直寫下去，直到靈性將想說的話說完。

在這種情況下，這一現象的主要特點在於靈媒體完全不知道自己在寫什麼。如果具有這種絕對的無意識特徵，就是我們所稱的**被動型**或**機械型靈媒**。這種能力具有更重要的意義，因為它絲毫不會讓人懷疑這其立於書寫主體的思想。

直覺型靈媒

180. 靈性思想的傳遞也可以通過靈媒自身的靈性來實現，或者更確切地說，通過靈媒的靈魂來實現，因為"靈魂"一詞專指道成肉身時的靈性。在這種情況下，進行通靈的靈性並會不直接作用於靈媒之手，以使其書寫——因為靈性既不會握著手，也不會牽著手，而是作用於靈媒這個人的靈魂。然後，在這種驅動下，靈媒的靈魂會引導自己握著鉛筆的手進行書寫。這裡需要注意一個重要的事實：進行通靈的靈性不能取代靈媒的靈魂，因為前者並不能將後者從身體中驅逐出去；相反，前者會凌駕於靈媒意志之上支配後者，並將自己的意志強加於後者。所以說，靈魂的作用並不是完全被動的；它能接受並傳播靈性的思想。在這種情況下，靈媒知道自己寫的是什麼，儘管這不是靈媒自己思想的體現。這類人被稱為**直覺型靈媒**。

　　有人可能會說，這種方法並不能證明進行書寫的是另一個靈性，而不是靈媒自身的靈性。事實上，要對這兩者進行區分有時是相當困難的，不過這可能也無傷大雅，因為如果靈媒自己從來沒有過這樣的想法，那麼人們肯定能看出這是靈性傳達的思想；靈性一邊說，靈媒一邊寫，很多時候寫下來的東西與靈媒以往對於這一問題的看法恰恰相反。此外，所寫的內容有可能遠遠超出了靈媒的知識和能力範疇。

　　機械型靈媒的作用相當於一台機器，而直覺型靈媒的作用相當於一個釋譯者。要更好地傳播思想，後者必須理解這一思想，並在某種意義上吸收這一思想，這樣才能便忠實地對其進行釋譯。但是，這些思想並不是靈媒自己的；它們只是經過了靈媒的大腦。這正是直覺型靈媒的作用。

半機械型靈媒

181. 就純機械型靈媒而言，手的運動是獨立於靈媒意志的，而直覺型靈媒的運動則具有自願性和自主性。相反，半機械型靈媒是兩者的結合；也就是說，靈媒能感覺到自己的手被移動了，儘管他們並不願意這樣做，同時他們也知道到自己書寫過程中寫的是什麼東西。對於第一種情況，靈媒的思想出現在文字之後；對於第二種情況，靈媒的思想出現在文字之前；對於第三種情況，靈媒的思想與書寫過程是同步的。半機械型靈媒是數量最多的一類靈媒。

啟發型靈媒

182. 靈媒在進行精神交流時，無論其是處於正常狀態，還是靈魂出竅狀態，其所接收到的訊息與自己的先入之見是不一同的，這類人可以被歸為啟發型靈媒。這類靈媒可以視為是一種直覺型靈媒，但不同之處在於，前者更難以察覺隱藏力量的介入；有了啟發型靈媒，要對受啟發的思想和靈媒自己的思想加以區分，就愈發不易了。前者的特點是具有自發性。我們可能會從那些影響我們的靈性那裡受到啟發，這些靈性或出於好意，或出於惡意，但問題的關鍵在於，我們往往不會聽從那些出於好意想要幫助我們的靈性所提出的忠告。在我們需要做出決定時，我們生活中也經常出現這樣的場景。從這個意義上說，我們可以說所有的人都是靈媒，因為沒有哪個人沒有自己的守護靈性和熟悉的靈性，而這些靈性會竭盡所能將好的思想傳遞給他們的被保護人。如果每個人都相信這一真理，那麼當他們不知道說什麼或做什麼的時候，就可以更多地從自己的守護天使那裡獲得啟發。無論是在做決策時需要幫助，還是做某件事時需要幫助，只要有需要，我們就應當**真誠而自信地**召喚我們的守護靈性，應當更加孜孜不倦地去領悟那些如同魔術般湧現出來的想法。倘若沒有想法立即湧現出來，不妨繼續等待。如何判斷一個想法是不是靈性提出的建議呢？如果這是我們自己的想法，它會一直在我們的掌控之中，而沒有理由不聽從我們的指使表現出來。一個人只要不要是瞎子，那他想看的時候睜開眼睛就行了。同樣的道理，凡是自己有想法的人總是能夠支配自己的想法，但如果他們想要這些想法的時候，這些想法卻沒有出現，那肯定因為他們必須求諸於外。

　　　啟發型靈媒還包括一類人，他們雖然沒有出眾的智慧，而且與正常的狀態無異，但他們頭腦中會閃現一道智慧之光，隨後便會出人意料地擁有輕鬆構思和演講的才能，有時甚至還能預知未來。在這樣的時刻，我們才真正可以稱之為鼓舞人心的時刻，各種思想在一種非自願且近乎狂熱的衝動中層出不窮，接踵而至。看上去有更高級的智慧來幫助我們，將我們的靈性從沉重的負擔中解脫出來。

183.　　所有的天才、藝術家、學者和文人無疑都是先進的靈性，都是能理解和構思偉大作品的靈性，正因為靈性認為他們具備這樣的能力，所以每當他們想要完成某件事時，就會向他們提出必要的建議。因此，在大多數情況下，他們是**無意識型靈媒**。但他們會對被幫助擁有一種模糊的直覺，因為他們在尋找啟發的同時實際上也是在召喚靈性。如果他們不希望被聽到，那為什麼他們會經常驚呼：我的守護天使，請幫幫我！"

以下回答證實了這一論斷：

1）啟發的主要原因是什麼？

"來自靈性的精神交流。"

2）啟發就一定意味著偉大的啟示嗎？

"不一定。它大多是針對最常見的生活場景。例如，你想去某個地方，有一個神秘的聲音告訴你不要去，因為你會遇到危險，或者這個聲音建議你去做一些你原本沒有想到的事情。這就是啟發。有不少在很多場合都有受到過啟發。"

3）例如，在受到啟發時，作家、畫家或音樂家能被看作是靈媒嗎？

"是的，因為在此時此刻，他們的靈性更加自由，更獨立於物質，所以會恢復一部分靈性的官能，更容易從其他啟發自己的靈性那裡接收到通靈訊息。"

預感型靈媒

184. 預感是對未來事件的模糊直覺。有的人在不同程度上具有這種能力。這種能力可以被視為一種超視力，使他們能夠看到現在的結果和自然事件鏈的後果。不過，這種能力往往也是隱秘交流的結果，尤其是具有如此天賦的人可能被稱為**預感型靈媒**，預感型靈媒也屬於**啟發型靈媒**的一種。

∎∎∎

第十六章：
特殊靈媒

- 靈媒的特殊稟賦
- 靈媒分類一覽表
- 書寫型靈媒的分類

靈媒的特殊稟賦

185. 除了已列舉的通靈類型外，通靈能力的多樣性是無限的，其中包括所謂的特殊靈媒，即那些在顯靈靈性的品質和知識之外，還具有不明特異功能的人。

在這種情況下，通靈的本質始終是與靈性的本質相關聯的，它帶有靈性進化程度以及靈性智慧與否的印記。儘管從等級制度而言，相同級別的靈性具有相似性，但不可否認的是，每個靈性都有自己的傾向，即各有各的特點。例如，製造叩擊聲的靈性很少脫離物理顯靈現象，而那些涉及智慧顯靈現象的靈性中則有詩人、音樂家、畫家、學者、道德家、醫生等。我們指的是一般等級的靈性，因為在等級較高的靈性，其稟賦與圓滿程度美的是結合在一起的。然而，除了靈性本身的稟賦外，還有靈媒的稟賦，靈媒這種工具的適宜性和靈活性有高有低，靈性能夠通這一工具發現我們並不一定能辨別的個人品質。

我們不妨來做個比較：有一位技法非常高超的音樂家，他自己有幾把小提琴，對普通人而言，貌似都是很好的樂器，但這位技藝精湛的藝術家可以告訴這之間有天壤之別，因為他能感知極其微妙的細微差異，所以他能夠根據這些細微差異做出取捨，儘管他可能難以描述細微差異，卻能夠憑直覺感知到這一點。同樣的道理也適用於靈媒：儘管從通靈效能而言，靈媒的地位是平等的，但靈性還是會根據其所希望的通靈方式而偏好某一類靈媒。所以我們會看到，平常想都沒想過自己能寫詩的靈媒因為受到了靈性的影響，寫下了非常令人欽佩的詩作。相反，有的人平常是詩人，但作為靈媒時，他們只寫散文，儘管他們想寫的是詩。繪畫、音樂等也是如此。有的靈媒完全不懂科學知識，卻最能接受這種性質的通靈。有的更擅長於歷史研究；還有的則更容易成為道德靈性的釋譯者。總之，無論靈媒的靈活性如何，他們接收到的通靈訊息大多擁有一個特殊的標記。此外，有的人從來沒有留下固定的思想圈子，如果他們試圖這麼做，就只會接收到不完整的、簡潔的，甚至往往是錯誤的通靈訊息。除了稟賦的問題之外，靈性還會根據自己與靈媒之間的親和力來選擇進行通靈的靈媒。因此，儘管在條件有明顯的相似之處，但同一個靈性會對某一類靈媒表現出明確的偏愛，原因只是這些靈媒更適合自己。

186. 僅僅因為有一個很好的書寫型靈媒，就期望接收到各種良好的通靈訊息，這種想法是錯誤的。第一個條件無疑是要確定通靈訊息的來源，即傳遞這些通靈訊息的靈性所具有的品質。但對於靈性所假借的靈媒工具

第十六章：特殊靈媒

的品質，我們也同樣需要進行確認。因此，我們必須研究靈媒的性質以及靈性的性質，因為這兩者是獲得滿意結果的必要因素。此外，還有第三個同樣重要的因素：詢問靈性者的意圖、內在思想以及人品。這很容易理解。**要獲得有益的通靈訊息，就必須確保其來自於善良的靈性。要讓善良的靈性能夠傳播其訊息，必須擁有一個良好的工具。要讓靈性想要傳播其訊息，就必須找到一個適合的物件。**讀到這一思想的靈性會猜測，提出的問題是否值得認真回答，以及提出這個問題的人是否值得回答。如果不值得，靈性就不會浪費時間，去嘗試讓石頭開花了。這時，輕浮草率和喜歡嘲笑別人的靈性就會採取行動，因為他們很少關心真相，也不會認真地去分析問題，而且通常既不在意心手段，也不在意結果。

現在，我們不妨以一覽表的形式來對前面幾章所介紹的靈媒的類型進行總結，詳細的內容可以參見對應的段落編號。

我們根據因果的相似之處，將不同的靈媒進行了分類，但這種分類並不是絕對的。有的很常見；相反，有的則很罕見，甚至是例外情況——對於這一事實，我們之前也非常慎重地提出過。後面的評注全部是由靈性提供的，他們對這張表進行了非常仔細地檢查，同時補充了多處觀察報告和新的類型，所以，這些工作可以說完全是由靈性完成的。我們在認為必要的地方使用了引號，以突出顯示了靈性的文本觀察報告。其中大部分是伊拉斯圖斯和蘇格拉底寫的。

靈媒類型一覽表

187.　我們可以將靈媒分為兩大類：

物理效應型靈媒——那些有能力誘發物理效應或顯著顯靈現象的人。（參見第 160 節）

智慧效應型靈媒——專指那些能接收和傳遞智慧通靈訊息的靈媒。（參見上文第 65 節）

其他的所有類型都可以在不同程度上這兩大類的任何一種直接關聯，或者同屬於兩大類。通過分析在通靈能力影響下產生的各種現象，我們發現所有的這些現象都涉及到某種類型的物理效應，而且這種效應大都伴隨著某種類型的智慧效應。有時很難在這兩個類別之間劃定明確的分界線，但這並不會造成嚴重的問題。在**智慧效應型靈媒**的分類中，我們包括了那些更擅長於為定期和持續的通靈充當仲介工具的靈媒。（參見第 133 節）

188.　關於各類通靈能力的普遍分類：

敏感型靈媒——容易通過一種普遍的或局部的、模糊的或身體上的感覺來感知靈性存在的靈媒。他們大多通過由此所產生的感覺的性質來區分善靈和惡靈。（參見第 164 節）

"由於由此產生的疲勞，體質虛弱和過度敏感的靈媒要避免與性情暴躁或容易引起疲勞的靈性進行交流。"

自然型或無意識型靈媒——不受自己意志干預，

且大多數時候甚至是在無意識的情況下自發誘導顯靈現象的靈媒，。（參見第 161 節）

自主型或自願性靈媒——能通過自己的意志行為誘導顯靈現象的靈媒。（參見第 160 節）

"儘管這種意志可能是強大的，但如果靈性拒絕前來，靈媒就什麼也做不了，這證明了外部力量的介入。"

189. 特殊物理效應類型：

拼寫型靈媒——通過產生的噪音和叩擊聲施加影響的靈媒。一種常見的類型，其中可能有靈媒意志的參與，也可能沒有。

運動型靈媒——誘導惰性物體運動的靈媒。非常常見。（參見第 61 節）

換物與懸空型靈媒——能夠誘導惰性物體發生置換或懸空現象的靈媒。比較罕見，罕見程度取決於現象突然發生的強弱程度。有的還可以漂浮，但更為罕見。（參見上文第 75 節和第 80 節）

音樂效果型靈媒——不接觸就誘導演奏樂器的靈媒。非常罕見。（參見第 74 節第 24 問）

幽靈型靈媒——能誘導流體或可觸性幽靈顯形的靈媒。非常罕見。（參見第 100 節第 27 問和第 104 節）

瞬移型靈媒——為靈性攜帶實物的靈媒。屬於運動型與換物型靈媒。例外情況。（參見第 96 節）

夜間型靈媒——能黑暗中實現某些物理效應的靈媒。以下是靈性對於這些靈媒是否可以獨立分類的回答：

"當然可以，這些靈媒可能代表著某種特殊性，但這種現象更多地是由於環境條件，而非靈媒或靈性的性質所導致的。我還要補充一點，有些靈媒可以擺脫環境的這種特殊影響，只要稍加練習，大多數夜間型靈媒都能在白天和夜晚產生這種現象。這種類型的靈媒並不是很常見，我們要弄清楚的是這是不是為了能完全自由地使用詭計、腹語術和聲管等手段才需要夜晚的條件，因為騙子經常將自己假扮成靈媒來欺騙容易輕信的人，從而騙取錢財。但這沒有關係。房間裡的騙子，就像公共廣場上的騙子一樣，最終會被殘忍地揭穿面具，靈性會告訴這些騙子干擾他們的工作是錯誤的。是的，我再重複一遍：某些江湖騙子就應該非常粗魯地公開揭露出來，這樣才會終結他們作為虛假靈媒的身份——這只是時間問題。"

伊拉斯圖斯

憑空描寫型靈媒——能夠直接書寫的靈媒。一種非常罕見的現象，尤其容易被江湖騙子所效仿。（參見第177節）

與我們自己的觀點相反，靈性堅持認為我們應當把直接書寫歸入物理規律的現象中，因為根據他們的觀點，"智慧效應是指靈性利用靈媒大腦中存在的元素而產生的效果，但直接書寫並非如此。在這種情況下，靈媒發揮的完全是物理作用，而在書寫型靈媒中，即使完全是機械的，大腦也總是發揮著積極的作用。"

療愈型靈媒——能用手或祈禱來治療或減輕疾病的靈媒。

這種能力在本質上並不屬於通靈能力，因為所有真正的信徒都具有這種能力，不管他們是不是靈媒。它常常只不過是磁力的過度激發，如有需，可以通過善靈的參與強化這種能力。"（參見第 175 節）

培育型靈媒——能通過自身的影響培養其他人書寫能力的靈媒。

"磁力作用比通靈能力本身更大，因為它並沒有顯示靈性的實際干預。無論什麼情況，這都屬於物理效應的範疇。"（參見"靈媒的形成"章節）

190. 特殊智慧效應型靈媒；各種稟賦：

超聽型靈媒——能聽到靈性的靈媒。非常常見。（參見第 165 節）

"有很多人認為他們聽到的東西只存在於自己的想像中。"

傳語型靈媒——能在靈性影響下說話的靈媒。非常常見。（參見第 166 節）

超視型靈媒——能在清醒時候看見靈性的靈媒。在一個確定的環境中偶然和意外地看見一個靈性是很常見的，但是習慣地或自主地看見靈性而無任何差別的，

則屬於例外情況。（參見第 167 節）

"你們身體器官的現狀與這種稟賦是相矛盾的；因此，一開始最好不要輕信那些說自己看到了靈性的人。"

啟發型靈媒——通常能在無意識的情況下接受靈性所傳授的思想，從而完成日常事務或偉大的腦力勞動的靈媒，（參見第 182 節）

預感型靈媒——在某些情況下對未來常見事件有模糊直覺的靈媒。（參見第 184 節）

預言型靈媒——在上帝的允許下，通過比預感型靈媒更準確的方式接收關於未來重大事件的啟示，並負責將其傳播給他人以達到教育目的的各種啟發型或預感型靈媒。

"若有真先知，便有假先知。他們將自己想入非非的錯覺當作啟示，而事實上，只是出於野心而假裝成先知而已。"（參觀《靈性之書》第 624 節關於真正先知的特徵）

夢遊型靈媒——在夢遊恍惚狀態中得到靈性說明的靈媒。（參見第 172 節）

靈魂出竅型靈媒——在靈魂出竅狀態下接收靈性啟示的靈媒。

"許多靈魂出竅者是自己想像力的受害者，是利用其高漲的情緒欺騙自己靈性的受害者。鮮少有人值得完全信任。"

繪畫型靈媒——能在靈性影響下繪畫或素描的靈媒。我們指的是那些創作出了嚴肅作品的靈媒，如果靈媒受到愛嘲弄人的靈性的影響而創作出了怪誕的作品，即使最沒有經驗的學生也會加以否認，那麼這樣的靈媒是不能稱之為繪畫型靈媒的。

輕浮的靈性是偉大的模仿者。當著名的朱庇特之畫出現時，大量所謂的繪畫型靈媒相繼湧現，愛嘲弄人的靈性讓這些靈媒畫出最可笑的東西，並通過這種方式來獲得巨大的樂趣。有個靈性為了將朱庇特之畫比下去——即便品質上比不了，也要勝在數量上，所以讓一個靈媒用了兩層樓高的紙畫了一座紀念碑。還有其他許多靈媒被驅使著畫一些假想的肖像，而這些肖像充其量只不過是漫畫而已。（參見《靈性主義評論》1858 年八月刊）

音樂型靈媒——在靈性影響下創作或表演音樂的靈某。音樂型靈媒可分為機械型、半機械型、直覺型和啟發型。文學型靈媒的性質也是一樣的。（參見"音樂效果型靈媒"章節）

各類書寫型靈媒

191. 　　1）按照書寫的方式劃分：

書寫型或借物描記型靈媒——能在靈性影響下自己書寫的靈媒。

機械書寫型靈媒——能接收手的非自願驅動進

行書寫，但不知道自己所寫內容的靈媒。非常罕見。（參見第179節）

半機械型靈媒——能在手的非自願驅動下進行書寫，且知道自己所寫單詞和句子的靈媒。最為常見。（參見第181節）

直覺型靈媒——能在精神上與靈性進行交流，但會按照自己意願書寫的靈媒。他們不同于啟發型靈媒，後者不一定會書寫。相反，直觀型靈媒能記錄針對特定主題而快速建議的思想。（參見第180節）

"這很常見，但也很容易出錯，因為他們往往無法分辨什麼來自靈性，什麼來自自己。"

複製描記型靈媒——能根據通靈的靈性改變自己的筆跡，或者能複製靈性生前筆跡的靈媒。前者非常常見；後者——同樣的筆跡——更為罕見。（參見第219節）

多語言型靈媒——能用未知語言說話或書寫的靈媒。非常罕見。

文盲型靈媒——只有在靈媒狀態下才能寫字的靈媒，因為他們在正常狀態下既不會讀也不會寫。

"比上一種更為罕見。需要克服更大的身體困難。"

192. 2）根據能力的形成劃分：

新手型靈媒——能力尚未完全形成且不具備必

要經驗的靈媒。

　　無成效型靈媒——只能接收單音節、字母或筆劃等無重要意義的訊息的靈媒。（參見"靈媒的形成"章節）

　　成熟型或老手型靈媒——擁有充分發展的靈媒能力，能夠輕鬆、迅速且毫不猶豫地傳播通靈訊息的靈媒。我們應當明白，這些靈媒的能力只能通過實踐獲得，而新手型靈媒之間的交流是緩慢而困難的。

　　簡潔型靈媒——很容易就能收到通靈訊息，但收到的訊息很簡短且不完整的靈媒。

　　明確型靈媒——能像一位出色的作家那樣接受廣泛而冗長的通靈訊息交流的靈媒。

　　"這一能力與流體結合的容易程度有關。靈性尋找這些靈媒是為了解決需要大力發展的問題。"

　　經驗豐富型靈媒——書寫的容易程度是一個實踐問題，達到這一效果相對較快，而經驗是對靈性主義實踐中可能遇到的各種困難進行認真研究的結果。經驗賦予靈媒必要的技巧來評估顯靈靈性的本質，通過最細微的跡象來判定靈性的善惡品質，以及識別那些假借真理的外表來偽裝自己的騙人靈性的詭計。對於這種品質的重要性是很容易理解的，沒有這一品質，其他所有的品質都將失去其真正的用處。問題在於，許多靈媒將經驗——研究的成果——和僅來自於有機體的能力混為一談。他們以大師自居，因為寫作對於他們而言是件輕而易舉的事件，但他們拒絕所有的建議，喜歡騙人和虛偽的靈性對其阿諛奉承，並以此將其玩弄於股掌之間。（參見下一章關於"癡迷"的內容）

靈活型靈媒——能更容易地融入各種通靈方式，且能讓所有或絕大多數靈性自發地或通過召喚的方式顯靈的靈媒。

"這類靈媒與敏感型靈媒非常接近。"

專一型靈媒——受某個靈性所偏愛，甚至會排斥其他所有靈性的靈媒。這個靈性會代替靈媒召喚的其他所有人來回答問題。

"這是由於缺乏靈活性所導致的。善良的靈性出於親和力和值得稱讚的目的，可以將自己與靈媒聯結起來；但邪惡的靈性卻總是想將靈媒置於自己的控制之下。與其說這是一種品質，不如說是一種缺陷，而且非常接近癡迷。"（參見"癡迷"章節）

召喚型靈媒——靈活型靈媒天然地更適合於這種交流，也更能回答針對他們提出的的特定問題。但就召喚而言，也有專門的靈媒負責。

"他們的回答幾乎總是局限於有限的領域，而且與一般問題的發展情況不相符。"

自發通靈型靈媒——接收未被召喚的靈性自發交流的訊息的靈媒。當靈媒具備這種能力時，就很難，有時甚至不可能通過將其作為仲介的方式來召喚靈性。

"不過，他們的裝備比召喚型靈媒更好。'裝備'

一詞應理解為大腦要素，因為自發性通靈比起召喚通靈更需要——甚至可以說始終需要——更加發達的智力。在這裡'自發性通靈'指的是那些真正意義的上通靈，而不是那些人們口中經常說的一些不完整的句子或一些陳腐的想法。"

193. 　　3）根據通靈的類型和特點劃分：

　　寫詩型靈媒——最容易以詩歌形式接收通靈訊息的靈媒。差的詩很常見；很少有好的詩。

　　詩歌型靈媒——儘管他們並不是接收詩歌本身，但所接收到的是一種空洞而感傷風格的通靈訊息，且對訊息的內容沒有挑剔的要求。與其他人相比，他們更能表達溫柔和深情的情感。他們交流的每件事都是含糊不清的，也不值得對其提出任何精確的要求。非常常見。

　　積極型靈媒——一般來說，他們的通靈會表現出一種簡潔和明確的特性，這種特性會自發地適用於環境的細節和明確的教導。非常罕見。

　　文學型靈媒——沒詩歌型靈媒的朦朧基調，沒有積極型靈媒的務實基調，而是以睿智的筆觸寫作的靈媒。他們的風格是正確而優雅的，往往彰顯出雄辯的口才。

　　失當型靈媒——能接收非常好的通靈訊息以及彰顯出高尚品德的思想，但其風格是分散的，錯誤的且充滿了重複和不恰當的用語。

　　"風格存在重大的錯誤往往源於靈媒缺乏教育；

因此，這類靈媒不能作為靈性的好工具使用。不過，靈性並不介意這個問題，因為靈性的思想才是本質的東西，至於靈媒表述的形式是否恰當，那就聽之任之了。這並不適用於可能傳授的錯誤和不合邏輯的思想，這些思想總是表明顯靈靈性的進化程度很低。"

　　歷史學家型靈媒——對歷史論述有特殊天賦的靈媒。與其他所有靈媒一樣，這種能力並不依賴於靈媒自身的知識，因為有些沒有受過教育的人——甚至是孩子——他們所研究的問題遠遠超越了其自身的能力範圍。一種罕見的積極型靈媒。

　　科學型靈媒——我們之所以不說科學家，因為他們可能沒有受過良好的教育；然而，儘管如此，他們還是特別擅長接收與科學相關的通靈訊息。

　　醫學型介質——他們的特長是為最容易服務的靈性充當醫學處方的釋譯者。他們不應當與療愈型靈媒混淆，因為他們只是傳遞靈性的思想，本身並不施加任何影響。相當常見。

　　宗教型靈媒——特別擅長接收宗教性質的通靈訊息或處理與宗教有關的問題的靈媒，儘管他們有自己的信仰和做法。

　　哲學和道德家型靈媒——通靈通常涉及道德問題或深刻哲學的靈媒。道德問題很常見。

　　"所有這些細微差別構成了優秀的靈媒所具有的多種稟賦。這些靈媒特別擅長於科學、歷史、醫學和其他方面的通靈，且已經超越了其現有的水準，可以肯定的是，這是他們在前世所擁有的這些知識，一直保留在蟄伏狀態，從而構成了與靈性進行交流所需的大腦要素。這些要素使得靈性易於傳播自己的思想，因為這些靈媒是專門服務於那些比無知的靈性擁有更多智慧和可塑性的靈性。"

伊拉斯圖斯

瑣碎與淫褻通靈型靈媒——這些詞語表明了某些靈媒慣於接收某種類型的通靈訊息，同時也揭示了傳播這種通靈訊息的靈性的性質。凡是對靈性世界進行過全方位研究的都知道，有些靈性的任性程度與最墮落的人不相上下，他們喜歡用最粗俗的語言來表達自己的思想。有的雖不那麼卑鄙可恥，但喜歡瑣碎的表達。可以理解的是，這些靈媒應該渴望擺脫這些靈性的偏愛，並希望像其他靈媒一樣接收通靈訊息時永遠不會出言不遜。若是相信這樣的話出自善靈之口，要麼是精神失常，要麼是缺乏良好的判斷力。

194. 　4）根據靈媒的生理特質劃分：

冷靜型靈媒——書寫速度總是很慢且從容淡定的靈媒。

速寫型靈媒——在正常狀態下書寫速度無法自動達到某一水準的靈媒。這靈性在以閃電的速度與他們進行交流。可以說，這些靈媒擁有非常豐富的流體，故能立即與靈性產生共鳴。然而，由於速度太快，品質就會受到影響，除了靈媒自己，幾乎沒有人看得懂所寫的文字。

"他也很累，因為他毫無用處地浪費了大量的流體。"

驚厥型靈媒——處於過度興奮，幾乎的發燒狀態的靈媒。他們的手——有時是整個身體——顫抖得無法控制。原因無疑在於他們自身的物質構成，但在很大程度上也取決於通過他們進行交流的靈性的性質。善良仁慈的靈性會給人留下和藹可親的印象；相反，邪惡的靈性則給人留下痛苦的印象。

"這些靈媒應該很少使用自身的這種能力，因為頻繁使用會對其神經系統造成負面影響。（參見關於"同一性"——善靈與惡靈的區分的章節）

195.　　5）根據靈媒的道德品質劃分：

為了這份一覽表的完整性，我們只是在這裡順便提一下這類靈媒，因為我們將在下面的章節中專門對其進行討論："靈媒的道德影響"、"癡迷"、"靈性的同一性"，以及我們要求特別注意的其他方面。我們將觀察靈媒的特質和缺點對通靈可靠性的影響，以及哪些靈媒對自己是否是不圓滿或善良的靈媒擁有正確的自我認知。

196.　　不圓滿的靈媒：

癡迷型靈媒——無法擺脫糾纏和騙人的靈性，但不會被其愚弄的靈媒。

第十六章：特殊靈媒

受騙型靈媒——被虛偽的靈性所欺騙而對通靈訊息的本質產生了錯誤理解的靈媒。

被征服型靈媒——在道德上，同時往往也在身體上被邪惡的靈性所支配的靈媒。

輕浮型靈媒——輕視自己的能力，只將其用於消遣或無聊目的的靈媒。

冷漠型靈媒——這些靈媒既不會因所接收的教導而獲得道德優勢，也不會改變自身的行為和習慣。

自以為是型靈媒——聲稱自己只會與高度進化的靈性接觸的靈媒。他們認為自己是絕對正確的，認為任何不經過自身努力而完成的事情都是低級的和錯誤的。

驕傲型靈媒——因為接收到通靈訊息而洋洋得意的靈媒。他們認為靈性主義對其而言已學無可學，而且對靈性時常提出的教導也不以為然。他們不滿足於目前所擁有的能力——而想要擁有所有的能力。

易感型靈媒——容易對通靈中提出的批評感到生氣的傲慢的靈媒。哪怕是最微不足道的批評也會令他們感到傷心。他們展示自己所接收到的通靈訊息，只是為了讓人羨慕，而不是為了傳達觀點。他們通常不喜歡那些不太拍自己馬屁的人，也討厭那些不受其強迫和控制的人。

"要麼讓他們另謀高就，去尋找更滿意的聽眾——要麼請他們三緘其口。聚會沒有他們參加，也不會有任何損失。"

伊拉斯圖斯

受雇型靈媒——擅長利用自身才能謀利的靈媒。

野心勃勃型靈媒——即使並未真正出賣自己的能力，但仍然希望以此為自己謀取利益的靈媒。

矇騙型靈媒——儘管擁有真實的能力，卻為了突顯自己的重要性而假裝擁有其他能力的靈媒。但是，我們不能將那些沒有任何通靈能力，卻只知道通過詭計製造虛假現象的人稱之為靈媒。

自私型靈媒——只將自己的能力用於自身，且將接收到的通靈訊息私藏自用的靈媒。

善嫉型靈媒——對凡是比自己更受人欣賞且水準更高的靈媒都會心懷怨恨的靈媒。

所有的這些不良品質在善良的靈媒中必有對應。

197. 善良的靈媒：

嚴肅型靈媒——只出於善良且真正有益的目的才會運用自身能力的靈媒。他們認為讓自己為好奇和冷漠的人服務，或為無益的目的服務，是一種褻瀆。

謙虛型靈媒——無論自己有多優秀，也不從不自視甚高的靈媒。他們對通靈感到陌生，也不認為自己受到了欺騙。他們要求公正的批評，而不是對此加以逃避。

虔誠型靈媒——懂得真正的靈媒當身負使命感，且在必要時不得不為了他人的利益而犧牲自己的愛好、習慣、快樂、時間甚至物質利益的靈媒。

可信賴型靈媒——這類靈媒除了能夠輕鬆地接

收通靈訊息，還因其自身的性格和樂於助人的高尚品質而值得信賴；他們被欺騙的可能性更小。稍後，我們會看到，這種信任其實與靈性所取名字的體面與否無關。

"不可否認，而且你們也必須明白，用這種方式揭露靈媒的品性和缺點會引起某些靈性的惱怒，甚至仇恨。但這又有什麼關係呢？通靈能力所涉及的範圍越來越廣，如果靈媒不接受這些言論，只能說明他們不是好的靈媒，這意味著幫助他們只是一些進化程度較低的靈性。此外，正如我以前說的，這一切都將很快過去，濫用自身的通靈能力或將其用於不良目的，這樣的壞靈媒終將遭遇可悲的結局——實事上有些人已嘗到了苦果。如果他們將上帝為他們的道德進步而賜予的天賦變成滿足自己世俗欲望的工具，他們終將付出自己的代價。如果你們無法引導他們回歸正途，那可憐他們吧，因為他們可以說已經受到了上帝的譴責。"

伊拉斯圖斯

"這份表格的重要性不僅僅針對真誠的靈媒，這些靈媒在看過表格後，會真心誠意地努力去避免可能遇到的絆腳石；另一方面，對於使用靈媒的人而言，這份表格同樣非常重要，因為這可以為其對靈媒的合理預期提供一個尺規。關注顯靈現象的人應當多看看這份表格，以及作為表格補充內容的靈性等級。這兩張表總結了靈性主義學說的所有基本原則，對於正確地學習靈性主義具有不可估量的重要作用。"

蘇格拉底

198. 　　上面所介紹的任何一種通靈能力在表現上都可以細分為不同的強弱等級。

　　嚴格地說，有許多只是簡單的細微差別，但儘管如此，這仍是特殊稟賦所導致的結果。

　　我們必須認識到，只有在極少數情況下才會局限於一種通靈能力。毫無疑問，靈媒有可能同時擁有多重稟賦，但總有一項是佔據主導地位的，如果這是一種有益的能力，就應當加以培養。試圖以任何方式強迫一個人培養自身本就不具備的能力，這是一個嚴重的錯誤。相反，所有能力的培養都要從萌芽狀態做起；只是，要去尋找其他人，首先這比較費時，其次可能意味著損失，當然，也有可能導致已有能力的弱化。

　　"任何一種能力，只要其本源或種子存在，必然會以明確無誤的跡象來彰顯出來。靈媒若能一心專發揮自身的專長，便能讓這種能力日益完善，並取得巨大的收穫。如果三心二意，反而可能一無所獲。順便提一下，我們應當注意，想要無限拓展自身能力的欲望是一種自命不凡的驕傲，這靈性所不允許的。善良的靈性會遠離那些自以為是的人，而騙人的靈性則會以這類人為戲弄的目標。遺憾的是，我們經常看到一些靈媒因虛榮或野心而不滿足於自己現有的能力，一心渴望擁有能讓自己出名的特異功能。這種虛偽剝奪了他們最寶貴的品質：被視為**值得信賴的靈媒**。"

蘇格拉底

第十六章：特殊靈媒

199. 研究靈媒的特長不僅對靈媒本身具有重要意義，對於尋找靈媒的人而言也是非常必要的。在選擇靈媒時，必須以想要召喚的靈性的本質以及希望提出的問題為依據，來判斷誰才是最具備這種能力的靈媒。如果見誰是誰地不加選擇，就有可能得到不滿意或錯誤的回答。我們不妨用經常見到的情況來做個比較。我們不會僅僅因為我們碰到的第一個人知道如何寫作，就相信一份初稿，甚至是一份簡單的抄本。有一位音樂家想要表演一段他創作的歌曲節選。有好幾個特別優秀的歌手供他挑選，但他絕對不會隨機選擇。要更好地詮釋自己的作品，他想要找到的人必須具備出色的噪音條件以及出色的表現能力——即具備與作品本質相貼合的所有素質。靈性對於靈媒是如此，我們對於靈性也是如此。

還有一點必須指出的是，按照通靈能力以及其他附加因素對靈媒進行的類型劃分並不完全是與靈媒自身的性格特點相吻合的。例如，一個天生快樂開朗的靈媒可能會習慣性地接收嚴肅的——甚至是刻板的——通靈訊息，反之亦然。這也再次證明了靈媒是在外部影響的推動下發揮作用的。我們將在"靈媒的道德影響"章節中對這一問題再次進行討論。

■■■

第十七章：
靈媒的培養

- 通靈能力的培養
- 筆跡的改變
- 通靈能力的喪失與中斷

通靈能力的培養

200. 我們之所以要在這裡對書寫型通靈能力進行專門的討論，是因為這是運用最廣泛，同時也是最簡單、最方便，而且效果最理想和最完整的一種通靈能力。此外，它是最受歡迎的一種通靈能力。遺憾的是，目前還沒有任何辦法可以診斷——哪怕只是粗略地診斷——哪些人擁有這種能力。有人視為標誌的身體特徵具有不確定性，這種特徵的表現可能不分老少，不分男女，也無關於一個人的氣質、健康狀況，或智力水準和道德水準。檢驗其存在的唯一方法只有實驗。

正如我們曾看到的，書寫既可假借通靈籃和占卜板等工具，也可以直接用手來完成。我們之所推薦最後一種方法，是因為它是最簡單的，也是唯一流傳至今的方法。這個過程很簡單，只需要拿起筆和紙，找到一個方便書寫的位置即可；完全不需要其他準備。但為確保更好的效果，有幾個方面的建議也是必須遵守的。

201. 就物質條件而言，建議避免任何可能妨礙手部自由活動的東西——最好不要將手完全靠放在紙上。鉛筆的筆尖既要充分與紙接觸，以便於書寫，又不能接觸過多，以免產生阻力。一旦靈媒開始流暢地書寫，所有這些準備措施就沒有意義了，因為那時沒有任何障礙可以阻止手的書寫動作。這只是針對初學者的基本要求。

202. 使用鋼筆，還是鉛筆，關係不大。有的靈媒更喜歡鋼筆，但這種工具只適合技能成熟且書寫冷靜的人。有的靈媒寫字速度太快，以至於根本無法用鋼筆寫字，或者說，至少寫起來非常不便[a]。同樣的，如果書寫不流暢或不規則，或者遇到了性情暴躁的靈性，喜歡又敲又點，就容易折斷筆尖，劃破紙張。

203. 當然，所有渴望擁有通靈能力的人都希望能夠與所愛之人的靈性對話，但必須注意克制急躁的情緒，因為在與特定的靈性通靈時，難免會遇到身體上的阻礙，初學者往往很難從容應對。要與靈性進行通靈，靈性與靈媒之間就必須建立起某種流體組合，但這種流體組合並不是每次說建立就能建立起來的。只有當通靈能力發展到一定程度以後，靈媒才會逐漸具備與那時出現的第一個靈性進行通靈的必要能力。不過還有一種可能，**即除了實際存在**的條件以外，希望召喚的靈性並不具備通靈的良好狀態，或者說召喚的靈性不能，也不允許對召喚作出回應。因此，在一開始時，靈媒最好不要只召喚某個特定的靈性，而將其他靈性拒之門外，因為無論親和力有多大，兩者之間要建立起流體關係往往不是一件容易的事情。因此，在考慮接收某個指定靈性的通靈訊息之前，首先有必要通過對非特定物件的召喚，尤其是對守護天使的召喚來訓練自身的能力。

任何神聖的儀式都是虛妄之談。凡是聲稱自己能夠通過某種儀式來吸引靈性的人都是招搖撞騙之徒，因為任何儀式對於靈性而言都是毫無意義的。但在任何時候，召喚都必須以上帝的名義進行。我們可以用以下或類似的開頭引語來召喚靈性："**我祈禱全能的上帝允許一位善良的靈性通過書寫的方式與我進行通靈；也祈禱我的守護天使能幫助我，保護我遠離邪惡的靈性。**"在這之後，需要等待靈性通過讓我們書寫的方式來進行顯靈。前來回應的靈性既有可能是我們所盼望其顯靈的靈性，也有可能是不知名的靈性，甚至是我們的守護天使。無論哪種情況，靈性通常都寫上自己的名字，來表明自己的身份。這就涉及到靈性的**身份**問題，這個問題需要依賴于豐富的實操經驗，因為很少有新手能逃過被愚弄的可能。我們後面將在專門的章節中對此進行進一步的研究。

如果想要召喚某些靈性，首先要就稱呼那些我們認為本性善良，與我們合得來，並且有理由回答我們問題的人，例如我們的親戚和朋友，這一點至關重要。因此，我們在召喚靈性時可以這樣說："**以全能的上帝之名，我祈禱（名字）的靈性與我通靈**"，或者"**我祈禱全能的上帝允許（名字）的靈性與我通靈**"，或其他類似的話。此外，前面幾個問題的提問方式應允許對方以"是"或"不是"做出回答。例如，"你在這裡嗎？"

"你願意回答這個問題嗎？""你能讓我寫字嗎？"等等。在此之後，就不再需要這種準備措施了。它只是一開始建立關係時所採用的方式。需要注意的是，要避免提毫無意義的問題，避免提涉及私人事務的問題，尤其要注意表達對所召喚的靈性的仁愛和同情。（參見專門的"召喚"章節）。

204. 與提出請求相比，需要遵循的另一個更為重要的指導方針是，冷靜和冥想，加上對成功的熱切願望和堅定意志。所謂"意志"，並不是一種朝三暮四、前後矛盾，任何時候都能被其他事務所干擾的欲望，而是一種嚴肅認真、不屈不撓、**堅韌不拔和不急不躁的決心**。冥想的要義在於獨處和靜默，在於回避一切分心之事。因此，冥想時只要遵循以下方法即可：每天冥想大約 10 到 15 分鐘，每月最多不超過 15 天，堅持一到兩個——如有需要，可以適當延長練習時間。據我們所知，有的靈媒在練習六個月後才開始展現自身的能力，而有的從一開始就能正確地進行書寫。

205. 為了避免徒勞的嘗試，可以通過另一個靈媒來向嚴肅的高階靈性提問。但這裡需要記住一點，當我們問靈性我們自己是否擁有通靈能力時，靈性的回答大多是肯定的，但這並不意味著這其中沒有徒勞的嘗試。這很容易理解。如果向靈性提出一個廣義的問題，靈性也會給出一個廣義的回答。我們深知通靈能力具有無以倫比的靈活性，因其表現形式最為多樣，表現程度最為豐富。所以，一個人可能是一個靈媒，但他自己完全沒有意識到這一點，或者這與他自己所期望的有所不同。針對模糊的提問："我是靈媒嗎？"，靈性會回答："是的"。針對更為具體的提問："我是書寫型靈媒嗎？"，靈性可能會回答："不是"。對於被提問的靈性，還必須考慮到靈性的本質。有的靈性輕浮而無知，回答隨意任性，有頭無腦。這就是為什麼我們建議召喚開明的靈性，他們通常樂意回答人們提出的問題，並指出最佳路線——如果有成功的可能性。

206. 要想取得良好的效果，有一種方法很管用，即找一位心性善良、靈活性強且技能成熟的靈媒作為臨時助手。如果有這樣一位靈媒將自己的手或手指放在書寫的手上，幾乎可以立竿見影地看到書寫的效果。我們不難理解在這種情況下所發生的事情：握著鉛筆的手變成了靈媒自己手中的一個附屬物，其作用與通靈籃或占卜板相當。但這並不意味著這種練習方式沒有多大用處，因為如果經常性地進行有規律的重複練習，肯定有助於克服身體上的阻礙，從而促進能力的培養與提升。有時候，這種方式還能夠主動對希望書寫者的手臂和手進行磁化。我們通常會看到，只要磁性人將自己的手放在另一個人的肩膀上，這個人就能在這種影響下立即開始書寫。有時不需要任何肢體接觸，只通過意志的作用也能達到同樣的效果。這點也很容易理解，磁性人對自身所具備的這種能力的信心發揮了重要的作用，如果磁性人信心不足，就只能產生微弱的影響，甚至毫無影響。

有時，求助於經驗豐富的導師非常有用，他們可以為新手提供一些小技巧，這些技藝往往會被新手所忽略，從而導致其停滯不前。在這些導師看來，最有效的方法就是要讓新手清楚所提的第一個問題的性質以及提問的方式。他們的角色就是一位老師，等到學生技藝純熟時，老師就可以功成身退了。

207. 對於能力的培養，還有一種對非常實用的方法，就是將一定數量的心懷同樣願望和意圖的人聚集在一起。讓這些人在寂然無聲的環境中進入精神上的冥想狀態，所有人同時呼喚自己的守護天使或富有同情心的靈性，並嘗試進行書寫。其中一個人代表團隊的全體成員以非特定物件，即不點名道稱的方式召喚善良的靈性，例如：**"以全能的上帝之名，我們祈禱善良的靈性借由在場之人與我們進行通靈。"** 很快就會有人迅速地表現出通靈能力，甚至在短時間內開始流利地書寫，這樣的案例並不罕見。

要理解這其中的原理並不困難。為同一目的而聚集在一起的個人形成了一個共同的整體，其力量和敏感性通過一種磁力的影響而得到增強，這有助於能力的培養。許多靈性被這種集體的意志所吸引，有一部分靈性在參與者中間找到了最適合自己的工具；非此即彼，總有一個適合的。

這種方法應特別適用於找不靈媒或靈媒人數不足的靈性主義者團體。

208. 人們尋找了各種各樣的方法來瞭解培養靈媒的

步驟以及通靈能力的判斷。但據我們所知，到目前為止，還沒有任何一種方法比我們剛才所講的方法更為有效。有的人認為培養這種能力的阻礙完全來自於身體上的因素，所以試圖通過練一種幾乎可以使手臂和頭部脫臼的體操來克服這種困難。我們無意於介紹這一套從大西洋彼岸流傳過來的術法，一方面是因為我們沒有足以證明其有效性的證據，另一方面，我們擔心它實際上可能會對脆弱的身體結構造成危險，因為它會損害神經系統。如果沒有能力的種子，什麼方法都是徒勞，用電也不行——還真有人做過這樣的嘗試，但沒有成功。

209. 對於初學者來說，信仰並非必要條件。毫無疑問，信仰有助於這種努力，但也不是必不可少的。有了純潔的意圖、願望和善意，這就足夠了。我們看到過完全不信的人驚訝於自己身不由己地寫出字來，而真誠的信徒卻一個字也寫不出來，這表明這種能力在某種程度上與身體機能的傾向有關。

210. 書寫能力的第一個跡象是手臂或手開始顫抖。然後，手會漸漸地被一種無法控制的驅動力攫住。一開始，大多只有劃出無意義的符號。接著，文字變得愈來愈清晰，最終達到必要的書寫速度。但在任何一種情況，都必須讓手自然地運動，也就是說，手既不能受到阻礙，也不應得到輔助。

有的靈媒體從一開始就能很流利，很輕鬆地進行書寫，有時甚至從第一次就能做到這一點，但這非常罕見。有的靈媒在很長時間以後，也只能畫出筆劃或練練寫字而已。靈性說這是為了讓他們的手學會放鬆。如果這種練習的時間過長或退變成毫無意義的劃痕，那麼這個靈性無疑是在消遣取樂，因為善良的靈性從不會做任何無用之事。遇到這種情況，應當以加倍的熱情去召喚善良的靈性。如果情況仍未得到改變，就應當權衡一下繼續下去是否還有意義，如果沒有，就應立即停止。每天練習沒問題，可一旦發現有模棱兩可的符號，就應當馬上停止，以免讓愛捉弄人的靈性有可趁之機。

　　針對這些現象，有一位靈性補充道："有些靈媒的能力無法超越這些符號。"在練習幾個月之後，他們得到的仍然只是一些無關緊要的回答，如'是'或'不是'，或者只是一些孤立的字母。他們的確是靈媒，但卻屬於**無成效型靈媒**。此外，對於最初的幾次通靈，只能當成是託付給次級靈性的純粹練習，其真正的價值不大，故不宜過度解讀其意義。可以說，這相當於是靈性在利用書寫大師來訓練新手靈媒。我們不要以為高階靈性會指導靈媒去從事這些準備性的練習。此外，如果靈媒自身缺乏嚴肅的目標，就有可能被這些初級靈性糾纏不休。要培養自身的能力，所有的靈媒幾乎都要經歷這樣的考驗。與真正高度進化的靈性建立起親和力，這是他們的責任所在。"

211.　　大多數新手靈媒遇到的主要困難是必須與進化程度較低的靈性打交道，倘若遇到的只是輕浮的靈性，不妨暗自慶倖。靈媒最應當注意的，就是避免讓這些靈性找到落腳之處，因為一旦讓他們牢牢纏附在身，就不

第十七章：靈媒的培養

易擺脫他們。這一點至關重要，尤其是在開始訓練時，如果不採取必要的防範措施，就有可能喪失最優秀的能力。

第一個防範措施是以虔誠的信念讓自己接受上帝的護佑，請求守護天使的幫助。守護天使永遠是善良的靈性，而與靈媒自身優缺點相合的熟人，其靈性有可能是輕浮的，甚至是邪惡的。

第二項防範措施是要小心謹慎地根據經驗所提供的一切跡象，去鑒別第一次通靈所認識的靈性的本質，對此保持懷疑態度永遠不失為謹慎之舉。如果有可疑跡象，靈媒則應真誠地召喚自己的守護天使，竭盡全力趕走邪惡的靈性，向對方展示自己可不是會輕易上當受騙的人。這就是為什麼如果靈媒想要避免因經驗不足而導致的麻煩，就必須事先研究靈性主義學說。關於這一問題的詳細說明，可參考"迷惑"和"靈性的身份"章節。在這裡，我們只想說，除了語言，我們可以將所有無用的或幼稚的標誌、圖形和符號，以及任何一種奇怪的、不規則的、故意畸形的字跡——無論是在大小上過分誇張，還是在形式上荒謬異常——全部視為進化程度較低的靈性在搗亂的**可靠**跡象。然而，書寫的文字可能非常糟糕，甚至難以辨認，這並不是什麼怪事，事實上這可能更多地取決於靈媒而不是靈性本身。我們曾見過一些上當受騙非常嚴重的靈媒，他們甚至會用字母的大小來衡量靈性的優越性，尤其看重那些採用壓印字體寫得漂漂亮亮的筆跡——帶有一種與真正的優越性格格不入的孩子氣。

212. 　　如果靈媒必須避免不情不願地落入邪靈的支配，就更應該避免主動地將自己交給邪靈。不受控制的書寫欲望不應當使靈媒輕易地相信最初出現的靈性，甚至應當打消等這個靈性以後不再為自己服務就能擺脫這個靈性的念頭。任何人因為任何事情向邪惡的靈性尋求幫助，邪惡的靈性都有可能要求非常高昂的代價，這個人也會因此承受相應的後果。

　　有的人因為進展似乎太慢，而對培養自己的通靈能力失去了耐心，所以才產生了先向靈性——無論是什麼靈性，**哪怕是邪惡的靈性**——求助，然後再計畫將靈性送走的念頭。有不少人很快就得到了答覆，並立即開始書寫；但那些根本不介意被召喚來作為最後手段的靈性在離開時卻表現得相當失控。我們認識一些靈媒，他們以為自己足夠強大，可以隨心所欲地趕走這樣的靈性，卻因此受到了懲罰。他們經年累月地陷於各種各樣的迷惑之中，有最無恥的惡作劇，有固執的的迷戀[b]，甚至有**身體上**的災難和最殘酷的失望。靈性一開始表現出徹頭徹尾的邪惡，但後來變得虛偽起來，這是因為靈性試圖讓靈媒相信自己已改過自新，或者假裝自己實際上處於靈媒力量的控制之下，假裝靈媒隨時都可以驅逐自己。

213. 　　在有時候，字跡會非常清晰，單詞和字母也很明顯，但有些靈媒的字跡除了本人以外，其他人都很難辯認得出來，因此必須習慣這種情況。在很多時候，所寫的字全是大筆大畫的——靈性一點也不在意是否有節省紙張。如果某個單詞或句子很難讀懂，可以請靈性再寫一遍，靈性通常也很樂意這麼做。如果書寫的筆跡習慣性地難以辨認，即使靈媒本人也認不出來，那麼靈媒就需要以更大的毅力，**堅持不懈地練習**，再加上不厭其煩地向靈性請教，書寫的筆跡就會變得越來越清晰。通常，有的靈性在經常舉行的聚會中會採用一些約定俗成的記號。例如，靈性對某個提問感到不悅而不想作答時，會畫一條長線或其他類似的標號來進行表示。

靈性說完想說的話或不再想繼續回答時，靈媒的手就會變得靜止不動，無論此時靈媒本人的能力或意願如何，都不會再多寫一個字。相反，如果靈性的話尚未說完，鉛筆就會繼續寫字，即使手也無法阻止筆的運動。如果靈性自己想說些什麼，手會不由自主地拿起鉛筆開始寫字，即使反抗也沒有用。此外，靈媒往往能分辨得出是通靈過程中的停頓，還是真正的結束，而且很少有靈媒感覺不到靈性的離開。

對於借物描記法的能力培養，這一解釋至關重要。實踐過程中所積累的經驗會揭示某些細節，恕暫不贅述，其處理方式可遵循一般的基本原理。如果僅僅是做實驗，靈媒的數量會比想像中的更多。

214. 到目前為止，我們所講的一切都是針對機械書寫，這是所有靈媒都想要培養的一種能力。但單純的機械功能是非常罕見的，其往往在一定程度上是與直覺相結合的。如果靈媒能意識到自己所寫的內容，就會自然而然地懷疑自己的能力，不確定這是自己寫的，還是靈性寫的。但靈媒也不必對此過於擔心，應當放下懷疑，繼續練習。通過仔細的自我觀察，靈媒可以很容易地在字跡中辯認出許多與自己無關的事情，甚至是與自己思想相悖的事情——這就可以充分地證明這一切並非源於自己的思想。如果繼續練習，隨著經驗的積累，他們的疑慮也會煙消雲散。

215. 有的靈媒無法完全進行機械書寫，那麼所有的嘗試都將徒勞無果，但他們會錯誤地認為自己已被完全剝奪了這種能力。即使只擁有直覺型通靈能力，靈媒也應當心懷滿足，因為只要好好利用，而不是否定這種能力，就能發揮大作用。

如果在徒勞無功地嘗試了一段時間後，沒有任何非自願運動的跡象，或者雖然有運動，但效果十分微弱，此時就應當毫不猶豫地寫下腦子裡冒出來的第一個念頭，不用管這是自己的想法，還是別人的想法：經驗會教會你如何對兩者進行區分。此外，機械運動所出現的時間往往相對較晚。

我們前面曾經說過，在某些情況下，一個思想是來自於靈媒，還是來自于靈性，其實並不重要。當純直覺型靈媒或啟發型靈媒在創作涉及自身想像力的作品時，尤其如此。在這種情況下，是否向其提出建議並不重要。如果靈媒獲得了有價值的想法，應該感謝的是善良的靈性，這樣以來，靈性才會給靈媒提出更多的想法。詩人、哲學家和科學家就是這樣受到啟發的。

第十七章：靈媒的培養

216. 　　假設靈媒的能力已經得到了完全的培養，具備了自如書寫的能力，對於這樣的靈媒，我們可以稱之為成熟型靈媒。如果靈媒認為自己不再需要進一步的指導，那就大錯特錯了，因為他們只是克服了身體上的阻礙，而真正的困難現在剛剛開始；倘若他們不想掉入等待他們的成千上萬個陷阱，那麼他們比以往任何時候都更需要獲得關於審慎和經驗的忠告。如果靈媒想靠自己瞎飛亂撞，很快就會有撒謊的靈性試圖利用他們的自以為是去欺騙他們。

217. 　　一旦具備了這種能力，關鍵是不得濫用。有的初學者會因為滿足感而生出一種狂熱之情，這是需要加以控制的。他們需要記住的是，賦予他們這種能力是為了讓他們好好地利用這種能力，而不是為了滿足虛榮的好奇心。因此，重要的是要將這種能力用在適當的時候，而不是隨時亂用。靈性並不會次次都聽從靈媒的指令，喜歡惡作劇的靈性很有可能會欺騙靈媒。為了避免這種不當行為，最好留出一定的時間來練習通靈能力，這樣才能讓注意力更加集中，才能讓希望交流的靈性事先知道這一情況，同時也更樂於到場。

218. 　　假如在進行了所有的嘗試之後，仍未表現出任何形式的通靈能力，那麼最好放棄，就像一個人想要成為歌手，卻發現自己根本無法發聲，也只好放棄一樣。就像不懂外語的人需要求助於翻譯一樣，這個人也只能求助於其他的靈媒。但即便沒有靈媒，也不要認為我們自己沒有得到靈性的幫助。通靈能力只是靈性交流的一種方式，但並不是吸引靈性的唯一方式。無論我們是不是靈媒，愛我們的人都會與我們同在。即使兒子又聾又瞎，既不能聽，也不能看，他的父親不會因此棄他而去。相反，父親會給予兒子更多的關懷——善良的靈性也會這樣對待我們。如果他們不能將自己的思想通過物理的方式傳遞給我們，就會用啟發的方式來說明我們。

筆跡的改變

219. 在書寫型靈媒中，有一個非常普遍的現象，即書寫的筆跡會隨著通靈的靈性而改變。最值得注意的例子是，同一位靈性總是出現相同的筆跡，而且往往與其生前的筆跡看起來一模一樣。我們稍後會對身份證明問題進行討論，到時還會進一步研究這種情況可能產生的後果。這種改變只發生在機械型靈媒或半機械型靈媒中，因為他們的手是在靈性的引導下，不由自主地進行運動的。這一點對純直觀型靈媒也不適用，因為在這種情況下，靈性只作用於靈媒的思想，而手是由靈媒自身的意志所支配，與正常寫字是一樣的。但是，如果字體的風格沒有變化，即使使用機械型靈媒，也不能證明其能力本身有什麼問題。這種變化並不是靈性顯靈的絕對條件，而是由於一種特殊的稟賦所導致的，不過，最純粹的機械型靈媒並不一定擁有這種稟賦。我們將那些擁有這種稟賦的人稱之為**多重描記型靈媒**。

通靈能力的喪失與中斷

220. 在物理顯靈現象和書寫顯靈現象中，通靈能力有可能受到干擾和暫時的中斷。以下是靈性對這一問題的回答：

1) 靈媒會失去自己的能力嗎？

"這種情況時有發生，無論是哪種類型的能力。但這大多只是暫時的中斷，它會隨原因的消除而消除。"

2) 流體的耗竭會導致通靈能力的喪失嗎？

"無論靈媒的能力是什麼，如果沒有惺惺相惜的靈性與之合作，靈媒就不會擁有任何能力。靈媒接收不到任何通靈訊息，並不一定是因為靈媒自身缺乏能力，而往往是因為靈性不想——甚至不能——利用靈媒進行通靈。"

3) 靈性拋棄靈媒的原因是什麼？

"靈媒運用其通靈能力的方式對善靈的影響最大。如果靈媒出於無聊的目的或為了自己的野心而使用這種能力，或者拒絕傳遞我們的話，或者拒絕為懇求他們的人，或需要親眼見證才能最終說服的人製造顯靈現象，我們就會拋棄這些靈媒。上帝將這一天賦賜予靈媒，並不是為了讓他們自娛自樂，更不是為了滿足他們的野心，而是為了靈媒自身的進步，為了向人類普及真理。一旦靈性發現他們的靈媒與自己合不來，或者沒能遵從自己為他們傳授的教導和忠告，靈性就會棄他們而去，然後去尋找更有價值的被保護人。"

4）離開的靈性不能被取代嗎？如果能，我們又如何理解能力的中斷呢？

"的確，特別渴望通靈，而且隨時準備取代離去者的靈性不在少數。但如果離開的是善良的靈性，那他們的離開可能只是暫時的，之所以暫時剝奪這些靈媒的通靈能力，只是為了給他們一個教訓，是要讓他們意識到自身的能力並**不取決於自己**，因而不能將其用於滿足自己的虛榮心。暫時性地剝奪能力還有進一步的目的，即向靈媒證明他們是在別人的影響下進行書寫的，否則，他們不會受到干擾。此外，能力的中斷並不一定意味著懲罰，有時也是靈性對其所鍾愛的靈媒的關心，即靈性希望在必要時給靈媒一個稍加休息的機會。在這種情況下，他們不會允許其他靈性取代自己。"

5）但從道德上講，有一些非常偉大的靈媒，他們並不覺得自己有休息的必要，反而會因為不瞭解中斷的目的而對此感到非常痛苦。

"這是為了考驗他們的耐心，評估他們的毅力。正因為如此，靈性一般不會設定中斷的時間限制，因為他們想看一看靈媒是否會因此變得沮喪。在很多情況下，這也是為了給靈媒留一些時間，以便靈媒能好好思考靈性向其傳授的教導。只有通過這樣的思考，我們才能真正辨別誰是嚴肅的靈性主義者。切不可將通靈的業餘愛好者當成這樣的人。"

第十七章：靈媒的培養

6）那接下來，靈媒是否有必要繼續嘗試書寫呢？

"如果靈性建議他們這麼做，就可以繼續；如果靈性建議他們放棄，他們就應當遵從。"

7）靈媒有辦法縮短考驗的時間嗎？

"是的，通過順從和祈禱。每天最多嘗試幾分鐘，這就足夠了，因為把時間浪費在沒有結果的努力上是毫無意義的。這樣的嘗試只是為了確認自己的能力是否得到了恢復。"

8）中斷是否意味著經常交流的靈性離開了？

"絕非如此。這些靈媒所面臨的情況就好比有的人暫時失明了，但他們並沒有被朋友拋棄，即使他們看不見自己的朋友。這些靈媒可以，並且應當繼續通過思想與其熟悉的靈性對話，並告訴自己靈性確實有在傾聽。如果通靈能力的喪失會阻止靈媒與某些靈性進行物理通靈，但這並不會阻靈媒與靈性進行精神上的交流。"

9）如此說來，通靈能力的中斷並不一定意味著這是靈性的指責，對嗎？

"當然不是，因為這也有可能是一種仁慈的表現。"

10）那我們如何辨別某一次中斷是否代表著指責呢？

"把心自問你對用自己的能力做了什麼，你的能力給他人帶來了什麼好處，**你又從靈性給你的忠告中**

得到了什麼益處，這樣你就會得到答案。"

11）失去書寫能力的靈媒難道不能求助於其他靈媒嗎？

"這取決於中斷的原因。在給靈媒提出忠告之後，通常需要給靈媒留出一些時間暫停交流，這樣才不致于使他們養成事事都要完全聽從我們指導的習慣。在這種情況下，靈性並不會去尋找其他的靈媒。此外，這還有一個更深層次的原因，即證明靈性的獨立性，靈媒是不能隨心所欲地讓靈性行動的。正因為如此，那些不是靈媒的人並不能每次都能按其意願進行通靈。"

事實上，我們需要注意的是，有的人為了進行通靈而求助於協力廠商，儘管靈媒的能力非常出色，卻往往無法取得令人滿意的效果；相反，在其他情況下，反而可以得到非常明確的答覆。這在很大程度上取決於靈性的意志，所有的一切都與靈媒自身無關。在這種情況下，貌似靈性是在服從指令，因為無論是哪一個靈媒，最終的結果都不發生改變。所以，我們要避免過於執著和不耐煩，這樣才不會被愛騙人的靈性所捉弄，如果我們的願望是真誠的，靈性會作出回應，因為善良的靈性將之所以這樣做，是為了懲罰我們的過於執著。

12）上天賦予某些人以特殊的通靈能力是為了什麼目的？

"這是他們肩負的使命，這些人應當對此感到幸運：他們充當著靈性與人類之間的釋譯者。"

13）但是有些靈媒並不情願運用自身的能力。

"這些人只能算不完美的靈媒。他們沒有認識到賜予他們恩典的價值。"

14）如果這是一項使命，那為什麼這不是道德高尚者的特權，而是還要將其賦予那些不值一提，甚至可能濫用這一能力的人呢？

"正是因為這樣的人才需要通過這種方式取得進步，才有可能接受智慧的教導。如果他們不懂得好好利用，是需要承擔後果的。耶穌更喜歡教導有罪之人，說要將說明施予真正需要的人，不是嗎？"

15）那些很想以靈媒的身份書寫，但又無法成功書寫的人，難道不會因靈性對他們的善意而對自己做出負面的評價嗎？

"不會，因為上帝本可以拒絕賜予他們這種能力，就像上帝本可以拒絕賜予他們詩歌或音樂的天賦一樣；但如果他們不喜歡這種能力，可能會喜歡其他能力。"

16）當人類無法通過自身或其他靈媒直接接受靈性的教導時，他們該如何通過靈性的教導來完善自己？

"他們沒有書嗎？就像基督徒有《福音書》一樣？要踐行耶穌的道德，基督徒並不需要直接從主的口中聽到這些話。"

∎∎∎

[a] 當然，那時的鋼筆是由鵝毛做成的，或者筆尖必須不斷地蘸墨水——譯者按。

[b] 參見下文第二十七章關於這一術語的定義——譯者按。

第十八章：
通靈能力的問題與危險

. 運用通靈能力對健康、心智和兒童的影響

運用通靈能力對健康、心智和兒童的影響

221. 1）通靈能力是某種病態的徵兆，還是僅僅是一種不正常的跡象？

"有時是不正常的，但並不是病態的。有精力充沛的健康的靈媒；身體不好的人也有其他原因。"

2）訓練通靈能力會導致疲勞嗎？

"長時間訓練任何一種能力都會產生疲勞。通靈能力也是如此，尤其是物理效應類型的通靈能力，它必然會導致流體的消耗。這會使靈媒感到疲勞，但是休息後流體會得到恢復。"

3）除了濫用能力的情況，訓練通靈能力是否會導致健康問題？

"有些時候，避免使用或至少適度使用通靈能力是謹慎之舉，甚至是必要之舉。這取決於靈媒的生理和心理狀態，而且往往是在靈媒意識到了這一點時。一旦感到疲勞，靈媒就應該立即停止訓練。"

4）訓練這種能力所帶來的問題會因人而異嗎？

"就像我剛才所說的，這取決於靈媒的生理和

心理狀態。有些人需要避免一切引起過度興奮的因素，而通靈能力就是其中之一。"（參見第188節和第194節）

5）通靈能力會導致精神錯亂嗎？

"就像精神衰弱會讓人產生這種傾向一樣，但也不過如此。如果沒有精神錯亂的萌芽，通靈能力是不會導致精神錯亂的。但是如果存在這一萌芽，我們可以很容易地通過一個人的精神狀態來進行判斷，常識告訴我們必須採取一切必要的防範措施，因為在這種情況下，任何干擾因素都是有害的。"

6）培養兒童的通靈能力會出問題嗎？

"當然，維持這種能力也可能具有極大的危險性，因為兒童的身體機能非常虛弱單薄，很容易受到嚴重的干擾，他們幼稚的想像力也很容易變得過於興奮。為此，謹慎的父母應打消這樣的念頭，或者至少要從心理角度和孩子講清楚這樣做可能帶來的後果。"

7）儘管如此，有的孩子天生就是靈媒，無論是物理效應型靈媒，還是書寫型靈媒、或超視型靈媒。這種情況也同樣有危險嗎？

"沒有。當兒童身上自發地展現出這種能力時，這就屬於他們的本性，他們的體質是足以支撐這一能力的。但對於人為引起和誘發的通靈能力，情況則有所不同。你們可能會注意到，擁有超視力的孩子通常很少關注這一點；他們覺得這種超視力是一件很自然的事情，所以不太在意，而且常常忘記。等到後來他們瞭解了靈

第十八章：通靈能力的問題與危險　　275

性主義，才會回想起來，這是很容易理解的。"

　　8）在什麼年齡訓練通靈能力不會造成問題？

　　"沒有確切的年齡限制。這完全取決於身體的發育情況，尤其是心理的發育情況。相較於已經發育成熟的人，有些十二歲的孩子可能沒有那麼容易受影響。我指的是一般的通靈能力，因為物理效果型通靈能力更容易造成身體上的疲勞。至於書寫，還存在另外一個問題，即孩子一方面缺乏經驗，另一方面他們可能想要一個人練習，或者想把它當成一種遊戲。"

222.　　我們很快就能看到，靈性主義的踐行需要很多的技巧，才能避免騙子靈性施展詭計。如果說成年人會被這些靈性所騙，那麼兒童和青少年由於缺乏經驗，就更容易受到這些靈性的影響。如我們所知，冥想是一個必要的條件，沒有冥想，我們就無法召喚嚴肅的靈性。隨意或出於消遣的目的召喚靈性，這是一種真正的褻瀆，因為這為愛捉弄人或心懷惡意的靈性打開了大門。我們不能指望兒童會嚴肅地對待這種行為，既如此，我們就有必要擔心，如果讓他們自己去做，就有可能會把這種行為變成一種遊戲。即使在最有利的條件下，我們也希望天生擁有通靈能力的兒童能在有經驗的人的監督下運用這種能力，有經驗的人應當以自己為榜樣去教導兒童尊重逝者的靈魂。所以，我們可以看到，年齡的問題其實取決於個人的氣質和性格條件。儘管如此，上面的回答已經明確地強調了一點，我們不能強迫兒童在非自發的情況下去訓練通靈通力，而且在任何情況下都必須小心謹慎，切勿誘導或鼓勵身體虛弱的人去做這樣的事情。我們必須採取一切可能的手段，避免讓思想上存在異常或精神上存在缺陷的人去練習運用通靈能力，因為很顯然，這些人具有精神錯亂的傾向，任何引起過分興奮的原因都有可能導致他們出現精神錯亂。從這一方面而言，靈性主義理念所產生的影響並沒有超過其他的因素，但只要出現了精神錯亂，這就會帶有主要偏見的特點，就像有人過度虔誠地朝拜會帶有宗教特點一樣，人們會將這一責任統統歸咎於靈性主義。對擁有固守成見的人來說，最好的辦法是轉移其注意力，以便使其虛弱的器官得到休息。

　　針對這一問題，我們提請讀者注意參見《靈性之書》"引言"第十二節的內容。

第十九章：
靈媒在通靈中的角色

- 靈媒的影響
- 關於惰性靈媒的理論
- 某些靈媒在語言、音樂、繪畫等未知領域所擁有的稟賦
- 靈性關於靈媒角色的論述

靈媒靈性的影響

223. 1）在訓練能力的過程中，靈媒是否處於完全正常的狀態？

"有時，他們會處於一種更加清明或更加迷糊的危機狀態。這就是他們之所以感到疲勞的原因，也是必需休息的原因。但大多數時候，他們的狀態都是正常的，尤其是書寫型靈媒。"

2）靈媒自身的靈性也會以書面或口頭的方式進行通靈嗎？

"靈媒的靈性也可以像與其他靈性一樣進行通靈。如果靈媒的靈性享有一定程度的自由，就會恢復其靈性的品質。生者的靈魂往往會在沒有被召喚的情況下拜訪你們，並通過書寫方式與你們進行交流，這就是最好的證據。要知道，在你們所召喚的靈性中，有一部分仍是化身於地球上的靈性。**在這種情況下，他們是作為靈性，而不是作為人類在與你們說話。**既如此，為何靈

媒自身的靈性不能這麼做呢？"

　　■ 難道這一解釋不是恰好印證了某些人認為所有的通靈都來自於靈媒自身的靈性，而非其他靈性的這一觀點嗎？

　　"他們的錯誤在於，他們認為自己觀點是絕對的。靈媒的靈性當然可以自己行動，但並不能以此認定其他靈性就不能以靈媒為仲介實施同樣行為。"

　　3）我們怎樣才能分辨出作出回答的是靈媒本人，還是其他靈性呢？

　　"根據通靈的性質來分辨。仔細研究當時的環境和語言，你們就能做出判斷。靈媒的靈性通常會在夢遊或靈魂出竅狀態顯靈，因為那是靈性最自由的時候，相反，在正常狀態下，這種顯靈則要困難得多。另外，有些回答是不可能歸因於靈媒自身的靈性的。這就是我為什麼要讓你們去觀察和研究的原因。"

　　當一個人在對我們說話時，我們可以很容易分辨出哪些是他自己說的話，哪些是他在重複別人的話。靈性也是如此。

　　4）靈媒的靈性有可能在前世掌握了某些知識，只不過現世的肉體已經忘記了這些知識，但靈性是將其銘記在心的，既然如此，難道靈媒的靈性不能從自己的內心深處獲取那些貌似超出了現有知識範疇的思想嗎？

　　"這通常發生在夢遊或靈魂出竅狀態，但仍然有一些情況是不容置疑的——對此需要**進行深入**的研究和思考。"

5）在進行通靈時，靈媒自身的靈性是否始終不如其他的靈性等級高？

"絕非如此，因為進行通靈的靈性有可能在等級上比靈媒的靈性更低，在這種情況下，前者所說的話就不那麼理智了。這可能出現在夢遊的時候，因為夢遊者的靈性常常在這個時候顯靈；儘管如此，夢遊者的靈性往往能傳達非常好的訊息。"

6）進行通靈的靈性是直接傳達自己的思想，還是以靈媒的化身靈性作為仲介傳達思想的？

"作為釋譯者，靈媒的靈性是與為通靈服務的肉體相關聯的，因為你們人類與通靈靈性之間需要建立起這種紐帶關係，就好比遠距離傳送消息需要使用電線，並且電線的兩頭要分別站著一個有智慧的人，這樣才能接收和交流資訊。

7）靈媒的靈性是否會影響必須由其他靈性傳遞的通靈訊息？

"是的，因為如果這兩者之間缺乏親和力，靈媒的靈性就會因為自身的思想和傾向而使回答發生改變，**但其並不會對進行通靈的靈性本身產生任何影響**；在這種情況下，靈媒的靈性不過是個蹩腳的釋譯者罷了。"

8）這就是為什麼某些靈性更喜歡某些靈媒的原因嗎？

"沒錯。靈性會尋找與自己最具有情感共鳴，且最能準確傳達其思想的人。如果缺乏情感共鳴，靈媒的靈性就會產生敵對和抵抗的情緒，從而成為一個不情願，而且往往是不忠實的釋譯者。正如一個愚昧無知或缺乏誠信的人去傳播一個學者的思想時，也會出現同樣的情況。"

9）如果說這對於直覺型靈媒而言是如此，我們還可以理解，但在偶到機械型靈媒時就不一樣了。

"你們還不太瞭解靈媒所扮演的角色。有一條律法，你們還不知道。靈性需要靈媒的一部分物化流體才能使惰性物體產生運動，例如，這種物化流體可用於暫時啟動一張桌子，以使其服從於靈性的意志。那麼，在進行智慧通靈時，也需要一個智慧的仲介，而這個仲介就是靈媒的靈性。"

- 這似乎並不適用於我們所稱的"會說話的桌子"，因為當桌子，以及占卜板和通靈籃等其他**"惰性物體"**在做出智慧的回答時，靈媒的靈性貌似並沒有以任何方式參與其中。

"這是錯誤的。靈性雖然可以暫時賦予惰性物體以虛構的生命，但並不能賦予其智慧。惰性物體是從來沒有智慧的。所以說，是靈媒的靈性在無意識的情況下接收了思想，然後再借助於各種通靈能力一點點地傳播這一思想的。"

10）這些解釋是否意味著靈媒的靈性從來就不是完全被動的？

"如果不將自己的想法與通靈靈性的想法混在一起，那麼靈媒的靈性就是被動的，但也不會完全毫無效用。即使是對於所謂的機械型靈媒，其作為仲介的配合作用也是必不可少的。"

11）機械型靈媒難道不是比直覺型靈媒更能確保獨立性嗎？

"毫無疑問，對於某些通靈而言，機械型靈媒可能更受偏愛。但根據具體情況，如果熟悉了某個直觀型靈媒的能力，這就沒有太大關係了。我的意思是的說，某些通靈其實並不需要那麼精確。"

關於惰性靈媒的理論

12）在人們為了解釋靈性現象而提出的各種理論中，有一種認為惰性物體具有真正的通靈能力；例如，充當工具的通靈籃或紙箱。通靈的靈性會將自己與物體等同起來，不僅賦予其生命，而且賦予其智慧，所以這種物體就被稱之為"惰性靈媒"。對於這一觀點，你是怎麼看的呢？

"我只想說明一點：如果靈性將智慧傳遞給紙盒並賦予其生命，那麼紙盒就應當能夠在沒有靈媒說明的情況下自己進行書寫。擁有智慧的人變成機器，與惰性物體變得擁有智慧一樣奇怪。這是從先入為主的觀念中所衍生出來的諸多理論之一，通過經驗和觀察，你們會發現這些理論其實都是站不住腳的。"

13）有一個眾所周知的現象，它似乎使人們接受了這樣一種觀點，即在物化的惰性物體中不僅存在著生命，甚至還有可能存在著智慧。這種現象就是桌子或籃子等物體可以通過自身的動作來表達憤怒或喜愛的情感。

"一個憤怒的人揮舞著一根棍子，憤怒的並不是棍子本身，也不是握棍子的那只手，而是指揮那只手的思想。桌子和籃子並沒有比棍子擁有更多的智慧。它們並沒有智慧的感情，而只是服從于智慧而已。換句話說，靈性既不會把自己變成籃子，也不選擇住在籃子裡。"

14) 如果說把智慧賦予這些物體是不合理的，那麼我們是否可以把它們看作是一種靈媒，並把它們稱之為"惰性靈媒"呢？

"這不過是文字上的稱謂而已，對我們而言毫無意義，但你們自己要明白這個稱謂的具體含義。你們要稱木偶為人，也沒什麼不可以。"

某些靈媒在語言、音樂、繪畫等未知領域所擁有的稟賦

15) 靈性只有思想的語言，不能清晰地說話，所以只能使用一種語言。通過靈媒的作用，靈性能夠用其生前從未說過的語言來表達自己。在這種情況下，靈性如何獲取其使用的詞彙的呢？

"你們說靈性只有一種語言的時候，自己就已經回答了這個問題，那就是思想。每個人都懂這種語言

——包括人類和靈性。在面對靈媒的化身靈性時，脫離肉體的靈性並不會說法語或英語，而是說通用的思想語言。為了將自己的思想轉化成清晰的、可傳播的語言，靈性會利用靈媒的詞彙。"

16）如果是這樣的話，靈性就只能用靈媒的語言來表達自己，但據我們所知，靈性所書寫的內容中也有靈媒所不知道的語言。這難道不是矛盾的嗎？

"首先，你們要知道，並不是所有的靈媒都同樣擅長這種操作。其次，只有當靈性認為有用時，才會偶爾借用這種語言。通常在進行冗長的通靈交流時，靈性更喜歡使用靈媒所熟悉的語言，因為這會減輕他們所需克服的物質障礙。"

17）有的靈媒會用外語進行書寫，難道不是恰好證明他們在前世說過這門語言，並且本能地保留到了現世嗎？

"這當然是有可能的，但並非普遍規律。通過一些努力，靈性可以暫時克服物質上的阻礙，這一點可以通過靈媒在使用自己的語言進行書寫時會使用一些自己並不認識的詞彙得以證實。"

18）一個連寫字都不會的人也能作靈媒嗎？

"是的，但你們得明白，這需要克服很大的機械阻礙，因為靈媒的手不習慣寫字的動作。對於不懂如何繪畫的靈媒，也是如此。"

19）智力極其低下的靈媒能進行高階的通靈嗎？

"當然，就像靈媒可以用一種未知的語言寫字一樣。通靈能力本身並不依賴于智力水準或道德素養。在沒有更好的工具可供運用的情況下，靈性可以利用手邊的任何東西。但在進行某些級別的通靈時，靈性自然會選擇物質障礙最小的靈媒。這裡還涉及一個更深層次的問題：一個人之所以出現智力受損，只是因為他們的大腦存在缺陷，但其靈性的進化程度可能比人們想像的更高。你們可以通過召喚在世和去世的智障人士來證明這一點。"

這是經驗所證明的事實。有很多次，我們召喚過生前存在智力缺陷的人的靈性，他們為自己的身份提供了明確的證明，同時以一種非常理智，甚至是優越的方式回答了我們的問題。這種智力受損是對靈性的一種懲罰，靈性會因其這種束縛而受苦。因此，智力受損的靈媒在與靈性進行通靈過程中，有時反而可以提供更多的資源。（參見《靈性主義評論》1860年七月刊關於"顱相學和面相學"的文章）。

20) 有的靈媒儘管缺乏詩意，卻擁有寫詩的稟賦，對此我們應當如何解釋呢？

"詩歌本身就是一種語言。他們可以用詩歌進行書寫，就像他們可以用一種未知的語言進行書寫一樣。另外，他們還有可能是前世的詩人。正如我曾經說過的，靈性永遠不會丟失其掌握的知識，他們必須在各個方面達到圓滿的境界。因此，他們是在自身沒有意識到的情況下，運用了前世所知，從而輕易地具備他們在正常狀態所不具備的能力。"

21）這同樣適用於那些在繪畫和音樂方面有特殊天賦的人嗎？

"當然。繪畫和音樂也是表達思想的一種方式，靈性會選擇他們用起來最方便的工具。"

22）通過詩歌、繪畫或音樂來表達思想，是僅僅取決於靈媒的天賦，還是也取決於進行通靈的靈性？

"有時候取決於靈媒；有時取決於靈性。高度進化的靈性擁有所有的能力，而進化程度較低的靈性只擁有有限的知識。"

23）為什麼一個人在前世被賦予了某種傑出的天賦，而在下一世卻沒有呢？

"情況並非總是如此，因為這樣的人往往是前世就已開始進化了，然後在某一世才達到了完善的境界。儘管如此，為了促進另一種能力的發展，可能會讓某種傑出的能力休眠一段時間。它猶如一顆潛在的種子，以後會再次發芽，但總會帶有一些明顯的跡象，或至少是某種模糊的直覺。"

224.　　毫無疑問，通靈的靈性理解所有的語言，因為語言只是表達思想的形式，而靈性通過思想來進行理解的。然而，為了傳播這種思想，靈性需要借助於一種工具——靈媒。靈媒的靈魂接收靈性的通靈訊息，而靈媒只能通過其身體器官來傳遞這一訊息；所以，在使用某種陌生的語言來傳遞訊息時，靈媒的身體器官就沒有對熟悉的語言那麼靈活。一個只會說法語的靈媒有可能會出人意料地使用英語做出回答，比如靈性想要這以做的話。然而，靈性認為人類語言的速度與思維的速度相比實在是太慢了，——所以他們會盡可能多地使用縮寫語——他們對於訊息傳遞過程中的機械阻力會感到不耐煩，也正因為如此，他們不肯總是嘗試這樣去做。同樣的原因，新手靈媒即使是用自己的語言時，也寫得極其痛苦而緩慢，通常只能接收到簡短的回復，而無法獲得充分展開的回答。為此，靈性建議新手最好只提一些簡單的問題。要探討更深遠的問題，需要一個對靈性而言不存在機械阻礙的成熟型靈媒。正如我們不會選一個才學習拼寫的學生來為我們朗讀課文一樣。好的工匠不喜歡使用劣質的工具。讓我們再來探討一下關於外語的另一個重要問題。很多人在這一方面所做的努力往往是出於好奇和實驗的目的，對於靈性而言，沒有什麼比某些人試圖拿自己來做證明更令靈性感到不快的事情了。高度進化的靈性從來不會屈身於此，他們會遠離這條道上的人。高階靈性喜歡嚴肅而有益的主題，就像他們討厭毫無用處和毫無意義的問題一樣。懷疑者會說，儘管如此，如果能說服他們，這也算是一個有用的目標，因為這可以為靈性的事業贏得更多的信徒。靈性是這麼回答的："我們的事業並不需要那些驕傲自滿、自以為是的人。我們想要召集的是那些永遠最謙卑、最謙遜的人。文士要求耶穌為他們行奇事時，耶穌有這麼做嗎？他用的什麼樣的人來改變世界的？如果你們想說服自己，除了請求，還有其他方法。首先要接受這樣一個事實：學生將自己的意志強加給老師，這是不正常的。"

這一結果是，除了少數例外情況，靈媒通過可利用的機械手段來傳遞靈性的思想，而這種思想的表達可能，而且應當常常受制於這種手段的不完善。因此，未開化的人會以一種未開化的方式說出最美麗的事物，表達最崇高的哲學思想，因為我們知道，對於靈性而言，這種思想比其他一切都重要。這就回答了某些批評家針對文體和拼寫錯誤所提出的反對意見，他們認為這都是靈性的錯，但實事上，這可能歸咎於靈媒本身或靈性。糾結于這些小事其實是不值得的，正如我們有時所看到的那樣，想要分毫不差地指出這些錯誤實乃幼稚之舉。只有當其涉及到通靈靈性的特徵時，我們才應該毫無顧忌地對此加以糾正，在這種情況下，最好是保留它以作為身份證明。例如，我們曾經看到有一個靈性，他在提到自己的孫子時總是寫"朱爾"（少了"斯"），因為他生前就是這麼寫的，儘管作為靈媒的孫子完全知道如何拼寫自己的名字。

靈性關於靈媒角色的論述

225. 以下是由一位高階靈性自主發表的一番論述，他通過莊嚴肅穆的交流進行了顯靈，並針對靈媒所扮演的角色問題進行了清晰而完整地總結闡述：

"無論書寫型靈媒的性質如何，無論其是機械型的、半機械型的，還是簡單直覺型的，我們通過靈媒進行交流的過程並沒有本質上的變化。事實上，我們與化身靈性以及靈性本身的交流，完全是通過我們思想的輻射進行的。

"我們的思想並不需要借助於語言的表達才能讓靈性理解。所有的靈性都能感知到我們想要傳遞給他們的思想，實事上我們會直接將思想傳遞給靈媒，而這種傳遞具體取決於靈媒的智力水準。這意味著某一思想可以被一些人所理解，理解程度與各人的進化程度相當，但對於另一些人而言，這一思想卻難以感知，因為它不會在其心靈深處喚起任何記憶或理解。在這種情況下，作為我們靈媒的化身靈性更適合將我們的思想傳遞給其他化身——即使其他化身並不理解這一思想——如果我們依賴于仲介的作用，那麼脫離了肉體但進化程度較低的靈性是做不到這一點的。這是因為世俗生命可以將自己的肉體作為一種工具供我們使用，而這是靈性無法做到的。

"有的靈媒腦子裡裝滿了現世獲得的知識，而其靈性則保留了前世獲得的，有利於我們進行通靈的潛在知識，如果遇到這樣的靈媒，我們就會樂於用他們，因為相較于智力有限且前世知識不足的靈媒，我們更容易通過這樣的靈媒進行通靈。我們希望能通過清晰而準確的解釋，以便人們更好地理解我們。

"通過現世或前世智力水準較高的靈媒，我們的思想可以通過靈性本身的一種內在能力進行即時交流，即靈性與靈性之間的直接交流。在這種情況下，無論這些靈媒是直覺型的、半機械型的還是完全機械型的，我們都能在這些靈媒的頭腦中找到合適的元素，以便使用

第十九章：靈媒在通靈中的角色

相應的詞彙來表達我們的思想。正因為如此，即便有多個靈性通過相同的靈媒進行通靈，你們會發現從這些靈性所接收到的訊息在形式和風格上總會帶有靈媒個人的印記；其原因在於，儘管思想並不是靈媒自己的思想，或者說相關的話題也不是靈媒平時所關注的話題，甚至我們想說的話也並不是源自於靈媒，即便如此，靈媒也免不了會賦予其個性化的品質和特性，並以這種方式對思想的外在形式施加個人的影響。這就好比你們通過綠色、白色或藍色等有色鏡片去觀察不同的地方一樣。雖然地點和物體是完全不同的，而且彼此也是完全獨立的，但它們總會呈現出不同的鏡頭所賦予它們的顏色。舉一個更好的例子：讓我們把靈媒比作藥店裡所見的那種裝滿了彩色透明液體的玻璃瓶。而我們就像發光的焦點，照射著道德、哲學和心理等特定的內在場景，因為我們是透過藍色、綠色或紅色的靈媒來照亮它們的，所以我們的光就會呈現出靈媒的顏色。換句話說，我們的光線必須穿透不同切割度和透明度的玻璃，即必須穿透具有不同智慧程度的靈媒。我們的光線必須通過這些靈媒的顏色或個人風格，才能照亮物體。最後，我們不妨再做一個比較：我們靈性就像那些作好了曲子或想即興演奏一段音樂的作曲家，而我們手頭只有一種樂器：鋼琴、小提琴、長笛、巴松管或廉價的哨子。毫無疑問，有了鋼琴、長笛或小提琴，我們就能夠完美地演奏我們的作品。對於每一種樂器來說，鋼琴、巴松管和長笛的聲音在本質上是不同的，儘管聲音有所不同，但我們的曲子始終是一樣的。但假如我們手上只有廉價的哨子，事情就會變得更加困難。

　　"事實上，當我們不得不使用一些進化程度較低的靈媒時，我們的工作就會變得緩慢而乏味，因為我們只能求助於不完整的表達形式，這對我們來說是一種障礙。如此以來，我們就必須被迫分解我們的思想，逐字逐句地進行口述，這對我們而言是一項非常累人和辛勞的工作，它會對我們顯靈的及時性與廣泛性造成真正的阻礙。

　　"這就是為什麼若能找到準備充分、裝備齊全、且擁有可供迅速利用的智力元素的靈媒，即好的工具，我們就會感到非常幸運；因為這樣以來，我們的靈性包就只需通過作用於靈媒的靈性包來驅使那只手，以將其當作一支鋼筆或一支鉛筆支架。如果靈媒的裝備很差，我們就只能通過叩擊聲的方式進行通靈，也就是說，必須逐字逐句地進行交流，組字成句，以對需要傳達的思想進行釋譯，這樣才能完成類似的工作。

　　"這就是為什麼我們更喜歡開明的、受過教育的個體階層來揭示靈性主義，以及培養其書寫型通靈能力，儘管在這樣的階層中，我們也會遇到最難以置信、最叛逆和最墮落的人。"也正因為如此，如果現在我們允許進化程度較低的靈性通過叩擊聲和幽靈等形式來傳遞有形的通靈訊息，你們當中最不嚴肅的人就會更喜歡那些可以觸摸眼睛和耳朵的顯靈現象，而不是那些純粹靈性和心理性質的顯靈現象。

　　"無論什麼時候我們想要傳授自發的訊息，我們就會作用於頭腦，即靈媒的檔案，並將自身的物質與靈媒提供給我們的元素結合在一起——但靈媒完全不會意識到這一點。這就好像我們從他們的口袋裡取出錢，並按照我們認為最好的順序排列好硬幣一樣。

"但如果是靈媒自己想要通過任何手段向我們提問，這會促使他們事先進行認真的思考，做到有條不紊的提問，以便使我們更容易地做出回答，因為正如前面的教導所說，你們的思想中往往存在著許多解不開的疙瘩，要在你們思想的迷宮裡穿行是一件既困難，又乏味的事情。如果是通過協力廠商提問，最好的辦法是與靈媒事先溝通，以便靈媒認同需要提問的靈性，浸潤（暫且這麼說）靈性的思想，因為我們的靈性包與充當我們釋譯者的靈媒的靈性包之間的親和力會使我們更容易做出回答。

"當然，我們也可以通過一個完全不懂數學的靈媒來討論數學，但這種靈媒的靈性大多是以潛在狀態擁有這一知識的；也就是說，這種知識是針對於流態存在，而非化身存在而言的，因為現世的肉體並不適合，或難以充當承載這種知識的工具。同樣的道理也適用於天文學、詩歌、醫學和各種語言，以及人類特有的所有其他知識。最後，我們還有一項冗長而乏味的準備工作要做，那就是將字母和單詞放在一起，就像排字一樣。

"我們曾經說過，靈性並不需要借助語言來表達自己的思想。靈性與靈性之間能夠自然而然地對思想進行感知和傳播。與此相反，道成肉身的存在則只能通過將思想轉化成語言來進行交流。你們的感知，哪怕是精神上的感知，是需要依賴於字母、單詞、名詞、動詞和句子的，而我們並不需要任何可見或可觸摸的形式。"

伊拉斯圖斯與提摩太

關於靈媒的角色及其通靈過程的這一分析既清晰又合乎邏輯。由此，我們可以得出這樣一個基本原理：靈性不是在利用**靈媒的思想**，而是在利用靈媒頭腦中所必要的物質來表達自己思想的，這種物質越豐富，通靈就越容易。當靈性用一種靈媒所熟悉的語言來表達自己時，自然會找到那些早已經形成的，可以用來釋譯其思想的詞彙。如果是用外語進行通靈，靈性就沒有可供使用的詞彙，只有字母。所以，靈性只能逐字逐句地口述，就好像我們想讓一個大字不識的人用德語來寫字一樣。如果靈媒不知道如何讀或如何寫，那麼靈性連字母也無法使用。這個時候，靈性就只能引導靈媒的手移動，就像對待孩子一樣。這種情況存在著更加難以克服的物質障礙。這些現象是確有可能出現的，我們遇到過許多這樣的例子。然而，需要理解的是，這種方式並不適合進行冗長而快速的交流，因為靈性偏向於選擇盡可能簡單的工具，或如他們自己所說的，以他們的觀點來看，裝備精良的靈媒。

對於那些為了求證而提出這種要求的人，不妨首先研究一下這一理論，他們就會瞭解產生這些現象所需的特殊條件。

■■■

第二十章：
靈媒的道德影響

- 相關提問
- 靈性關於道德影響的論述

相關提問

226. 1）通靈能力的培養是否與靈媒的道德水準有關？

"沒有。能力本身是有機的，因而是獨立于道德的。但這並不涉及通靈能力的運用，運用的好壞取決於靈媒的品性。"

2）人們常說，通靈能力是上帝賜予的一種天賦，一種恩惠，一種神聖的恩賜。那麼，為什麼這不是道德高尚者的特權呢？為什麼會有不配之人被賦予了最大的能力卻只知一味地濫用呢？

"對於我們擁有的任何一種能力，我們都應該感謝上帝的恩賜，因為並不是人人都擁有這些能力。你們可能會問，為什麼上帝會賜予罪犯良好的視力，賜予小偷靈巧的身手，賜予那些只會為非作歹的人雄辯的口才。同樣的，通靈能力也是如此：將通靈性能賦予不配之人，是因為這些人比別人更需要這種能力來完善自我。你們認為上帝會拒絕讓有罪之人得到救贖嗎？相反，**上帝會將各種救贖方法交到他們手中**，而且每一步都會精心安排。然而，如何運用這種能力則是每個人自己的責任。叛徒猶大不是作為門徒行了神跡，治好了疾病嗎？上帝賜給他這個天賦，是為了讓他以後能更清楚地看到背叛的醜惡。"

3）如果濫用自身的功能，或不以行善或自我教育為目的使用這一功能，那麼他們會承擔後果嗎？

"如果靈媒濫用自身的功能，他們將會受到雙重懲罰，因為他們將失去從啟迪自我的方式中受益的機會。眼明之人跌倒比盲人掉到溝裡更應受到責備。"

4）有的靈媒經常會接收到關於同一主題的自發性通靈訊息，這類訊息往往涉及某些道德問題，例如，與某些缺點相關的問題。這樣有什麼目的嗎？

"沒錯，目的就是要啟發靈媒持續關注某個反復提及的問題，或糾正靈媒的某些缺點。這就是為什麼靈性總是對一些人談論傲慢，而對另一些人談論慈善，因為只有持之以恆才能最終成功地讓他們睜開雙眼。只要靈媒出於心或私利而濫用自身的能力，或者由於自私、傲慢或輕浮等一些本質的缺點而使這一能力蒙羞，那麼靈媒每次都會受到靈性的警告。遺憾的是，在大多數情況下，他們並不會對自己發出這樣的警告。

靈性往往會以一種含蓄而間接的方式傳授其教義，以便讓知道如何應用和利用這些教義的人修積更大的功德。然而，有的人極其盲目和傲慢，以致于他們完全沒有自知之明。再者，如果靈性讓這些人知道他們自己就是教訓的對象，那他們肯定會惱羞成怒，他們會稱靈性是騙人的，或者是開玩笑的——而這恰好足以證明靈性是正確的。

5）靈媒接收到一般性的教義卻沒有親自應用，難道靈媒不是應該充當被動的工具來教導他人的嗎？

"這些警告和忠告大多並不是針對靈媒本人的，而是針對那些我們只能通過其通靈能力才能接觸到的人。儘管如此，靈媒也應試法從中受益，除非他們被虛榮心蒙蔽了雙眼。

"不要以為賦予通靈能力只是為了匡正一兩個人；相反，它的物件更為廣泛：是為了全人類。作為個人，靈媒只是一個微不足道的工具。因此，在我們傳授普世教義時，我們就會選用那些具備相應能力的靈媒，但有一點可以肯定，總有一天，優秀的靈媒將會極為普遍，而善良的靈性也不必再使用有缺陷的工具。"

6）如果某個靈媒的道德品質能夠摒退進化程度較低的靈性，那為什麼具有良好品質的靈媒還會傳遞錯誤，甚至愚昧的回答呢？

"那你們知道他們靈性的全部秘密嗎？"而且，就算他們不令人討厭，也有可能是缺乏責任感和輕浮的，也有可能需要一個教訓來警告他們。"

7）為什麼高度進化的靈性會允許那些天生擁有強大通靈能力，而且本來可以做很多好事的人成為錯誤的工具？

"這些靈性會試圖影響他們，但一旦這些人自己走上歧途，靈性就會對他們棄之不理了。這就是為什麼靈性其實並不情願用這些人作為通靈的工具，**因為真相不能用謊言來解釋。**"

8）通過一個有缺點的靈媒來接收良善的通靈訊息是完全不可能的嗎？

"有缺點的靈媒有時也能獲取良善的通靈訊息，前提條件是這些靈媒必須擁有良好的通靈能力，在特殊情況下，如果沒有更好的靈媒，善靈也會使用他們作為通靈工具。然而，靈性這樣做只是暫時的，只要能找到更好的靈媒，靈性自然會偏愛於後者。"

我們需要指出的是，當靈性發現某些靈媒由於自身的缺點而不能再充當良好的通靈工具，並開始成為騙人的靈性所追尋的獵物時，他們往往會通過營造某種環境以揭示這些靈媒的缺點，讓他們遠離嚴肅和誠信的人，以免這些人的善意被濫用。如果遇到這種情況，無論其通靈能力如何，都沒有什麼可惋惜的。

9）可以被我們視為完美的靈媒應當具有什麼樣的品質？

"完美嗎？唉！你們明明知道，世間本無十全十美。若非如此，你們也就不會在這地球上了。所以，我們只說"好的"靈媒，這說明了很多問題，因為他們的確是很少見的。完美的靈媒是指那些邪惡的靈性永遠不**敢試**圖欺騙的人。然而，最好的靈性是指那些只與善靈和諧相處，且最不容易上當受騙取的人。"

10）如果他們只會與善良的靈性和諧相處，那麼為什麼這些靈性會允許他們被騙呢？

"善良的靈性有時會允許最好的靈媒受到欺騙，這樣他們才能運用自己的判斷力，學會分辨真偽。此外，不管靈媒有多好，他們也不可能完美到沒有任何可能受到他們攻擊的弱點。這需要給他們一個教訓。他們會時不時地接收到一些錯誤的通靈訊息，這其實是在警告他們切勿自以為是，驕傲自滿，因為哪怕一個靈媒接收到的是最引人著目的通靈訊息，他本人也不過是一位手風琴演奏者，還得轉動手柄才能彈出優美的旋律，這並沒有什麼好驕傲。"

11）要讓高度進化的靈性真實地展現在我們面前，必須滿足什麼樣的條件？

"唯善是求，**忌自私，勿驕傲**：以上諸條都必須做到。"

12）如果說除了滿足如此苛刻的條件，否則無法讓高階靈性以最純潔的形式降臨到我們面前，那這樣難道不會阻礙真理的傳播嗎？

"當然不會。唯有渴望光的人，才會受到光的照耀。一個人若是渴望受到開化和啟發，就必須遠離黑暗，而內心不純，黑暗不去。

"你們視之為道德典範的靈性，他們並不樂意回答那些傲慢、貪婪、缺乏仁慈的人。

"所以，要讓那些渴望受到開化的人摒棄人類所有的虛榮心，在造物主的無限力量面前保持謙卑的理性。這就是他們展示誠意的最好證明；每個人都能做到這一點。"

227. 儘管靈媒只是充當執行的工具，但他們仍然具有巨大的道德影響力，因為通靈的靈性與靈媒的靈性具有一致性，為了實現這種一致性，兩者之間必須擁有情感共鳴——甚至可以稱之為一種親和力。靈媒的靈魂會根據兩者之間的相似程度或異差程度對通靈的靈性施加一種吸引力或排斥力。因此，善良的靈魂與善良的靈性之間會形成一種親和力，而邪惡的靈魂與邪惡的靈性也會形成一種親和力，由此可以得出結論，靈媒的道德品質會對通過其仲介作用進行通靈的靈性的本性產生重要的影響。如果靈媒存在道德缺陷，那麼進化程度較低的靈性就會聚集在其周圍，準備隨時取代靈媒意欲接近的善靈。善靈所偏愛的品質包括：善良、仁慈、心地單純、愛鄰、超脫於物欲之外；善靈所排斥的缺點包括：傲慢、自私、豔羨、嫉妒、憎恨、貪婪、肉欲以及所有使人類依附於物質的激情。

228. 任何一種道德缺陷都會為邪惡的靈性敞開大門，但最容易被邪惡的靈性所利用的便是傲慢，因為這往往是人們自身最不願意承認的缺點。傲慢會埋沒許多最具天賦的靈媒，如果不是傲慢，這些靈媒原本可以成為非常了不起和非常有用的工具。一旦這些靈媒成為了騙子靈性的獵物，他們的功能就會發生扭曲，接著就會被摧毀，許多人只能任由自己被最痛苦的失望所羞辱。

傲慢在靈媒身上表現得極其明顯，對此，必須加以揭露，因為它是引起人們質疑其通靈真實性的因素之一。一開始，傲慢表現為盲目地相信通靈訊息的優越性以及通靈靈性的絕對正確性。這會導致靈媒蔑視一切不以其作為唯一傳播管道的事物，因為靈媒認為自己享有真理的特權。當一個大名鼎鼎的靈性聲稱其是自己守護者，這無疑是一件令靈媒臉上增光的事情，如果靈媒不得不承認自己上當受騙了，這必定會打擊他們虛榮心，所以他們拒絕聽取，甚至完全回避任何類型的忠告，將朋友和其他人可能幫助其睜開雙眼的人拒之門外。就算他們同意聽這些人的話，也不會重視他們的警告，因為凡是質疑教導他們的靈性的優越性，就幾乎等同於褻瀆神明。即使是最小的分歧，最輕微的批評也會令他們煩惱，有時候，他們甚至會憎恨那些試圖幫助他們的人。靈性因為不希望遭受反駁而造成了這種隔閡，所以他們會盡其所能地來愚弄靈媒的錯覺，使靈媒天真地將最荒謬的事情當成是崇高的事情。因此，盲目相信自己接收到的通靈訊息的優越性，對那些未經自己傳播和非出大家之口的觀點嗤之以鼻，拒絕聽取忠告，不相信任何批評，將對自身技能充滿信心，只是缺乏經驗的大公無私之人拒之門——這些皆是傲慢的靈媒所具有的特點。

有一點我們必須記住，即靈媒的傲慢大都是由周圍的人引起的。哪怕靈媒只擁有些微的超自然能力，也會倍受人們的追捧和讚揚，這最終只會讓靈媒認為自己是不可或缺的。無需多時，他們在施術時就會擺出一副不可一世、蔑視眾人的神氣。我們曾不止一次地對為了鼓勵某些靈媒而給予他們的讚揚表示遺憾。

229. 從另一面來看，對於那些擁有真正高尚的道德情操，可以讓我們完全信任的靈媒，我們的極其看重的。首先，我們假設有一種非常輕鬆的方式，能夠讓靈性在不受限於任何物質障礙的情況下自由地進行通靈。在這種情況下，最重要的因素是必須考慮那些慣常幫助他們的靈性的本質，為此，我們應更關注於他們的語言，而不是他們的名號。靈媒必須謹記一點，即他們與善靈之間的親和力越強，他們摒退惡靈所需付出的努力就越小。靈媒應當深信自身的能力是上天的恩賜，是用來行善積德的，任何時候靈媒都不應對自身的能力濫加利用，也不能因為擁有這一能力而自以為是。靈媒能夠接收良善的通靈訊息，這是一種福佑，他們應該盡一切努力保持善良、仁慈和謙虛，以便讓自己配得上這一切。前一類靈媒以能攀附上其所謂的高級靈性為榮；後者則始終認為自己不配得到這樣的恩惠而心懷謙卑。

靈性關於道德影響的論述

230. 針對這一問題，有一位靈性向我們傳授了以下教義，我們之前也曾多次引用過這位靈性的通靈訊息：

"正如我以前說過的：在通靈過程中，靈媒自身只是一個次要的影響因素。靈媒的作用就像一台電報機，用於在地球上兩個遙遠的地方傳送電報。因此，當我們想口授一個訊息時，我們對於靈媒的作用就相當於電報員對於儀器的作用，即電報的秘密信號會跟蹤根據千英里之外的紙條所發送的複製信號，我們也會通過通靈工具，跨越有形世界與無形世界，非物質世界與人類世界之間的無限距離傳授我們希望向你們傳授教義。但就像大氣條件常常影響和干擾電報的傳輸一樣，靈媒的

第二十章：靈媒的道德影響

道德有時也會影響並干擾我們從墳墓之外所發出的電報，因為我們必須將這些訊號傳送到一個與之對立的環境中去。只不過大多數時候，這種影響被我們的能量和意志所抵消了，因而並沒有產生干擾。事實上，涉及艱深哲學的教化以及涉及完善道德的通靈有時是通過看似並不適合這一高尚任務的靈媒來完成的，相反，鮮少啟迪意義的通靈有時反而是來自於紆尊降貴的靈媒。

"有一點可以肯定，即一般說來，相似的靈性是互相吸引的；只要有良好的通靈工具，即好的靈媒可供使用，那麼高度進化的靈性群體是很少通過不良導體進行通靈的。

"同樣，生性輕浮或玩世不恭的靈媒也會召喚與其本性相近的靈性，這就是為什麼他們的通靈會表現出平庸、輕浮、思想支離破碎等特徵，而且從靈性上來講，大多非常異端。當然，他們有時也會說一些好的事情，但對於這種情況，更需要保持小心謹慎的審視態度，因為某些虛偽的靈性會將妄想和謊言暗藏在美好的事物中，目的是為了欺騙誠信的聽眾。所以，要毫不留情地剔除那些模稜兩可的詞句，只保留那些有邏輯的內容或靈性主義學說所傳授的教義。這種性質的通靈只會威脅到孤立的靈性主義者以及新近組建或尚未開化的團體，因為在更先進和更有經驗的信徒聚會上，想要用烏鴉扮孔雀的招數是徒勞無益的，因為它總是會被無情地暴露出來。

"我無意提及那些一心尋求和接收淫褻的通靈訊息的靈媒。就讓他們沉溺於與玩世不恭的靈性為伍吧！

此外，這種類型的通靈需要的是獨處和與人隔離的環境。在任何情況下，這只會引起哲學和嚴肅團體的蔑視和反感。然而，靈媒的道德影響體現在，當靈性試圖用其建議的觀點來取代靈媒自身的觀點時，靈媒自己會感覺到這一點，尤其是在他們從自己的想像中總結出妄想的理論時，這種感覺會更加強烈，他們會天真地認為這是直覺型通靈所導致的結果。在這種情況下，這有很大可能只是其自身靈性的體現。有一個奇怪的現象是，有時靈媒會在一個無關緊要或愛捉弄人的靈性的驅使下機械地移動自己的手。這是驗證狂熱想像的一個試金石，因為靈媒憑著自己擁有天馬行空的思想和文學知識的技巧，就鄙視智慧靈性的謙遜溫和之辭，只追求表面文章，而不注意實際內容，擅自用華而不實的吹噓之辭取而代之。另一個陷阱是，在遇到善良的靈性拒絕與其進行通靈時，有些野心勃勃的靈媒便會打著靈性的幌子，使出移花接木的騙人招數。因此，團體的領導者必須具備老練的智慧和罕見的洞察力，以便更好分辨真實的通靈與虛偽的通靈，同時避免那些容易上當受騙的靈媒受到傷害。

"誠如古語所言，'存疑處，自當棄'。這就是說，只能接受有確鑿證據支持的觀點。在新的觀點出現時，但凡有一點可疑之處，就應當通過理性和邏輯的分析對其進行審視。如果其有悖於任何理性和常識，就勇敢地加以拒絕。寧可錯判十個事實，也不要聽信一個謊言。事實上，你或許可以根據一個錯誤的理論建立一整套體系，但只要一遇到真理，這一體系就會瞬間崩塌，這就好比在流沙之上修建的紀念碑一樣；可如果今天你因為不甚明瞭或缺乏邏輯而拒絕接受某一真理，一旦出現了一個令人震驚的事實或一個無可辯駁的論證，很快就能證明這一真理的真實性。

"可靈性主義者啊，你們要記住，對於上帝和良靈而言，除了不公正和不平等之外，沒有什麼是不可能的。

"如今，靈性主義已經在人類中得到了廣泛的傳播，並且對信奉這一學說的忠實追隨者進行了充分的教化，因此，靈性不必再迫不得以地使用不好的工具或不完美的靈媒。如果現在有任何靈媒——不管他們是誰——由於其自身行為、習慣、傲慢或缺乏仁愛和仁慈而受到質疑，那麼要果斷拒絕他們的通靈訊息——要警惕草叢中的蛇。這就是我針對靈媒的道德影響所總結的論述。"

伊拉斯圖斯

第二十一章：
環境的影響

231. 1) 靈媒工作的周圍環境是否會對顯靈產生影響？

"所有圍繞著靈媒的靈性，無論好壞，對靈媒而言都是一種幫助。"

2) 高階靈性是否無法戰勝作為其釋譯者的化身靈性的邪惡意志，也無法戰勝周圍其他靈性的邪惡意志嗎？

"當然能，前提條件是他們認為有必要這樣做，而且是取決於對方的意圖的。我們已經說過：高度進化的靈性有時也會通過通靈提供特殊的幫助，儘管靈媒和環境條件不甚完善，他們也可以完全不受這種環境的影響。"

3) 高階靈性是否會努力將無聊的聚會帶回到更嚴肅的思想領域？

"高階靈性並不會參加那些徒勞無益的聚會。但他們也會願意去到雖然缺乏教化，但人心純樸的環境中，哪怕只能找到有缺陷的工具供其使用；不過，他們絕對不會接近那些擅長諷刺嘲笑的知識份子。在這種情況下，只需要有視覺和聽覺的刺激就可以了——這是叩擊靈性和愛嘲弄人的靈性所扮演的角色。對於那些自以為學富五車、見多識廣的人，就應該讓那些不學無術的低階靈性羞辱他們。"

4）低階靈性是否會被禁止參加嚴肅的聚會？

"並非如此。有時他們的出現是為了利用你們所接收的教義，但他們會保持沉默，**就像學者開會時無知的聽眾一樣。**"

232. 認為只有成為靈媒才能吸引無形世界的存在，這種觀點是錯誤的。無形世界的存在無處不在；他們一直在我們周圍，在我們身邊；他們會觀察我們，干涉我們的聚會，跟隨我們或避開我們——這取決於我們對他們是吸引，還是排斥。通靈能力並不會對此產生任何影響；相反，它只是一種交流的方式。根據我們之前所分析的關於靈性之間的共情和反感的原因，我們不難理解，我們周圍所聚集的是與我們自身靈性有著親和力的靈性，換句話說，也就是與我們自身的進步程度相當的靈性。假如我們進一步思考我們整個星球的道德水準，我們就能理解什麼樣的靈性在脫離肉身的靈性中佔據著主導地位。就每一個國家來看，我們可以根據本國國民的主要特徵、道德水準、以及**人道主義**觀念和情感等因素來判斷出這個國家的靈性所處於等級高低。

若以此為出發點，我們不妨想像一下，有一群輕浮草率、無足輕重的人，他們只對自己的快樂感興趣。那什麼樣的靈性會更願意與他們為伍呢？當然不是高度進化的靈性，因為我們的學者和哲學家不會將自己的時間浪費在這些地方的。因此，每每有人聚會，他們中間就會聚集一群隱而不見的，與聚會者的優缺點產生情感共鳴的靈性——當然，**主動召喚的靈性除外**。現在，讓我們來假設這些人有可能通過一個釋譯者，即靈媒，與來自無形世界的存在進行通靈。那會有哪些靈性回應他們的召喚呢？顯然是那些已經聚集在他們周圍以等機有利時機的靈性。如果在某次輕浮的聚會上召喚了一位高階靈性，這位靈性可能會做出回應，甚至會說出一些至理明言，就好比一個善良的牧羊人走到其流浪的羊群面前一樣。然而，如果他發現沒人理解自己，也沒人傾聽自己，他便會棄之而去——就算是你們遇到這種情況也會這麼做——其他的靈性自然是"山中無老虎，猴子稱霸王"。

233. 所以說，嚴肅的聚會並不能確保一定會接收到高尚的通靈訊息。有些人從不微笑，但心靈卻無比純潔。而最重要的是，這樣的心靈才能吸引善良的靈性。道德品質並不會對通靈本身造成妨礙，但如果我們自身的道德水準低下，就難免會與那些與我們相似的靈性交流，這些靈性會抓住一切機會欺騙我們，而且幾乎總能激發我們的偏見。

因此，我們可以看到周圍環境會對智慧顯靈的本質產生重大的影響。只不過這種影響並不像有些人以前所認為的那樣自行發揮作用，以前是指人們對於靈性世界還一無所知的時候——不像現在，是指在尚未找到消除質疑的確鑿證據之前。通靈的靈性之所以會認同參與者通常看待事物的方式，這並不是因為靈媒的靈性像一面鏡子一樣折射出他們的觀點，而是因為靈媒的靈性與他們——無論善靈，還是惡靈——具有情感共鳴，從而享有相同的觀點。何以證明這一事實呢？如果靈媒可以吸引其他的靈性，而不是局限於通常圍繞著他們身邊的靈性來與其進行通靈，那麼同一個靈媒就會以不同的方式說話，而且會說一些與他們正常的觀點和信念全然不同的事情。

  總而言之，道德的契合度越高，道德情操越純潔、越高尚，學習的欲望越真誠，周圍的環境就會越好。

▪▪▪

第二十二章：
動物的通靈能力

234. 動物能成為靈媒嗎？這是一個經常被問到的問題，某些事實似乎給出了肯定的答覆。接受這種可能性的特別理由是，有一些受過訓練的鳥類具有明顯的智力跡象，它們似乎能夠根據所提的問題從一副紙牌中挑出正確的一張，從而猜中人們的心思。我們對這樣的實驗進行過特別仔細的觀察，最為欣賞的一點是人們訓練鳥類的出色技能。

我們不能否認鳥類具有一定的相對智力，也不得不承認在上述情況下，鳥類的洞察力有可能超過很多人，因為很少有人敢吹噓自己能做到這些鳥類所做的事情。在少數情況下，我們甚至難免會想像它們可能天生擁有比最清醒的夢遊者更敏銳的超視力。我們知道，清醒程度在本質上是可變的，而且往往具有間歇性，但這些鳥類似乎能永遠保持清醒狀態，其規律性和精確性是任何一個夢遊者都無可比擬的。換句話說，它們永遠不會缺失這種能力。

我們所見過的大多數實驗都與舞臺魔術師所做的實驗相似，這難免不會讓人懷疑其所採用的方式，尤其是紙牌的製作方法。舞臺魔術的藝術在於手法的嫻熟，沒有熟練的手法，就無法達到理想的效果。然而，即使這種鳥類的現象愈發罕見，但依然有趣，我們不得不佩服訓練者的能力和學生的智慧，因為這其中所要克服的困難遠遠大於鳥兒運用自身能力的難度。能讓鳥類完成超出人類智力極限的事情，這從本質上證明了這其中涉及到一種神秘的過程。此外，無可爭辯的是，所有的鳥類必須在經過一段時間的特殊訓練和堅持不懈的照顧之後才能掌握這種程度的技能，如果它們天生的智力水準足以達到同樣的效果，就沒必要這樣做了。訓練鳥類從一副紙牌中抽出所需的一張，就像訓練其唱歌或重複某些單詞一樣，都是很平常的事。這與舞臺魔術師想要模仿超視力是一樣的：魔術師會讓受其影響的對象走向極端，以盡可能延長幻覺保持的時間。自從我們第一次觀看了這樣的表演後，我們所見到的不過是對夢遊現象的一種拙劣模仿，這種模仿暴露了我們對這種能力所需具備的最基本條件是一無所知的。

235. 無論是哪一種情況，上述實驗的確留下了一個尚未得到解決的主要問題，因為即便夢遊現象可以模仿，也並不能否定這種能力的實際存在，鳥類對於通靈能力的模仿也並不能否認鳥類或其他動物還具有類似能力的可能性。因此，我們需要確定的是，動物是否能像人類一樣有能力充當靈性及其智慧通靈的仲介。天生擁有一定智慧的生命存在比毫無生氣的惰性物體（例如一張桌子）更適合做這些事情，乍一看這一觀點似乎是合乎邏輯的。然而，事實並非如此。

靈性關於這一問題的論述

236. 在下面的論述中，有一位靈性針對動物通靈能力的問題進行了全面的闡述，我們此前曾多次引用過他

第二十二章：動物的通靈能力

的論述，從中不難看出其思想的深刻和睿智。為了更好地理解其評論的重要意義，我們有必要回顧一下這位靈性在第225節中關於靈媒在傳播通靈訊息時扮演的角色所做出的解釋。

在對這一問題進行了討論之後，巴黎靈性主義研究協會提供了以下通靈訊息。

"今天，我將談談動物的通靈能力問題，這是你們當中最熱心的一位成員提出並爭論的問題。根據**'能上者，必能下'**的諺語，他認為我們應當能夠讓鳥類和其他動物充當仲介，利用它們與人類進行交流。這就是你們所謂的哲學，尤其是邏輯學，這純粹是一種詭辯。他曾說：'既然靈性可以讓桌子、椅子或鋼琴等惰性物質活化，那麼自然也能讓已經具有生命的物質，尤其是鳥類活化。' 儘管這不符合，也不可能符合靈性主義的普遍規律。

"首先，我們不妨來思考一下。什麼是靈媒？靈媒是充當靈性仲介，以便於靈性與人類，即化身靈性進行交流的個體存在。因此，沒有靈媒，就不可能有可觸型通靈、精神型通靈、書寫型通靈、物理型通靈或其他形式的通靈。

"我相信所有的靈性主義者都認可這樣一個基本原理：人以類聚，物以群分。那麼，如果靈性不是道成肉身或脫離肉體的狀態，那麼這種靈性的相似性又是什麼呢？這裡還有必要反復重申嗎？那麼，我不妨再重複一遍：你們的靈性包和我們的靈性包均來自於相同的環境；它們具有相同的性質，總之，具有相似性。它們都具有不同程度的同化能力，以及不同程度的磁化能力，這使我們，包括脫離肉身和道成肉身的靈性，能夠非常迅速而容易地建立起一種關聯。因此，這一點特別適用於靈媒，他們的個性本質上是一種特殊的親和力，同時也一種特殊的擴展能力，這種能力可以避免一切拒絕排斥的可能性，從而在他們與我們之間形成一種有利於通靈的電流或融合。從根本上來說，這種拒絕排斥的可能性是針對物質本身而言的，正是這種可能性使得通靈能力難以在大多數的非靈媒者身上得到培養。

"人們總是急於誇大一切事物。有的人（我並不是指唯物主義者）甚至否認動物有靈魂，而有的人卻希望看到動物擁有與我們類似的靈魂。為什麼他們要將完美與缺陷混為一談？絕不可如此，有一點是肯定的：無論是讓動物充滿活力的火焰，還是讓動物能夠行動、移動和用自己的語言說話的氣息，目前還沒有跡象表明其能與神聖的氣息、虛無的靈魂，即靈性，簡而言之，也就是賦予本質上完美的存在：人類，所有陸地生物的統治者以生命的東西發生混合、統一或融合的。人類現在之所以能超越地球上所有物種的優越性，難道不正是這種完美的基本條件所賦予的嗎？所以，你們要意識到，地球上不可能還有其他物種與人類相似，只有人類和人類的工作堪稱完美。

"狗在動物界中算得上非常聰明的了，它們已經成為了人類的朋友和夥伴，那狗能主動完善自我嗎？

沒有人敢對此做出斷言，因為狗並不能使其他的狗進步，最厲害的狗無一不是由主人訓練的。幾萬年來，海狸一直按照同樣的比例和不變的結構在水上做窩；而夜鶯和燕子也一直沿襲其祖先的方式築巢。諾亞洪水之前的麻雀所築的巢與現在的麻雀所築的巢是一樣的，都是在同樣的條件下，用同樣的方法把在春天——戀愛季節——裡所收集的草和樹枝編織在一起。蜜蜂和螞蟻在它們自己的小王國裡從來沒有改變過它們收集糧食的習慣，也沒有改變過它們的行為方式、習性和勞動方式。最後以蜘蛛為例，它們一直沿襲著相同的織網方式。

"從另一個方面來看，如果你去尋找人類早期的葉棚和帳篷，你會發現它們已經被現代文明的城堡和宮殿所取代。在採用動物的皮毛製作服裝之後，人類又出現了金縷和絲綢布料。總而言之，每一步你都會發現人類不斷進步的證據。

"人類物種經歷了這樣一種恆常而不可阻擋，亦不可否認的進步歷程，其他動物卻是無限期地停滯不前，兩相對比，你我不難得出一個適用於地球生物的普遍原理：氣息和物質，同樣真實的是，只有作為化身靈性的你們會受制于不可避免的進步法則，宿命地推動你們不斷前進。上帝將動物帶到你們身邊陪伴你們，為你們提供所需的食物、衣服和幫助。上帝之所以賦予其他動物一定的智慧，是因為它們只有理解你們，才能夠幫助你們，而上帝賦予它們的這種智慧僅限於為你們提供服務的目的。然而，以上帝的神聖智慧，上帝並不希望其他動物以同樣的方式適用進步法則。其他動物就是這樣被創造出來以及被保留下來的，它們會一直沿繼到物種的滅絕。

"過去常說：靈性能以椅子、桌子和鋼琴等惰性物質為仲介，使其發生移動。使其發生移動，沒錯；但以其為仲介，這是錯誤的！再說一遍：沒有靈媒，這一切現象都不會發生。這其中的非凡之處在於，我們之所以能借助一個或多個靈媒使被動的惰性物質發生移動，那只是因為物質本身是惰性和被動的，它們可以按照我們的意志服從於我們想要賦予它們的動作和衝動。很顯然，我們需要靈媒才能做到這一點，但靈媒並不一定需要直接在場或擁有**自主意識**，因為我們可以在靈媒完全不自知或不在場的情況下，利用他們提供給我們的元素發揮作用，尤其是在涉及到可觸摸現象和幽靈現象的時候。我們流體皮囊內充滿了一種不可稱量的微妙之物，它比地球上最稀、最輕的氣體還要難以稱量，還要難以捉摸，當它與靈媒的活化流體皮囊相關聯、結合和混合時，它的擴展性和穿透性便會讓其失去你們所謂的粗糙感——這對你們而言幾乎是難以解釋的，這種特性使我們得以搬動傢俱，甚至能將其憑空打碎。

"當然，靈性也可以在動物面前變得可見和有形，動物突然受到驚嚇的情況時有發生，這在你們看來是不合理的，但這主要是由於動物看到了一個或幾個對在場的人或其主人心懷惡意的靈性。人們常常看到，有的馬在某些看不見的障礙物面前不肯前進或後退，或者

第二十二章：動物的通靈能力

直接翹首立足。對此可以肯定的是，這個無形的障礙很大可能是一個或一群擋路的靈性。你們還記得巴蘭之驢的故事嗎？它看見了天使，害怕帶著火焰的刀，所以不肯繼續前行。這是因為天使在向巴蘭顯形之前，故意要讓這只動物看見他。但我要重申的是，我們並不會直接以動物或惰性物質為仲介。我們總是需要人類靈媒**有意識或無意識的**參與，因為我們需要結合類似的流體，而這在動物或普通物質中是找不到的。

　　"他們說T先生磁化了他的狗。結果如何？他把狗弄死了。這只不幸的動物由於被磁化而陷入了一種毫無生氣或無精打采的狀態，最後死去了。實際上，主人之所以殺了這只狗，是因他給狗注入了一種比其自身所有的特殊本源更為高級的吸收流體，這種流體對狗產生一種類似於閃電的作用，儘管作用的過程要緩慢得多。因此，既然我們的靈性包和動物本身的流態皮囊之間不可能產生同化作用，那麼如果我們試圖以它們為仲介，只會讓其立即斃命。

　　"在確立了這一點之後，我完全認識到動物之間存在著不同的傾向；動物會產生與人類相似的情感和激情；它們非常敏感，會根據自己所受待遇的好壞或懂得感恩，或睚眥必報，或懷恨在心。將一切安排周全的上帝創造了家畜——人類的夥伴和僕人——這種社會屬性是生活在野外的動物所完全缺乏的。然而，這一事實與他們充當靈性思想傳播仲介的能力之間存在著一個深淵：本性的差異。

"如你們所知，我們會從靈媒的大腦中吸取讓我們思想具有可感知形式所需要的元素，而這正是借助於靈媒自身的物質，才得以將我們的思想翻譯成常用的語言。那麼，我們能在動物的大腦中找到什麼元素呢？動物身上是否存在我們在最無知愚昧的人類身上所發現的相似的單詞、字母和某些符號？但你們會說，動物可以理解人類的思想，甚至可以對此做出預言。沒錯，受過訓練的動物的確能理解某些思想，但你們是否曾看到過它們有複製過這些思想呢？沒有。因此，我們只能得出這樣的結論：動物不能充當釋譯者。

"總而言之：如果沒有靈媒有意識或無意識的參與，就不可能產生通靈現象，只有在像我們這樣的化身靈性中，我們才能找到那些可以充當靈媒的人。至於教狗、鳥和其他動物做這做那，那是你們的事，不是我們的事。"

伊拉斯圖斯

1861年9月出版的《靈性主義評論》詳細解釋了馴鳥師對聰明的鳥類所使用的一種方法，這種方法使鳥類能夠從一副紙牌中抽出所需要的牌。

■■■

第二十三章：
迷惑

- 單純的迷惑
- 蠱惑
- 征服
- 迷惑的原因
- 對抗煽惑的辦法

237. 在靈性主義實踐所遇到的各種困難中，最令人頭痛的當數迷惑，即某些靈性對某些人的支配。這種支配只可能來自進化程度較低的靈性，因為善良的靈性從不施加任何形式的強迫，相反，他們會提出忠告，抵禦邪靈的影響，如果沒人聽取他們的意見，他們寧可直接退出。另一方面，邪惡的靈性絕對不會放過任何能被他們控制的人。一旦他們成功地控制了某個人，他們便會認同受害者的靈性，並將其當成孩子一樣引導對方。

迷惑會表現為諸多特徵，我們必須加以準確的區分，這些特徵是由強迫的程度及其產生影響的性質所決定的。因此，"迷惑"一詞是這種現象的總稱，其主要形式包括：**單純的迷惑、迷惑**和**征服**。

單純的迷惑

238. **單純的迷惑**是指邪惡的靈性對靈媒糾纏不休，干擾靈媒接收通靈訊息的意願，阻止靈媒與其他靈性交流，以及取代靈媒所召喚的靈性。

被撒謊的靈性所欺騙並不等於靈媒受到了迷惑，因為最好的靈媒是有可能上當受騙的，尤其是剛開始缺乏經驗的時候，就像我們當中最老實的人有可能被騙子欺騙一樣。所以說，一個人被欺騙，但不一定等於就被迷惑了。相反，迷惑體現在受害者難以擺脫的靈性的執著。

就單純的迷惑而言，靈媒會非常清楚地知道自己是在對付一個騙人的靈性，而這個靈性是不會以任何方式來掩飾自己的邪惡意圖和製造麻煩的欲望的。這些靈媒能輕易地識破謊言，因為他們非常警惕，所以很少被愚弄。故這種迷惑只會令人不悅，只會對我們與嚴肅的靈性或我們喜歡的靈性進行通靈造成不便而已。

我們可以**將物理型迷惑**歸入這類情況，包括某些靈性以吵鬧和執拗的方式進行顯靈，自發地製造出叩擊聲和其他聲音。關於這種現象，建議讀者參見"自發性物理顯靈現象"章節（第 82 節）。

蠱惑

239.　　**蠱惑**會產生更為嚴重的後果。它是指靈性在靈媒思想中直接編造的一種妄想，這種妄想在某種程度上麻痺了靈媒本人對通靈好壞做出合理判斷的能力。受到蠱惑的靈媒並不認為自己上當欺騙。這些靈性會設法用一種盲目的自信來鼓舞靈媒，以阻止靈媒意識到自己被

第二十三章：迷惑

騙，以及意識到他們所寫內容的荒謬性，即使人人都能一眼分辨出來。這種錯覺會使靈媒誤認為最荒謬的語言是崇高的。有人認為只有那些單純、無知和愚昧的人才會受到迷惑，這種想法是錯誤的。即使是最有教養、受過良好教育的人，哪怕是在其他方面非常聰明，也不能完全避免這種錯覺的產生，這證明我們所面對的是一種由外部原因造成的異常現象，支配靈媒的是由這種外部原因所造成的影響。

我們前面說過，蠱惑的後果是非常嚴重的。由於由此產生的錯覺，這些靈性會像提線木偶一樣牽引著他們所控制的受害者，讓對方接受最荒謬的教義和錯誤的理論，並認為這是真理的唯一表述。不僅如此，他們還會煽動受害者實施愚蠢、難看，甚至危險的行為。

人們很容易理解單純的迷惑和蠱惑之間所存在的區別，也理解實施這兩種行為的靈性在本性上是彼此不同的。在前一種情況下，靈性只會執著地糾纏靈媒，並給靈媒帶來不便，而靈媒則會試圖擺脫這種執著的糾纏。後者則大不相同，因為要達到他們的目的，這些靈性必須非常的老練、狡猾和虛偽，因為他們只有戴上面具，扮上美德的假像，才能成功地騙人。他們張口閉口就是"仁慈"、"謙卑"和"對上帝的愛"等華麗詞藻，然而即便是這些華麗詞藻也難以掩飾其進化程度低下的痕跡——只有受到蠱惑的人才看不出來。這就是為什麼這些靈性最害怕那些心明眼亮之人。他們慣用的伎倆無非是慫恿靈媒躲避任何可能讓他們睜開雙眼的人；因此，只要避免衝突，就能保住其正確無誤的地位。

征服

240.　　**征服**是一種壓迫，它會麻痺受害者的意志，使其不由自主地行動。換句話說，他們會發現自己處於真正的束縛之下。

　　　　征服既可以是**精神**上的，也可以是肉體上的。就前一種情況而言，被征服的人往往會在一種錯覺狀態下做出荒謬而妥協的決定，他們自以為這種決定是理智的——這屬於蠱惑的範疇。對於後一種情況，靈性會作用於身體器官，以產生不自主的運動。在書寫型靈媒身上，它會產生一種持續不斷的書寫需求，即使是在並不恰當的時候。我們有見過被征服的靈媒，他們在沒有鋼筆或鉛筆的情況下，假裝用手指寫字，甚至大街上也會看到他們在門上和牆上寫字。

　　　　肉體上的征服有時甚至會導致靈媒做出最荒謬的行為。我們認識一個人，他既不年輕，也不英俊，卻受到了這種迷惑的支配。有一股不可抗拒的力量逼得他跪在一個他並不感興趣的年輕女子面前，向她求婚。有時，他能感到後背和膝彎處有一種強大的壓力，儘管他奮力反抗，但還是被迫在人群中當眾跪下親吻地面。認識他的人都認為他瘋了，但我們並不這麼認為，因為他自己完全能夠意識到他違背自己意願所做的那些荒唐事——他也為此遭受了極大的痛苦。

241. 在以前，一旦惡靈的影響達到了致使人類官能失常的程度時，這種支配行為就被稱之為"附身"。對我們而言，附身即等於征服。然而，我們並沒有採用這個詞，這其中有兩個原因：首先，它意味著相信有人生而邪惡，且怙惡不悛，且事實上他們只是處於不同的不圓滿階段，他們是有自我提升傾向的；其次，它還暗示著肉體被外來靈性所控制的含義，這等同於一種寄居，但實際上只是一種強迫而已。相反，"征服"一詞可以準確地表達這一思想。因此，在我們看，沒有普通意義上的被**附身**的人，而只有**被迷惑**、**被蠱惑**和**被征服**的人。

迷惑的原因

242. 正如我們所說的，迷惑是靈媒最大的障礙之一，也是最常見的障礙之一。為此，我們需要盡一切努力與迷惑作鬥爭，尤其是因為它不僅會造成人身傷害，還會對通靈的純粹性和準確性構成絕對的阻礙。任何一種程度的迷惑都是強迫的結果，而這種強迫絕不可能來自于善良的靈性，因此，凡是通過受到迷惑的靈媒進行的通靈都具有可疑性，都不值得完全信任。即便偶有珠玉夾雜其中，也應當懂重取其精華，去其糟粕。

243. 迷惑具有以下幾個特點：

　　1) 某個靈性不管靈媒是否願意，執著地通過書寫、聲音、拼寫等方式與其進行通靈，並且阻止其他所有的靈性這樣做。

2）這種幻覺會導致即使非常聰明的靈媒也無法意識到自己所接收到的訊息是虛假和荒謬的。

3）相信進行通靈的靈性具有絕對的正確性，相信其擁有毫無爭議的身份，相信其打著德高望重的名號所說的謊言和荒謬之事。

4）靈媒接受以其為仲介進行通靈的靈性所給予的讚揚。

5）傾向於回避那些能讓人幡然醒悟的人。

6）會因為受到批評而生氣。

7）有一種持續且不合時宜的書寫需求。

8）存在某種形式的身體強迫，即支配人的意志，強迫一個人在不情願下的情況下行動或說話。

9）由靈媒自己在其周圍造成的，或以靈媒為目標造成的連續噪音和干擾。

244. 鑒於迷惑的危險性，衍生出了這樣的一個問題：作一個靈媒是否會令人感到遺憾？迷惑是不是由通靈能力本身所引起的？換句話說，這是否證明了靈媒其實並不適合通靈。我們的回答很簡單，凡事都必須認真考慮。

因為靈性既不是靈媒創造的，也不是靈性主義者創造的，相反，靈性主義者和靈媒皆源於靈性，因為靈性就是人類的靈魂，很明顯，只要人類存在，靈性就難免會對人類施加有益或有害的影響。對於靈性而言，

第二十三章：迷惑

通靈能力只其顯靈的方式之一，即便沒有這種能力，靈性也會用一千種或隱或顯的其他方式來顯靈。因此，認為靈性只能通過書面或口頭交流來施加影響的觀點是錯誤的。靈性的影響是持久的，有的人不關心靈性，有的人甚至不相信靈性的存在，但這並不妨礙這些人依然會受到靈性的影響——而且影響甚至更大，因為他們缺乏任何防禦手段。靈性是借助於通靈能力才讓自己為人所知的。如果靈性是邪惡的，那麼無論他有多麼虛偽，最終總會露出馬腳。因此，我們可以這樣說，正是由於通靈能力，才使得人們得以正面對抗敵人（如果我們可以這樣形容自己的話），並運用自己的武器與敵人鬥爭。假如沒有這種能力，邪惡的靈性更會仰仗著自己黑衣夜行、隱而不見的本事，真正造成很大的傷害。人們不知道採用過多少手段和方式來激發他們的羞恥感，倘若他們懂得自醒，這一切原本是可以避免的！懷疑者說到一個執迷錯誤的人時，並沒有意識到他們有多麼正確："他的惡靈會使他滅亡。"因此，靈性主義的知識不僅不會為惡靈的統治提供便利，相反，在不久的將來，在這一理論得到普及之後，它可以作為人們防備這些靈性建議的手段，從而**摧毀靈性的這種統治**。而那些屈服於他們的人就只能抱怨自己了。

這裡有一個通用的法則：一個人若是接收到惡靈以書面或口頭方式傳遞的通靈訊息，必然會受到邪惡的影響，無論這個人是否書寫，即無論其是靈媒，還是信徒，這種影響都具有強制性。通過書寫這種方式，可以判定作用於他們的靈性的本性，如果靈性是邪惡的，書寫則為他們提供了一種與惡靈抗爭的手段，如果他們能夠理解書寫背後的動機，這種方法就更容易取得成功。倘若他們因為自身盲目而無法理解，就需要借助其他人讓他們睜開雙眼。

總而言之：危險並不在於靈性主義，恰恰相反，我們可以利用靈性主義來控制危險，拯救自我，避免我們不自覺地置身於持續的危險之中。真正的危險反而存在於某些天性傲慢的靈媒，他們沾沾自喜地以為自己是高度進化的靈性的專屬工具，他們受到了一種蠱惑，使他們意識不到他們所解釋的內容是何等的荒謬。然而，即便不是靈媒的人也有可能落入同樣的陷阱。讓我們來做個比較。某人不知道自己有一個神秘的敵人，這個敵人在他不知道的情況下到處散佈謠言，以最惡毒的方式對他進行誹謗中傷。這個人失去了所有的財富，朋友們也對其避之不及，他內心的幸福完全被打亂了。因為無法發現那只傷害他的手，所以他就不能保護自己，從而最終一敗塗地。然而，有一天，這個神秘的敵人寫信給他，所以不小心暴露自己的身份，儘管這個敵人十分狡猾。在發現了自己的敵人後，這個人現在就可以將其公諸於眾，恢復自己的聲譽。這就是惡靈所扮演的角色，靈性主義為我們提供了一個揭露與戰勝惡靈的可能性。

245. 迷惑背後的動機因靈性品性的差異而各有不同。有時，靈性是為了報復那些在現世或前世冤枉他們的人。很多時候，靈性只是單純地想做壞事，因為他們自已受苦，所以也想別人受苦，他們會從折磨和羞辱他人的過程中得到一種快樂。受害者的不耐煩會讓他們感到興奮，因為這就是他們的目的；但如果受害者很有耐心，他們就會對這個把戲感到厭倦。一旦受害者變得急躁並表現出憤怒，他們便會為所欲為。有時，這些靈性的行為完全是出於對一切善行的仇恨和嫉妒，這就是為什麼他們會對老實人懷恨在心的原因。曾經有一個這樣的靈性像帽貝一樣地糾纏在我們所認識的一個名門望族身上，但這個靈性並沒有欺騙這個名門望族的意圖。在被問及為何要攻擊，而不是依附於這樣的好人時，這個靈性回答說：**他們沒有給我任何讓人豔羨的東西**。有的靈性則完全是被怯懦所驅使的，他們很擅長于利用某些人心智上的弱點，知道這些人是無力反抗的。有一位靈性曾經征服過一個智力相當低下的小男孩，在問及這樣選擇的原因時，他是這樣回答的：我**覺得真有必要折磨某個人：理智的人讓我厭惡；所以我糾纏了一個無法抗拒的笨蛋。**

246. 迷惑人的靈性並不都是邪惡的，有的甚至非常善良，只不過被虛假聰明的驕傲所支配著：他們對科學、社會經濟學、道德、宗教和哲學有著自己的觀點和理論。這些靈性希望將自己的觀點強加於他人，為了達到這個目的，他們會尋找那些容易盲目輕信其觀點，容易受到蠱惑而無法分辨真偽的靈媒。這些是最危險的，因為他們不會在詭辯中動搖，可以把最荒謬的空想理念強加於人。因為他們對名人的威望瞭若指掌，毫無顧忌冒充他們，甚至敢膽冒出天下之大不違地自稱耶穌、聖母瑪利亞或其他倍受崇敬的聖人。他們試圖用自命不凡的誇誇其談、充滿技巧的辭藻以及滿口的仁義道德來欺騙受害者。因知必被棄絕，故而不出惡言。所以那些被他們欺騙的人總是言辭鑿鑿地為他們辯護：你們可以看得很清楚，他們並沒有說什麼壞話啊。然而，對於這些靈性來說，道德只不過是一張通行證——對此，他們毫不介意。他們最想要的就是支配他人以及將自己的想法強加給他，不管這些想法有多麼荒謬。

247. 理論化的靈性大多算是文人，正因為如此，他們喜歡尋找擅長書寫的靈媒，試圖通過蠱惑馴服靈媒，尤其是將其變為狂熱的工具。這些靈性通常非常囉嗦和嘮叨，試圖以量取勝，而非以質取勝。他們喜歡向釋譯者口述大量晦澀難懂的著作，只不過好在這些著作存在著一個弊病，即難以被大眾所理解。真正的高階靈性往往言簡而意賅，言近而旨遠——喋喋不休，誇誇其談者，難免讓人生疑。

在將這類著作公諸于眾時，無論多謹慎也不為過。它們往往充斥著大量違背常識的空想理論與奇談怪論，這很容蒙蔽新手，給他們留下糟糕的印象，使他們對靈性主義產生種錯誤的看法。這些著作還充當了反對者嘲笑靈性主義的武器。有些出版物雖然稱不上邪惡，也不具備迷惑的特徵，但仍免不了陷入輕率、**不合時宜**和無知無能的窠臼。

248. 有一種常見的情況是，某個特定的靈媒只能與某個特定的靈性進行通靈，這個靈性會與這個靈媒關聯在一起，並且會代表其他靈性做出回答。這情況並不一定屬於迷惑，因為它可能是由於這個靈媒缺乏靈活性，並且某個特定的靈性具有一種特殊的親和力。迷惑的前提條件是一個靈性將自己的影響強加於別人，並且主動趕走其他靈性，而良的靈性是絕對不會這麼做的。在通常情況下，那些為了控制靈媒而依附於靈媒的靈性絕對不會忍受對其通靈訊息的批判性審視。如果他們看到人們沒有盲目接受這樣的通靈訊息，而是在對其進行討論分析，他們便不會離開自己的靈媒，相反，他們會建議靈媒避開其他人——他們經常命令靈媒這麼做。如果靈媒不滿他人對其通靈訊息的批評，這實際上體現了靈性對靈媒的控制，這樣的靈性不可能是善良的，因為他只會讓靈媒產生拒絕審查的不合邏輯的想法。孤立自己對靈媒而言總是有害的，因為他們缺乏對其通靈的控制機制。靈媒不僅應當得到協力廠商的澄清，而且還應當研究所有的通靈形式，以便於對其進行比較。如果僅僅局限於自己所接收到的通靈訊息，不管這些訊息看起來有多好，靈媒仍然有可能在判斷其真實的價值方面上當受騙。此外，靈媒還必須考慮這樣一個事實：他們不可能知道所有的事情，他們總是在同一個思想圈子裡轉來轉去。（參見第 192 節 "專一型靈媒"）

對抗迷惑的方法

249. 對抗迷惑的方法因迷惑所表現出來的特性而異。如果靈媒本質是善良的，並且其確信自己面對的是一個騙人的靈性，那麼這並不存在真正的危險，這種情況屬於單純的迷惑。對於靈媒而言，這只不過是一種令人不悅的處境而已；但正是由於令人不悅，這些靈性才更有理由去迫害和羞辱他們的受害者。在這種情況下，靈媒必須採取兩個基本的辦法：其一，向靈性證明自己並沒有被其愚弄，也**不可能**讓自己被其愚弄；其二，與靈性比耐心，等靈性自己厭煩。一旦靈性認為這不過是在浪費時間，他們就會知難而退，就像胡攪蠻纏的人沒人理他們一樣。

不過，僅僅這樣是不夠的，這些靈性有可能會逗留很長的時間——有的靈性非常執著，耗上經年累月也毫不介意。此外，靈媒必須虔誠地向其守護天使和與其擁有親和力的善靈祈求幫助。對於迷惑人的靈性，無論其有多邪惡，我們都必須做到既嚴格以待，同時也要仁慈以待，要以善克之，為其祈禱。如果這是一個真正邪惡的靈性，一開始他會嘲笑這一切，但只要堅持不懈地對其進行教化，他最終會改邪歸正。改邪歸正往往是一項痛苦而艱巨的使命，然而困難越大，功德越大，一旦完成了這一使命，一定會獲得履行仁慈責任的滿足感，這往往能讓一個迷失的靈魂找到向善的歸途。

如果我們意識到這些通靈訊息來自於一個缺乏理性，而非樂於分享的惡靈，那麼暫停書寫通靈也未償不可。根據具體的情況，有時哪怕在一段時間內完全停止書寫也是實有必要的。不過，如果說書寫型靈媒還可以通過不進行書寫來避免這樣的對話，那麼超聽型靈媒的情況就大不一樣了，迷惑這類靈媒的靈性有時會用粗俗下流的胡言亂語來迫害靈媒，而靈媒卻完全沒有閉耳

第二十三章：迷惑　　　　　　　　　　329

不聽的選擇。另外，我們還必須認識到，某些人實際上很熱衷於聽這些靈性的閒言碎語——這些靈性會鼓勵和激發他們嘲笑靈性的愚蠢——而不是強制靈性閉嘴，並在道德上引導靈性。我們的忠告並不適用於那些根本不想自救的落水者。

250. 　　因此，對於不允許自己被騙的靈媒來說，單純的迷惑只會帶來煩惱，而不會構成真正的危險，因為他們不會被誤導。而**蠱惑**則恰恰相反，因為這些靈性對於受害者的支配是毫無限度的。唯一能做的就是讓受害者清醒地認識到自己被騙了，然後將這種蠱惑減輕為單純的迷惑。這並非易事，有時甚至是不可能的事。這些靈性會凌駕于受害者之上，令受害者對所有的理性分析充耳不聞，如果這些靈性公然宣揚某些科學異端，受害者甚至會質疑科學的判斷。正如我們此前說過的，被蠱惑的人通常不能很好地聽取建議。批評會使他們心煩意亂、惱羞成怒，他們非常討厭那些與自己意見相左的人。質疑他們的迷惑者幾乎是對他們的褻瀆，而這正是靈性想要的：讓他們對自己的話頂禮膜拜。曾經有一個靈性對我們所熟識的一個人施加一種異乎尋常的蠱惑。我們召喚了這個靈性，這個靈性經過一番吹噓之後，發現自己的身份欺騙不了我們，就承認自己用了假名。我們問他為什麼要以這種方式虐待這個人，他的回答清楚地揭示了這個靈性的品性：**"我在找一個我能對付的人；我找到了他，所以我要纏著他。"** "但如果我們向他揭露你，他會讓你離開的。" **"那我們就走著瞧**

吧！"自甘盲目的人比盲人更瞎，如果我們意識到所有試圖讓受蠱惑者睜開雙眼的努力都是徒勞無功的，那麼最好的辦法就是任他們在自己錯覺中的自生自滅。我們無法治癒那些諱疾忌醫，盲目自我安慰的病人。

251. 肉體上的征服通常會削弱受迷惑者抑制邪惡靈性所需要的能量。這就是為什麼需要第三者的干預，他們可以通過磁力或自己的意志力來發揮作用。遇到受迷惑者不合作的，那麼這些人必須擁有超越靈性本身的優勢。然而，由於這種優勢只能是道德上的，所以只能由那些在**道德上高**於靈性的人來行使，他們的能量與這種道德上的優勢成比例，因為只有這樣，他們才能使對靈性施加自己的影響，使靈性不得不服從於自己。這就是為什麼耶穌有如此大的力量，足以驅逐當時所謂的惡魔，即邪惡的靈性。

在這一點上，我們只能提供一些一般性的建議，因為沒有任何物理過程或模式，尤其是沒有任何神聖字眼有力量驅逐迷惑人的靈性。有時受迷惑者所缺乏的是足夠的流體能量。在這種情況下，善良的磁性人通過磁力作用可以為他們提供有效的幫助。此外，通過值得信賴的靈媒獲取高階靈性或守護天使給予的忠告，這也不失為一個好的辦法。

252. 受迷惑者的道德缺陷往往是其獲得解脫的一大障礙。下面舉一個很有名的例子，這對每個人都有一定的指導意義。

第二十三章：迷惑

有一群姐妹，她們好幾年來一直被糟心的破壞行為所困擾。她們的衣服經常被扔得到處都是，甚至連天花板上也不例外。不管姐妹們如何小心翼翼地把衣服鎖起來，衣服還是會被撕成碎片，被剪爛，或者戳滿了洞。這群女士住在一個偏遠的小鎮上，所以對於靈性主義，她們甚至連聽都沒聽說過。一開始，她們很自然地認為這是有人在搞惡作劇，但隨著這種事情一而再，再而三地發生，加上她們採取過各種各樣的防範措施，這使得她們不得不放棄了這個想法。過了很長一段時間，多虧了一些參考資料，她們才經人指點找到我們，一方面是想要弄清楚導致這種騷亂的原因，另一方面是想看看有沒有什麼辦法結束這種局面。原因是顯而易見的，但解決起來卻很困難。很明顯，在這個事件中顯靈的是一個邪惡的靈性。在召喚這個靈性時，他表現得異常乖張，不近人情。雖然祈禱貌似產生了一些好的影響，但沒消停多久，破壞行為就又開始了。後來，高階靈性提供了下面的建議：

"對於這些女士而言，最好的辦法就是祈禱她們的守護靈性不要拋棄她們，比起捫心自問，反躬自省，常思自己是否有對鄰舍存仁愛之心，行仁慈之事，除此之外，我無法給出更好的忠告。我所指的仁慈並非施捨，而是口德。遺憾的是，因為她們不知道如何保持緘默，所以也無法實現通過虔誠的行為來擺脫折磨的願望。她們真的喜歡譭謗左鄰右舍，迷惑她們的靈性是在報復，因其生前作了她們的替罪羊。只要好好回憶一下，她們很快就能會發現和自己打交道的是誰。

"但只要她們肯改過自新，她們的守護天使就會回到她們身邊，這就足以摒退邪惡的靈性，那個惡靈之所以糾纏她們，正是因為她們應受譴責的行為和邪惡的想法趕走了她們的守護天使。她們必須虔誠地為那些受苦受難的人祈禱，最重要的是，她們必須按照上帝因人而異提出的要求行善積德。"

這番話在我們聽來似乎有些嚴厲，也許轉述之前的語氣要緩和一些，之後，這位靈性又補充道：

"我只能有什麼說什麼，因為這些女士們一直認為口無遮攔無傷大雅，但實事上她們造成了很大的傷害。所以有必要通過這個靈性來震懾她們，以作為一種警告。"

這是一番意義深遠的教義，它證明了道德缺陷會給迷惑人的靈性以可趁之機，而擺脫這些靈性的最好方法是通過道德行為吸引善良的靈性。善良的靈性天生比邪惡的靈性擁有更強大的力量，他們的意志足以擊退邪惡的靈性，但他們只會回應那些通過努力提升自我來幫助自己的靈性。否則，善良的靈性就會離開，任由邪惡的靈性為所欲為，從而成為懲罰的工具——這是善良的靈性允許他們這麼做的。

253. 然而，我們也要避免將所有的麻煩都歸咎於靈性的直接作用，有的麻煩往往是由於我們自己的粗心大意和缺乏遠見所導致的。有一位農場主曾經寫信給我們說，十二年來，他餵養的牲畜遇到了各種各樣的災禍。

他的牛不是死了，就是不再產奶，他養的馬啊、羊啊、豬啊，也都死了。他經常日日夜夜地禱告，甚至還參加過聚會，練過驅魔術，但都無濟於事。所以按照農場的迷信說法，他覺得自己的牲畜被施了魔咒。他認為我們無疑比村子裡的牧師擁有更強大的法力，於是向我們求助。這是我們收到的回復：

"這名男子餵養的牲畜之所以非死即病，是因為**他嫌花錢太多**，不願意打掃牲口棚，從而導致牲口棚發生了感染。"

254. 在這一章節的末尾，我們將列舉靈性對一些其他問題的回答，用以佐證我們的觀點：

1）為什麼有的靈媒無法擺脫糾纏自己的惡靈？為什麼這些靈媒所召喚的善靈沒有足夠的力量將其他靈性趕走，然後以這些靈媒為仲介進行通靈呢？

"善良的靈性並不缺乏力量。相反，這些靈媒大都不能起到幫助的作用。他們的天性更適合其他的關係，而他們的流體則更認同其他的靈性。正是由於這一原因，才給了那些想要欺騙他們的靈性以力量。

2）可是在我們看來，確實有一些人是值得尊敬，他們在道德上無可指摘，卻無法與善良的靈性進行通靈。

"這是一種考驗。誰知道這些人的心裡會不會有邪惡的污點呢？誰知道他們善良的外表下有沒有隱藏一絲傲慢呢？這種考驗其實揭露了受迷惑者的弱點，這說明他們還需要努力變得更加謙卑。

"在這地球上，有誰能稱之為完人呢？有的人表面上擁有所有的美德，私下可能擁有許多不為人知的缺點，殘留著一種不完美。例如，你說某個人從未做過任何壞事，為人一向忠厚老實，心地善良，值得尊敬。但是你怎麼知道這些品質沒有被傲慢所玷污呢？難道他就沒有一點自私自利的跡象嗎？你怎麼知道他不貪婪，不嫉妒，不中傷和譭謗他人？他有很多所事情你可能並未察覺，那只是因為你倆的關係還沒有給你發現它們的機會。要對付惡靈的影響，最有效的方法是盡可能地讓自己接近善靈的本性。"

3）迷惑會阻止靈媒接收其希望獲得的通靈訊息，那這是否意味著靈媒不配接收這樣的訊息？

"我並沒有說過這是不配的表現，而是說這會對某些通靈造成阻礙。靈媒必須努力克服這些存在於自身的障礙。如果不這樣做，他們的祈禱和懇求將無濟於事。一個病人只是對醫生說'請給我健康；我想變得更好'，這是遠遠不夠的。如果病人不按醫囑行事，醫生也無能為力。"

4）如此說來，無法與某些靈性進行通靈，這會是一種懲罰嗎？

"在某些情況下，這可能是一種真正的懲罰，就像可以與某些靈性進行通靈，也是對靈媒努力行善積德的一種獎勵一樣。"（參見第220節"通靈能力的喪失與中斷"）

5）我們難道不能通過道德上的引導來抵制惡靈的影響嗎？

"當然可以，這正是你們應該做的，因為這往往是上帝賦予你們的一項使命，你們應當慷慨仁慈地、全心全意地履行這一使命。若以忠言勸戒，你們可能會讓他們改過自新，加速進步。"

- 在這種情況下，我們如何才能擁有比靈性本身更大的影響力呢？

"墮落的靈性會更多地接近人類，他們喜歡折磨人類，而不是對其避而遠之的靈性。如果被接近的人試圖對這些靈性進行說教，一開始靈性不會予以理睬，甚至會加以嘲諷；但如果懂得堅持不懈地做下去，這些靈性最終會受到影響的。高階靈性只能以上帝的名義對付這些墮落的靈性，這會讓他們感到恐懼。人類的力量顯然沒有高階靈性強大，但是人類的語言更容易為進化程度較低的靈性所理解，人類看到自己可以對低階靈性施加影響，這會讓他們更好地理解了天地之間的一致性。此外，人類相對靈性的優勢與其自身的道德水準是成正比的。人類無法支配高度進化的靈性，甚至也無法支配那些進化程度較低，但本性善良仁慈的靈性。但人類是可以支配那些道德水準低下的靈性的。"（參見第 279 節）

6）如果進一步發展，肉體征服會導致精神錯亂嗎？

"沒錯，這種精神錯亂的原因尚未可知，但它與普通的精神錯亂並無關係。有一些被當成精神錯亂的人其實是被靈性征服了。這些人需要的是道德上的治療，針對身體器官的治療只會讓他們真正地變成精神錯亂者。

如果醫生充分理解靈性主義，他們就會知道如何對此進行區分，並利用現有的技術治癒更多的病人。"（參見第 221 節）

7）有的人認為靈性主義很危險，他們認為防止這種危險的最好方法是完全禁止通靈，對於這些人，我們應當如何看待？

"即使他們可以禁止某些人主動與靈性進行通靈，也無法禁止這些人的自發性通靈，因為他們既不能抑制靈性，也不能阻止靈性發揮其神秘的影響力。這種態度其實無異於掩耳盜鈴。僅僅因為可能會被輕率之人濫用，就去阻止大有裨益的事物，這太荒謬了。預防問題的方法是充分理解這一學說。

∎

第二十四章：
靈性的身份

- 可能的身份證明
- 區分善靈與惡靈
- 關於靈性本性和身份的問題

可能的身份證明

255. 靈性的身份是最具爭議性的問題之一，甚至在靈性主義的信奉者中也是如此，因為很顯然，靈性沒有任何證件，而我們知道有的靈性特別喜歡冒用別人的名字。因此，在受到迷惑之後，這是踐行靈性主義所面臨的最大難題之一。不過，在很多時候，身份是否準確其實是一個次要的問題，並沒有多大的意義。

要證明古代人物的身份是最困難的，而且往往也是不可能的，只可能作出純粹的道德評價。我們評判靈性就像我們評判一個人一樣——是通過他們的語言。例如，如果一個靈性自稱是"費奈隆"，可他說的盡是些瑣碎幼稚的東西，那麼他顯然不是費奈隆。但如果他說的話體現了費奈隆的性格，而他自己也不否認，我們至少還有一些物質和道德上的證據來證明他的確是費奈隆。尤其是在這種情況下，真實身份就成了一個次要的問題：如果靈性所說的話句句得體，那他用什麼名字就無關緊要了。

毫無疑問，有些人會反對說，如果一個靈性冒用假名，即便其出於善意，也存在著欺騙，因此他不可能是一個善良的靈性。在這一點上，隱含著一些微妙的問題，雖然難以理解，我們還是應當設法解決。

256. 隨著靈性的自我淨化以及等級的不斷提升，他們與眾不同的個性特徵會因圓滿的統一性而或多或少地消失，但這並不意味著他們不會保留自己的個性。這也同樣適用于高階靈性和純潔的靈性。在達到這個等級後，靈性在地球上千百次短暫輪回時所使用的名字就已經變得完全無關緊要了。此外，我們還注意到，靈性會因為相似的品質而相互吸引，並且組成擁有情感共鳴的團體或家庭。另一方面，鑒於自古以來，需要經歷漫長歲月才能達到最高等級的靈性如此之多，而在世間千古流名的人又如此之少，兩相對比，我們就會明白，在能夠與我們進行通靈的高階靈性中，大部分都是藉藉無名之輩。但既然我們需要一個名字來堅定我們的想法，那他們就有可能借用一個與自己本性最相似的熟人的名字。所以，我們的守護天使大多數時候借用的是我們所崇敬的聖人的名字來表明自己的身份。例如，一個人的守護天使使用了"聖彼得"這個名字，但實際上並沒有實質性的證據證明他就是使徒。相反，他可能是一個完全不為人所知的靈性，只是屬於聖彼得本人所在的靈性家族而已。事實上，無論我們用什麼名字召喚我們的守護天使，他們都會回應我們的召喚，因為吸引他們的是我們的思想——名字是無關緊要的。

第二十四章：靈性的身份

當一個高度進化的靈性借用一個知名人物的名字來進行通靈時，情況也是一樣的。沒有什麼東西可以證明他確實就是那個人的靈性，但如果在自發性的口述過程中，這個靈性所說的話並沒有辱沒這個名字在靈性上的高尚，那麼就可以**假定**他就是自己所聲稱的那個人。而且，不管怎麼說，即便他不是那個人的靈性，那也一定是同一等級的，或者是那個人的靈性派來的。總之，名字的問題是次要的，因為我們可以單純地將名字視為靈性在靈性等級制度中所處地位的一個標誌。

還有一種情況是，低階靈性為了讓自己所說的話更具有可信度，所以會冒用德高望重者的名字。這種情況非常普遍，對於這種冒名頂替的事情，再怎麼小心也不過分，因為正是由於冒用了他人的名字——尤其是在借助了蠱惑的情況下——某些自命不凡、喜歡侃侃而談的靈性才會試圖將最荒謬的想法強加於他人。

因此，正如我們所說的，在涉及一般性的教導時，身份問題其實關係不大，因為進化程度最高的靈性可以互相替代，而不會造成問題。高度進化的靈性是一個集體，可以說，除了少數靈性，其中大多是藉藉無名的。我們關注教義，更勝於關注個體；所以只要教義是好的，無論是出自彼得，還是出自保羅，這都無關緊要。我們判斷的依據是靈性的品性，而非靈性的名字。標籤並不會讓一瓶壞酒變得更好。不過，親密交流的情況有所不同，因為我們真正感興趣的是這個人，或者是這個人的個性。然後，我們才會有充分的理由努力讓自己確信，顯靈的靈性正是我們真正希望交流的靈性。

257. 如果和我們打交道是的同時代的靈性，而且我們熟悉他們的習慣和性格，那確認其身份要容易得多，因為這些靈性還來不及擺脫自身帶有的、能讓我們一眼認出他們的習慣。可以說，這是最可靠的身份標誌之一。當然，如果有人要求的話，靈性也會在回答時提供證明自己身份的證據，但這得看準時機，因為這種性質的要求通常具有侮辱性，所以最好避免提出這樣的問題。靈性脫離自己的肉體，並不等於他們不敏感，任何想要試探他們的問題都會讓他們感到冒犯。**有的問題在人生前是不會問的，因為擔心冒犯對方**，既然如此，在人死之後，怎麼就能無所顧忌呢？如果一個去參加私密活動的人拒絕透露自己的姓名，會有人以有冒名頂替為藉口要求他證明自己的身份嗎？這位先生大可以提醒對方注意禮節。靈性也也會遇到這種情況，他們要麼完全不回應，要麼就一走了之。我們不妨舉個例子來比較一下。假設天文學家阿拉戈活著回家時沒有被人認出來，他聽到有人對他說："你說你是阿拉戈，但是我們不認識你，所以我們需要你回答幾個問題來證明自己的身份：解答這個天文數字的問題，說出你的教名、你的姓氏、你孩子的名字；還有，告訴我們你在某一天的某個時間做了什麼事等。"那他會怎麼回答？一個人生前會怎麼做，他的靈性就會怎麼做；其他的靈性也會這麼做。

258. 靈性會拒絕回答那些幼稚而荒謬的問題（如果

第二十四章：靈性的身份

他們還活著，我們是不敢問他們這些問題的），但他們卻往往會自發地提供一些確鑿的證據來證明自己的身份。證明的方式包括通過他們的語言來揭示他們的性格，使用他們特有的表達方式，講述其生前發生一些重大事情和細節，儘管有的不為聽眾所知，但可以驗證其真實性。靈性的身份很多時候是在不可預見的情況下得到證實的，這並不一定發生在第一次顯靈的時候，而是有可能在後續的顯靈過程中才得到證實的。因此，與其主動打聽，不如耐心等待，根據通靈訊息的性質仔細地觀察其透露出的一切證據。要（參見第 70 節的相關案例）

259. 當靈性受到懷疑時，有時他會**以全能的上帝之名**起誓以證明自己的身份，這種方法通常很管用。因為擔心褻瀆神明，所以冒名頂替者往往會而變得支支吾吾。在一開始寫下："我以……的名義發誓"，然後他會停下來，生氣地亂寫一些毫無意義的符號，或者折斷鉛筆。更虛偽的靈性會通過省略某些話語來回避這個問題，例如，他會寫："我向你保證我所說的都是實話"，或者"我以上帝的名義起誓，是我本人在跟你們說話"等等。不過，也有一些靈性沒有那麼謹慎，他們什麼誓都能發，只要你們想聽。有一個靈性在與靈媒通靈時說："我就是**上帝**"，靈媒敬畏於這無上的榮光，所以毫不猶豫地相信了這個靈性。可在我們召喚這個靈性時，他不敢再繼續偽裝，說："我其實不是上帝，但我是上帝之子。""那你就是耶穌了？（當然，這是不可能的，因為崇高的耶穌是不會用這種託辭的）。你敢以上帝的名義起誓，證明你就是基督嗎？""我沒說我是耶穌；我只說我是上帝之子，因為我是上帝的造物之一。"

由此，我們可以得出這樣的一個結論：如果一個靈拒絕以上帝的名義來確認自己的身份，那說明這個靈性所使用的名字是假的；不過，這種起誓只能讓我們做出一個推定，而並不能證明靈性的身份。

260. 在驗證身份時，我們也可以將筆跡和簽名放在一起進行對比。然而，並不是所有的靈媒都能得到這樣的證據，也不能保證所有的證據都是萬無一失，因為無論是在靈性世界，還是在我們的世界裡，難免都會有偽造者。因此，對於靈性的身份，我們只能進行推定，而這種推定必須具體情況，具體分析。這同樣適用於所有的身體特徵，有的人將其作為防止騙人的靈性隨意模仿的法寶。然而，對於那些膽敢以上帝的名義發偽誓或模仿簽名的靈性來說，身體上的任何特徵都不可能對其構成太大的障礙。語言以及不可預見的環境是證明靈性身份最好的證據。

261. 可以肯定地說，如果一個靈性可以模仿簽名，那麼他肯定也可以模仿語言。這是千真萬確的。我們見過有的靈性可恥地冒用基督之名，為了更好地騙人，他們甚至會張口閉口就用"我實話告訴你們"等耳熟能詳的措辭，以模仿基督的福音派風格。但如果我們不受這些文字的影響，而是深入研究這些表述的思想和特徵，並且注意觀察在關於仁慈的至理名言旁邊是否還有一些幼稚可笑的建議，那我們是不會那麼容易被愚弄的。是的，語言的某些形式可以模仿，但思想是無法模仿的。無知永遠模仿不了真正的智慧，正如邪惡永遠模仿不了真正的美德一樣。這樣的靈性最終會顯露出他的本色。在這種情況下，靈媒和召喚者必須運用其所有的洞察力和推理來分辨真相和謊言。靈媒們必須認識到，墮落的靈性會做出各種各樣騙人的事，一個靈性用的名字越高尚，就越值得懷疑。有多少靈媒接收到的通靈訊息是打著耶穌、馬利亞等古聖先賢的名號偽造的！

區分善靈與惡靈

262. 如果說在很多情況下，準確地驗證靈性的身份只是一個次要問題的話，那麼對善靈和惡靈的區分則另當別論了。我們可能不太介意靈性的個性，但決不可能對其品性漠不關心。就教導式通靈而言，這是我們必須特別關注的一點，因為我們對於通靈靈性的信任完全來自於這一點，而這與靈性叫什麼名字毫無關係。顯靈的靈性是善良的，還是邪惡的？他屬於什麼等級？這是一個關鍵的問題。（參見《靈性之書》第100節"靈性的等級制度"）

263. 正如我們所說的，我們可以通過靈性的語言來判斷靈性，就像我們聞語識人一樣的。假設有一個人收到了二十封陌生人的來信。他可以根據每封信的風格、思想和許多特點，分辨出哪些人是受過教育的，哪些人是沒有受過教育的，哪些人是禮貌的，哪些人是無禮的，哪些人是膚淺的、深刻的、輕浮的、驕傲的，哪些人是嚴肅的、多情的等等。這一方法也同樣適用於靈性。我們不妨將靈性當作素昧相識的筆友，問問自己，如果他們說了或寫了這些話，我們會怎麼看待他們的學識和性格。我們可以說，作為一個不變的規則，毫無例外，**靈性的語言總是與其進化程度相對應的**。真正的高階靈性並不僅僅局限於說好話，而是絕對不會說瑣碎無聊的話。不管這些話有多好聽，只要其中夾雜著一個不得體的詞語，就毫無疑問地表明瞭靈性地位的卑微，如果通靈訊息過於粗俗而違背社會的價值觀，那就更是如此了。語言，無論是通過思想，還是形式，總會暴露靈性的起源。因此，即使一個靈性想要利用表面上的優越感來欺騙我們，只要我們和他交談一會兒，就能分辨別出靈性的真面目。

264. 仁慈善良也是淨化靈性的基本屬性。他們不會助長對人類或其他靈性的仇恨。他們同情弱者，批判謬誤，但始終溫和謙遜，沒有痛苦，也沒有敵意。假如我們相信真正的善靈只會行善事，講善語，那麼我們只能得出這樣的結論：在靈性的語言中，任何缺乏仁慈和善良的話都不可能出自善良的靈性。

265. 智力遠非道德優越性的確切標誌，因為智力水準和道德水準並不總是同步發展的。一個靈性可能很善良，很友愛，但學識有限，而一個聰明且受過良好教育的靈性有可能道德非常敗壞。

第二十四章：靈性的身份

人們普遍認為，向生前精通某一專業領域的人的靈性提問，更有可能獲得真理。這貌似合乎邏輯，但情況並非總是如此。經驗告訴我們，學者與其他人一樣，尤其是剛剛離世時，他們仍會受制於俗世生活的偏見，無法立即擺脫教條式的思維。還有一種情況是，有的靈性生前一直接受某種思想的教育，並因此榮耀加身，受這種思想的影響，他們看待事物並不如我們想像的通透。但我們並不是說這是一個普遍的原則——遠非如此。我們只是想提醒這種可能性，因此，他們生前的學識並不一定能夠確其靈性的永無謬誤。

266. 通過對所有的通靈訊息進行嚴格的審查，探究和分析其思想和表達，就像我們評價文學作品一樣，**果斷地**拒絕一切違背邏輯和常識，以及掩飾靈性真實品性的糟粕，只有這樣，我們才能夠摒退和趕走騙人的靈性，讓他們知道我們可不會輕易地上當受騙。我們再重申一遍，這是唯一的方法，也是絕對可靠的方法，因為任何邪惡的通靈都經不起嚴厲的批判。善靈從來不會因為這樣的審查而生氣，因為他們沒有什麼好害怕的，而且他們自己也建議我們這樣做。只有惡靈才會感到被冒犯，而且他們會試圖勸阻我們，因為他們可能因此失去一切——這種態度恰恰證明了他們的真實身份。

以下是聖·路易士對這個問題給出的建議：

"你們信任指導你們創作的靈性，認為他給了你們很多的啟發，可無論這種信任有多麼合理，有一條忠告必須時時重申，謹記在心，就像你進行研究一樣：

權衡和分析你們接收到的所有通靈訊息，並對其進行最嚴格的理性控制。如果有任何事情看起來可疑的、不確定的或模糊的，千萬不要忘了尋求所有解釋，以形成自己的觀點。"

267. 關於如何評判靈性的品質，我們總結出了以下幾個基本原則：

1）除常識外，沒有判斷靈性價值的其他標準。針對這一目的的任何其他程式，即使是由靈性本身提供的，也是荒謬的，它不可能出自於高度進化的靈性。

2）我們應當通過語言和行為來判斷靈性。靈性的行為包括他們所激發的情感以及他們所提供的忠告。

3）要明白善靈只會講善語，行善事，所以一切邪惡的事物都不可能來自一個善良的靈性。

4）高階靈性的語言總是尊貴的、高尚的、莊嚴的，不會夾雜任何瑣碎無聊的話語。他們說話簡潔明瞭，謙虛得體；既不自誇，也從不炫耀自己的智慧和在其他靈性中的地位。低階靈性或普通靈性的語言總會在一定程度上體現出人類的情感。如果一個靈性以一個受人尊重敬仰的名字自稱，可他說的每一句話無不表現出其品格低下、妄自尊大、傲慢、自誇或諷刺，那麼這肯定是一個等級低下而且喜歡騙人的靈性。

5）我們不能以風格的正式與否和正確與否來判斷靈性，而是要深入探討靈性的內在品格，分析靈性的話語，然後冷靜、成熟和果斷地對其做出權衡。如果缺

第二十四章：靈性的身份

乏邏輯、理性和審慎，無論靈性冒用什麼名字，靈性的起源都是毋庸置疑的。（參見第 224 節）

6）對於進化程度較高的靈性，他們的語言總是相同的——即使不是形式上的，至少是實質上的。無論何時何地，他們的想法都是一致的。儘管他們通靈的發達程度有高有低，這取決於環境、需求或通靈的便利程度，但他們永遠不會相互矛盾。如果同一個名字下的兩份通靈訊息相互矛盾，那麼其中一篇肯定是假冒的。如果是本人，那沒有什麼東西會掩蓋其眾所周知的性格。例如，在以聖·文森特·德·保羅之名所寫下的兩份通靈訊息中，一份宣揚團結與仁慈，另一份傾向於挑撥離間，兩者孰真孰假，但凡神智正常的人，都不可能被欺騙。

7）善良的靈性只言所知之事，對於自己不知之事，或保持沉默，或坦言承認。邪惡的靈性則會自信滿滿地談論任何事情，絲毫不顧及真相。凡是臭名昭著的科學異端，凡是違背常識的基本原則，無一不是欺騙，哪怕靈性本身是開化的。

8）輕浮的靈性更容易被識別，因為他們喜歡預言未來，而且喜歡說出我們原本不該知道的物理事件的日期。在有用的情況下，善良的靈性可能會我們對未來的事情產生一種預感，但是絕不會具體到日期。凡是宣稱在某個特定時間會發生某件事的，都是一種欺騙。

9）高度進化的靈性語言簡單明瞭，一點也不囉嗦。他們的風格簡練，但在思想和表達並上不排斥詩歌。

這對於每個人來說都是清晰易懂的，不需要費勁去理解。他們非常擅長以寥寥數語表達許多意思，因為每個詞都有其正當的用途。相反，進化程度較低或偽學者的靈性喜歡用浮誇的詞藻掩蓋其思想的空虛。他們的語言總是矯揉造作、荒謬可笑、晦澀難懂。

10）善良的靈性從不發號施令。他們不願強人所難，只是提出忠告。如果對方不聽，他們就會棄之而去。邪惡的靈性是專制的；他們喜歡發號施令，希望別人服從自己，而且無論如何都不會一走了之。凡是將自己觀點強加於人的靈性都暴露了自己的地位。他們排斥異己，認為自己的觀點是絕對正確的，假裝自己享有真理的特權。他們只要盲目的信任，從不訴諸理智，因為他們知道理智會揭穿他們的偽裝。

11）善良的靈性從不奉承他人。他們贊成做任何好事，但總是謹慎行事。邪惡的靈性喜歡使用誇張的讚美，激發驕傲和虛榮心——儘管他們宣揚謙卑——面對他們想要贏取的人，**他們試圖強調自己的重要性**。

12）在任何事情上，高階靈性都**不會拘於繁文縟節**。只有普通的靈性才會重視那些與真正崇高的思想相悖的瑣碎細節。**每一個精心的處方**無不透露出使用浮誇名字的靈性的地位卑微和騙人招術。

13）有的靈性希望增加自己的可信度，所以故意以怪誕荒謬的名字自稱，對於這樣的靈性，我們要敢於質疑。若是認真對待這樣的名字，這是極其荒謬的。

第二十四章：靈性的身份

14）同樣，我們也不該輕信那些隨便以尊貴之名自稱的靈性，對於這些靈性所說的話，我們應該謹慎對待。尤其是對於必須進行嚴格控制的情況，因為他們經常戴著假面，讓我們誤以為他們與純潔的靈性保持著親密的關係。這樣，他們就能迎合靈媒的虛榮心，並利用這種虛榮心誘使靈媒做出可悲而愚蠢的事情。

15）善良的靈性對於他們想要建議的態度是非常謹慎的。在任何情況下，他們的所有目的都是**嚴肅的，而且是非常有益的**。因此，如果靈性提出的任何建議沒有透露出這樣的品性，或者受到了理性的批判，那麼，我們就應當心存質疑，在接受這一建議之前，必須成熟地思考；否則，我們就會陷入不幸的欺騙。

16）在涉及到可能危及我們的事情時，我們也可以根據其態度是否謹慎來判斷是不是善良的靈性。善良的靈性並不喜歡揭露邪惡，反而是輕浮或邪惡的靈性喜歡這麼做。善良的靈性試圖減少錯誤，宣揚寬容，邪惡的靈性則會通過有害的暗示誇大錯誤，散播不和。

17）善良的靈性只會教與人為善。任何一條箴言，任何一條忠告，如果不是**真正彰顯了最純粹的福音派仁慈**，那麼它就不可能來自於一個善良的靈性。

18）善良的靈性所提的建議一定是完全合理的。任何建議，**如果它有悖於常識，或違背了不可改變的自然法則**，說明這是一個思想狹隘的靈性，因此是不值得信任的。

19）完全邪惡的靈性或不圓滿的靈性也會讓自己展示出不會騙人的身體特徵。他們對於靈媒的作用有時很激烈，有時會出現粗暴和抽搐的動作，以及狂熱和痙攣的騷動，這與善靈的平靜和溫和形成鮮明的對比。

20）不圓滿的靈性經常利用其所掌握的通靈手段來提供糟糕的建議，他們會故意在他們不喜歡的人中間挑起不信任和敵意。任何可能揭穿其謊言的人都是他們惡意中傷的目標。

脆弱之人會成為他們獵捕的對象，並被他們帶入歧途。他們會交替使用詭辯、諷刺、辱罵等手段，甚至提供他們擁有神秘力量的物理證據來更好地說服這些受害者，使他們偏離真理的道路。

21）那些在世間只關注物質或道德，還沒有擺脫物質影響的人，他們的靈性仍然被世俗的思想所支配。所以，這些靈性會帶有一些偏見和嗜好，**甚至還會帶有其在世時的狂熱**。這很容易從他們的語言中辨認出來。

22）有的靈性常常以炫耀的方式來裝飾自己的學問，但這種學問並不是優越性的表現。真正檢驗優越性的試金石是他們在道德情操方面是否具有不可改變的純潔性。

23）想要瞭解真理，僅僅詢問一個靈性是不夠的。首先，我們必須清楚我們是在和誰說話，因為進化程度較低的靈性由於自己的無知，是會不認真地對待最嚴肅的問題的。

即使一個靈性在生前是一個偉大的人，這也並不足以讓其在靈性世界擁豐富的學知。靈性只有通過行善積德才能實現自我的淨化，才能更接近上帝，同時拓寬自己的知識。

24）高度進化的靈性之間的寒暄往往是微妙而熱切的，但絕不會流於平庸。而喜歡嘲諷的靈性——那些不太粗魯的靈性——大多喜歡尖刻的諷刺。

25）通過仔細研究顯靈靈性的性格——尤其是從道德的角度——我們可以分辨出他們的本性以及可信任的程度。常識永遠不會被欺騙。

26）要判斷靈性和個人，我們首先必須知道如何判斷自己。不幸的是，有的人將自己的觀點當作判斷善惡、真偽的唯一標準。凡是與他們看待事物的方式、他們的思想或他們創立或接受的理論相左的東西，在他們看來都是不好的。這些人顯然缺乏正確評價的首要條件：公正的判斷。然而，他們甚至沒有意識到這一點。這是最容易產生錯覺的缺點。

以上所有的教導全部來自於靈性的經驗和教義。作為補充，我們還將列出靈性自己針對最關鍵的要點所給出的回答。

關於靈性本性和身份的問題

268. 1）我們可以通過什麼標誌來分辨高階靈性和低階靈性？

"通過他們的語言，就像你們區別一個糊塗蟲和一個聰明人一樣。我們曾經說過，高階靈性從不互相矛盾，他們只會回答有意義的事情。他們一心向善——那是他們唯一的關注。

　　"進化程度較低的靈性仍會被其唯物主義思想所支配。他們的顯靈體現了自身的無知和不圓滿。只有高度進化的靈性才能理解所有的事物，並且不帶偏見地對其做出評判。"

　　2）靈性所掌握的科學知識一定能夠體現其自身的進化程度嗎？

　　"不一定，因為如果靈性還受制於物質的影響，就可能仍然帶有你們的惡習和偏見。在你們的世界裡，有些人非常善妒和傲慢。你們認為這些人在離開人世之後，就會摒棄這些缺點嗎？這些人，尤其是那些懷有強烈激情的人，即使在離開人世之後仍會籠罩著一種所有邪惡之物身上所殘留的氣息。

　　"這些不甚圓滿的靈性比徹頭徹尾的惡魔更可怕，因為他們大多兼具機敏、傲慢與聰明的特質。他們假裝很有學問，擅長欺騙單純無知的人，因為這些人會不加思考地全盤接受他們荒謬和錯誤的理論。儘管這些理論並不能戰勝真理，卻會造成一種暫時的壞處，因為它們會阻礙靈性主義的發展，並使得靈媒盲目地相信其所接收到的通靈訊息的價值。這一點需要對開明的靈性主義者和靈媒進行大量的研究。所有的焦點都應該放在區分真理和謬誤上。"

3）許多守護靈性會以聖人或名人的名字自稱。對於這個問題，我們應該怎麼看呢？

"所有聖人和名人的名字都不足以指代每個人的守護者。在地球上，能被認出來的有名有姓的靈性寥寥無幾。這就是為什麼靈性很少自報家門的原因。儘管如此，大多數時候你們還是會想要一個名字，所以為了滿足你們的這種願意，靈性會借用你們認識並尊重的人的名字。"

4）這種借用名字的行為難道不算是欺騙嗎？

"如果是邪惡的靈性出於騙人的目的這麼做，那就屬於欺騙。但如果是出於善意，上帝允許在相同等級的靈性之間這麼做，因為他們在思想上具有一致性和相似性。"

5）例如，當一個守護靈性以聖保羅的名義出現時，我們是否無法確定他就是這個名叫聖保羅的使徒的靈性或靈魂？

"當然不能，因為已有成千上萬的人被告知其守護天使是聖保羅或其他聖人。但只要保護你們的靈性與使徒保羅是同一個等級的，那又有什麼關係呢？我曾經說過，你們需要一個名字，而靈性之所以會使用一個名字，是為了方便你們稱呼並認出他們。你們為了區分每一個家庭成員，會給每個起一個洗禮名，就是這個道理。靈性還會以拉斐爾、邁克爾等天使長的名字自稱，但這並不會造成任何不良後果。"

"此外，靈性的進化程度越高，其輻射能力就越強。你們要知道，一個高階守護靈性可以守護數百個人的化身。正如世間有律師管理著上百個家庭的生意一樣。從靈性上講，我們在道德上對人類的引導作用為什麼就比不上那些在物質利益上引導別人的人呢？"

6）為什麼通靈的靈性會如此頻繁地使用聖人的名字呢？

"為了迎合對方的習俗。他們會根據對方的信仰使用最能打動對方的名字。"

7）在召喚某些高階靈性時，他們每次都是親自回應，還是像某些人所以為的那樣，派人來傳達他們的思想？

"如果可以的話，他們為什麼不親自回應呢？"但如果靈性不能親自回應，那他的代理人必然會以他的名義說話。"

8）代理人是否總是足夠開明，以致能像靈性本身那樣作出回答？

"高度進化的靈性知道他們可以委託誰作為他們的替代者。此外，靈性越進化，就越能在共同的思想中相互協調，如此以來，個性就不重要了，你們之間不也是如此嗎？難不成你們以為在高階靈性的世界裡，只有那些你們認為在世間有能力指導你們的人嗎？你們總以為除了自己的世界以外，就沒有別的東西了，就像從未離開過小島的原始人一樣，總以為自己的世界之外再無其他。"

9）我們可以理解在嚴肅的教義中會出現這種情況，但是為什麼進化程度較高的靈性會允許低階靈性利用德高望重者的名字，允許其通過漏洞百出的箴言來播種謬誤？

"低階靈性這樣做，並沒有得到高階靈性的許可。你們中間不是也有這種事嗎？有一點你們可以肯定，凡是以這種方式騙人的靈性都會受到懲罰，他們受到的懲罰與騙人的嚴重程度成比例。此外，如果你們自己不是不完美的，那你們的周圍就只能聚集邪惡的靈性。你們若是受到了欺騙，那也只能怪自己。上帝允許靈性去檢驗你們的毅力和洞察力，以便教會你們如何分辨真理和謬誤。如果你們做不到，那是因為你們還沒有得到足夠的提升，還需要從經驗中獲得更多的教訓。"

10）難道不是進化程度較低的靈性出於善意以及為了自身的進步，有時才會去替代高階靈性練行教導之術的？

"從大的範圍來說，絕對不會出現這種情況；我的意思是指在嚴肅的群體中，為了傳播一般性的教義。出現在那裡的靈性是為了他們自己的原因，正如你們所說的，只是為了練習。這就是為什麼他們的通靈雖然很順利，卻總是帶有進化程度較低的標記。他們之所以被派去做這樣的工作，只是為了進行次要的通靈以及我們所稱的私人通靈。"

11）荒謬的通靈訊息有時會與有意義的箴言混雜在一起。這似乎表明善靈和惡靈的同時存在，對於這種反常的情況，我們應當如何解決？

"邪惡或輕浮的靈性雖然也會說至理名言，但卻沒有真正意識到它們的含義。你們當中不也有這麼做的人嗎？難道他們就都是優秀的人？當然不一定，善靈和惡靈不能混為一談。你們可以通過良好通靈的持續一致性來辨別是否有善靈的存在。"

12）那些引誘我們犯錯的靈性是否總是很清楚他們在做什麼？

"未必，有些善良但無知的靈性也有可能在不自覺的情況下騙人。一旦他們意識到了自身不足，他們就會承認這一點，而且只說自己所知之事。"

13）在傳播錯誤的理念時，靈性是否總是懷有惡意？

"不一定。如果是輕浮的靈性，他騙人純粹就是為了找樂子。"

14）既然有的靈性會用他們的語言來欺騙我們，那他們也能在超視型靈媒面前顯現出虛假的模樣嗎？

"這種情況確有發生，但難度更大。出現這種情況的目的只有一個，邪惡的靈性自己並不清楚，因為他們只是充當了一個教訓的工具。超視型靈媒可以看到輕浮和撒謊的靈性，就像其他靈媒可以聽到他們的聲音，或者在他們的影響下書寫一樣。輕浮的靈性有可能會利用靈媒的能力，用虛假的外表來欺騙靈媒，但這取決於靈媒自身的靈性品質。"

　　15）如果懷有善良的初衷，是否就不會被欺騙？如果是這樣，真正嚴肅的人從不在自己的研究中夾雜任何無聊的好奇心，可他們不也會受到欺騙嗎？

　　"顯然為數較少。但世間男男女女難免會表現出某些弱點，這會吸引愛嘲弄人的靈性。他們認為自己很強大，但絕非如此。他們應該懷疑自己由於傲慢和偏見而導致的弱點。不過，人類幾乎從不考慮這兩點原因，而靈性恰恰很會利用這一點。靈性非常擅長奉承人類的弱點，而且每每都能成功。"

　　16）為什麼上帝允許邪惡的靈性進行通靈，允許他們說壞事？

　　"即便是最糟糕的通靈，也能給你們一個教訓。你們得知道如何辨別真偽。無論什麼樣的通靈都是必要的，這會教你們如何區分善靈與惡靈，同時也為你們提供一面借鑒的鏡子。"

　　17）靈性會通過書寫通靈和疏遠朋友來暗示對某些人不信任是不公正理的嗎？

　　"墮落和善妒的靈性會像人類一樣作惡；所以，你們必須時刻保持警惕。高度進化的靈性在告誡你們的時候，總是謹慎和保守的；他們不說惡言，而是機智地提出警告。如果他們想讓兩個人為了各自的好處而不再見面，他們就會製造一些事件，以一種自然的方式讓兩個人彼此分開。凡是說出挑撥離間的話的，一定出自邪惡的靈性，不管他用什麼名字。因此，當一個靈性對另一個靈性口出惡言，尤其是善良的靈已經說了相反的話時，就一定要對此保持懷疑的態度。既不要相信自己，也不要相信你自己厭惡的人。只接受善良的、高尚的、美好的、合理的、以及你們自己的良心所認可的通靈訊息。"

18）既然邪惡的靈性很容易滲入到通靈中，那我們能確定真理嗎？

"是的，當然可以，因為你們可以用自己的理智去做出判斷。你們在讀一封信時，會很清楚這封信是一個下等人寫的，還是一個有教養的人寫的，是一個傻瓜寫的，還是一個智者寫的。為什麼寫信給你們的是靈性就不一樣了呢？如果你們收到一封來自遠方朋友的信，那你們如何知道這封信是不是這位朋友寫的呢？你們會說看筆跡。可難道沒有可以模仿任何一種筆跡的偽造者，沒有瞭解你們商業交易的盜賊？儘管如此，你們仍然可以通過某些跡象來防止自己被騙。靈性也是如此。他們可能會假裝成朋友給你們寫信，或者假裝給你們看的是某個作家的著作，你們需要據此作出判斷。"

19）高階靈性能阻止惡靈使用假名嗎？

"當然可以，但靈性越壞，他們就越固執，就越會經常性地違返禁令。但你們也要知道，高階靈性對某些人更為關注，如果他們認為有必要，他們知道如何防止這些人被騙。騙人的靈性無力抵抗這樣的人。"

20）這種偏心的原因是什麼？

"這不是偏心，乃是公平。善良的靈性會關注那些擅於聽取他們的忠告並努力提升自我的人。他們偏愛並幫助這些人，但不會去打擾那些誇誇其談者。"

21）為什麼上帝允許靈性冒用聖人之名字來褻瀆神靈？

"你們也可以問，為什麼上帝允許人們撒謊和誹謗。就像人一樣，靈性也有自由意志去行善或作惡，但無論誰都逃脫不了上帝的審判。"

22）有沒有什麼有效的方法可以驅除騙人的靈性？

"任何儀式都是實體層面的。未若靠近上帝的善思。"

23）有的靈性聲稱自己擁有無法模仿的書寫符號，一種可以識別和證明其身份的標誌。這是真的嗎？

"高度進化的靈性所擁有的唯一標誌就是其思想和語言的崇高性。任何靈性都可以模仿身體特徵。至於進化程度較低的靈性，他們會在很多方面露出自己的馬腳，只有盲目的人才會被他們欺騙。"

24）騙人的靈性不是也會模仿思想嗎？

"他們模仿思想，就像模仿自然的戲劇場景一樣。"

25）只要認真的觀察，發現欺騙並不難，對嗎？

"絕對如此。靈性只能欺騙那些允許自己被欺騙的人。雖說如此，珠寶商的眼睛是用來辨別真偽的，如果有人不知道怎麼辨別真偽，那不妨去找寶石鑒定專家學一學。"

26）有的人容易被花言巧語所迷惑，他們關注於文字，更勝於思想，而且常常將錯誤和普通的思想錯認為是崇高的。既然他們如此不善於判斷別人的工作，又怎麼可能正確判斷靈性的工作呢？

"等到他們能謙虛地認識到自身的不足，就不會再自以為是了。倘若他們出於傲慢而自視甚高，他們就會為自己愚蠢的虛榮心付出代價。騙人的靈性是清楚自己在和誰打交道的。有的人頭腦簡單，沒有受過什麼教育，但他們比那些聰明而有學問的人更難欺騙。只要迎合世人的虛榮心，靈性就能對其為所欲為。"

27）邪惡的靈性有時是否會通過書寫的通靈訊息，以非自願的、物質的物理標誌暴露自己的本來面目？

"真正老道的，並不會；技巧不嫻熟的，就會感到困惑。凡是沒有意義的幼稚的標誌，都是靈性地位卑微的表現。高階靈性根本不會做任何毫無意義的事情。"

28）許多靈媒會通過某種愉悅或厭惡的感覺來識別善靈和惡靈。如果產生了某種令人厭惡的印象、或痙攣性的激動或不安，是不是一定意味著顯靈靈性的本質是邪惡的呢？

第二十四章：靈性的身份

"靈媒能感受到顯靈靈性的狀態。如果靈性是高興的，那麼他會處於一種平和、輕鬆、寧靜的狀態；如果靈性不高興，就會變得煩躁和狂熱，而這種煩躁會自然而然地傳遞給靈媒的神經系統。此外，這同樣適用于人類——道德高尚的人往往表現出寧靜與詳和的氣質；而品德敗壞的人總是給人焦躁不安的感覺。"

靈媒的易感性有高有低，因此我們不能將激動的情緒視為絕對的規則。與其他事情一樣，這裡也需要我們具體情況，具體分析。沉重和厭惡的感覺源自於氣質不合，如果靈媒的靈性與顯靈的惡靈擁有情感共鳴，那靈媒幾乎不會受到任何影響。但我們絕不能將某些靈媒由於極度的靈活而實現的快速書寫，與反應較慢的靈媒在接觸不圓滿的靈性時所體驗到的痙攣性躁動相混淆。

∎∎∎

第二十五章：
召喚

- 概述
- 可召喚的靈性
- 與靈性對話的恰當方式
- 私人召喚的作用
- 關於召喚的提問
- 召喚動物
- 召喚生者
- 人體電報

概述

269. 靈性既可以自發地進行通靈，也可以回應我們的召喚，換句話說，他們是可以被召喚的。有的人認為根本不應該召喚靈性，他們寧願等待靈性主動通靈。這些人認為，在召喚某個靈性時，我們並不能確定對方是否就是其聲稱的那個靈性，而主動前來的靈性可以更好地證明自己的身份，因為這表明靈性有與我們進行通靈的願望。在我們看來，這種看法是錯誤的。首先，靈性是始終圍繞在我們身邊的，他們大多進化程度較低，渴望與我們進行通靈。其次，由於上面的這個原因，如果我們不去召喚某個特定的靈性，就必然會為所有想要前來的靈性敞開大門。如果一個大會上沒有特定的發言者，這等於是向所有人開放，我們很清楚這樣做的結果是什麼。如果我們直接求助於某個靈性，我們和這個靈性之間就會建立一種聯繫：我們按照自己的意志召喚靈性，就等同于樹立起了一堵阻擋他者的屏障。如果不直接召喚，靈性就沒有理由到我們這裡來，除非是我們所熟悉的靈性。

　　不過，這兩種召喚方式各有各的優點，只有在其中一種被排除在外時，才會出現問題。要順利地進行自發性通靈，前提條件是我們必須確保靈性在我們的控制之中，並且確信我們不會被邪惡的靈性所支配。所以，在大多數情況下，等待靈性主動顯靈是一個不錯的方法，因為這樣不會對他們的思想造成任何約束，我們可以獲得很好的通信訊息，而被召喚的靈性有可能不願意進行通靈，或者根本無法按照我們想要的方式進行通靈。此外，如我們所建議的，進行的嚴格審查是防止不良通靈的保證條件。在定期舉辦的靈性主義者聚會中，尤其是涉及到連續的工作時，總會有靈性不請自來，原因很簡單，因為他們已經習慣了這種定期的聚會。他們經常自發性地出現，或提出某些問題，或對某個主題進行闡述，又或者提供一些指導意見。在這種情況下，我們可以很容易通過他們的語言——因為語言是不容易改變的，通過他們書寫的內容或某些特殊的習慣來識別他們。

270.　　如果我們想要與**一個特定的**靈性進行通靈，那麼召喚這個靈性是絕對必要的（參見第 203 節）。如果這個靈性可以回應我們，我們通常會收到這樣的答覆："是的"，或者"我在這裡"，或者"你們想要我做什

第二十五章：召喚

麼？"有時靈性會直接進入主題，回答我們之前想問的問題。

在第一次召喚某個靈性時，應當盡可能使用準確的語言與靈性進行交流。要避免使用簡短而緊迫的方式提出問題，因為這樣有可能會使對方敬而遠之。提問時應當態度友善，尊重對方，適合特定的靈性，而且在任何時候都要展示召喚者的仁愛。

271. 我們常常驚訝於某個被召喚的靈性出現得如此之快，哪怕是第一次。有人可能會說，這是事先提醒過的。事實上，只要我們事先全神貫注於召喚靈性，這種情況就會發生。這種專注是一種預期的召喚，因為我們熟悉的靈性是一直在我們身邊的，他們與我們的思想是一致的，他們會為召喚做好準備，所以如果沒有障礙，靈性在被召喚之時就已經在場了。否則，靈媒或提問者所熟悉的靈性，或某個經常在場的靈性還需要去尋找被召喚的靈性，而這費時太多。如果召喚的靈性不能立刻前來，信使（異教徒過去稱之為"水星"）會設定一個時間——五分鐘，一刻鐘，一個小時，甚至幾天之後。當靈性最終到來時，他會說："我在這裡。"然後，我們就可以開始提問了。

信使並不一定是必不可少的仲介，因為靈性可以直接召喚者的呼籲，對於這一問題，我們將在第282節第5問關於思想的傳遞方法中進行闡述。

當我們建議以上帝的名義進行召喚時，我們的意思是要認真對待這個建議，而不要輕視它。如果認為這是毫無意義的儀式，最好不要進行這樣的召喚。

272. 對於靈媒而言，召喚往往比自發性的口述更加困難，尤其是在試圖獲得對具體問題的準確回答時。為達到這一效果，需要**兼具靈活性和積極性的**特殊靈媒，我們之前講過（參見第193節），這種靈媒非常罕見，因為正如我們所說的，在第一個靈性出現時，很難立即建立起流體的聯結。因此，如果靈媒並不確定自身的能力是否已成熟以及回答問題的靈性具有什麼本性，就不應為了具體問題去召喚靈性，因為如果靈媒周圍沒有善良的靈性，那麼這種召喚就不可能具有可信度。

273. 靈媒通常會為了個人原因，而非公眾利益去召喚靈性。原因在於靈媒希望與所愛的靈性進行對話，這是人之常情。我們認為，實有必要就這一問題向靈媒提出幾點重要的忠告。首先，在不確定對方真誠與否的情況下，靈媒不宜一廂情願這麼做，而是應當警惕惡人為其設下的陷阱。其次，在任何情況下，靈媒都不應該為了單純的好奇心和自身的利益而草率地進行召喚，除非召喚者懷抱著嚴肅認真的初衷，而且靈媒應當拒絕提出任何無聊的問題，或不適合向靈性提出的問題。為了得到明確的答覆，提問時就應當清晰準確，而不應別有用心。要避免任何具有陰險狡詐的問題，因為靈性不喜歡那些對其進行試探的問題。堅持提這樣的問題無異於想要被人欺騙。召喚者應當坦率公開地堅持初衷，不要尋找藉口，也不要兜圈子。如果召喚者害怕為自己辯解，最好是棄而遠之。

在請求者不在場的情況下，召喚靈性一定要謹慎，大多數情況下，最好壓根兒不要這麼做。因為只有這樣的人才有能力控制靈性的回答，判斷靈性的身份，對回答進行澄清，以及根據具體的情況提出具體的問題。此外，他們的存在是吸引靈性的紐帶，靈性通常不願意與陌生人交流，因為陌生人與靈性之間沒有任何親和力。總而言之：靈媒應該盡力避免將自己變成諮詢的工具，對大多數人而言，諮詢工具就相當於算命先生。

可召喚的靈性

274. 我們可以召喚所有的靈性，無論其屬於什麼等級：善良的或邪惡的，剛剛去世的或去世已久的，傑出顯赫的或藉藉無名的，我們的親人、朋友，或與我們無關的人。然而，這並不意味著靈性總是願意，或者意味可以回應我們的召喚。無論靈性自己的願望或要求是什麼，他們都有可能受到更高權力的阻止，而他們之所以受到阻止的原因有可能是我們無法理解的。我們想說的是，除了我們接下來要解決的問題之外，通靈本身是沒有任何障礙的。顯靈的障礙大都來自于個體的本性，而且往往是環境所造成的。

275. 在可能干擾顯靈的原因中，有些在於靈性本身，有些則在靈性之外。針對前者，我們應當歸結於靈性所從事的職業和使命，他們不能置這一職業和使命於不願，所必須回應我們的願望。這種情況只會導致顯靈的推遲而已。

此外，還有靈性自身的情況需要考慮。雖然道成肉身本身並不是一個絕對的障礙，但在某些情況下，它可能會構成一個障礙，尤其是在進化程度較低的世界，或者靈性自身的去物質化程度較低時。在更高等級的世界裡，靈性與物質的聯繫是非常脆弱的，顯靈對於靈性而言，與在游離狀態下一樣容易，在任何一種情況下，這都比在更緻密的物質世界裡更容易。

外部原因主要與靈媒，即召喚者的本性、召喚的環境以及召喚的目的等因素有關。有的靈媒很容易就能從其熟悉的靈性那裡接收到通靈訊息——這些靈性的進化程度有高有低，而有的靈媒則可以充當所有靈性的仲介。這一切都取決於靈媒的靈性對被召喚者所產生的情感是同情還是反感，是吸引還是排斥，以及取決於被召喚者是情願還是極不情願利用靈媒作為其釋譯者。在不考慮靈媒自身品質的情況下，這還取決於靈媒通靈能力的強弱；靈性更願意接近沒有任何物質障礙的靈媒，尤其是可以為其提供更加準確的通靈訊息。在道德水準相當的情況下，靈媒的書寫能力或者以其他方式表達自我的能力越強，他們與靈性世界的關係就越廣泛。

276. 針對與特定靈性進行習慣性的通靈，我們有必要進一步討論這種通靈所帶來的輕鬆感。隨著時間的推移，通靈的靈性逐漸認同了靈媒的靈性以及召喚者的靈性。撇開情感共鳴的問題不談，他們之間建立起了有助於通靈的流體紐帶。這就是為什麼第一次顯靈並不一定能如我們期望的那樣令人滿意，也是為什麼靈性自己總會提出再次被召喚的要求。經常性顯靈的靈性會產生如在家中的感覺：他們對聽眾和釋譯者越發熟悉，說話和行動也更加自由。

277. 總而言之，我們剛才所解釋的意思是，具備召喚任何一個靈性的能力並不意味著某個特定的靈性必須聽命於我們。他在某些情況下可能會回答我們的問題，但在某些情況下可能不會；他可能會配合令他喜歡的某個特定靈媒或召喚者，但可能不會配合其他的靈媒或召喚者；他可能會說出自己想說的話，而不必被迫說出自己不想說的話；他可能在任何時候離開；最後，在合作一段時間後，他可能出於自己的意願或其他原因而突然不再出現。

考慮到這些原因，在我們希望召喚一個新的靈性時，有必要詢問我們的守護靈性能否對其進行召喚。如果不能，守護靈性通常會說明阻礙的原因，在這種情況下，繼續堅持也是徒勞無益的。

278. 這裡涉及到一個重要的問題，即是否應當召喚邪惡的靈性。這取決於個人的目的以及個人相對於靈性的優勢。如果是為了嚴肅的目的，以及為了教導和幫助他們提高自我，那麼召喚邪惡的靈性也沒有什麼不妥。相反，如果只是出於好奇或消遣的目的，或者我們請求他們幫忙從而任憑自己受他們支配，那這麼做是非常不恰當的。在這種情況下，善良的靈性很可能賦予邪惡的靈性力量，讓他們去做要求他們做的事情，但對於那些膽敢求助於他們，認為他們比上帝更強大的魯莽之人，善良的靈性會保留對其進行嚴加懲罰的權利。先是承諾將說明用於良好的目的，可在達成願望後就一勞永逸地將靈性僕人打發掉，這是徒勞無益的。這樣的服務，無論大小，都代表著與邪惡靈性的真正契約，他們是不會輕易放棄其獵物的。（參見第 212 節）

279. 只有通過道德上的優越感，一個人才能對進化程度較低的靈性施加優勢。墮落的靈性承認正直的世人在道德上具有的優越性。有的人會試圖利用自己的意志力來對抗靈性的強大能量，靈性會以一種蠻力來對抗這些人，結果往往證明他們更為強大。有一個人想憑藉意志力來支配一個叛逆的靈性，他得到了這樣的回答：

"別管我，吹你的牛去吧。你比我好不了多少。一個賊對另一個賊講道德，這有什麼好說的？"

在用上帝的名義對付這些靈性時，幾乎沒有任何效果，這似乎很令人驚訝。聖‧路易士在下面的回復中解釋了這一原因：

"只有當一個人有權以自己的功德呼喚上帝的名字時，才能對不圓滿的靈性產生影響。如果這句話出自一個道德水準並未超越靈性的人之口，那麼它不過是一個普通的詞而已，與其他詞無異。這同樣適用於用來對抗靈性的神聖物體。最可怕的武器放在無法使用或不能使用它的人手中，就等同於毫無殺傷力的武器。"

與靈性交談的正確方式

280.　　靈性自然進化的程度對應著我們對其說話時所應採用的語氣。很明顯，靈性進化程度越高，就越值得我們的尊敬、體貼和服從。我們對靈性的尊重不應遜於生前對他們的尊重，但這有其他方面的原因：在塵世生活中，我們會考慮他們的工作和社會地位，而在靈性世界中，我們只會尊重他們的道德優越感。這種崇高本身就使得他們超越了我們那些一本正經的奉承。我們贏得他們的善心，靠的不是空談，而是真情。因此，用生前滿足其虛榮心的頭銜來區分他們的地位，這無疑是荒謬的。真正優秀的人不僅不會在意這些頭銜，反而會心生厭惡。道德思想比奉承的言辭更能取悅他們；否則，他們也不會超越普通的人性。有一位德高望重的牧師，他生前是一個"教會親王"，畢生踐行耶穌的教義，有人以"我主"之名召喚他的靈性，得到了以下的回復："你至少應該說"前我主"，因為在這裡只有一個主，那就是上帝。你要知道，在這裡有許多人，他們生前曾跪在我面前，現在我卻要跪在他們面前。"在面對低階靈性時，他們的特殊品性決定了我們應該使用的語言。有的低階靈性可能並無惡意，甚至是仁慈的，但仍擺脫不了輕浮、無知或愚蠢。要是像對待嚴肅的靈性一樣對待他們，無異于給小學生或戴博士帽的驢子鞠躬一樣。對他們來說，隨意的語氣並不陌生，而且也不會冒犯他們。相反，這正是他們所喜歡的。

　　在進化程度較低的靈性中，有一些是不幸的靈性。無論他們是為了什麼樣的過錯在贖罪，他們所受的苦難都更值得我們的憐憫，因為沒有人能逃過基督的話："讓無罪之人扔第一塊石頭。"仁慈地對待他們，就是在安慰他們。在他們需要同情的時候，他們所需要的寬容就是我們自己所需要的寬容。

　　有的靈性單看其憤世嫉俗的語言、謊言、基本的情緒以及背信棄義的建議就知道其進化程度有多低，相對於言辭間透露出悔改之意的靈性，顯然後者更值得我們關注，儘管如此，我們還是應該盡可能像憐憫罪犯一樣地對待他們。展示我們的地位比他們高不失為讓他們沉默的一個方法，因為他們只會與那些不會令他們心生畏懼的人打交道。墮落的靈性承認道德高尚者的優越性，正如他們承認高階靈性的優越性一樣。

　　總而言之：把高階靈性當作我們的同類對待是不恭敬之舉，就像對所有靈性一視同仁是荒謬之舉一樣。我們應當尊敬那些值得尊敬的靈性，認可那些守護和幫助我們的靈性，並對其他靈性心懷仁慈，正我們將來可能也需要他人對我們心懷仁慈一樣。通過揭示無形世界，我們瞭解無形世界，而這種理解應該指導我們與無形世界居住者之間的關係。古人因無知而為他們築壇修殿；對我們而言，他們既有可能比我們更純潔，也有可能比我們更不純潔，我們只有對上帝才會築壇修殿。

私人召喚的作用

281.　　與高度進化的靈性或古代出名的偉人進行通靈可以接受高尚的教導，這是非常有意義的。這些靈性已經達到了一定的淨化程度，思想境界更為廣闊，他們能揭開超越人類可能性的神秘面紗，因而相較於其他靈性，能更好地幫助我們瞭解某些事物。然而，這並不意味著與低階靈性的通靈是毫無價值的，因為觀察者一樣可以通過他們學到東西。要瞭解一個國家的風俗習慣，就必須從各個層面去研究它。如果一個人只觀察它的一個方面，無異於盲人摸象，管中窺豹。一個國家的歷史不單單是君主或當權者的歷史；相反，要真正認識這個國家，我們必須研究整個國民的生活以及他們的特殊習俗。因此，高階靈性是靈性世界的權威，他們是如此高高在上，以至於我們不得不驚訝於他們與我們之間的距離。靈性越是布爾喬亞（願他們原諒我們的這種說法），我們就越能感受到他們新一世的條件。他們俗世生活與靈性生活之間的聯結更狹窄，這個很好理解，因為他們與我們接觸得更為密切。通過直接向他們學習，瞭解他們在想些什麼，他們個人擁有什麼樣的境遇和品性——品德高尚還是殘酷無情，偉大還是渺小，是我們這個時代的幸福之人還是不幸之人——簡而言之：對於那些曾經生活在我們中間，我們見過並認識的靈性，我們有見證過他們生前的美德與所犯的過錯，我們才更好地瞭解他們的歡樂和痛苦；我們分享歡樂，分擔痛苦，並從中得到道德的教訓。我們與靈性之間的聯繫越緊密，這種教訓就越有益，因為我們更容易與同類人感同身受，而不是像仰望上天榮耀的海市蜃樓一樣去看待別人。普通靈性向我們展示了崇高真理的實踐成果，而高階靈性則是在理論上向我們傳授這一思想。此外，對於一門科學的研究，沒有什麼是毫無價值的。牛頓就通過觀察最簡單的現象發現了萬有引力定律。

召喚普通靈性還有一個好處，那就能讓我們接觸到受苦的靈性——我們可以用好的忠告安慰和幫助他們進步的靈性。因此，在學習的同時，我們還能提供幫助。在我們與靈性的關係中，只尋求自我滿足完全是一種自私自利的行為，不肯向不幸者伸出援助之手的人，只能證明他們是傲慢的。如果這樣做不能讓我們對這個世界和另一個世界的兄弟姐妹更好、更慈善、更仁愛，那麼從高尚的靈性那裡獲得良善的通靈訊息又有何用？如果醫生拒絕觸碰病人裸露的傷口，那麼貧窮的病人將會怎樣？

關於召喚的提問

282. 　　1) 有人不是靈媒，也能召喚靈性嗎？

"每個人都能召喚靈性。即使他們不能在物質上顯現出來，他們仍然可以接近召喚者，並聽到召喚者所說的話。"

　　2) 在召喚時，被召喚的靈性會做出回應嗎？

"這取決於靈性的具體情況，因為在有些情況下，靈性是無法做出回答的。"

3）什麼原因可能會阻止靈性前來？

"首先，是靈性自己的意志；其次，對於化身靈性，則是靈性的肉體狀態或使命，或者可能會被禁止顯靈。

也有一些靈性由於其本性而永遠無法通靈，因為他們仍居住在比地球進化程度更低的世界。此外，還有一些靈性居住在懲戒星球之上，除非出於普世利益的考慮獲得了上級的許可，否則他們是不允許進行通靈的。一個靈性要能通靈，必須達到召喚他的那個世界的進化程度，否則他會與那個世界的文化格格不入，而且他也沒有可以用來表達自己的手段。這並不適用於那些被派去達成使命的靈性，也不適用於前往進化程度較低的世界去贖罪的靈性，因為他們本身擁有做出回答所需的思想。"

4）靈性被拒絕通靈有可能是出於什麼樣原因？

"這可能是對靈性的一種審判或懲罰，也可能是對召喚者的一種審判或懲罰。"

5）那些分散在太空或不同世界的靈性，能聽到來自宇宙各處對他們的召喚嗎？

"他們經常從你們周圍熟悉的靈性那裡得到消息，前者會去找他們。但在這種情況下，有一種現象是很難向你們解釋的，因為你們還無法理解思想是如何在靈性之間進行傳播的。儘管如此，我所能說的是，被召喚的靈性，無論其距離有多遠，他都能接受到一種思想的衝動，可以說類似於一種電擊，這使得靈性注意到思想是從什麼地方傳來的。我們可以說，靈性理解思想的方式，就像你們理解聲音的方式一樣。"

- 宇宙流體是思想的載體，就像空氣是聲音的載體，對嗎？

是的，不同的是，聲音傳播的距離很短，而思想傳播的距離卻可以無限遠。太空中的靈性就像一個旅行者，在一片廣闊的平原中，突然聽到自己的名字，他就會轉向呼喚他的方向。"

6）我們知道距離對於靈性而言是毫無意義的，但靈性有時對於召喚的反應速度之快，委實令我們感到驚奇——就好像他們原本就在我們身邊一樣。

"有時的確如此。如果召喚是預先計畫的，那麼在召喚之前，靈性就已經被預先告知了，而且往往也能提前到場。"

7）召喚者被傾聽的難易程度是否取決於具體的環境？

"毫無疑問，是的。心懷同情和仁愛的靈性更容易被感動。就好像他聽出了朋友的聲音一樣。如果不是通過這種方式，召喚往往**無法進行**。通過召喚所發射的思想會觸動靈性，但如果方向不對，就會迷失在真空中。這種情況在人與人之間也會發生：如果對方不感興趣，甚至是反感，那麼他或她雖然能夠聽到，但大多數

第二十五章：召喚

時候也不會做出回應。"

8）被召喚的靈性顯靈是自願的，還是被迫的？

"靈性必須服從上帝的意志，即支配宇宙的一般規律。儘管如此，'被迫'一詞並不恰當，因為靈性會權衡是否方便做出回答，如果做出了回答，那就是靈性自由意志的體現。只要是有益的目的，高階靈性一定會做出回答的。只有在不嚴肅的人或那些試圖將其作為一種娛樂手段的人參加的聚會上，高階靈性才會拒絕回應。"

9）被召喚的靈性可以拒絕做出回應嗎？

"當然可以。如果不能，靈性又何來自由意志之說？你們認為宇宙中所有的靈性都會聽你們差遣嗎？你們是否覺得自己必須回應每一個叫你們名字的人？不過，我之所以說靈性可以拒絕，是指可以拒絕召喚者的請求，因為高階靈性可能會強迫低階靈性顯靈。"

10）召喚者有什麼辦法強迫靈性在不情願的情況下做出回答嗎？

"如果靈性擁有相當或更高的道德水準——我說的是**道德水準**，而不是智力水準——那就不能，因為在這種情況下，你根本就沒有任何權力來支配這樣靈性。但如果是道德低下的靈性，你可以為了對方好而讓其顯靈，因為那樣話，其他的靈性也會幫助你。"（參見第279節）

11）召喚低階靈性是不恰當的嗎？他們有可能支配召喚者嗎？

"他們只會支配那些允許他們這麼做的人。有善靈輔助的召喚者沒有什麼好害怕的，因為他們能支配低階靈性——而不是被低階靈性支配。靈媒獨處時應避免這種召喚，尤其是初學者。"（參見第 278 節）

12）召喚時需要心內保持某種特殊的狀態嗎？

"如果你想與嚴肅的靈性通靈，最好是保持沉思的狀態。"有了對善良的信仰和渴望，才更容易召喚高階靈性。在召喚時，短暫的沉思可以讓靈魂達到一種超脫狀態，從而使召喚者與善良的靈性產生共鳴，並使善良的靈性更願意到來。"

13）信仰是召喚的必備條件嗎？

"信仰上帝，是的。對於其他一切事物，信仰的強烈與否取決於對善良的渴望和接受教導的意願。"

14）世人在思想和意圖上團結一致時，是否更容易召喚靈性？

"無論什麼時候，只要所有人通過仁慈和善意團結起來，就能成就大事。沒有什麼比思想分歧更有害的了。"

15）在聚會開始時用幾分鐘讓大家手牽手，以形成一股電流，這種做法是否有用？

"電流是一種物理方法，如果在思想上沒形成統一，這種方法也不會在你們之間形成統一。如果思想統一，每一個參與者都能吸引到善良的靈性，這樣會更加有效。如果在一次嚴肅的聚會上，沒有人有絲毫的傲

第二十五章：召喚　　　　　　　　379

慢和妄自尊大，只有一種彼此熱誠的美好情感，你們想都想不到自己會有什麼樣的收穫。"

16）在特定的日子和時間進行召喚是否可取嗎？

"是的。如果條件允許，也盡可能在同一個地方。這樣的話，靈性會更願意顯靈。保持持久的願望有助靈性前來與你們通靈。靈性有自己的顧慮，他們不會為了讓你們個人滿意而**突然**離開。我說的'在同一個地方'並不是指一個絕對的條件，因為靈性可以去往任何地方。我的意思是最好有一個專門舉行聚會的地方，因為它能讓人們更好地沉思。"

17）某些物品，例如圓盤和護身符等，是否如某些人所說，具有吸引或驅逐靈性的功能？

"這是一個毫無意義的問題，因為你們知道物質對靈性沒有任何影響。可以肯定的是，沒有一個善良的靈性會提出如此荒謬的建議。無論什麼性質的護身符，只有迷信的人才會它有法力作用。"

18）有的靈性會將約會選在不便之時，暗黑之地，你怎麼看待這樣的靈性？

"這些靈性只是在和聽他們話的人開玩笑而已。提出這樣的建議一定是毫無益處的，而且往往是危險的：無益，是因為除了上當受騙，什麼也得不到；危險，不是因為邪惡的靈性可能會做什麼，而是因為他們可能會對脆弱的心靈施加影響。"

19）某些特定的日子和時間是否更有利於召喚？

"這與靈性無關——就像其他物質一樣——認為某些特定的日子和時間具有影響，這是迷信思想。最有利的時機是召喚者較少參與習慣性事務的時候，這時他們的身心更為寧靜詳和。"

20）對靈性而言，被召喚究竟是愉悅的，還是不愉悅的？當我們呼喚他們時，他們願意回答嗎？

"這取決於靈性的性格，以及你們呼喚他們的原因。只要目的是值得稱道的，方法是能引起情感共鳴的，那麼這種召喚就是愉悅的，甚至是具有吸引力的。靈性總是對感情的表達感到高興的。有的靈性認為能與人類通靈是一種莫大的幸運，當他們被人類遺忘時，他們會感到痛苦。但正如我所說的，這也取決於靈性的性格。有的靈性很討厭人類，不喜歡被打擾，你可以從他們的回答中看出他們心情很糟，尤其是在他們不關心的人召喚他們的時候。有靈性常常毫無道理地去回應他素不相識或漠不關心的人的召喚，而這些人的召喚往往只是出於好奇。在這種情況下，如果靈性要回答，通常會很快出現——前提條件是這樣的召喚本質上是為了一個嚴肅而有教育意義的目的。"

我們見過有的人只是為了向親人請教一些有關物質生活的最普通的問題。例如：有的人想知道自己的房子是該出租，還是出售；有的人想知道自己的商品能否盈利，錢應該藏在什麼地方，或者這樣或那樣的生意是否有利可圖等等。我們去世的親人只對我們感興趣，因為我們對他們仍有感情。如果我們所有的思想都局限於像算命先生一樣對待他們，或者我們只想從他們那裡得到資訊，那他們就不會對我們太過惺惺相惜，也就難怪他們會對我們表現出如此之少的善意。

21）在回應我們的召喚時，善靈與惡靈之間有什麼差別嗎？

"差別很大。邪惡的靈性只會在他們想要支配和欺騙他人的時候才願意回答；如果他們被迫坦白自己的錯誤，他們是極不情願的，他們會像一個被訓斥的學生一樣試圖逃脫懲罰。儘管如此，高階靈性仍有可能強迫他們顯靈，以作為對轉世投生的懲罰和教訓。毫無目的或為了無關緊要事召喚善良的靈性，這會讓他們感到不悅。他們要麼根本不會回答，要麼很快就會離去。

"不管他們是什麼人，一般來說，靈性和你們一樣，都不喜歡分散好奇者的注意力。你們常常隨意地去召喚某個靈性，只是為了看看對方會說些什麼，或者問問其生前的一些小事，但靈性無意透露這些，因為他們沒有理由向你們傾訴。難道你們認為靈性喜歡被你們隨意盤問嗎？別傻了！人生前不會做的事情，成為靈性後更不可能做。"

事實上，經驗表明，只要是為了嚴肅而有意義的目的去召喚靈性，就會讓靈性感到愉悅。善良的靈性樂於教導我們，受苦的靈性會因我們的同情而得到安慰，而那些我們認識的靈性，每當我們懷念他們時，他們就會感到高興。輕浮的靈性喜歡被輕浮的人召喚，因為這給了他們一個消遣取樂的機會，但是在嚴肅的人面前，他們會感到不自在。

22）靈性只有被召喚才能顯靈嗎？

"當然不是。他們經常在沒有被召喚的情況下顯靈，這表明他們是自願這麼做的。"

23）對於一個沒被召喚就顯靈的靈性，我們能否確定他的身份？

"完全不能，因為騙人的靈性就常用這種方法來欺騙你們。"

24）如果我們用思想喚某個靈性，而不通過書寫或其他方式來表達自己，那麼靈性會回應嗎？

"書寫是一種物理手段，靈性可以通過這種方式顯示自己的存在，但真正吸引靈性的是思想，而不是書寫的行為。"

25）當一個進化程度較低的靈性顯靈時，我們能讓其離去嗎？

"是的，只要不聽他的就行。但如果你們對他的卑劣行徑感到好笑，又怎麼能指望他會離去呢？就像你們當中的傻瓜一樣，低階靈性喜歡糾纏乖乖聽他們話的人。"

26）以上帝的名義進行召喚，能保證不受惡靈的干擾嗎？

"以上帝的名義不會將所有墮落的靈性阻擋在外，但可以阻擋他們當中的大多數。這種方法可以你們遠離許多的惡靈，如果你們能從心底發出這樣的聲音，而不是將其當作一個陳腐的儀式，那麼效果會更好。"

第二十五章：召喚

27）我們能通過名字同時召喚多個靈性嗎？

"這有何難。如果有三隻手或四隻手寫字，就可以同時得到三個或四個靈性的回應。如果我們有多個靈媒，也能達到同樣的效果。"

28）如果只有一個靈媒，那同時召喚多個靈性時，哪個靈性會作出回應？

"其中一個靈性會回答所有的問題，他代表的是集體的思想。"

29）同一個靈性能在同一時間的同一次通靈過程中，通過兩個不同的靈媒進行交流嗎？

"這跟你們一樣容易，有的靈性可以同時口授多個字母。"

我們曾見到過一個靈性通過兩個靈媒同時回答問題：一個是用法語書寫的，另一個是用英語寫的，兩者的意思完全相同，有時甚至是字面上的翻譯也是一樣的。

通過兩個靈媒同時召喚的兩個靈性可以進行對話。只不過，他們並不需要這種交流方式，因為他們可以讀懂彼此的想法——有時他們這樣做是為了教導我們。如果他們是進化程度較低的靈性，仍然充滿著世俗的激情，保留著俗世生活中所持有的觀念，那麼他們可能會爭論和謾罵，互相指責對方的錯誤，甚至還會互相扔鉛筆、籃子或木板。

30）如果在多個地方同時召喚的某個靈性，靈性能同時對這些問題作出回答嗎？

"如果是高階靈性的話，當然可以。"

- 在這種情況下，靈性是有分身術，還是擁有無處不在的天賦？

"太陽是一個整體，但它卻將光芒輻射到每一個地方，它能將光線射得既遠又廣，卻不需要將自己分開。靈性也是如此。靈性的思想就像火花，能把光芒投射到遠處，讓地平線的每一個角落都能看到它。靈性越純潔，其思想就越像一束光一樣具有**輻射性**和發散性。進化程度較低的靈性密度太大，所以無法同時對多個人做出回應；如果他們已經被召喚到另一個地方，那他們是根本不能回應你們的召喚的。

"如果兩個不同的地方同時召喚，高度進化的靈性可以同時做出回應，前提條件是兩者具有同樣嚴肅性和真誠度；否則，靈性會偏向於回應更嚴肅的召喚。"

同樣地，一個人站在同一個地方可通過各個方向上都能看見的信號來傳播自己的思想。

在巴黎靈性主義者研究協會的一次聚會上，人們討論了無處不在的問題，有一個靈性自發地口述了如下內容：

"你們一直在討論靈性等級制度中有關無處不在的問題。你們可以把我們比作一個逐漸升空的氣球。當這個氣球仍然貼近地面時，只有一小部分人能看到它，但是隨著氣球不斷上升，這個圓圈就會越變越大，等它達到一定的高度時，就能被很多人看到了。我們也是如此。邪惡的靈性仍然依附於地球，仍局限於一個只能被少數人感知的狹小圈子裡。隨著他們不斷地提升和改善自我，就能夠與更多人進行通靈。當他們最終成為高度進化的靈性時，就會像太陽一樣光芒四射，能在多個地方被多個人同時感知到。"

第二十五章：召喚

錢尼

31) 已完成一系列輪回轉世的純淨靈性能被召喚嗎？

"可以，但這種情況很少見，因為他們只與純潔和真誠的心靈進行溝通——**傲慢或自私**的人統統排除在外。因此，千萬不要相信那些為了提高他們在你們心目中的地位而聲稱自己是純潔靈性的低階靈性。"

32) 最德高望重者的靈性怎麼會如此輕易地、又如此熟悉地回應最藉藉無名者的召喚呢？

"人類老是根據自己的標準來判斷靈性，這是錯誤的。肉體死亡後，塵世的地位就隨之消失了。判斷靈性的唯一標準是善良，善良的靈性可以去任何地方，只要那裡有善舉可行。"

33) 人死後多久才能召喚靈性呢？

"你可以在死亡的那一刻召喚他，但由於他可能仍然處於困惑狀態，所以無法做出很好的回應。"

由於困惑狀態的持續時間差異很大，所以不可能為召喚設定一個具體的時間範圍。但去逝八天左右，很少有靈性還無法充分意識到自己的狀態從而做出回應的。有的甚至在死後兩三天就可以召喚，但無論如何都應該謹慎行事。

34) 在死亡之時召喚靈性是否會比後來召喚靈性更麻煩？

"有時的確如此。這就像有人在你尚未完全清醒，就要你在睡夢中起床一樣。不過，有的靈性卻一點問題都沒有，召喚甚至可以說明他們擺脫困惑的狀態。"

35）一個年幼時夭折的孩子，如果在其俗世生活中尚未形成自我意識，那他的靈性又如何能有意識地作出回應呢？

"孩子的靈魂是**仍然包裹在物質繈褓中的**靈性。然而，一旦脫離了物質，他就會擁有靈性功能，因為靈性是沒有年齡之分，這也證明了孩子的靈性是有前世的。儘管如此，在完全解脫肉體之前，他的對話可能仍會表現出一些孩子氣的特徵。"

肉體的影響可能會在一個孩子的靈性中持續一段時間，而那些死於精神錯亂的人，其靈性也有可能殘留著肉體的影響。靈性本身並沒有精神錯亂，但我們知道有的靈性會繼續以為自己仍處於化身狀態。因此，一個精神錯亂者的靈性在完全解脫之前，仍然會感到妨礙其自由顯靈的障礙，這也就不足為怪了。這種結果因精神錯亂的原因而異，因為有些精神錯亂的人在死後會立即恢復清醒。

召喚動物

283.　36）我們能召喚動物的靈性嗎？

"賦予動物活力的智慧本源在動物死後仍處於蟄伏狀態。負責這一本源的靈性會立即利用它來啟動其他存在，並通過它繼續自身的發展進程。因此，在靈性世界裡，沒有游離的動物靈性——只有人類的靈性。這正好回答了你們的問題。"

第二十五章：召喚

- 有的人召喚過動物，並得到了回應，這又如何解釋呢？

"就算召喚一塊石頭，它也會回應。總會有一堆靈性願意說話，無論出於什麼理由。"

同樣的原因，當我們召喚某個神話或寓言人物時，總會得到回應，這實際上意味著某個靈性靈代替他做出了回應。靈性以這樣的人物顯形時，會模仿對方的性格和模樣。有一次，有人想到要召喚達爾杜弗，他很快就出現了。更重要的是，他說出了關於奧岡、埃爾麥爾、達米斯和瓦列爾的消息。就他自己而言，他模仿達爾杜弗的技巧如此之高，以至於看上去與真人無異。後來他承認自己是一名曾經扮演過這個角色的演員。輕浮的靈性總是會利用沒有經驗的提問者，但如果有人知道如何揭露他們的騙術，也不輕信他們的故事，面對這樣的人，他們會避而遠之。人類也是如此。

有一位紳士對他花園裡的一窩金翅雀很感興趣。可有一天，鳥巢不見了。他肯定這樁盜竊案不是家裡的人做的，因為他是一個靈媒，所以產生了召喚金翅雀媽媽的念頭。金翅雀媽媽用優美的法語回答說："不要指責任何人，也不要擔心我孩子的命運。是那只貓跳起來打翻了鳥窩。你可以在草坪上看到它和小鳥們在一起，它們並沒有被吃掉。"經過核實，那人發現所有的細節都對得上。如此，我們是否應該斷定是真正的鳥兒作出了回答？當然不是——這只是一個瞭解事情經過的靈性而已。這說明我們不應當輕易地相信表像，而上面的回答恰恰證明：就算召喚一塊石頭，它也會回應。（參見第 234 節"動物的通靈能力"章節）

召喚生者

284.　37) 靈性的化身會絕對阻止他的召喚嗎？

"不會，但其肉體的狀態必須允許當時的靈性脫離肉身。如果靈性的化身居住在一個高度進化的世界，即肉體物質化程度較低的世界，那麼靈性會更容易做出回答。"

38) 我們能召喚生者的靈性嗎？

"是的，因為你們可以召喚道成肉身的靈性。在自由狀態下，生者的靈性即使**不被召喚**也可以顯靈；這取決於相關各方之間的親和力。"（參見第 116 節 "鼻煙壺男人的故事"）。

39) 被召喚靈性的人，其肉體的處於什麼狀態？

"睡覺或打盹——那是靈性自由狀態的時候。"

- 靈性不在的時候，人會醒來嗎？

"不會。靈性**必須首先回到肉體中去**。如果是正在通靈的時候，靈性會離你們而去，而且往往會問為什麼。"

40) 如何警告靈性必須回到肉體中去？

"生者的靈性永遠不會完全脫離肉體。無論距離有多遠，靈性都會一直被一根流體繩索連接著，以便在必要時召回靈性。只有死亡才能打破這條繩索。"

超視型靈媒往往能感知到這種流體繩索，它是一種磷光蹤跡，跟在靈性的後面，指向肉體。有的靈性說他們會通過它來分辨那些仍在物質世界的人。

41）如果肉體在睡眠時受到了致命的傷害，而靈性卻在別處，這時會發生什麼？

"靈性會受到警告，並在死亡之前返回肉體。"

- 那麼，在靈性不在的情況下是否會發生死亡？

"不會，因為這違反了支配肉體和靈性結合的規律。"

- 可如果肉體受到突然的打擊呢？

"在受到致命的打擊之前，靈性會事先得到警告。"

當被問及這個問題時，有一個生者的靈性回答道："如果肉體可以在靈性離開時死去，這將是一個非常方便的自殺方式。"

42）在一個人睡眠時召喚他的靈性相對於在人死後召喚他的靈性，兩者進行通靈是一樣容易的嗎？

"不一樣。物質總會產生一定程度的影響。"

一個人在睡夢中被提問，他的靈性回答說："**我總是被這個鐵球拴著，我不得不把它拖來拖去。**"

- 在睡眠時，靈性會因為在別處而無法做出回答嗎？

"是的，靈性可能在其希望停留的某個地方，所以當他被召喚時，他不會做出回答，尤其是他對某人不感興趣時。"

43）在一個人清醒時，是否完全不可能召喚這個人的靈性？

"雖然很難，但也不是完全不可能，因為如果召喚**有效**，人可能會睡著。不過，靈性只能作為一種靈性進行通靈，而肉體進行智力活動時並不需要靈性的存在。"

實驗證明，在清醒狀態下召喚可以導致睡眠，或者至少接近睡眠狀態。然而，要出現這種結果，必須擁有非常強烈的意願，而且兩者之間要有親和力的聯結。否則，召喚將不會成功。即使是在召喚可以導致睡眠的情況下，如果時機不恰當，而且這個人不想睡覺的話，那這個人也會反抗。即使真的睡著了，靈性也會受到困擾，回應時也會很困難。因此，召喚生者靈性的最佳時間是在其自然睡眠的時候，因為此時的靈性是自由的，可以像去其他地方一樣輕鬆地回應召喚。如果有人同意召喚並試圖入睡時，這種專注反而可能會延遲睡眠和干擾靈性。這就是為什麼仍然最好選擇自然睡眠的原因。

44）被召喚的生者醒來時還會記得這一些嗎？

"不會。你們自己被召喚的次數遠比你們想像的要多得多。只有靈性記得，有時會給人一種模糊的印象，好像這是一場夢。"

▪ 如果我們並認識對方，那又是誰想召喚我們？

"在其他幾世，你可能是這個世界或其他地方的名人。你的親人朋友也有可能在這個世界和其他地方這麼做。假設你的靈性為別人父親的肉體賦予了生命。那麼當這個人召喚自己的父親時，你的靈性就會對這個召喚起做出回應。"

45）生者的靈性是以靈性的身份回應的，還是以清醒狀態下的思想回應的？

"這取決於靈性的進化程度，但靈性看待事物會更全面，偏見更少——就像夢遊者一樣。這兩種狀態幾乎是完全相同的。"

46）如果夢遊者的靈性在磁激性睡眠過程中受到召喚，那他會比其他人的靈性更清醒嗎？

"當然，他會更容易做出回應，因為他的依戀更少。這一切都取決於靈性和肉體之間的獨立程度。"

- 夢遊者的靈性能在對某個從遠處召喚他的人做出回應的同時，又對另一個人做出口頭回應嗎？

"在兩個不同的地方同時進行通靈的能力僅限於那些完全去物質化的靈性。"

47）我們可否在一個人睡眠的時候對其靈性採取行動，從而使這個人在清醒狀態時發生改變呢？

"有時的確可以。因為在睡眠過程中，靈性與物質之間並沒有那麼緊密的聯結，所以靈性更容易受到精神暗示的影響，從而影響其看待事物的方式。不幸的是，在大多數情況下，靈性在醒來後再次受到肉體本性的支配，便會忘了之前所做的好的決定。"

48）生者的靈性是可以自由表達，還是不能自由表達？

"他擁有自己的靈性能力，因此也擁有自由意志。因為他更敏銳，所以比清醒時更謹慎。"

49）我們能否通過召喚，強迫人們說出一些他們寧願緘口不言的事情？

"我說過，靈性是有自由意志的。但作為一個靈性，他對某些事情的重視程度可能不如其正常狀態，所以他的良知可以更自由地進行表達。而且，只要靈性不想說話，總能選擇主動離開來逃避不舒服的處境——沒有人能強留靈性，正如沒有人能強留肉體一樣。"

50）生者的靈性會不會被其他靈性強迫顯靈並說話，就像游離的靈性所遇到的情況一樣？

"在生者與亡者的靈性中，只有一種至高無上：道德上的優越性。你們要明白，高階靈性是決不會贊同怯懦的輕率行為的。"

事實上，這種濫用信任的行為是錯誤的，所以不會產生好的結果，因為我們不能強迫靈性透露其希望保守的秘密，除非靈性是出於正義感才破例這麼做的，而且他也承認在其它情況下仍將保持沉默。

有個人想要通過這種方式來查明她的一位親戚是否在其遺囑中提到過自己。靈性回答說："是的，我親愛的小侄女，你很快就會知道的。"外甥女確實記得很清楚，但幾天後，那個親戚就銷毀了遺囑，並不懷好意地把這件事告訴了他的外甥女，雖然他並不知道自己曾被召喚過。毫無疑問，在被提問後，他的靈性下了一個決心，而他本能地按照這個決心採取了行動。把我們當面不敢問的問題拿去問死者或生者的靈性，這純粹是一種懦弱的行為，而這種懦弱永遠不會得到我們希望得到的補償。

51）我們能召喚一個肉體還在子宮裡的靈性嗎？

"不能，因為你們要知道，在這個階段，靈性還處於完全困惑的狀態。"

道成肉身是在孩子呼吸的那一瞬間才發生的。但從受孕的那一刻起，指定的靈性就陷入了一種困惑狀態之中，這種困惑狀態會隨著出生的臨近而加劇，並抹去靈性的自我意識。因此，靈性無法作出回應。（參見《靈性之書》第344節"轉生"和"靈魂與肉體的結合"）

52）騙人的靈性是否會代替生者做出回應？

"當然有可能，這經常發生，尤其是在召喚者別有用心的時候。而且，對生者的召喚只對心理學研究有用。如果不是為教育意義，就不應該這樣做。"

既然召喚游離的靈性都**不一定能成功**（用他們自己的表達方式），那麼化對身靈性的召喚就更是如此了。那是騙人的靈性最能取而代之的時候。

53）召喚生者有什麼不好的地方嗎？

"並不一定完全沒有危險，但這取決於他們的具體情況。如果他們在病中，這樣可能會增加他們的痛苦。"

54）什麼時候召喚生者是不合適的？

"不要去召喚極度年幼的兒童、重病之人或年老體弱之人。換句話說，當身體狀態非常衰弱時，這樣做是不合適的。"

如果一個人在清醒狀態下突然停止了智力活動，可此時這個人需要保持完全敏捷的思維，那麼這也會帶來危險。

55）在召喚生者時，他們的肉體是否會因為靈性的工作而感到疲倦，即使肉體並不在場？

一個被召喚過的人肯定地回答說他的身體非常累："我的靈性就像系在柱子上的氣球。我的身體就像是隨著氣球的抖動而搖晃的柱子。"

56）如果不採取預防措施，召喚生者可能是不合適的，那麼召喚一個靈性，如果他不知道自己是否已道成肉身，而且還有可能處某種不利的狀態，那不也是很危險的事情嗎？

"並非如此，這兩種情況是不一樣的。只有在條件適當的情況下，靈性才會做出回答。再說，我不是已經說過了嗎，在召喚之前，你們應該問問我可不可以？"

57）有時，我們會在一個並不恰當的時候感到有一種不可抗拒的睡意襲來，這是因為我們在什麼地方被召喚了嗎？

"當然有可以，但大多數情況下，這應該被視為一種簡單的生理需求，不管是因為身體需要休息，還是因為靈性需要自由。"

我們認識一位元女士，她是一位靈媒，有一天她突發奇想，想要召喚睡在同一間屋子裡的孫子的靈性。她根據他的語言、熟悉的表情以及一份準確記錄寄宿學校裡所發生的一些事情的報告，確認了他的身份。然後，另一件事的發生進一步證實了這一點：這個靈媒的手突然停下來，無法再進行書寫了。而這時，那孩子半睡半醒地在小床上扭動著。很快，他又睡著了，靈媒接著進行交談，中間沒有被打斷。在適當的條件下，對生者的召喚無可爭辯地證明了靈性與肉體各自不同的活動，從而證明了一種獨立於物質之外的智慧本源的存在。（參見《靈性主義評論》（1860 年）第 11 頁和第 81 頁，其中列舉了召喚生者的幾個著名案例。）

人體電報

285. 58）兩個人能同時召喚對方，以進行思想的交流和通靈嗎？

"是的，這種人體電報有一天會成為一種普遍的交流手段。"

- 為什麼現在不能實行呢？

"有些人已經這樣做了，但為數不是很多。世人**必須淨化自我**，以使其靈性進一步脫離物質——這也是為什麼必須以上帝的名義進行召喚的另一個原因。在這之前，這僅限於**純潔的靈性**和已去物質化的靈性——對於地球居住者的現有狀態而言，這是非常罕見的。"

第二十六章：
可以向靈性提出的問題

- 初步觀察
- 適當的問題和不適當的問題
- 關於未來的問題
- 關於前世和來世
- 關於道德和物質利益
- 關於靈性的命運
- 關於健康
- 關於發明和發現
- 關於隱藏的寶藏
- 關於其他世界

初步觀察

286. 對於向靈性提問的方式，尤其是關於問題本身的性質，再怎麼謹慎對待也不為過。我們必須考慮這類問題的兩個方面：形式和範圍。就形式而言，應當問得清楚而準確，不要過於複雜。還一個同樣重要的關鍵點，即提問的順序。如果針對一個主題需要提出一系列問題，那必須將這些問題有條不紊地組織在一起，使其在邏輯上逐一展開。這樣，相比我們毫無章法、毫無過渡地隨便提問，靈性回答起來自然要容易得多，也清楚得多。這就是為什麼提前準備好問題不失為一計良策，當然，在聚會期間，也可以根據具體情況插入其他問題。另外，通過這樣的準備工作，可以更加冷靜地提出問題，而且這也是一種預期的召喚（正如我們之前所說的），靈性可以觀察到這一切，並讓自己做好準備。我們注意到，靈性常常在某些問題被提出之前就能對其作出回答，這說明靈性已經事先知道了這些問題。

另一個需要更加嚴肅對待的是提問的範圍，因為提問的性質往往會影響回答的正確或錯誤。有些問題是靈性不能或不應該回答的，其中的原因我們無從所知，所以堅持是徒勞的。但我們最應當小心避免的是那些試探靈性洞察力的問題。人們常說，如果某件事是顯而易見的，那麼靈性就應該知道它，但恰恰是那些我們已經知道答案，或那些我們能夠自己澄清的問題，靈性才懶得回答。這種不信任對他們是一種冒犯，不會取得任何令人滿意的結果。這樣的例子在我們自己身不是也很常見嗎？學識淵博的人是瞭解自身價值的，他們是否會喜歡回答那些把自己當成小學生一樣來試探的愚蠢問題呢？想要使某人成為信徒，這種願望並不是靈性必須滿足其無聊好奇心的理由。靈性知道，這些人早晚會被說服，只是這種方式並不總是我們想像的那樣。

假如有一個嚴肅認真的人，他整天忙於有意義和嚴肅的事情，卻時常被孩子提的幼稚的問題所困擾，如此，你們也就能想像得出高度進化的靈性是如何看待那些愚蠢的問題了。當然，這並不意味著我們就不能從靈性那裡獲得有意義的指導，尤其是獲得有益的忠告，但靈性回答的優劣取決於他們身擁有的知識，取決於他們對我們的興趣和情感，同時，也取決於我們向他們提問的目的，以及他們認為這一話題是否有用。然而，如果我們僅僅認為他們比其他人更有能力向我們解答關於這個世界的問題，那麼他們對我們就不會產生太多的情感共鳴。在此之後，他們只會匆匆地來看我們一眼，而且根據他們的不圓滿程度，他們常常會因為時機不當而不大高興。

287. 有的人認為最好是什麼問題都不要問，只是等待，而不是請求靈性的教導。然而，這也是錯誤的。顯然，靈性可以給予一種更高境界的自發性教導，這是我們不應當忽略的，可關於有些問題的解釋，如果我們不直接向他們請教，就只能漫長地等待。如果我們不提出問題，無論是《靈性之書》，還是現在這本著作，都無法問世，或者至少不會如此完整，可即便如此，這其中也還有許多非常重要的問題尚未得到解決。提問並不是不恰當，而是對於我們學習具有非常重要的意義，前提條件是我們必須在適當的範圍內提出問題。而且這還有一個好處，就是可以幫助我們揭露騙人的靈性，這些靈性並非知識淵博，而只是自命不凡，很少進行嚴密的邏輯分析，所以提問總會讓他們露出馬腳。因為對於這個過程，真正的高階靈性並沒有什麼可害怕的，正是他們第一個建議我們必須要求對晦澀的觀點給出解釋；相反，其他靈性則害怕面對有力的論點，他們會小心翼翼地避之唯恐不及。這就是為什麼他們通常建議那些他們想要支配和強迫的靈媒全盤接受自己的空想理論，以免有人對其教義提出任何異議。

誰能夠很好地理解這本著作到目前為止所討論的內容，誰就該清楚我們應當把提問內容限定在哪些範圍。儘管如此，為了更加明確，我們在下面列出了缺乏經驗的人通常提出的一些主要問題，以及靈性對於這些問題所給出的回答。

適當的問題和不適當的問題

288. 　　1）靈性是否願意回答向他們提出的問題？

　　"這取決於問題本身。如果提的問題是以善良或你們的進步為初衷，那麼嚴肅的靈性會樂於回答這樣的問題。但他們會對毫無意義的問題置之不理。

　　2）提出嚴肅的問題就能得到嚴肅的回答嗎？

　　"不一定。這還取決於是什麼樣的靈性在做出回答。"

　　▪ 可嚴肅的問題不是會趕走輕浮的靈性嗎？

　　"趕走靈性的並不是問題本身，**而是提問者的品格**。"

　　3）什麼樣的問題會讓善良的靈性感到特別不悅？

　　"凡是不必要的，僅僅出於好奇心或者只是想試探一下而提出的問題。他們不會對這些問題做出回答，只會一走了之。"

　　▪ 什麼樣問題會讓不圓滿的靈性感到不悅？

　　"只有那些在他們試圖欺騙時，會讓其無知或詭計展露無遺的問題。否則，他們會對任何事情做出回答，而毫不關心真相。"

4）如果有人只把通靈當作一種消遣或娛樂，或者通過它來獲得有關個人問題的啟示，那該怎麼辦呢？

"低階靈性非常喜歡和自己一樣愛消遣，被自己騙了反而還很開心的人。"

5）當靈性不回答某些問題時，是因為他們不想回應，還是因為有更高的權力反對靈性給出某些啟示？

"兩者皆有可能。有的事是不能透露，而有的事則是靈性所不知道的。"

- 如果我們一直堅持，靈性最終會做出回答嗎？

"不會。如果一個靈性不想回答，那他可以很容易地一走了之，這就是為什麼靈性要你們等，你們最好就等，尤其是告訴你們不要堅持要回答時。堅持要靈性不想給的回答，那肯定只能上當受騙。"

6）所有的靈性都能理解向他們提出的問題嗎？

"並非如此。進化程度較低的靈性無法理解某些問題，但這並不妨礙他們做出或好或壞的嘗試——就像你們自己一樣。"

在某些情況下，如果有需要，更開明的靈性往往會通過耳語的方式說明學識較低的靈性做出回答。通過某些回答與其他回答的對比，或通過靈性自身的確認，這可以很容易地做出判斷。但這只適用於那些真誠無知的靈性，而不適用於那些假裝無所不知的靈性。

關於未來的問題

289.　7) 靈性能為我們揭示未來嗎？

"如果人類知道未來，他們就會忽視現在，但對於這一個問題，你們總是孜孜不倦地想要得到一個準確的回答。這其實是大錯特錯的，因為顯靈並不是一種算命的手段。可如果你們一定要得到一個答案，那只有輕浮的靈性給出的答案——我們一直在提醒你們千萬要注意這一點。"（參見《靈性之書》第868節"關於未來的認知"）

8) 可靈性不是曾經主動，並且準確地預言過一些的未來事嗎？

"這有可能是靈性預見到了他認為應當揭示的事情，或者由於其自身的使命需要向你們揭示的事情。但對於這種情況，我們最應該關注的是那些以通過預測來取樂的騙人的靈性。你們只能通過對整體情況的分析來判斷這一可信度。"

9) 我們最不應該相信哪種預測？

"所有這些**基本毫無用處**。個人預測大多是杜撰的。"

10) 為什麼靈性會主動宣佈一些最終並不會發生的事情？

"大多數時候，他們樂衷於讓人們產生盲目的輕信，或讓人們感到恐懼或得意，等看到人們大失所望後，他們又會對此嘲笑不已。不過，有的時候，這些欺騙性的預測帶有一個嚴肅的目的：即考驗其針對的對象，以揭示他們在得知這一預測時所產生的情緒的善惡本質。"

例如，有人在聽到預測後，想到自己有望在某人去世後得到一筆遺產，便會產生貪念或野心等等。

11）為什麼嚴肅的靈性感覺到某件事要發生，卻並不明確告知具體的時間呢？是因為他們做不到，還是因為他們不想這麼做？

"二者取其一吧！在某些情況下，靈性可能會**感知**到某件事即將發生，然後會警告你。至於確切的時間，他們往往不允許透露，或者很多時候無法透露，因為連他們自己也不清楚。靈性可以預見某件事，但確切的時刻可能取決於尚未發生的事，而這些事只有上帝知道。輕浮的靈性會肆無忌憚地欺騙你們，他們會隨意地說個日期和時間，完全不關心真相如何。這就是為什麼凡是**詳盡具體**的預測都值得質疑。

"再說一遍，我們的使命是讓你們不斷進步，我們會竭盡所能地幫助你們。向高階靈性請救的人絕對不會上當受騙。但千萬不要認為你們可以浪費我們的時間來做你們希望的無益之事，或為你們的未來占卜算命。這些事兒還是留給那些像頑皮的孩子一樣拿它來取樂的輕浮的靈性吧！

"上天對可以向人類揭示的事物進行了限制，對於任何不可洩露的天機，嚴肅的靈性都會保持沉默。"任何人堅持要得到答案，就免不了要受到低階靈性的欺騙，他們特別擅長抓住各種機會去玩弄盲目輕信的人。"

靈性能通過感應看到或感知到未來發生的事情。靈性看到的事情是在某個時間段內發生的，而這個時間維度與我們的時間維度是不一樣的。要明確事情發生的具體時間，靈性就必須採用與我們一樣的時間計算方法，但他們並不一定認為有必要這樣做。這是造成明顯錯誤的主要原因。

12）難道沒有人天生就具有預見未來的特殊能力嗎？

"靈魂能夠脫離物質的人就有這種能力，在這種情況下，看到未來的是他們的靈性。在適當的時候，上帝允許靈性為了良好的初衷去揭示某些事情；但更多的時候還是冒名頂替之人和江湖騙子居多。不過，這種能力在未來會變得越來越普遍。"

13）有的靈性為了取樂會告訴人們他們將在某一天的某一時間去世，這樣的靈性該如何看待呢？

"他們是品味很差的惡作劇者——品味極差——他們只不過是想在自己製造的恐慌中找點樂子而已。對於這個，你們永遠不要擔心。"

14）可為什麼有的人能提前預感到自己去世的時間呢？

"大多數時候是靈性在自由狀態時得知了這一切，而人在醒來後仍會保留一種直覺。既然這些人已經做好了準備，他們就既不會害怕，也不會不安。對於他們而言，靈魂與肉體的這種分離只是一種境遇的改變而已，或者說——如果你們喜歡粗俗淺顯的例子——這就像脫下了厚重的衣服，穿上了絲綢。隨著靈性主義理念的傳播，人們對死亡的恐懼會逐漸減輕。"

關於前世和來世

290. 　15）靈性能向我們揭示我們的前世嗎？

"根據具體的目的，上帝有時會允許這麼做。如果這有助於你們的啟迪和教導，那麼這些啟示將是真實的，這種情況下大多是自發發生的，是完全出乎人們意料的。然而，上帝從不允許通過這種方式去滿足人們無聊的好奇心。"

- 為什麼有的靈性會毫不猶豫地透露這些事情？

"他們只不過是拿你們尋開心的惡作劇者。對於這種性質的啟示，你們通常應當把它們當成是錯誤的，或者至少應該懷疑其缺乏一個特別嚴肅和有益的目的。愛嘲弄人的靈性熱衷於告訴人們擁有一個顯赫的前世，以此來奉承人們的虛榮心。有的靈媒和信徒會輕信這些靈性所說的這些話的表面價值，他們完全沒有注意到自己的靈性狀態根本無法證明他們曾經擁有過的地位。這純粹是虛榮心在做怪，愛嘲弄人的靈性和人類都喜歡以此自娛自樂。對於這些人而言，地位升高而不是地位下降是一件更光榮的事情，這更合乎邏輯，也更符合萬事萬物逐漸進化的規律。要接受這些啟示，除了首先接收它們的靈媒外，還必須通過幾個彼此互不認識的靈媒自發地進行。這樣才有足夠的理由相信其真實性。"

- 如果我們無法知道自己前世的身份，那麼是否也無法知道我們前世所過的生活，所處的社會地位，以及我們身上占主導地位的品質和缺點呢？

"並非如此，這些是有可能透露的，因為它有助於你們的進步。不過，你們也可以通過研究現世來推斷你們的前世。"（參見《靈性之書》第 392 節"遺忘前世"）

16）我們能得到關於我們來世的啟示嗎？

"不能。任何靈性可能告訴你們的關於你們來世的一切都是無稽之談。你們需要瞭解的是，你們的來世是無法預知的，因為這將取決於你們在世時的行為以及以後你們作靈性時所下的決心。你們需要贖的罪越少，你們就會越幸福，但想要知道來世投生的地方，生活得怎麼樣——再說一次，那是不可能的。唯一的例外是在世間只為完成一項重要使命而投生的靈性，這種情況非常罕見，也很特殊，因為他們的人生歷程在某種程度上是可以預先被追蹤的。

關於道德和物質利益

291. 17）我們可以向靈性請教嗎？

"是的，當然可以。善良的靈性從不會拒絕幫助那些信任他們的人，尤其是在回答關於靈魂的問題時。但他們會對偽君子——那些假裝在尋找光明而沉浸在黑暗中的人——置之不理。"

18）靈性能為我們提供有關私事的建議嗎？

"有時會，視情況而定。同時，這也取決於你們提問的物件是誰。如果是有關一個人私事的忠告，那它一定來自於熟悉的靈性，因為熟悉的靈性與這個人聯繫更緊密，對其關注的事情更感興趣。熟悉的靈性是你們的朋友，是你們最隱秘思想的知己，但你們常用一些瑣碎的問題來煩他們，這會讓他們離你們而去的。相反，向陌生的靈性詢問私人問題是很荒謬的，這就像你在街上遇到一個人就向對方求婚一樣。千萬不要忘記，平庸的問題是入不了高階靈性法眼的。此外，你們還需要考慮熟悉的靈性具體什麼樣的品質，他們有可能是善良的，也有可能是邪惡的，這取決於他們與人產生情感共鳴的原因。一個惡人所熟悉的靈性也是邪惡的，他可能會提出有害的建議，但如果這個人改邪歸正了，那麼邪惡的靈性就會離開，並讓位給更善良的靈性。物以類聚，人以群分。"

19）我們所熟悉的靈性是否能告知有助於我們實現物質利益的東西？

"他們可以，有時也會這樣做，這取決於具體情況；但請記住，善良的靈性永遠不會為貪婪效力。邪惡的靈性會用各種各樣的假像來誘惑你們，讓你們興奮，然後欺騙你們，最後讓你們失望。另外，你們也要知道，如果你們的考驗註定要你們經受這樣或那樣的折磨，守護靈性可以幫助你們更順從地忍受這種折磨，有時還能減輕這種折磨，但為了你們自己的來世著想，守護靈性並不會直接將你們從這種折磨中解脫出來。這就像一個好的父親不會隨便滿足兒子想要的一切。"

在很多情況下，我們的守護靈性可以為我們指出一條最好的道路，但他們不會帶著我們走這條路。否則，我們將失去所有的主動權，事事都要求助於他們，這無益於我們自身的進步。為了進步，人類必須不斷地以自己為代價獲取經驗。這就是為什麼明智的靈性總是給我們提出忠告，但總是讓我們依靠自己的能力去做事，就像善於教育的老師對待他們的學生一樣。在通常情況下，他們會通過靈感來指導我們，讓我們因我們所做的善事修積功德，也為自己的錯誤選擇承擔全部責任。

如果我們像某些靈媒那樣，用最瑣碎的事情去詢問我們熟悉的靈性，那是對他們庇護的濫用，也是對他們使命的誤解。有的靈媒會拿起鉛筆，讓靈性為最簡單的決定給出是或否的建議。這種習慣不僅暴露了他們的心胸狹窄，也暴露了他們的傲慢，認為他們能讓僕從靈性聽命於自己，認為這些僕從靈性除了關心他們和他們的蠅頭小利之外，再無別的事情可做。此外，這還會使他們喪失自己的判斷力，使他們扮演被動的角色，這不僅對現世毫無益處，而且無疑會對其來世造成某些不利。如果向靈性詢問無聊的瑣事是一種幼稚的表現，那麼，就靈性而言，主動關心我們稱之為日常家務的事情，也是一種幼稚的行為。這樣的靈性有可能是善良的，但肯定也是非常世俗的。

20）如果一個人在臨終時留下了一堆亂七八糟的事務，為了公義，他能否請熟悉的靈性來幫助他處理，能否向熟悉的靈性打聽可能完全不為人知的遺產的情況？

"你們忘記了死亡是擺脫世間煩惱的一種解脫。你們認為他的靈性因為獲得自由如此幸福，還會心甘情願地再去關心剛剛擺脫的枷鎖，以滿足後嗣的貪欲嗎？也許他的後嗣還會為他的死而快樂，因為他們可以從中獲益呢！你們所說的公義，只會令繼承遺產的人失望，因為這是上帝為他們貪戀世間財物所預備的懲罰的源頭。再者，人死後所遺留的困難是人生考驗的一部分，沒有靈能逃避這種考驗，因為這是上帝的旨意。"

　　如果有的人認為靈性無非是充當我們預知未來的嚮導，幫助我們留戀塵世，而不是仰望天堂，那麼這個回答肯定會讓他們失望。支持這個回答的還有另一個因素。如果有的人在生前由於疏忽大意而留下了一攤子亂七八糟的事務，那麼他們在死後就更不太可能在意這些事務，因為他們只會為擺脫了那些煩惱的根源而感到高興。而且，即便進化程度很低的靈性對於這種事也不會像人類一樣關注。至於他們身後留下的不為人知的遺產，他們沒有理由去擔心那些貪婪的繼承人，這些繼承人除了希望獲得一些利益，可能從未考慮過這些遺產。而且，如果他們仍然保留了人類的激情，他們甚至可能會在繼承人的失望中感到一種惡意的快樂。

　　如果為了公義和所愛之人的利益，靈性認為公開這些遺產是有益的，那麼即使當事者不是靈媒，或沒有求助於靈媒，靈性也會自發地這麼做。靈性會通過一種意想不到的方式讓事情為人所知，而決不是由於直接向其提出了任何要求，因為要求並不能改變當事者必須經歷的某種性質的考驗。這只會激怒靈性，因為大多數時候，這樣的要求只會暴露出人性的貪婪，它會向靈性表明，他的繼承人只是出於自私的原因才想到他的。
（參見第 295 節）

關於靈性的命運

292.　　21）我們可以向靈性詢問他們在靈性世界中的情況嗎？

"是的，如果請求的初衷是出於親近或想要對其有所幫助，而不是出於好奇，那麼靈性會欣然回應的。"

22）靈性能解釋他們痛苦或幸福的本質嗎？

"當然，這些啟示對你們具有重要的意義，因為它會使你們得以理解來世的懲罰和獎勵的本質。它能消除你們對於這個問題的錯誤想法，重新點燃你們對上帝仁慈的信仰和信任。善良的靈性會樂於告知他們的幸福，而邪惡的靈性可能不得不描述他們的痛苦，以進行自我懺悔。有時，他們甚至能從中得到一些安慰。只有不幸的人才會抱怨，並希望得到同情。

"別忘了，靈性主義的根本和唯一目標就是讓你們取得進步。為了實現這一目標，靈性被允許引導你們瞭解來世的生活，為你們提供可供借鑒的例子。你們對等待你們的世界越是認同，在現在的世界中就越不會受苦。這概括了靈性主義者啟示的現世意義。"

23）有的人我們不確定他們的命運如何，那通過召喚他們，我們能否得知他們是生是死？

"可以，如果對於那些很想知道對方生死的人而言，生死的不確定性不是一種必要或一場考驗的話。"

- 如果他們已經死亡，那他們能否以一種可以驗證的方式告知死亡的情況？

"如果事關重大，他們可以；否則，他們就不會費這勁了。"

對於這種情況下，經驗表明，靈性可能根本不在意我們對其生死的關注。如果要告知這一情況，靈性自己會提供最準確的資訊，無論是通過靈媒，還是通過幻象和幽靈等方式。否則，騙人的靈性完全可以取而代之，並通過提供毫無價值的資訊來找樂子。

有些人的死亡無法得到官方證實，他們的失蹤常常給會家庭事務帶來諸多困擾。我們看到過有的靈性在被問及這一問題時，提供了有價值的線索，但這種情況非常罕見和特殊。只要靈性願意，他們當然可以這麼做；但如果涉及的困難是有人想逃避這種考驗，那麼靈性通常是不允許這麼做的。

因此，如果有人幻想著用這種方法得到一筆遺產，那就大錯特錯了，因為這種方法唯一有效的結果就是把錢浪費在這種追求上。

隨時準備點燃這種希望的靈性是不在少數的，他們會毫不猶豫地領著當事人進行徒勞無益的搜索，他們非常熱衷於看到這其中哪怕有一絲可笑的地方。

關於健康

293. 24）靈性可以提供有關健康的建議嗎？

"我們需要健康的身體，才能完成我們在世間的工作，這就是為什麼靈性願意關心這一問題的原因。不過，靈性既有愚昧無知的，也有學知淵博的——在這種情況下，正如在其他所有情況下一樣——不要求助於第一個出現的不失為明智之舉。"

25）如果我們讓一位名醫的靈性來回答這個問題，我們會更有把握獲得好的建議嗎？

"名醫並非絕對可靠，他們的理論觀點不見得都是正確的，他們也不會在死後一下子得到超脫。世間的科學與天堂的科學相比是微不足道的，只有高度進化的靈性才能擁有後者。你們對他們的名字可能一無所知，但他們知道的可能遠遠越過你們的學者。要使靈性高度進化，光靠科學是不夠的，你們可能會驚訝于某些學者在我們中間所處的地位。所以說，如果學者的靈性在作為靈性時沒有取得進步，那麼他所知道的也許不比他在世時知道的更多。"

26）作為靈性時，學者是否會意識到自己科學上的錯誤？

"如果他們已達到了足夠高的等級，能夠放下虛榮心，清楚尚未完成自我進化的過程，那麼他們就能認識到自己的錯誤，並虛心地承認自己的錯誤。但如果他們還沒有充分地去物質化，可能就會殘留一些世俗的偏見。"

27）如果醫生想要召喚已去世的病人，那他們能否從病人那裡瞭解到其死亡的原因，瞭解到他們在治療時可能犯下的錯誤，從而讓自己的醫術得到精進嗎？

"當然可以，這是非常有用的，尤其是能得到開明的靈性的幫助時，他們可以補充其在某些疾病方面所缺乏的知識。但前提是，必須以認真刻苦的態度並帶著人道主義的目的來進行這種研究，而不能將作為不必付出努力就能獲得知識和財富的一種手段。"

關於發明和發現

294. 28）靈性能否指導科學研究和發現？

"科學是天才的工作，只有通過工作才能掌握科學，因為這是人類進步的唯一途徑。"如果人們所要做的就是詢問靈性以瞭解一切，那麼他們又有何功德可言？如此，豈非任何愚笨之人都可以用這個代價掌握科學？這一道理同樣適用于發明和工業發現。不過，這其中還有另外一個因素需要考慮：所謂萬事皆有時，須等到大眾的思想成熟到足以接受它的時。如果發明家能夠直接從靈性那裡獲得答案，他們就會破壞事物的自然規律，讓果實過早成熟。

"上帝曾對世人說：'你們將用額頭上的汗水掙得麵包'，這是一個令人欽佩的形象，它描繪了這世間的眾生之相。人類必須通過辛勤勞動才能取得進步。如果把一切準備得妥妥當當再交給他們，那對他們的智力有何益處？這無異于代替學生完成家庭作業一樣。"

29）難道科學家和發明家的研究從來沒有得到過靈性的幫助嗎？

"這是兩碼事兒。就發現而言，一旦其問世的時機成熟，負責指導工作的靈性就會尋找合適的人來完成這項使命，一方通過必要的思想來激勵人們，一方面又讓人們自己形成這些想法並把其付諸實施，這樣才能將所有的功德歸功於發現者。人類所有偉大的智慧成果都是這樣創造出來的。善良的靈性尊重各個領域的每一個勞動者：那些只會耕田種地的人並不會成為上帝的神秘寶藏，但靈性知道如何從芸芸眾生中找出有能力完成神聖計畫的人。切勿讓自己出於好奇或野心而走上一條與靈性主義目標背道而馳的道路，這只會導致最荒謬的欺騙。"

　　對靈性主義的深入瞭解有助於平復人們對於發現的狂熱之情，因為一開始時，許多人都對自己的發現深以為然。有的人甚至會向靈性詢問如何染髮生髮，如何治療肉刺等配方。我們見過很多人以為自己很快就要發財致富了，但結果卻令人啼笑皆非。同樣的，如果一個人想要在靈性的幫助下揭開萬事萬物的起源之謎，也會遇到這種情況。有的靈性確實有一套自己的理念，但這並不比人類的更有價值，所以必須謹慎對待。

關於隱藏的寶藏

295.　　30）靈性能揭示神秘寶藏的下落嗎？

　　"高階靈性對這種事情一點兒也不關心，但愛捉弄人的靈性常常會透露一些根本不存在的寶藏的下落，他們甚至會隨便亂指一個地方，而真正的寶藏卻另在別處。具有諷刺意味的是，這樣做只不過證明了一點，即真正的財富來自於勞動。如果上帝要將隱藏的財富分配給某個人，那麼這個人會自然而然地，而不是通過其他方式找到這筆財富。"

　　31）相信有守護寶藏的靈性，這種想法是否可取？

　　"尚未完全脫離物質的靈性會對事物產生依附。生前將財寶藏起來的守財奴，死後還會死死看守財富。

讓他們眼睜睜地看到自己的財富被偷，這是對他們的一種懲罰，直到他們明白這樣做是徒勞無益的。然而，世間也有靈性負責地質演變的指導工作，在寓言中，他們變成了自然寶藏的守護者。"

隱藏的寶藏和未知的遺產是一樣的。只有精神不正常的人才會相信那些來自無形世界的惡棍所捏造的啟示。我們曾經說過，如果靈性想要或能夠給予這樣的啟示，他們會自發這麼做的，並不需要任何靈媒。下面舉一個例子：

有一位女士在結婚三十年後失去了她的丈夫，她的繼子威脅她說，如果沒有經濟來源，就會將她趕出家門。她非常絕望，有一天晚上，她的丈夫出現在她面前，讓她跟著自己走進了他的辦公室。在那裡，去世的丈夫帶她看了一個仍然密封著的寫字臺。他指著她以前不知道的一個秘密抽屜，解釋了打開抽屜的方法，並且補充道："我早就預見到了這一切，所以想要確保你的遺產。我的遺囑就鎖在這抽屜裡，我已將這棟房子的全部使用權和收入……"隨後，他就消失了。等到要拆開司法密封的那天，沒有任何人能打開這個抽屜。後來，那位女士把事情的經過講了一遍。她按照丈夫的吩咐打開了抽屜，發現遺囑和他之前所說的一模一樣。

關於其他世界

296. 32）我們能在多大程度上相信靈性對於其他世界的描述？

"這取決於說這些話的靈性**真正**達到了怎樣的進化程度，因為你們要知道，普通的靈性是不可能將這些事情告訴你們的，就像你們中間愚昧無知的人是不可能知道地球上各個國家的情況一樣。你們經常會到關於這些世界的科學問題，但這些靈性卻無法做出回答。如果他們是好意的，可能會根據自己的想法來回答這些問題。如果是輕浮的靈性，他們會特別熱衷於按照自己的想像向你們描述各種各樣怪誕奇異之事，而且會並編造出許多根本沒有發生在他們身上的子虛烏有的事情。他們脫離肉身時的想像力一點也不遜於他們在世間的想像力。儘管如此，也不要認為瞭解其他世界的情況是完全不可能的事情。善良的靈性樂於描述他們所居住的那個世界的情況，目的是為了說明和指導你們的自我進步，引領你們走向通往他們的道路。這種方法旨在讓你們關注于來世，而不是讓你們迷失在真空中。"

• 我們怎樣才能保證這些描述的準確性呢？

"最好的方法是確保他們之間的一致性，但有一點你們必須記住，他們的目標是要說明你們實現道德的進步。因此，這他們告訴你們的最好是關於居住者的道德水準，而不是那些星球的物理或地質結構。以你們目前的理解水準，你們一時半會兒可能難以真正消化這些內容。瞭解這樣的結構對你們在這個世界上的進步並沒有任何幫助，但總有一天你們完全有能力做到這一點。"

關於世界的物理組成和天文條件等問題涉及到科學研究領域，靈性並不會代替我們省去在這方面的任何工作。否則，某個天文學家會發現讓靈性代替他完成計算是一個非常方便的捷徑，但他事後肯定不會承認發生過這種事。倘若靈性通過啟示就可以免去人們為了某一發現而必須開展的工作，那麼如果

第二十六章：可以向靈性提出的問題

有個學者足夠謙虛，能夠公開地承認這一資訊的來源，而不會為了滿足自己的虛榮心而否認靈性的參與，靈性或許會為這位學者提供啟示，但相反，如果是其他自以為是的人，靈性只會讓他們失望。

■■■

第二十七章：
矛盾和欺騙

. 矛盾
. 欺騙

矛盾

297. 反對靈性主義的人會毫不猶豫地指出，靈性主義的信徒之間並不是一致的，甚至並不是所有人都擁有相同的信仰；換句話說，他們是相互矛盾的。反對者會問，如果這個教義是由靈性所傳授的，那為什麼會不一樣呢？只有對這一科學進行了認真而深入的研究，才能揭示這些觀點的真正含義。

首先，我們要說明的是，被有些人大肆宣揚的這些矛盾通常只是表面的，而不是實際的，它們更多地是指問題的表層，而不是深入問題的本質，所說，這些矛盾其實無關緊要。這些矛盾來自於兩個方面：人類與靈性。

298. 由人類引起的矛盾，我們已經在第 36 節"理論"章節中進行了充分的闡述。要知道，在一開始，由於觀察研究還不全面，所以對靈性現象的原因和後果形成不同的觀點，而這些觀點十有八九是在進行更嚴肅和更深入的研究之前形成的。除了極少數情況，以及某些人難以輕易地摒棄他們所信仰或所創建的思想外，我們現在可以說大多數靈性主義者是統一的，至少在一般的基本原則上是統一的——少數無關緊要的細節例外。

299. 至由靈性引起的矛盾，要理解其產生的原因和價值，就必須從各個方面去研究無形世界，從而認同無形世界的本質。乍看貌似很奇怪的是，並非所有的靈性都有相同的想法，但對於任何一個知道自己必須歷經無數等級才能登頂的靈性來說，這並不奇怪。要期望對事物形成統一的看法，我們必須假設其都在處於同一層次。認為所有人都應該正確地看待事物，就等於相信所有人都達到了圓滿的境界，但我們需要提醒自己的是，他們也只不過是剛剛脫離了肉體皮囊的人類，是沒有達到，也不可能達到圓滿境界的。不同等級的靈性都能顯靈，他們的交流無不帶有其自身或愚昧無知，或學識淵博，或道德低下，或品德高尚的印記。正是為了辨別真假善惡，靈性才給我們提供了這些教導。

我們需要記住的是，靈性當中也有偽學者，有半吊子，有傲慢者，有自大狂，有教條主義者，就像人類一樣。既然只有純潔的靈性才能知道一切，而其餘的靈性——比如我們——會按自己的方式，按照自己的理解去解釋一些神秘的事物，而對於這些神秘的事物，他們有可能形成正確或錯誤的觀點。出於虛榮心，他們希望這些觀點能夠佔據上風，他們很熱衷於在通靈時反復強調這些觀點。錯誤在於某些釋譯者的態度，他們會輕率地支援某些違背常識的觀點，並認為自己有義務傳播這樣的觀點。因此，由靈性引起的矛盾源自于靈性在智力水準、知識水準、判斷能力和道德水準等方面與生俱來的差異性，某些靈性無法完全理解和解釋一切事物。（參見《靈性之書》"前言"第十三節和"結論"第九節）

300. 有人可能會問，如果沒有比人類更大的確定性，那麼善靈的教導又有何用處？答案很簡單。我們並不會以同等的信任度去接受所有人的教義，在兩種學說之間，我們會更傾向于看似更開明、更有能力、更明智、更不受感情支配的作者所創立的學說。對待靈性而言，也是一樣的。儘管有的靈性並不比人類更優越，但仍有許多超越了人類的靈性可以為我們提供有用的訊息，這些訊息是即使學識最出眾的人類也無法提供的。如果我們想要變得更加開明，就必須學會如何將這類靈性與低階靈性區分開來，而正是這種區分有助於促進對靈性主義的深入理解。不過，即便是這類訊息，也有其局限性。如果靈性都無法瞭解一切，那就更不用說人類了；因此，關於有些主題，我們去問靈性也是徒勞的，要麼是因為他們不能告知，要麼是因為他們自己也不清楚，所以只能發表些自己的觀點。傲慢的靈性是把這些個人觀點當成絕對的真理來進行宣揚的。尤其是那些不可洩露的天機，比如來世和萬事萬物之源，這些靈性最喜歡回答這類問題，因為這讓給人們覺得他們瞭解上帝的秘密。這也是矛盾存在最多的地方。（參見前一章）

301. 關於矛盾的問題，以下是靈性對我們的回答：

1) 同一個靈性在兩個不同的靈性主義者中心進

行通靈時，會就同一問題發表自相矛盾的觀點嗎？

"如果兩個中心在思想和觀點上存在不同，那麼通靈訊息可能會出現扭曲，因為它們會受到來自不同等級的靈性的影響。在這種情況下，矛盾的不是通靈本身，而是通靈的方式。"

2) 我們理解回答的內容可能會被撰改，但如果排除了因為靈媒的品性而受到任何邪惡影響的可能性，那麼高階靈性又如何能就同一問題向完全嚴肅的人說出迥然不同且自相矛盾的話語呢？

"真正的高階靈性從不自相矛盾。他們的話語**對同一個人**而言始終是一致的，但會因地點和物件的不同而有所差異。所以，有一點需要注意：所謂的矛盾，通常只是表面的，它所涉及的更多是措辭，而非思想；因此，經過反思，我們可以看到，基本的理念仍然是一樣的。更重要的是，同一個靈性有可能會對同一個問題做出不同的回答，這取決於召喚者進化程度的高低。並非所有人都能得到同樣的回答，因為並非所有人的進化程度都是一樣的。這就像一個孩子和一個學者問你們同樣的問題——顯然，你們會以一種讓每個人都能理解和滿意的方式來回答他們。在這種情況下，即使答案在形式上存在差異，但它們的基本含義是相同的。"

3) 為什麼嚴肅的靈性和某些人在一起時，似乎會接受一些觀念，甚至偏見，而這些觀念和偏見是他們與其他人在一起時警告對方要加以提防的？

第二十七章：矛盾和欺騙

"我們必須讓人們明白我們的意思。如果一個人對某種學說有著一種根深蒂固的信仰，即使這種信仰是錯誤的，我們也只能要循序漸進地把他們引開。這就是為什麼我們經常使用他們**自己的術語**，貌似與其想法保持一致，這樣才不致於唐突地冒犯他們，從而拒絕向我們學習。

"此外，對先入之見進行尖銳的抨擊，這並不是一種可取的方法，這只會讓對方閉耳不聽。正因為如此，靈性才會經常談及對方的觀點：目的是為了逐步引導他們走向真理。就像熟練的演說家一樣，他們會採用易於讓聽眾接受的語言。也正是這個原因，他們和中國人或穆斯林教徒所說的話肯定不同於和法國人或基督徒所說的話——否則，他們肯定會遭人拒絕的。

"人們不應當將通常只是真理發展過程中的產物視為矛盾。所有的靈性都肩負著上帝所指派的使命，他們會根據自己認為有益於通靈物件的適當條件來完成這些使命。"

4）即使是顯而易見的矛盾也會使某些人產生懷疑。那我們應該用什麼方法來認識真理呢？

"要辨別錯誤和真理，必須通過仔細認真的思考來深入理解我們的回答。和其他研究一樣，對於這些回答，也必須花費大量的時間進行真正的研究。

"要對這些問題進行研究、比較和思考。我們一直強調，瞭解真相是需要付出代價的。你們怎麼能期望根據自己的狹隘思想來解釋一切事物就能找到真理，你們真的以為自己如此偉大嗎？然而，等靈性的教導不僅在細節上，而且在主要方面都達到了完全的統一，那麼這一天離我們也就不遠了。他們的使命是消滅謬誤，但這需要一個循序漸進的過程。"

5）有的人既沒有時間也沒有能力去進行認真而深入的研究，他們對所教授的東西只會全盤接受，而不會加以思考分析。這難道不會增加他們輕信錯誤的風險嗎？

"行善舉，不作惡，這是最本質的要義——這並不存在兩種不同的學說。善即是善，無論以安拉之名，還是以耶和華之名，因為宇宙只有一個上帝。"

6）看似智力水準較高的靈性怎麼會對某些事情持有明顯錯誤的觀點呢？

"他們相信自己的學說。有的進化程度不是很高，但自以為很先進的靈性，他們總認為自己的思想即是真理。你們中間不也有這樣的情況嗎？"

7）有的學說只接受來自一個靈性，比如上帝或耶穌的通靈訊息，對此應當如何看待呢？

"傳授這一教義的靈性想要主宰一切，所以講究唯吾獨尊。不過，那些不幸的靈性居然膽敢冒用上帝的名義，他們終將會為自己的虛榮心付出沉重的代價。這些學說本身就是自相矛盾的，因為它們違背了已被廣泛驗證的事實。鑒於這些學說缺乏基礎，故而不值得認真考慮。

第二十七章：矛盾和欺騙

"理性會告訴你們，善源於善，惡源於惡。你們從蘋果樹上摘過葡萄嗎？你們認為好樹會結壞果子嗎？通靈的多樣性是其起源多樣性的確鑿證明。事實上，想要在通靈中唯我獨尊的靈性，他們從不提及為什麼其他的靈性就不能這麼做。這些靈性的自命不凡否認了靈性主義中最美好、最令人慰藉的部分，即有形世界和無形世界的關係，以及世間男女與其所愛之人的關係，若沒了這一關係，他們將永遠失去所愛之人。正是這種關係將世間之人與其來世聯繫在一起，並將他們與物質世界分離開來。壓制這種關係會使他們陷入懷疑的折磨，助長他們的自私自利。如果仔細研究這些靈性的學說，你會發現每一處都存在不合理的矛盾，這證明他們對最顯而易見的事物一無所知，所以由此可以判定，他們都是一些進化程度較低的靈性。"

真理之靈

8）在涉及通靈的主要矛盾中，最引人注目的就是關於輪回轉世的問題。如果輪回轉世是靈性生命的必然，那麼為什麼不是所有靈性都會傳授這一教義呢？

"難道你們不知道，有些靈性的思想和世間許多人的思想一樣，都是有局限性的嗎？"他們認為自己會永遠保持目前的現況，所以目光短淺，不會超越其直接感知覺的範圍，而且也從不擔心自己從哪裡來，或要往哪裡去；儘管如此，他們仍須服從必然性法則。只要輪回轉世還沒有發生在他們身上，他們就不會去考慮輪回轉世的必要性。他們很清楚靈性是要不斷進步的，但是如何進步呢？這對他們來說是個難題。所以，如果你們問到他們，他們會形容成猶如建築樓層一樣的七重天。甚至還有些靈性會大談而特談'火之域'、'星之域'、'花之域'或'選民之域'。"

9) 我們知道進化程度較低的靈性無法理解這個問題，但為什麼還會有道德和智力水準明顯低下的靈性自發地談論他們的前世今生，並渴望通過輪迴轉世來為他們的過去贖罪呢？

"在靈性世界裡發生的事情，你們是很難理解的。難道你們不知道，有的人對某些事一無所知，卻對別的事所知甚多，有的人洞察力優於學識，有的人洞察力遜於機智？難道你們不知道，有的靈性喜歡讓人類處於蒙昧無知的狀態，喜歡利用有人願意輕信他們的話而好為人師，並以此標榜自己？他們擅長引誘那些不願深入研究問題的人，可一旦他們遭到理性的剖析，他們的偽裝就不會持續太久。

"此外，在傳播真理時，你們還必須考慮到靈性是否謹而慎之。太過強烈和突然的光芒只會使人盲目，而不會開啟光明。因此，在某些情況下，靈性可能認為因時制宜、因地制宜、因人制宜地逐漸傳播真相是為可取之策。摩西並沒有將基督以後要傳授的一切教義全盤托出，而基督本人也說了許多只有後代才能明白的話語。你們提到輪迴轉世，也想知道為什麼有的國家不傳授輪迴轉世的教義。但你們必須認識到，在一個由種族偏見和深深植根於其習俗的奴隸制所統制的國家，靈性主義

第二十七章：矛盾和欺騙

會因為宣揚輪回轉世這一簡單的事實而遭到批判。主人可能變成奴隸——反之亦然——這樣的想法可能令人無法容忍。如果一開始就接受這個普遍的觀點，然後以觀後效，這樣不是更有價值嗎？哦！人類啊！你們看待上帝安排的目光是如此短淺！要知道，如果沒有上帝的許可，如果不是為了你們通常無法理解的宗旨，什麼事也做不成。我曾經告訴過你們，靈性主義者的信仰終將達成統一——你們可以確認這一點。如今，這種不和諧已經不那麼深刻了，隨著世人變得開明，這種不和諧也將一點一點地被抹去，直至完全消失，因為這是上帝的意志，任何錯誤都無法戰勝它。"

真理之靈

10）某些靈性的錯誤教義難道不會阻礙真正的科學進步嗎？

"你們希望一切都沒有問題，但有一點必須記住，無田不長草，無地不拔草。這些錯誤的教義是你們低階世界的產物。如果人類是圓滿的，那他們只會接受真理。錯誤就像假寶石，只有訓練有素的眼睛才能分辨得出。所以，你們需要練就區分真假的本事。如此，錯誤的學說之所以存在，其目的就是要使你們能夠辨別真理和謬誤。"

- 那些接受錯誤的人難道不會阻礙自己的進步嗎？

"如果他們接受錯誤，那是因為他們還沒有足夠的能力去理解真理。"

302. 在尚未達成統一之前，每個靈性都認為自己掌握了唯一的真理，而這一真理無非是永遠會被騙人的靈性所利用的錯覺而已。可公正無私的人又憑什麼做出判斷呢？

"最純潔的光芒絕不會被任何烏雲所遮蔽。沒有瑕疵的鑽石是最有價值的。因此，判斷靈性，要看其教義是否純潔。當善惡永遠不會被混淆之時，便是統一到來之際。在此情況下，人們會因為環境的力量而互相聯繫，因為他們會意識到真理就在那裡。請注意，這些基本原則在任何地方都是一樣的，它們必將通過共同的思想，即對上帝的仁愛和對善良的踐行將你們所有人團結在一起。無論靈魂需要經歷什麼樣的道路，最終的目的是一樣的，到達這一目的的方法也是一樣的：行善；除此，別無他法。如果在教義的基礎上出現了重要的差異，你們可以通過一個明確的規則來做出評判。這一規則是：最好的教義是最符合天理良心的教義，它擁有引領世人走向正義之途的最大資源。我可以肯定地告訴你們，只有這樣的教義才能取得勝利。"

真理之靈

在通靈過程，造成矛盾的原因有以下幾點：有的靈性愚昧無知；有的靈性進化程度較低且狡猾詭詐，出於惡意或歹意說出了與其冒名頂替的靈性相反的觀點；有的靈性出於自身意志，會因時制宜、因地制宜和因人制宜進行教導，認為不將一切和盤托出乃明智之舉；人類語言缺乏適當的詞彙來表達無形世界的事物；通靈手段存在不足，使得靈性無法全面地表達自己的全部思想；最後，每個人都會根據自己對問題的看法、先入之見或觀點對某個詞或某個解釋做出理解。只有通過研究、觀察和經驗，而且不帶任何虛榮心，我們才能學會區分這些不同的因素。

欺騙

303. 如果犯錯只是令人不悅，那麼欺騙就更為惡劣了。而且，這不利於我們更好地保護自己。在前面的教導中，我們已經介紹了揭露靈性所設下的陷阱的方法，在此，我們不再一一贅述。下面是靈性關於這一問題的回答：

1) 欺騙是實踐靈性主義最令人討厭的絆腳石之一。有什麼方法可以避免它們嗎？

"在我看來，你們可以通過已經學到的東西找到答案。沒錯，當然有一個非常簡單的方法，那就是除了靈性主義可以和必須給到你們的以外，不要要求任何東西——靈性主義的目標是實現人類在道德上的圓滿。只要堅持這一點，你們就永遠不會上當受騙，因為理解道德只有一種方式，即讓每個有常識的人都能接受的方式，否則，別無他法。

"靈性前來是為了教導你們，引領你們走上道德之途，而非名利之路，或者是為了關注你們的瑣碎情感。你們若不向他們提出不必要的請求，或者超出其特權的請求，自然就不會有人向騙人的靈性敞開心扉。因此，我們可以得出這樣的結論：受騙之人皆咎有應得。

"靈性的職責並不是向你們告知關於這個世界的事情，而是安全地指導你們在另一個世界裡做對你們有益之事。靈性之所以回答關於這個世界的問題，是因為他們認為這是必要的，而不是因為這是你們所要求的。如果你們將靈性當作算命先生和施法者的替代品，那麼你們就會上當受騙。"

"如果人類所要做的就是向靈性提問以瞭解一切，那麼人類就會失去自由意志，並被排除於上帝為人類設計的藍圖之外。人類必須自力更生。上帝差遣靈性，並不是要他們鋪平物質生活的道路，乃是要他們預備好來世的道路。"

■ 可有的人一無所求，卻還是被那些沒有召喚就自發顯靈的靈性所欺騙。

"他們雖一無所求，卻接受了這些靈性所說的話——結果是一樣的。如果他們不信任任何與靈性主義的基本目的無關的東西，輕浮的靈性也就不會那麼輕易地欺騙他們了。"

2）為什麼上帝允許那些真心誠意信仰靈性主義的人上當受騙？這難道不會使他們放棄信仰嗎？

"如果他們因此放棄信仰，那是因為他們的信仰從一開始就是不堅定的。那些因為一個簡單的騙術就放棄靈性主義的人，這表明他們沒有真正理解靈性主義，

第二十七章：矛盾和欺騙

表明他們誤解了靈性主義的真正要義。上帝允許欺騙的存在，在於考驗真正的信徒是否擁有毅力，在於懲罰那些僅將靈性主義當作兒戲的人。"

真理之靈

有些騙人的靈性非常狡猾，有時甚至超出了我們的想像。即使只是單純的惡作劇，他們的技法之嫻熟，說服別人的手段之高明，也是值得引起注意的。不過，欺騙只會給那些毫無準備的人帶來不愉快的後果。所幸的是，我們能夠及時為許多向我們徵求意見的人擦亮眼睛，將他們從困難和妥協的境況中解救出來。在這些靈性所使用的方法中，最主要的，也是最常見的一種方法就是激發貪欲，例如透露埋在地底的巨額寶藏，宣佈遺產和其他財富來源等等。此外，凡是帶有確定日期的預測和有關物質利益的詳細跡象，我們都應當予以質疑。如果不能確定目的的合理性，就應當謹慎採納靈性制定或建議的安排。絕不能讓自己被靈性假借的名字所迷惑，從而輕信他們的話。不要信任魯莽的理論和體系，也不要相信非關顯靈的道德使命的任何事情。我們可以大書特書所觀察到的各種騙術和最怪誕離奇的故事。

■■■

第二十八章：
江湖騙術與詭計

- 受雇型靈媒
- 欺詐性顯靈

受雇型靈媒

304. 既然任何東西都可以被利用，那有人想要利用靈性，也不足為怪了。現在還不知道，如果有人想在靈性身上做嘗試，靈性會作何反應。我們可以從一開始就說，沒有什麼比這種職業更適合於江湖騙術和詭計了。鑒於虛假靈媒比夢遊者多得多，這個簡單事實就足以構成不信任的基礎。相反，有的人只將這種現象看作是一種聰明的把戲，無利可圖就是對這些人最好的回應——所謂無利可圖的江湖騙子是不存在的。人們有什麼理由進行無利可圖的欺騙，尤其是在他們公認的信譽使他們凌駕於懷疑之上時？

即使靈媒利用自身的能力賺錢會引起人們對靈媒的普遍懷疑，這也並不能證明這種懷疑有任何根據。他們可能真的具備這樣的能力，並且是誠心誠意地在做事，儘管他們期望獲得報酬。如是那樣的話，我們就要看結果是否令人滿意。

305. 如果有人真正理解了我們所講的要成為善靈的釋譯者所須滿足的必要條件，以及可能趕走善靈的諸多原因，理解了除靈性意志之外，有可能阻礙顯靈的各種情況，以及在道德本質上可能影響通靈的各種條件，那麼這個人又如何能相信一個靈性，即使是最低階的靈性，在任何時候都會聽從付費靈媒的差遣，服從靈媒的要求，以滿足第一個出現的詢問者的好奇心呢？如果我們理解善良的靈性厭惡任何帶有貪婪和自私氣味的事物，理解他們對物質的漠視，那我們又怎麼可能相信他們會幫助那些打算利用他們的顯靈來營生為業的人呢？這種想法有悖於常理，只有在一個人對靈性世界的本質幾乎一無所知的情況下，才會接受這樣的事情。然而，由於輕浮的靈性並不是那麼謹慎，他們會伺機拿我們取樂消遣，即使我們沒有被虛假的靈媒所糊弄，也仍很有可能被這些靈性所愚弄。通過這些簡單的分析，我們就能判定這類通靈的可信賴程度，然而，即使我們自己不具備通靈能力，但家庭成員、朋友和熟人中有人可以免費提供這種服務，那為什麼還要求助於付費靈媒呢？

306. 　　受雇型靈媒並不僅僅只是要求支付酬勞。這種利己主義並不一定表現為對物質利益的野心，而是支持個人欲望的任何偽裝。這是一個弱點，愛嘲弄人的靈性非常清楚如何巧妙而機敏地利用這一弱點，哄騙那些受其影響的人陷入騙人的錯覺。總而言之：通靈能力是用來踐行善舉的，任何人想要運用這種能力做違背上天旨意之事，善良的靈性都會離之而去。自私是社會的禍患，善良的靈性一直在與其抗爭；因此，千萬不要以為靈性會助紂為虐。這是符合常理的，所以沒有必要在這個問題上糾結。

307. 物理效應型靈媒屬於另一類靈媒。這樣的結果通常是由鮮少顧慮的低階靈性所產生的。但這並不意味著這些靈性都是邪惡的——有人可能只是一個腳夫，但品性卻非常誠實。這類靈媒如果想運用自身的能力，可以輕鬆地找到毫不猶豫地幫助他們的靈性。不過，即使在這種情況下，仍然存在著一個問題。物理效應型靈媒與提供智慧通靈的靈媒一樣，他們獲得這種能力是為了有益的宗旨，而不是滿足自己的私慾。如果靈媒濫用這種能力，可能會因此喪失能力或受到傷害，因為在現實中，進化程度較低的靈性是聽命于高度進化的靈性的。

進化程度較低的靈性喜歡騙人，但自己並不喜歡被騙。儘管他們喜歡自娛自樂，所以可能會自發地分享一些把戲和反覆無常的好奇心，但他們並不喜歡被利用或充當賺錢的幫兇。而且，這些靈性總想證明自己是擁有自主意志的，也總是在以他們認為最好的時機和最好的方式來做事，所以，在顯靈的規律性方面，物理效應型靈媒比書寫型靈媒更不確定。誰要是打算在具體的某一天某一時刻進行這種顯靈，那只是極其無知的表現。既如此，他們要怎麼做才能確保賺錢呢？用欺騙的手段來模仿這些現象。這正是有些人所求的，這當中不僅有將此當成一種職業的人，甚至還有那些表面上很純樸的人，他們認為通過這種方式謀生比勞動謀生要容易得多。如果真有靈性沒有產生任何結果，他們便會用其他方式來進行彌補——在涉及到賺錢的方面，靈性的想像力是非常豐富的！既然索取報酬為懷疑提供了一個正當的理由，所以必然應當對其進行嚴謹的審視，如果通過嚴謹的審視，並不能證明這種懷疑的合理性，那自然也就不會冒犯任何人。然而，如果要支付報酬，這種懷疑顯然是正當的，因為它對高尚無無私的人是一種冒犯。

308. 即使只是物理顯靈，靈媒也不允許有絲毫的表演。如果有人認為靈性是在聽從他們的命令公開演示，這些人多有玩弄江湖騙術或詭計花招之嫌。每當我們看到付費入場的**靈性主義者**或**唯靈主義者**的活動廣告時，有一點必須始終謹記在心，即我們在觀看這些表演時會得到什麼。

根據我們之前所說的，我們可以得出這樣的結論：在利益上的絕對公正無私是防止欺騙行為的最好保證，因為如果無法確保智慧通靈的準確性，這樣至少可以讓擁有強大威力的惡靈避而遠之，讓某些批評者閉嘴不言。

309. 現在，我們來簡單地討論一下業餘詭計，即某些惡作劇者的無惡意的欺騙行為。這種騙術或可在無關緊要的聚會上作為消遣，但決不可以在只允許誠信之人參加的嚴肅聚會上使用。有的靈性可能會從一時的欺騙中獲得快感，但其必須出奇地耐心，才能長年累月地，每次長達數小時地扮演這樣的角色。能讓靈性堅持這麼久的，唯有某種利益，而只要涉及利益——我們再次重申——則應立即質疑。

第二十八章：江湖騙術與詭計

310. 有人可能會說，靈媒不可能為了靈性主義的利益而將所有的時間都貢獻給公眾，因為他們也需要謀生。可問題是，他們貢獻**自己的**時間究竟是為了靈性主義的利益，還是為了他們自己的利益？難道他們沒有預料到這可能是一種有利可圖的職業嗎？只要價格合適，就不愁找不到敬業的人。難道他們只能從事這一職業嗎？有一點不能忘記，即無論他們是高階的還是低階的，靈性都是死者的靈魂。如果道德和宗教要求我們有義務尊重他們的遺體，那麼我們就更有義務尊重他們的靈性。

如果有人挖出一具屍體，只是為了用它來展示賺錢，因為它能引起人們的好奇心，對此我們該如何看待？難道打著因為好奇而想要觀察靈性是怎麼做事的藉口，展示靈性的大不敬就不及展示肉體的大不敬了嗎？我們應當注意到，座位票價的高低會反映出技法的範圍和節目的吸引力。即使靈性生前是喜劇演員，他也肯定不會懷疑在其死後會遇到一位讓自己免費表演以從中獲利的企業家。

我們需要記住的是，物理顯靈和智慧顯靈都是上帝所允許的，前提條件是要有利於我們的教導。

311. 除了這些道德的因素，我們當然不能否認還有這樣一種可能性，即存在著誠信盡責的付費靈媒，因為在任何一種職業中，都有誠信的人。我們現在討論的只是濫用能力的問題。儘管如此，基於我們給出的理由，有一點我們必須同意，即付費靈媒體與那些認為自己的能力是一種天賦且只能用於服務他者的人相比，前者出現濫用能力的可能性更大。

除了環境因素之外，我們對於付費靈媒信任與否在更多地取決於他們的品性和道德。有的靈媒擁有極其嚴肅和有益的目的，但他們沒有時間從事其他工作，因此**不必承擔**其他義務；有的靈媒是**投機型**靈媒，他們事先經過深思熟慮，將通靈能力當作一項生意來經營——這兩者是不能混為一談的。因此，根據**動機和目的**，靈性可能會譴責、寬恕甚至偏袒他們。他們判斷的是意圖，而不是重要的事實。

312. 同樣的道理並不適用於那些利用自己的能力牟利的夢遊者。儘管這種利用也存在濫用的情況，而且無利可圖也是其真誠度的最大保證，但夢遊者的情況有所不同，因為夢遊者是自己的靈性在行動，因此也是他們的靈性在隨時聽候自己的差遣。實際上，他們只是在隨意地利用自己，因為他們可以自由地運用自身的能力，而投機型靈媒則是利用死者的靈性。（參見第 172 節 "夢遊型靈媒"）

313. 我們非常清楚，我們對於受雇型靈媒所持的嚴厲態度使得我們反對所有利用或打算利用這一新型業務的人們，並使得他們以及他們的朋友成為我們的死敵。看看那些被耶穌逐出聖殿的貨幣兌換商，這些人幾乎不可能對耶穌懷有好感來，回憶這段歷史，我們或許可以從中找到一絲安慰。另外，我們面臨著的還有一些不願以適當的嚴肅態度看待這一問題的人。儘管如此，我們仍然覺得我們有權利表達自己的觀點。我們並不會把這種觀點強加給任何人。但如果它能為大多數的人所接受，那是因為人們發現了它具有明顯的合理性。無論如何，我們看不出有誰能證明在投機取巧中，欺騙和濫用的可能性比無利可圖的可能性更小。就我們而言，如果我們的著作使人們對法國和其他國家的受雇型靈媒產生了懷疑，我們相信這不會是他們為**嚴肅**的靈性主義所提供的無用服務之一。

欺詐性顯靈

314. 　　有的人不接受物理顯靈的事實，他們將通常將其歸屬於欺騙效果或特殊效果。他們的出發點是基於這樣一個原則：在外行看來，技法高超的魔術師可以做出許多堪稱奇跡的事情。因此，他們得出一個結論，即靈媒只不過是陰謀家而已。對於這一論點或觀點，我們曾經進行過駁斥，主要參見我們關於霍姆先生的文章，以及在 1858 年一月刊和二月刊的《靈性主義評論》。所以在討論更嚴肅的問題之前，我們這裡只簡單地總結幾點。

　　　　任何人對這一現象稍加思考，就不難發現其中有一個問題。毫無疑問，擁有驚人技能的幻術師是的確存在的，但這些人少之又少。倘若所有的靈媒都在玩花招，那我們將不得不承認，這門技藝在很短的時間內取得了巨大的進步，突然間就變得聲名大振，因為你很有可能在完全不會想到的人——甚至孩子身上發現這種與天俱來的能力。

確有江湖騙子在公開場合兜售他們的"萬靈藥"，甚至也確有醫生私下裡濫用客戶的信任，那這是否意味著所有的醫生就都是江湖騙子，或者醫學界就已經名譽掃地了呢？確有人把有顏色的水當酒賣，難道這就意味著所有賣酒的人就都是攪假之人？就一定沒有純正的酒嗎？任何東西都有可能被濫用——即使是最受人尊敬的東西——可以說，騙子中也有天才。然而，欺騙總是帶有某種目的的，總是涉及某種物質利益的。如果什麼也得不到，也就沒有人感興趣了。這就是為什麼我們說，關於付費靈媒的最好保證，就是絕對的無利可圖。

315. 在所有的靈性現象中，最容易上當受騙的是那些涉及物理效應的現象，我們現在必須對其原因加以分析首先，它們更傾向於視覺而不是智慧，因此最容易被把戲所模仿。其次，與其他現象相比，它們更容易引起好奇心，更適合吸引人群，因此，也更富有成效。從這個兩個方面來看，也就不怪理解為什麼江湖騙子對模仿這類現象如此感興趣了。由於大多數觀眾並不精通科學，與嚴肅性質的教導相比，他們通常更喜歡娛樂消遣，如我們所知，娛樂總是比教育更賺錢的。另外，還有一個更具有決定性的原因需要考慮。詭計花招只能模仿物理效果，它所需要的不過是靈巧敏捷，但到目前為止，還沒有誰擁有需要非凡智慧的即興創作天賦，所以無法說出靈性在通靈過程中經常發表的，而且往往非常中肯貼切的美妙而崇高語錄。這讓我們不由想起了下面的一件事。

有一天，一位文學界的紳士來見我們，他說自己是一位稱職的**直覺**書寫型靈媒，還說自己可以加入靈性主義協會。由於根據協會的政策，我們不得接受尚不確定其能力的靈媒，所以我們先請這位客人來參加一個私人聚會，以便向我們證明其自身的能力。他的確來參加了這次聚會，會上有幾個靈媒，有的正忙著書寫靈性的論述，有的則忙著回答向他們提出的問題或關於未知主題的問題，而且回答得非常準確。等輪到這位客人時，他寫下了一些毫無意義的話，說他那天感覺不舒服，此後，我們再也沒有見過他。毫無疑問，這位客人發現智慧效應型靈媒的角色扮演起來，遠比他想像的要難得多。

316. 在任何一件事情上，外行是最容易欺騙的物件，這一點同樣適用於靈性主義。不熟悉靈性主義的人很容易被表像所矇騙，但只要對這些現象的原因以及產生這些現象的正常條件進行初步和認真的研究，他們就能逐漸深入瞭解這一問題，並掌握識別欺騙的手段。

317. 我們從 1861 年八月刊的《靈性主義評論》雜誌上摘抄了下面這封信，在這封信中，欺詐性靈媒受到了公正的指責。

巴黎，1861 年 7 月 21 日

親愛的先生：

一個人可能反對某些觀點，也有可能完全認同另一些觀點。我剛剛讀完貴刊上一期第 213 頁上的一些分析，這些分析涉及到靈性（或靈性主義者）實驗中的欺騙問題，我很高興能全身心投入其中。自此，關於理論和學說問題的所有困惑都魔術般地消失了。

我看待靈媒的態度也許不像你們那樣嚴厲，我覺得靈媒值得適當地獲取報酬，以作為他們花時間參與實驗的一種補償，因為實驗通常是非常漫長而且辛苦的。然而，有的靈媒在未能達到其承諾和所期望的結果，或者結果不盡如人意時，就會採用欺騙和欺詐的手段來彌補，對於這樣的靈性，我的態度和你們一樣嚴厲——不嚴厲是不可能的。（參見第311節）

在對待因靈性的介入而突然出現的現象時，混淆真理和謬誤是極不光彩的，一個靈媒如果認為自己可以毫無顧忌地這樣做，那絕對是缺乏道德意識。正如你們所觀察到的那樣，**一旦欺騙行為被識破，即使優柔寡斷的人也對這件事產生懷疑**。另外，最可悲的是，有的人以公正態度支持他們對於這些靈媒的認知和瞭解，他們通過某種方式贊助這些靈媒，並成為了信任這些靈媒的主顧，而欺騙行為無疑會損害這些可敬之人的利益。這種行為是真正濫用職權。

凡是被逮到存在欺騙行為的靈媒——或者我可以用一個稍微通俗的表述"凡是被抓了現形的靈媒"——都應當被所有的唯靈主義者或靈性主義者所不恥。揭露這些靈媒，他們義不容辭。

如果你們認為在你們的雜誌上印上這幾行字並無不妥的話，敬請隨意採納。真誠的

馬太

第二十八章：江湖騙術與詭計　　　　　　　　　　　　443

318.　　並非所有的靈性現象都那麼容易模仿。有一些顯然是與所有的幻覺技巧相違背的——尤其是在涉及到無接觸的物體運動、在空中懸浮的重物、多地同時聽到的叩擊聲、幽靈等現象時——玩弄詭計和串通的除外。這就是為什麼我們說，在這種情況下必須注意觀察當時的環境，特別是要考慮到參與者的品格和境況，以及他們欺騙的目的和興趣。在所有控制措施中，這是最好的一種，因為這可以消除所有懷疑的理由。所以我們認為，凡是有人將這種現象當作奇跡，或當作滿足好奇心或消遣娛樂的物件，或聲稱可以在指定時間隨意製造這些現象的，我們都不能輕易相信——正如我們之前所解釋的。再次重申，因為這可能會冒犯那些顯靈的隱形智慧，他們想讓我們知道他們也有自由意志，不會受我們的怪念頭支配。（參見第 38 節）

　　我們只需指出在某些情況下所使用的，或者可能使用的托詞，以便善意的觀察者加以防範。試圖勸阻那些沒有深入研究就堅持發表意見的人無異於浪費時間。

319.　　有一種常見的現象，即在木頭裡面產生的叩擊聲，它可能伴隨著，也可能不伴隨桌子或其他物體的運動。這是最容易模仿的效果之一，要麼用腳接觸，要麼在傢俱內部製造出輕微的劈裡啪啦聲。但這裡需要警惕一種特殊的小伎倆。雙手緊緊地靠在一起，平放在桌上，以使拇指有力地相互支撐。然後，通過完全不易察覺的肌肉運動產生一種與內在拼寫法極其類似的幹噪音。這種噪音會在木頭裡迴響，產生一種完全的錯覺。

没有什么比用"是"或"不是"、数位甚至是字母表中的字母来回答某些问题更容易模仿了——比如需要多少次叩击声、擊鼓聲等等。

不過，只要事先警告過，就很容易識破欺騙行為，但如果兩隻手相距很遠，而且我們確信沒有可能產生噪音的其他接觸，就不可能識別出欺騙行為。此外，真正的叩擊聲會表現出隨意改變位置和音調的特點，通過我們所指出的原因或其他類似原因是無法產生這種效果的。因此，它們既可以從桌子轉到另一件沒人碰過的傢俱、牆壁、天花板等地方，也能對出乎意料的問題做出回答。（參見第 41 節）

320. 直接書寫更容易模仿。且不說眾所周知的化學試劑，這些化學試劑會使文字在特定的時間顯現在一張白紙上（常見的預防措施可以防止這種情況的發生），這種詭計還可以通過一種巧妙的手法實現，即用一張紙代替另一張紙。此外，騙子可能會在分散一個人注意力的同時，快速地寫幾個字。有的甚至以藏在指甲裡的小鉛筆芯寫字而著稱。

321. 瞬移現象也可有把戲可以玩弄。一個人很容易被一個手法靈巧——乃至不專業的——魔術師所欺騙。在前面第 96 節中我們講過，靈性本身決定了這些現象發生的特殊條件，因此我們可以得出這樣的結論：凡是**故意而且容易獲得**的東西，起碼都是值得懷疑的。直接書寫也是如此。

322. 在關於"特殊靈媒"的章節中，我們提到了靈性所認為的常見的通靈天賦和罕見的通靈天賦。對於那些想要輕易促成瞬移或直接書寫的靈媒，或者那些渴望展現多重能力的靈媒，可以適當地予以懷疑——其主張很少具有合理性。

323. 根據具體情況，智慧顯靈是防止欺騙的最大保證，然而，即便是這些顯靈現象，也容易被模仿，至少在陳腐和平庸的通靈訊息方面是如此。有人認為機械型靈媒的可靠性更高，不僅在思想的獨立性方面，而且也在防止欺騙方面。這就是為什麼有的人更喜歡物理仲介的原因。然而，這是一個錯誤，因為欺騙無處不在。我們知道，只要具有足夠的靈活性，哪怕是書寫籃或占卜板也能隨意移動，給人以一種自發運動的感覺。消除所有疑慮的乃是靈媒所表達的思想，不管是機械型的、直覺型的、超聽型的，還是說話型的，或者超視型的。這類通靈訊息有的遠遠超出了靈媒的思想、知識，甚至智力範圍，因此，如果把它們歸結為靈媒，實在是個奇怪的錯誤。我們知道江湖騙術可能非常巧妙，且足智多謀，但我們從不知道它有向愚昧無知之人傳遞知識的天賦，或向缺乏智慧之人傳遞智慧的天賦。

總之，我們再次重申，最好的保證是靈媒擁有公認的道德水準，以及不存在物質利益或虛榮心等可能刺激靈媒運用通靈能力的原因，因為這些原因會導致靈媒模仿那些他們並未擁有的能力。

第二十九章：
聚會與協會

- 一般性聚會
- 真實的協會
- 研究物件
- 協會之間的對立

一般性聚會

324. 靈性主義者聚會具有很多好處，因為它們可以通過思想的交流，通過任何人提出的問題和觀察對人們進行啟迪開化，使每個人都能從中受益。但是，將這種聚會視為普通的集會是錯誤的，因為要獲得理想的結果需要滿足特殊的條件，而這就正是我們現在要進行探討的。聚會包含了真正的整個集體。因此，目前針對個人的教導也同樣適用於團體，這意味著團體也應該採取同樣的預防措施，防範同樣適用於個人的問題。這就是為什麼我們把這一章留到最後的原因。

靈性主義者聚會的特點和目標千差萬別；因此，它們的內在條件也會有所不同。根據其性質，聚會可以劃分為**輕浮的聚會、實驗性聚會或教導性聚會**。

325. **輕浮的聚會**是由那些只對顯靈的娛樂方面感興趣的個人組成的。這些人喜歡參加這種聚會的輕浮的靈性所開的玩笑，因為他們可以無拘無束，非常享受。在這種聚會中，通常會向靈性問一些最平庸的問題：關於未來的預測、對靈性猜測年齡能力的測試、猜測某些人口袋裡的東西、小秘密的透露以及無數諸如此類無關緊要的事情。

這些聚會雖然無足輕重，但由於輕浮的靈性有時非常聰明，而且通常性情很好，又很歡樂，所以有趣的事情時有發生，對此，觀察者可以好好加以利用。然而，如果有人只參加這種聚會，並根據這樣的例子來對靈性世界做出判斷，難免會形成錯誤的觀念，就像有人根據一個大城市的幾個社區來判斷整個城市的人口一樣。簡單的常識告訴我們，高度進化的靈性永遠不會參加這種類型的聚會，而參與聚會的人也並不比顯靈的靈性更加嚴肅。有的人成天只關心毫無意義的事情，他們自然會召喚輕浮的靈性，就像在社交聚會上，他們會把喜劇演員叫來娛樂一樣。然而，在這種聚會上邀請德高望重者，將神聖和世俗混在一起，這是一種褻瀆。

326. **實驗性聚會**最關注的是物理顯靈現象的產生，但對許多人來說，它們代表的是一種更令人好奇，而非更具有教導意義的展示。懷疑者在沒有看見別的東西的時候，會覺得更加迷惑不解，而不是深信不疑。他們會一門子心思地尋找可能的詭計，因為他們不明白所看見的東西，自然以為這當中存在詭計。然而，那些事先研究過這一問題的人卻恰恰相反。他們瞭解事件發生的可能性和物理現象有助於加強他們的信念。另一方面，倘若這其中存在欺騙，他們也知道如何辨識。

儘管存在欺騙的危險，但這類預期有一種無人可以否認的用處，因為它首先使得人們發現了了支配無形世界的律法，對許多人來說，這仍然不失為一種有效的說服手段。儘管如此，我們堅持認為，這還不足以使一個人開始瞭解靈性主義科學，就像僅僅看到一個巧妙的機械裝置並不能使一個不熟悉這一規律的人掌握有關機械的任何知識一樣。不過，如果是系統謹慎地進行這樣的實驗，則會取得更好的效果。我們馬上就會對這一問題進行討論。

327. **教導性聚會**在性質上是完全不同的，因為只有在這樣的聚會上，我們才能獲知真正的教義，所以，我們應當嚴格地對待召集這類聚會所需滿足的條件。

第一個條件是必須保持嚴格意義上的嚴肅性。所有在場的人都必須相信，他們希望提問的靈性屬於一個非常特殊的等級，崇高不能與平庸混為一談，善良也不能與邪惡混為一談，如果他們希望獲得好的結果，就必須尋找善良的靈性。然而，僅僅召喚起善良的靈性是遠遠不夠的；有一個嚴格的條件需要滿足，即參與者必須被一種良好的氛圍所包圍，這樣善良的靈性才會**願意**前來；換句話說，高階靈性不會參加輕浮膚淺之人的聚會——就像他們道成肉身時一樣。

如果一個聚會不關注有價值的問題，而把其他的都排除在外，那它就不是真正嚴肅的聚會。如果這種聚會只是出於好奇或作為一種消遣而去製造特異現象，頂多製造這一現象的靈性會參加，但更高階靈性一定會遠離。換句話說，聚會的性質將始終決定願意參加聚會的靈性。嚴肅的聚會如果以娛樂代替教導，就會偏離其原有的目的。我們曾經說過，物理顯靈現象自有其有用性，那些想要觀察物理顯靈現象的人應該參加實驗性聚會，而那些想要獲得理解的人則應參加教導性聚會。如此，這兩種類型的參與者都能完成各自的靈性主義者教導，就像在醫學研究中，有的人參加授課學習，而有的人則參加實習。

328. 靈性主義者教導不僅包括靈性所給予的道德教導，還包括對事實的研究。它既包括現象的理論和對現象原因的研究，也包括作為結果的可能性和不可能性的證據；換句話說，對一切可能使這一科學得到發展的事物的觀察。如果認為這些事實僅僅局限於特異現象，或者認為只有那些主要涉及感官的現象才值得注意，那就大錯特錯了。在智慧通靈過程中，每一步都會遇到重要的事實，聚在一起研究的人不應忽略這些事實。這些無法一一列舉的事實是由許多偶然的情況所引起的。儘管它們不那麼突出，但對於那些發現它們證實了一個已知的原理或揭示了一個新原理的觀察者來說，它們同樣是有趣的，這反過來又使觀察者更深入地去探究無形世界的奧秘；這也是一種哲學形式。

329. 此外，研究聚會對於智慧顯靈的靈媒是非常有用的，尤其是對那些真正想要完善自我的人更是如此，但要做到這一點，他們不能愚蠢地假設自己是絕對正確的。我們曾經講過，實踐通靈能力所面臨的最大問題之

第二十九章：聚會與協會 451

一就是煽惑和蠱惑。因此，這些靈媒有可能（善意地）被誤導，以為他們所獲得的通靈訊息是有價值的。我們已經理解，當騙人的靈性面對的是對這一問題一無所知的人時，他們就等於找到一扇敞開的大門，這就是為什麼這樣的靈性會竭力讓其靈媒遠離所有的監督，並在必要的時候，強迫靈媒對能開導他們的人產生厭惡之情。由於孤立和蠱惑，他們可以很容易地引導這些靈媒接受他們想要其接受的一切。

我們總是不厭其煩地說：這不僅是一個陷阱，同時也是一大危險——沒錯，真正的危險。對這些靈媒來說，唯一的出路就是服從無私仁慈之人的監督，這些人會冷靜公正地對通靈訊息進行評判，從而使靈媒睜開雙眼，看清自己看不到的東西。凡是害怕接受這種評判的靈媒，無一例外地走上了迷惑之路。凡是相信只有自己才擁有光的靈媒，也無一例外地已被完全征服。如果靈媒不肯仔細觀察，如果他們被此激怒並拒絕這一結果，毫無疑問，幫助他們的靈性具有邪惡的本性。

我們曾說過，靈媒可能缺乏發現錯誤所需要的知識，而這可能使他們盲目地被華麗的辭藻和自命不凡的語言所欺騙，被詭辯所誘惑——哪怕這一切都是出於善意的。所以說，如果靈媒自身缺乏足夠的知識，就應該謙虛地求助於那些學識淵博的人，所謂"集思廣義"，"當局者迷，旁觀者清"。從這個角度來看，聚會對於聰明理智且善於聽取建議的靈媒非常有幫助，因為在這樣的聚會上，他們能找到人更加開明、更有能力的人感知那些通常極為玄妙的細微差別，這些細微差別正好可以體現靈性進化程度的高低。

凡是真心不想成為謊言工具的靈媒，都應當將把私下獲取的通靈訊息帶到嚴肅的聚會上，並接受，甚至主動要求對其進行嚴格的審查。如果靈媒接觸過騙人的靈性，這正是靈媒擺脫這些靈性，並表明自己絕不會上當受騙的最可靠的方法。此外，若靈媒因被批評而感到困擾，其實大可不必，因為這件事無關乎他們個人的面子問題。他們書寫的東西並不是他們自己的產物，因此，對於這些拙劣的通靈訊息，他們所要負的責任並不比讀一個拙劣的詩人所寫的詩更大。

我們之所以堅持這一點，是因為它既然對於靈媒而是一個陷阱，那對於聚會而言也是一個陷阱，在聚會上，不應輕易相信任何一個靈性的釋譯者。對於受到迷惑或蠱惑的靈媒，參加聚會是弊大於利的，甚至不應該允許他們參加聚會。我們認為我們已對這個問題進行過充分的討論，並且說明了即使在靈媒自身也無法認識到這一點的情況下，聚會參與者應當如何根據迷惑的特徵避免在這方面受到欺騙。其中最顯著的特徵無疑是，他們自以為自己是唯一正確的人，而其他人都是錯誤的。受到迷惑的靈媒不願意承認自己的處境，就像諱疾忌醫的病人不肯承認自己的病情，不肯接受必要的治療一樣。

330. 作為嚴肅聚會的目的之一，應使其免受騙人的靈性的干擾，但僅僅因為憑藉聚會的目的和靈媒的品性就認為不會受到欺騙，這是錯誤的。只有具備適當的條件，才能實現這一目標。

如需全面瞭解適當的條件包括什麼，請參見上文第 231 節關於"環境的影響"中的具體論述。我們應當認為，所有人都被一定數量的，看不見的，且認同其性格、品味和愛好的同伴所包圍著。因此，所有參加聚會的人都會帶來與其擁有情感共鳴的靈性根據參與者的人數和品性，這些夥伴可能會對聚會本身和通靈產生或好或壞的影響。一個完美的聚會應該是所有的成員一心向善，只吸引善良的靈性；但如果退而求其次，就是要讓善靈的數量超過惡靈。當然，這只是邏輯上是如此，我們不必堅持。

331. 聚會是一個集體存在，其品質和特性是所有成員的總和，它形成了一個群體，這個群體同質性越高，能力就越強大。在第 282 節第 5 問中，我們闡述了在召喚靈性時應當如何向靈性提問，如果完全理解了這一點，就不難理解參與者思想的關聯能力。如果一個靈性以任何方式被思想所震撼——就像我們被聲音所震撼一樣——那麼有著同樣初衷的二十個人團結在一起顯然比一個人更有力量。然而，要讓所有的思想都貢獻於同一個目標，它們必須一致地振動，並融合成一個單一的思想，如果不全神貫注，是無法做到這一點的。

此外，當靈性進入一個完全擁有情感共鳴的環境時，他會感到更自在。如果靈性發現自己身邊全是朋友，他會主動地參與，也更願意做出回答。無論是誰，只要在某種程度上促成了智慧顯現，就一定會相信這個真理。然而，如果思想是發散的，就會因靈性思想上的不一致而產生碰撞，從而影響顯靈。在聚會上需要發言的人，也會出現同樣的情況。如果他們覺得每個人的想法都是和諧和贊同的，這種印象就會對其思想產生作用，從而賦予他們更大的能量。這種一致性的影響會對他們產生一種磁力作用，使他們的效力成倍增加，而冷漠或敵意則會使他們心煩意亂，麻痹癱瘓。這就是為什麼演員們會因為掌聲而感到激動，而靈性比人類具有更強的感受力，所以環境對他們的影響也就更大。

每一次靈性主義者聚會都應當盡可能地保證同質化。當然，我們指的是希望取得嚴肅且真正有用的結果的聚會。不過，如果只是想獲得通靈訊息，而不在意其品質高低，那麼所有這些防範措施顯然都是不必要的，但既如此，他們也就不應該對產出結果的品質有什麼苛責了。

332. 由於每一次嚴肅的聚會都必須做到全神貫注和思想交流，所以也不難理解，參與者人數過多是導致不能達到同質性要求的最主要原因之一。當然，人數本身是沒有限制的。我們知道，只要足夠的專心和專注，一百個人肯定能比十個人提供更好的條件。然而，同樣顯而易見的是，人數越多，滿足這一條件的難度也就越大。此外，經驗證明，有鑒於我們之前所列的原因，親密的小圈子總是更有利於實現良好的通靈。

333. 另外，定期舉行聚會也是一項必不可少的要求。在每次聚會上，我們總能找到那些可以稱之為 **"習**

慣性常客"的靈性，但我們所說的可不是那些無處不在且喜歡插手一切的靈性。相反，我們所指的是守護靈性，或者那些最常被召喚的靈性。不過，也切勿以為這些靈性除了聽命於我們之外，再更好的事可做了。他們有自己的職責，有時也會暫時無法回應召喚。如果是在固定的日期和時間舉行聚會，他們多半能如期出現，鮮有不到場的情況。有的靈性甚至會將守時的品質發揮到極致。他們可能會因為僅僅十五分鐘的延遲而生氣，如果他們是聚會上第一個安排的對象，那麼在約定時間之前召喚他們是沒有用的。不過，我們要強調的是，雖然靈性更喜歡規律性，但真正的高階靈性卻不會那麼吹毛求疵。嚴格的守時要求是靈性等級較低的表現，就像任何其他幼稚的事物一樣。靈性甚至有可能在規定的時間之外出現，事實上，如果討論的問題非常重要，靈性還會自動出現。然而，就接收有價值的通靈訊息來說，最有害的莫過於隨意所欲、心血來潮地召喚靈性，或者召喚他們，卻缺乏嚴肅的理由。既然他們不受我們的支配，他們自然就不會回答我們的問題，尤其是在別的靈性可以取替其位置和名字的情況下。

真正的協會

334. 我們所說的關於一般性聚會的內容自然也適用于正常組建的協會。然而，協會也必須盡力解決因成員間的關係而引發的一些特殊問題。我們收到過無數希望提供其組成情況的請求，對於我們所做的解釋，我們進行了以下匯總。

剛剛問世不久的靈性主義得到了各方面的認同，但大部分追隨者對靈性主義的本質所知甚少，協會的創立是為了在成員之間建立起一種緊密的聯繫。而這種聯繫只能存在於那些理解靈性主義的道德目標，並完全致力於**親身踐行的成員之間**。對於只通過多少帶有離奇色彩的現象去認知靈性主義的人，他們之間不可能存在嚴肅的關聯因素。如果將這些現象凌駕於基本原理之上，哪怕只是在正確看待這些現象的問題上存在簡單的分歧，也有可能導致分裂。然而，這並不適用於那些只對其道德目標感興趣的人，因為看待這一問題並無二法。還有一個事實是，無論在哪裡找到這樣的人，將他們聯繫在一起的總是彼此之間的相互信任。相互的仁慈是主宰他們之間的基本規則，它排除了因為敏感而引起的任何尷尬，排除了因最細微的矛盾而引起的傲慢，也排除了凡事要求以個人為中心的自我中心主義。

如果在一個協會中，成員們能夠共同分享這種情感，能夠聚集在一起共同向靈性請教——不僅是希望看到或多或少有趣的新奇事物，或者是讓自己的觀點佔據上風——這樣的協會不僅具有可行性，也具有不可分割性。要在確保同質性的前提下多位成員聚集在一起，這其中所涉及的困難使我們不得不指出，為了促進研究和靈性主義事業的發展，靈性主義協會應該致力於建立小的團體，而非大的社團。這些團體通過互通信函、互相訪問和思想交流等形式，很快就能形成一個龐大的靈性主義之家的核心力量，總有一天，這個靈性主義之家會將所有的意見都匯總在一起，並藉由基督教的仁慈所決定的博愛情感將世人團結在一起。

335. 我們已經看到，情感的一致性對於取得良好的效果具有至關重要的意義。當參與人員較多的情況下，這種一致性自然很難實現。而在小團體中，每個人都能更好地瞭解彼此，即使有新成員加入，也會擁有更多的安全感。要保持沉默和全神貫注也會變得更加容易，就像在家裡一樣。由於成員的繁雜性，大型聚會不允許親密接觸。舉辦大型聚會需要選擇特殊的地點，需要資金來源和管理機構，而小型組織則可以免去這一切。性格、思想和觀點的分歧越明顯，就越容易讓喜歡惹麻煩的靈性挑撥離間。團體規模越大，就越難取悅所有人。所有人都希望按照自己的意願來完成這些項目，並希望優先選擇自己最感興趣的話題。有些人甚至認為，會員的頭銜賦予了他們將自己的觀點強加於他人的權利。然後，就會產生衝突，這也是惡意的起因。這樣遲早會導致分裂，以致於後面的解體，在這種情況下，所有的協會，無論其創建的初衷是什麼，都難逃這樣的命運。但小團體就不存在這樣的問題。一個大型協會的解體對於靈性主義事業而言是一個失敗，靈性主義的敵人會毫不猶豫地對此加以利用。一個小型團體的解散則不會引起注意；即使一個解散了，還有其他二十個取而代之，如果有二十個團體，每個團體有十五到二十個成員，這與包含三四百人的集會相比，前者對於靈性主義的傳播會發揮更大的作用。

顯然，我們可以說，一個協會的成員，如果所做所為如我們前面所說的那樣，就不可能是真正的靈性主義者，因為靈性主義學說規定其首要職責就是仁慈和仁愛。這是完全正確的，這就是為什麼那些擁有這種行為的人更多的只是名義上的靈性主義者，而非事實上的靈性主義者——他們不屬於第三類（參見第 28 節）。但誰又能說自己可以被稱為靈性主義者呢？這是一個值得認真思考的問題。

336. 我們千萬不要忘記，靈性主義的敵人想要阻止靈性主義的發展，他們對靈性主義的成功總是嗤之以鼻。最危險的不是那些公開攻擊的人，而是那些在幕後行動的人；一手捧鮮花，一手捅刀子的人。這些為非作歹的人會滲透到每一個可以作惡的地方，他們深知團結的力量，所以總是試圖通過挑撥離間來摧毀團結。誰能說那些在聚會中製造麻煩與不和的人不是對混亂感興趣的敵對者呢？他們當然不是真正的靈性主義者，也不是善良的靈性主義者——他們永遠不會行善，只會作惡。我們知道，對他們來說，要滲透進大型的協會要比滲透進每個人都互相認識的小團體容易得多。他們通過悄無聲息的秘密行動，到處散播懷疑、不信任和不滿的種子。他們打著為靈性主義事業著想的虛偽幌子批評一切，結成親密而排外的團體，快速地破壞整體的和諧——這就是他們想要的。與這樣的人打交道，訴諸仁慈與友愛的情感是沒有用的。他們只對此置若罔聞，因為

第二十九章：聚會與協會

他們的目標恰恰就是要摧毀這種情感，因為這是阻礙他們行動的最大障礙。這種情況對於任何一種協會都是具有危害性的，對於靈性主義者協會更是如此，因為即便它不會導致徹底的分裂，也會引起防礙精神集中與專注的相關問題。

337. 如果聚會進展不順，他們就會問："難道理智和善意的人沒有權利批評嗎？"那如果他們忽略問題，什麼話也不說，難道不是通過沉默來表示贊同嗎？當然，他們有這樣的權利——這甚至是一種責任——但如果他們的意圖果真是好的，就應當以適當而友好的方式加以提醒，而且必須是公開的，沒有任何托詞。如果不聽取他們的意見，他們自會退出，因為一個人如果不是別有用心，很難想像他會在一個取向與自己不同的協會中長久地呆下去。

因此，原則上我們可以確定，在靈性主義者聚會中，無論是誰，只要通過任何方式在表面上或私下裡造成了混亂或不和的，就一定是敵對者，或者至少是必須儘快擺脫的邪惡靈性。儘管如此，將一個聚會成員聯繫在一起的承諾本身就給這樣做製造了障礙，所以，要避免無法實現的承諾。道德高尚的人總是以得體的方式與他人交往，而懷有惡意的人往往不知分寸，總是做過火。

338. 除了那些臭名昭著的惡意之人會滲透到聚會中，還有一些人，因為個人性情，無論走到哪裡都會帶來麻煩。因此，在接納新成員時要格外小心。在這種情況下，危害最大的並不是那些對問題一無所知的人，甚至也不是那些不信仰這一學說的懷疑者——信仰的樹立來自於經驗，有些善意之人是有學習意願的。相反，最應當警惕的是那些擁有先入之見的人，那些質疑一切——甚至是顯而易見的道理——的理論懷疑者，以及假裝自己掌握了真理的特權，並總是試圖將自身觀點強加給他人，排斥一切異見的人。對於這樣的人，千萬不要被他們假裝的學習欲望所愚弄。你們會見到很多這樣的人，如果他們不得不承認自己錯了，他們會感到非常的不高興。最重要的是，要提防那些說話空洞乏味，卻又總想掌握話語權的人，也要提防那些只喜歡爭論的人——這兩種人都是在浪費時間，既不利人，也不利己。靈性不喜歡閒言碎語。

339. 為了避免可能引起麻煩和導致分心的一切因素，靈性主義者協會在成立之時，應將其全部注意力放在制訂適當的措施，以防止搗亂者造成任何危害，並盡一切可能促成其離開。小型團體只需要制定簡單的規則，以確定活動的步驟順序。而正規成立的協會則需要建立一個更加完整的組織，且制定的制度最好不要過於複雜。兩種類型的組織都可以根據自身的實際情況借鑒巴黎靈性主義研究協會的規章制度，具體詳見下文。

340. 協會無論規模大小，聚會無論重要與否，都必須解決進一步的問題。搗亂者不僅存在于他們的成員中，也存在於無形世界中，就像各個社會制度、城市和國家都有自己的守護靈性一樣，每個團體和個人也會有品行不端的靈性。首先，這些靈性會與最軟弱、最易接近的人接觸，試圖將其變成自己的工具，然後會逐漸讓每個人都參與進來，因為他們征服的人越多，他們的惡趣味就越能得到滿足。因此，但凡有任何一個團體成員掉入他們的陷阱，就意味著周圍有敵人，羊群裡有狼，所以必須採取非常謹慎的措施，因為他們很可能會繼續圖謀，變本加厲。如果這位成員沒有通過強烈的抵抗讓靈性灰心喪氣，迷惑就會像傳染病一樣四處傳播，在靈媒中間，它會對通靈能力造成干擾，在其他人群中間，它會產相互的敵意、道德的扭曲和對和諧的破壞。既然對抗這種毒藥最有效的解藥是仁慈，所以，這也是他們竭力要扼殺的東西。因此，各團體不要等到邪惡無法治癒之後才採取補救措施，事實上，甚至不必等到最初的症狀出現，因為防患於未然尤為必要。要很好地做到這一點，有兩種有效的方法可以採用：發自內心的祈禱；仔細研究最細微的跡象，以揭示有騙人的靈性存在。前者旨在吸引善良的靈性，而善良的靈性只會熱心地幫助那些通過相信上帝幫助他們的人；後者旨在向邪惡的靈性表明，他們所面臨的是足夠開明、足夠理智、不會讓自己上當受騙的人。如果團體中有成員受到了迷惑的影響，一旦發現有這一跡象，在情況一步惡化之前，就應盡一切努力讓他們睜開雙眼，以讓他們明白自己被騙了，並向他們灌輸願望，以幫助那些正試圖擺脫迷惑的人。

341. 環境的影響來自於靈性的本質以及靈性對人類

的作用方式。根據這一影響，我們可以推斷出，對一個協會最有利的條件是這個協會渴望吸引善靈的情感共鳴，以獲得有價值的通靈訊息，同時避免無益的通靈訊息。這些條件完全取決於參與者的道德品質，具體可以總結如下：

　　思想和情感上達到完全的共通性；

　　會員之間的互愛；

　　拒絕一切違背真正的基督教仁愛的情感；

　　擁有一個共同的願望，即通過善靈的教義和他們的忠告學習知識和提升自我。高度進化的靈性之所以會顯靈，是為了讓我們實現進步，而不是單純地讓我們開心，誰明白這一道理，誰就能明白，他們必須遠離那些只喜歡被人吹捧、卻又廢話連篇的靈性，遠離那些之所以被活動吸引，只是因自身品味而對此產生了一定興趣的靈性；

　　在與靈性進行通靈時，要避免任何僅僅是為了滿足個人好奇心的事情；

　　與靈性交談時，要保持恭敬的專注和沉默；

　　在召喚靈性時，所有參與者都要實現思想上的關聯；

　　所有的靈媒都要和諧相處，拒絕任何傲慢、虛榮和優越等情感，同時懷抱唯一的願望是使自己成為有用的人。

難道這些條件太過苛刻，以致於沒有人能夠滿足嗎？我們不這麼認為。相反，我們希望真正嚴肅的團體——比如那些已經在各地建立起來的團體——能夠繁衍生息，我們要毫不猶豫地指出，靈性主義之所以能得到最廣泛的傳播，全要歸功於這些團體。通過團結嚴肅認真的世間男女，這些團體終將讓我們的批評者啞口無言，它們的初衷越純潔，就越受尊重，即便反對者也不例外。**通過嘲諷來攻擊真善美，這不會引人發笑，只會變得可鄙。**通過環境的力量與相互的團結，這類團體中間將形成真正的情感共鳴的紐帶，從而促進全面的發展。

342. 如果認為這種手足情誼的和諧與嚴肅性的要求並不適用於專門研究物理顯靈的聚會，那就大錯特錯了。即使這類聚會不要求達到如此嚴苛的條件，也並不意味著可以草率地舉行這類聚會，不負責任地對其進行觀察。同樣，認為參與者的一致性對於這類聚會無關緊要的觀點也是錯誤的。反對的證據在於，這類顯靈現象在某些環境中往往無法得以實現，哪怕是有天賦異稟的靈媒在場。相反的影響也會作用於這些顯靈現象，而且可以肯定的是，這些影響來自於參與者情緒的差異或敵意，而這會使靈性的努力功虧一簣。

我們說過，物理顯靈是非常有用的。它們為觀察者開闢了一個廣闊的領域，讓人們認識到了這種奇異現象的背後所隱含的全新規律，而這所帶來的後果是不可估量的。因此，擁有嚴肅目的的聚會也可以安排物理顯靈現象，但如果不是在有利的條件下舉行這些聚會，就無法達到預期的目的，即作為研究的手段，或加強信念的證據。參與者的信仰並不是首要條件；更確切地說，首要條件是參與者要有啟迪開化的願望，不得別有用心，也不得有全盤否定一切，甚至否定證據的先入之見。第二個條件是減少參與者的人數，以避免異質性。儘管物理顯靈現象通常是由進化程度較低的靈性產生的，但這並不意味著它們的目的缺乏上天的旨意。只要能達到有用的效果，善良的靈性就會在側監督。

研究物件

343. 想要召喚親友或某些名人來比較生前與死後的看法，這往往會遇到困難，因為談話往往會淪為乏味無益的空談。許多人認為《靈性之書》已羅列出了所有的道德和哲學問題。這是不正確的，正因為如此，才有必要列出任何有可能引出無數全新的研究主題的來源。

344. 如果說召喚顯赫人物和高度進化的靈性是非常有用的，那因為他們可以提供教導，但普通的靈性也是同等重要的，即使他們不能解決大範圍的問題。他們自己揭示了自己在等級制度中的底層地位，他們與我們之間的距離越小，我們就越能意識到他們的情況與我們類似，更何況他們在私人召喚的作用方面經常為我們提供極大的興趣特徵，具體如我們在第 281 節中所做的闡述。因此，可供觀察的資源是取之不竭的，即便我們限制自己去召喚靈性，以讓他們在現世為我們提供涉及其死亡方式、壽命長短、善惡品質、生前幸福與否或地位尊卑、習慣、精神狀態等特殊細節。

如果有高階靈性，研究的領域會進一步擴大。除了某些心理問題外，我們還可以向他們詢問無以數計的道德問題，例如生活中的各種境況、在具體情況下的最佳行為、我們的共同責任等等。我們在道德、歷史、哲學或科學方面接受的相關教導，其價值完全取決於回答問題的靈性的地位；我們有責任對此做出合理的判斷。

345. 除了召喚本身，自發性通靈也能提供大量的研究課題。針對這種情況，我們所需要做的就是等待靈性自己提出他們所選擇的主題。在這種情況下，可以有多位靈媒同時工作。有時，我們可以召喚某個特定的靈性，但通常我們只能等待那些想要前來的靈性，而這些靈性往往會以一種無法預見的方式前來。接下來，在通靈過程中，即可對大量的研究問題進行討論，而其主題已經事先準備好的。討論時必須保持謹慎的態度，以便分析靈性提出的所有觀點，並確定這些觀點是否具有真實性。我們曾經說過，這種徹底的審查是防止騙人的靈性干擾通靈的最佳保證。鑒於這一原因，在聚會之外所收到的通靈訊息也應當提交給團體聚會，以便每個人都能對其進行仔細審查，並從中受益。如此以來，我們顯然擁有了一個不可估量的來源，它具有非常高的價值和教育意義。

346. 每次聚會活動可以按照以下步驟進行安排：

1）上一次聚會期間接收到的有關靈性的通靈訊

息的閱讀資料，這些資料已經過審查和修訂。

  2）各種報告：信函、聚會之外接收到的通靈訊息的閱讀資料、與靈性主義有關的情況報告。

  3）學習資料：自發性口述、各種問題、向靈性提出的道德問題、召喚。

  4）審查：對各類通靈訊息進行批判性和分析性的審查、討論關於靈性主義科學的各種問題。

347. 剛剛成立的團體常常面臨著靈媒人手不足的問題。誠然，靈媒是靈性主義者聚會的基本要素，但也並不是必不可少的，如果認為沒有靈媒，就什麼事也做不成，那就大錯特錯了。顯然，為了進行實驗而召開的聚會是必須要有靈媒的，就像音樂會需要音樂家一樣。但是，如果聚會的目的是為了進行嚴肅的研究，那麼有許多有用和有益的問題是團體成員自己就可以解決的。此外，依賴靈媒的團體很可能會意外地失去靈媒，如果就此認為只能解散團體而別無他法，那是一大遺憾。靈性本身可以在一定時期內引導團體進入這種情況，以便教導他們在沒有靈媒的情況下如何推進工作。我們甚至可以補充說，這可能是非常必要的，它為團體留出了一定的時間來認真思考靈性的教義，從而使團體從中得到更多的收穫。科學協會並不一定擁觀測所需的工具，但這並不意味著它們缺乏討論的課題。在沒有詩人和演講者的情況下，文學協會會閱讀和討論古代和現代作家的作品，而宗教協會則會鼓勵人們默想經文。靈性主義者協會也應如此，這樣做好處良多，可以促進聚會參與者閱讀和討論關於靈性主義的一切，包括優點和缺點。在這樣的討論中，所有參與者都會從自己的角度做出貢獻，從而形成明亮的光束，否則私下閱讀，就有可能會被忽略。除了專題著作外，報紙上也會刊登各種事實、新聞、文章和報導，論述有關引發重大道德問題的美德和惡習，而對於這類問題，只有靈性主義才能提供解決方案。這也是表明靈性主義與社會生活的各個方面都有聯繫的一種方式。我們認為，一個靈性主義者協會如果能以這種方式安排組織的工作，並利用必要的材料武裝自己，那麼無需多時，就能與靈性實現直接通靈。這就是為什麼我們要在這裡呼籲關注那些真正嚴肅的團體，那些最熱切地渴望學習，而不是試圖尋找一種消遣的團體。（參見第 207 節"靈媒的培養"）

協會之間的對立

348. 每一個專門處理智慧顯靈的團體和致力於物理顯靈的團體都有著自己的使命。但如果兩者將彼此視為對手，那麼任何一種類型的團體都不會與靈性主義中的真正的靈性和諧相處。誰"扔了第一塊石頭"，誰就能證明自身已被邪惡勢力所控制。儘管方法可能有所不同，但所有人都必須在一個共同的目標上達成一致，即研究和傳播真理。任何對立無非是被激起的傲慢，它只會為詆毀者提供武器，並因此危害這些團體想要捍衛的事業。

349. 　　最後幾點同樣適用於可能在某些教義觀點上存在分歧的所有團體。正如我們在"矛盾"章節中所講述的，這些差異大多是基於次要的問題，甚至是簡單的詞語。因此，僅僅因為成員的想法不盡相同，就要將一個團體一分為二，這種做法是幼稚的。如果同一個城市的不同團體或協會相互嫉妒，那情況就更糟了。我們知道，相互對抗的個體之間會因嫉妒造成相互的身體傷害，但如果不存在投機取巧，嫉妒只不過是由自負引起的微不足道的對立而已。因為一個協會不可能將所有信徒聚集在一個地方，任何人如果真正想要傳播真理，且擁有唯一的道德目標，就應當樂於看到新團體的誕生，即便團體之間有競爭，也只會朝著善的方向更好地發展。那些聲稱只有自己才掌握了真理的人必須印證這麼一句格言：**仁愛和仁慈**，因為這才是每一位真正的靈性主義者所信奉的格言。對於那些幫助自己的靈性，他們有為其優越性而感到自豪嗎？讓他們通過他們所接受的教義的優越性和對這一教義的踐行來證明這一點。這是區分那些行正道、走正途之人的可靠標準。

　　　　有的靈性自以為是，缺乏邏輯，有時，他們會打著德高望重者的名號，強迫他人接受奇怪和不切實際的理論體系。然而，常識會使得這些空想理論變成曇花一現，但與此同時，它們也會在成員中播下懷疑和不確定性的種子。這往往會引起一時的分歧。除了我們之前闡明的評估這些理論體系的方法之外，還有另一個標準可以對其價值進行準確的衡量：它們所招募的追隨者的人數。根據常理，最為群眾所接受的理論體系應當比被多數人拒絕的理論體系更接近真理，因為後者留不住自己的成員。因此，我們可以肯定，當靈性拒絕對自己的教義進行審查時，那是因為他們知道這些教義有多麼禁不起檢驗。

350. 如果靈性主義要改變人類——正如人們所斷言的那樣——它只能通過改善普羅大眾來做到這一點，而這只能隨著個人自身的改善而逐步地、一點一點地實現。如果這樣的信仰不能使一個人變得更好、更善良、更能接受同胞，在逆境中變得更謙卑、更有耐心，那麼相信靈性的存在又有什麼好處呢？如果貪婪的人成為了靈性主義者仍舊心懷貪念，傲慢的人仍舊自以為是，善妒的人仍舊喜歡嫉妒，那這對他們有何益處？如此，每個人都可能相信顯靈，但人類仍然停止不前——正如我們所看到的。然而，這並不是上帝的本意。所有嚴肅的靈性主義者協會都應該順從上天的旨意，將所有有著同樣情感的人聚集在一起。這樣，人與人之間就會有團結、同情和友愛，而不會因自我中心主義而引起任何無謂而幼稚的敵對；人人都會多行善舉，少講空話。然後，他們將會變得強大，因為他們有一個不可動搖的基礎：所有人的利益。那時，他們將得到尊重，並使一切嘲笑他們的人啞口無言，因為他們將以為所有人敬重的福音道德的名義說話。

這是我們努力發展靈性主義的道路。我們高舉的旗幟是**基督教和人道的靈性主義**，我們很高興看到世界各地有這麼多人團結在這面旗幟的周圍，因為他們明白，這裡將會找到救贖的鐵錨、公共秩序的保障、人類新時代的標誌。我們邀請所有的靈性主義者協會參與這項偉大的工作。無論天涯海角，願他們伸出友愛之手，將邪惡套在一張無法解開的網中。

∎∎∎

第三十章：
巴黎靈性主義研究協會規章制度

根據內政和國家安全部長的通知，1858 年 4 月 13 日，巴黎警察局長頒佈法令，批准了於 1858 年 4 月 1 日制定的《巴黎靈性主義研究協會規章制度》。

該規章制度是依據經驗制定的，但我們並沒有將其作為必要的模式。在此列出該規章制度的唯一目的是為了說明協會的創立，以便協會能根據其自身的實際情況參考有效和適用的規定，以將其作為指導方針。對於小型的個人團體而言，可以採用簡化的形式對該規章制度的內容進行相應的刪減，這類個人團體只需針對其內部組織、注意事項以及日常工作制定相關的措施即可。

此外，凡是有意與巴黎協會建立關係的個人，無論是通過信函，還是作為綜合會員，我們也可為其提供資訊。

第一章——協會的宗旨和組成

第 1 條——本協會的宗旨是研究與顯靈有關的所有現象，以及這些現象在道德、物理、歷史和心理科學中的應用。禁止涉及政治、宗教或社會經濟等相關問題。

協會名稱：巴黎靈性主義研究協會。

第 2 條——本協會由註冊會員、自由准會員、通信會員組成。

對於因其個人職務或工作可為本協會提供重要

服務的法國公民或外國公民，本協會可為其授予榮譽會員資格。榮譽會員須每年改選。

第3條——本協會所接納的物件僅限於認同本協會基本原則及其專案目標的個人、已經開始學習靈性主義科學基本原則的個人、或因渴望獲得這方面的指導而受到極大鼓舞的個人。因此，本協會應排除一切可能給其聚會帶來麻煩的人，不論是出於敵對的態度或理論上的分歧，還是出於可能在不必要的辯論上浪費時間等其他任何原因。

所有成員都有義務表現出仁慈和禮貌，在任何情況下，必須把普遍利益置於個人問題和自我重要性之上。

第4條——要成為自由准會員，須以書面形式向主席提出申請，並由兩名正式會員簽字支持，後者須對申請人的意圖負責。

申請必須說明：1）申請人是否對靈性主義有所瞭解；2）申請人是否相信靈性主義科學的基本觀點；3）承諾完全遵守該規章制度。

申請須提交委員會，委員會應視情況給出批准、延期或拒絕的意見。

申請人如對靈性主義科學一無所知或不理解本協會的基本原則，則須延期考慮。

自由准會工有權參加所有的會議，有權參加活動和研究小組，但沒有權利對本協會的行政管理事務進行投票。

自由准會員僅在入會當年為自由准會員，在該年度結束時須批准成為本社團的永久會員。

第5條——要成為正式會員，須成為自由准會員至少滿一年，且參加了一半以上的會議，並提供在此期間申請人理解其關於靈性主義的信仰，其對本協會基本原則的認同，以及在涉及同僚的任何情況下均會按照仁慈與靈性主義者道德原則行事的意願等證明。

自由准會員定期參加本協會會議滿足六個月的，如符合其他條件，可獲接納為正式會員。

如有三名正式會員支持，在准會員同意的情況下，應按職權提出入會申請。然後，根據具體情況，在委員會提出口頭報告後，以無記名投票方式提交本協會表決。

只有正式成員才有投票權，並享有第25條賦予的權利。

第6條——如本協會認為適當，應限制自由准會員和正式會員的人數。

第7條——通信會員是指非巴黎本地居民，但與本協會保持聯繫並向本協會提供對其研究可能有用的檔的個人。通信會員可由一名正式成員的舉薦提名。

第二章——行政管理

第 8 條——本協會應由理事主席管理，並由理事會和委員會成員協助管理。

第 9 條——理事會應由一名主席、副主席、秘書長、兩名助理秘書和一名財務主任組成。

可以任命一名或多名名譽主席。

在主席和副主席缺席的情況下，會議應由一名委員會成員主持。

第 10 條——理事主席應將全心全意維護本協會和靈性主義科學的利益。理事主席負責行政管理的總體指導和監督，以及負責檔案的保管。主席任期三年，理事會其他成員任期一年，且有資格無限期連任。

第 11 條——委員會由理事會成員和其他五名正式成員組成，後者的選拔物件為在本協會專案中發揮了積極作用、對靈性主義事業作出過貢獻或表現出具有仁慈與和解靈性的個人。這五名會員與理事會成員一樣，任期一年，且可連任。

委員會可以由理事主席主持，或在理事主席缺席時，由副主席或為此指定的一名會員主持。

委員會負責事先審查所有須提交給本協會的行政管理問題、提案和其他事項：控制本協會的收支及財政帳目；批准常規費用和所有必要的措施。

審查各會員提交的研究資料，代表會員編制資料，並按主席要求制定會議流程。

　　主席可隨時對某些議題的審查及議程專案提出反對意見，前提是須向理事會提出申訴，並由理事會做出決議。

　　委員會應在召開會議前以及其認為適當的任何時間定期舉行碰面會，以便對手頭的議題進行審查。

　　連續三個月無正當理由缺席的理事會和委員會成員，視為已放棄職務，應予以撤換。

　　第 12 條——本協會或委員會的決議應由出席會議的絕大多數成員作出；如票數相等，主席應投決定性的一票。

　　委員會可經四名成員的法定人數審議。如有五名成員要求，應進行無記名投票。

　　第 13 條——每三個月應從正式會員或自由准會員中選出六名成員，以履行委員的職責。

　　委員負責監督會議的流程和正常進行，並核實任何想要參加會議的外部人士的參與權。

　　為此，指定成員應就會議開場主持人達成一致意見。

　　第 14 條——業務年度應於 4 月 1 日開始。在 5 月第一屆會議上應對理事會和委員會作出任命。現任成員在此之前應繼續履行其職責。

　　第 15 條——為了支付本協會的費用，每年收取的年費為正式會員 24 法郎，自由准會員 20 法郎。

正式會員在入會時還須支付 10 法郎的入會費。該費用將按當年余時全額計收。

在當前年度內入會的會員，只須繳付由入會日起餘下的季度費用。

夫婦二人同時成為自由准會員或正式會員時，只需支付正常費用的 1.5 倍。

每六個月——4 月 1 日和 10 月 1 日——財務主任應向委員會彙報資金的使用和情況。

在支付租金及其他必需品等當期費用後，本協會應決定所剩餘額的使用。

第 16 條——凡批准成為自由准會員及正式會員的，均應獲發注明其身份的會員卡。該卡將由財務主任保管，直至新會員繳交入會費後領取。新會員在領取會員卡前不得參加任何會議。入會後一個月內未領取會員卡的，則視為該會員已退會。

會員在新年度開始的第一個月內未繳交年費，且在收到財務主任的提醒仍未回應的，亦被視為已退會。

第三章——會議

第 17 條——除需要改期外，本協會會議定於每週五晚 8:00 時舉行。

會議可以是私會，也可以是大會，但絕不對公眾開放。

每一位協會成員，不論其身份如何，每次會議都在出席表上應簽到。

第 18 條——會議期間，尤其是在研究期間，應嚴格保持靜默和專注。未經主席允許，任何人不得發言。

所有向靈性提出的問題都必須經主席審查，根據情況，主席可能會拒絕提問。

嚴禁任何毫無意義的問題、涉及個人利益的問題，僅僅涉及好奇心的問題，旨在試探靈性的問題、或從研究角度來看沒有普遍作用的問題。

嚴禁任何與議題無關的討論。

第 19 條——在討論期間違背適當性要求或以任何方式干擾會議的，任何成員都有權要求此人遵守規則。該項請求應立即付諸表決，並應在會議記錄中加以記錄。

一年內收到三次警告的會員，不論其身份如何，均應被開除。

第 20 條——在未提交主席或委員會的情況下，嚴禁擅自閱讀在本協會之外獲取的任何通靈訊息，主席或委員會可對此做出批准或不予批准的決定。

每一份批准閱讀的外部通靈訊息的副本都必須存檔。

所有在會議期間獲取的通靈訊息均屬本協會所有，但收到該通靈訊息的靈媒可保留一份副本。

第 21 條——閉門會議僅限本協會會員參加，每月第一個、第三個和第五個（如適用）週五舉行。

本協會保留所有關於行政管理的提問、以及需要以更加和平和專注的狀態進行研究的資料，或其認為在與外部人士進行討論之前需要深入研究的資料，以留作個別會議討論。

除正式會員和自由准會員外，旅經巴黎的通信會員和向本協會提供幫助的靈媒也有權參加閉門會議。

除特殊情況外，未經主席事先同意，任何人不得參加閉門會議。

第 22 條——大會應於每月的每個週一、週三和週五舉行。

在大會期間，本協會授權外部觀察員進入，外部觀察員可以暫時列席會議，但不參加會議。如有必要，可暫停這一授權。

未經本協會會員介紹，任何人不得以觀察員身份列席會議。本協會會員須負責確保其嘉賓不會對會議造成滋擾或干擾。

本協會只接受有意成為會員，或對其工作感興趣且已充分瞭解靈性主義科學的個人作為審查員。任何出於好奇心想要參加，或持反對意見的個人，絕對不能批准入場。

除主席認為適當的特殊情況外，審查員不得擅自發言。任何人以任何方式擾亂秩序或對本協會工作表示不滿的，均有可能被邀請離場，並應在出席表上注明。此人日後亦不得進入會場。

審查員的名額應視座位情況而定，可以列席會議的人員名單應事先擬好，並注明推薦人及其地址。每一份會議入場申請均應提前幾天提交給主席。只有主席有權按照最終名單束批准發放入場卡。

入場卡只適用於指定的日期和指定的人員。

除主席授權和特殊情況外，不可批准同一個審核員列席兩次會議。任何會員一次只能介紹兩個人。主席批准入場的人數無限制。

審查員在會議開始後不得入場。

第四章——其他

第 23 條——本協會所有會員均應擁有合作精神。故各會員均有責任在其各自的觀察範圍內收集可能與靈性主義有關的新舊案例，並進行交流。同時，在可能的情況下，各成員應瞭解此類案件的惡名。

各會員還有責任列出所有與靈性主義專案的目標或多或少有直接關係的出版物。

第 24 條——本協會應在其認為適當時對有關靈性主義的各類著作進行評論。為此，本協會應委託一位正式會員或自由准會員撰寫一份意見，以在適當時通過《靈性主義評論》進行發表。

第 25 條——本協會應設立一個專門的圖書館，

用以收藏向本協會提供的或本協會自行獲取的著作。在本協會總部，正式會員可在規定的日期和時間使用該圖書館和檔案資料。

第 26 條——考慮到其會員的私人出版物可能在道德上損害本協會的責任，故本協會決定，任何人在未獲授權和未事先告知內容的情況下，不得擅自在任何文章中使用"協會會員"的稱號。委員會應負責就此事提出報告。如果本協會認為某篇文章不符合其原則，在聽取了作者的意見後，會請作者進行修改或放棄發表，或不以協會會員的名義發表。如果作者本人不願意遵守這一決定，可能會被開除。

任何由本協會會員匿名發表且不知道作者身份的文章均屬於普通出版物，本協會保留對其進行評估的權利。但在不妨礙自由表達個人意見的情況下，為了靈性主義科學的利益，本協會請有意以這種方式發表文篇的會員事先徵求本協會的官方意見。

第 27 條——鑒於本協會希望堅持基本原則與相互仁愛精神的統一，任何會員如有滋惹麻煩的，或通過違背靈性主義學說的文章公開表達對本協會的敵意的，或持有顛覆性意見的，或執行本協會不會予批准的任何程式的，本協會有可能開除該會員。但是，除非涉事會員在接到警告後未予理睬，在聽取涉事會員的意見之前——如果其本人希望作出解釋——不得開除該會員。該決定應由出席會議的四分之三的絕大多數成員以絕密方式作出。

第三十章：規章制度

第 28 條——在當前年度內自願退會的會員不得要求按比例退還其費用。但是，如果會員被本協會開除，則予以退費。

第 29 條——該規章制度應根據需要進行修訂。修訂建議只能由主席提出，且應在獲得委員會批准轉交主席處理。

本協會可能在不修訂該規章制度重要事項的情況下，採取其認為適當的補充措施。

∎∎∎

第三十一章：
靈性的論述

在這一章節中，我們收錄了多則自發性通靈訊息，這些自發性通靈訊息完全符合本書中所闡述的基本原理。我們本可收錄更多內容，但這裡僅列舉了對靈性主義、靈媒和聚會的未來發展具有重大影響的案例。我們的目的在於為真正嚴肅的通靈提供一些參考指導和模式範例。本章末尾還列出一些杜撰的通靈訊息，以及有助於辨別真偽的觀察分析。

關於靈性主義

一

"相信上帝的仁善，努力去理解他正在為你安排新的命運。的確，你無法在現世享受這新的生活，但如果你不必重新投生到這個星球，如果你可以考慮從一個更高之處開始工作並看著它發展，難道你不會感到幸福嗎？要堅定你的信念，不要動搖，這樣你才能面對你為修築大廈奠定基礎時可能出現的障礙。這座大廈的根基是堅固的——就第一塊基石就是基督自己立下的。因此，振作起來吧，聖主的建築師們！工作和建造——上帝會為你的努力加冕。但要記住，那些只談論仁慈的人，基督並不認為他們就是門徒。僅僅相信是不夠的；相反，你必須特別注意以仁善、仁慈、無私為榜樣，沒有這些，你的信仰將是徒勞的。"

聖·奧古斯丁

二

"基督親自主持著正在進行的各種工作，為了迎接你們的靈性嚮導向你們預言的創新和改革的時代。事實上，如果你們能超越顯靈現象，推測時事，就能毫無困難地識別前兆的跡象，這些跡象將確鑿無疑地向你們顯示，預言的時間已經到來。通靈訊息在每個國家傳播開來。當物質障礙最終被克服時，政治和宗教偏見將迅速消失，阻礙團結的道德障礙也將隨之消失。因此，這將牢固和持久地建立起手足情誼的統治。看看君主們自己是如何在一隻無形之手的推動下開始了改革——這在以前是聞所未聞的。自上而下的自發改革比自下而上的武力改革更快、更持久。

"儘管我的童年和教育有偏見，儘管我有記憶，但我對現在的時代已經有了預感。我為此感到高興，更高興的是能來這裡告訴你們：兄弟姐妹們，振作起來！為你們自己和你們的未來工作。特別是你們要為自己的進步而努力，來世你們才能享受一種難以想像的的幸福，就像我現在要讓你們理解的一樣。"

夏多布里昂

三

"我認為，靈性主義完全是一門哲學研究，它研究的是靈魂的隱藏原因和內在活動，直到今天，人們對於這些問題的定義依然少之又少，或者完全空白。靈性主義解釋了，而非揭示了，新的視野。輪回轉世和在達到至高目標之前必須忍受的考驗不僅僅是啟示，更是對真理的完全確認。那些通過靈性主義的**方法**所揭示的真理令我感到震撼。我之所以強調**"方法"**二字，因為我認為靈性主義是一種槓桿，可以打破盲目的障礙。世界各地對道德問題的擔憂日益加重。人人都在討論政治問題，這引起了普世利益；他們討論個人利益，而對個性的攻擊或辯護會愈演愈烈。理論有支持者，也有反對者，但道德真理——靈魂的食糧——生命的麵包——卻留在了幾個世紀積累的塵埃中。在人類看來，一切形式的進步似乎都是有用的，除了靈魂的進步。它的教育和演變就像妄想，只供牧師、詩人和女人們打發閒暇的時間，無論是作為簡單的時尚，還是作為正式的教導。

"如果**靈性主義**為**唯靈主義**注入了新的生命，它將為社會提供一種動力，這種動力將喚醒某些人的內在尊嚴，喚醒某些人的順從，而在每個人身上，它將喚醒向忘恩負義之輩所遺忘和未知的上帝靠近的進化需要。"

J.-J. 盧梭

四

"上帝若差遣靈性教導人類，是要叫他們明白自己的責任，給他們指明道路，這樣可以縮短他們的考驗，加快他們的進步。人類將達到圓滿，猶如水果的成熟。然而，除了守護你們幸福的善靈之外，也有不圓滿的靈性想要傷害你們。前者推動你們前進，後者拖你們的後腿，只有集中所有的注意力，才能對兩者加以區分。要做到這一點，方法很簡單：只要試著去理解，來自善靈的一切不會傷害任何人，而來自惡靈的一切只會造成傷害。

"你們若不聽從那些希望你們平安喜樂的靈性的明智忠告，若因他們告訴你們的真理而感覺受到了冒犯，那顯然你們是受到了惡靈的影響。只有傲慢才會讓你們看不清真正的自己，但你們雖是當局者迷，但他人卻是旁觀者清，所以，那些在背後嘲笑你們的人不會認可你們——靈性也不會認可你們。"

熟悉的靈性

五

"你們的學說又美好、又聖潔。它已立下了第一個里程碑，堅不可摧地。現在，你們只需要堅持下去——這條路是開闊的、宏偉的、莊嚴的。到港之人是有福的。皈依你們的人越多，你們的回報就越大。然而，要做到這一點，你們就不能只是平淡地接受這一學說。

第三十一章：靈性的論述

你們必須熱情地擁抱它，這種熱情會日益強烈，因為無論你們何時行善，上帝總是與你們同在。凡你們所歸服之人，必如歸圈之羊——曾經迷途的可憐之羊！要知道，那些最多疑、最無神論、最不相信的人，他們的心裡總是有一個小小的角落，一個連他們自己都想隱藏起來的角落。你們必須找到那個小角落，因為那是易受攻擊的弱點。這是上帝特意留下的一個小裂縫，作為一種讓造物返回神的懷抱的手段。"

聖·本篤

六

"不要被某些障礙或爭議嚇倒。不要固執地試圖使人改變信仰而折磨人。能說服懷疑者的只有你對所有人的無私、寬容和仁慈——沒有例外。

"尤其要防備自己違背公眾輿論，無論是通過簡單的言語，還是公開的示威。你越謙虛，別人越欣賞你。不要讓任何個人動機引導你行動，你會在自己的良心中發現一種只會產生仁善的吸引力。

"按照上帝的旨意，靈性無一例外地為所有人的進步而工作。你們這些靈性主義者，亦當如此。"

聖·路易士

七

"有什麼人類甚至是神的機構沒有遇到過需要克服的障礙和必須與之鬥爭的分裂？"如果它只是一個

悲傷和無所事事的存在，沒有人會費心去攻擊它，因為知道它遲早會屈服。然而，由於你們的生命力頑強而活躍，而且靈性主義者之樹根深蒂固，反對者意識到它會生存很長時間，所以試圖用斧頭砍倒它。可這些心懷嫉妒的人又能做些什麼呢？無非是砍下幾根樹枝，但它們必重新長出新芽，比以往更有力量。"

錢尼

八

"我想告訴你們，在進行你們靈性主義者的勞動時，你們必須要有堅定不移的精神。關於這個問題，我曾給過你們一段經文，你們要全心全意地去研讀，並身體力行，因為你們會像聖·保羅一樣受到迫害，不是肉體上的，而是精神上的。今天的法利賽人和懷疑者要謾罵你們，凌辱你們，但不要害怕。把它看作是一種考驗，如果你們把自己交付給上帝，它會使你們更堅強，因為那時，你們將看到自己的努力後來會獲得成功。這將是你們在來世的一個偉大勝利，在這個世界上，這對於所有失去親人和朋友的人而言是一個莫大的安慰。意識到他們是幸福的，他們很高興能夠與你們交流。因此，繼續前進，完成上帝賦予你們的使命。你們在萬能上帝面前顯現的日子，必成為對你們的賞賜。"

錢尼

九

"是我來了——你們的救世主和審判官。我來了，就像很久以前來到以色列的任性的孩子們中間一樣。我來，是為了帶來真理，驅散黑暗。聽我所言。正如我過去所說，靈性主義必將提醒唯物主義者，統治他們的是永恆的真理：仁善的上帝，全能的上帝，是他讓植物生長，讓海浪升起。我已揭示了神聖的學說。我像個收割者，把分散在人間的善良之人聚集成捆，我對他們說：你們所有受苦的人，到我這裡來吧！

"然而，忘恩負義的世人已偏離了通往我父王國的大道正途，在不敬的痛苦道路上迷失了方向。我父不希望人類滅亡。他不再借著先知和使徒說話；他希望你們相互幫助——無論生者，還是死者（死亡僅針對肉體而言，因為實事上死亡是不存在的）。他希望離世者的聲音在告訴你們："要禱告，要相信！"因為死亡是復活，生命是你們選擇的考驗，在此期間，你們的功德須像雪松一樣成長和發展。

"相信那些回應你們的聲音——他們正是你們召喚的那些人的靈魂。我自己很少通靈。我的朋友們見證了我的生與死，他們是我父旨意的神聖釋譯者。

"脆弱的世人，你們要意識到自己心靈黑暗的欺騙，不要熄滅神聖仁慈之火，這火焰已經放在了你們的手中，它將照亮你們的道路，指引你們這些迷路的孩子回到天父的懷抱。

"我實在告訴你們，要相信你們周圍的靈性具有多樣性和**多重性**。我同情你們的不幸和你們的巨大弱點，要向那些不幸而任性的兄弟姐妹伸出保護之手，因為他們看到了天堂，卻陷入了錯誤的深淵。要相信，要仁愛，要冥想正在向你揭示的真理。不要將稗子與好麥子混為一體，不要將理論與真理混為一談。

"靈性主義者啊！彼此相愛——這是第一教義；教育自己——這是第二教義。所有的真理都能在基督教中找到。這其中根深蒂固的錯誤是由人類引起的。在墳墓後面——你們認為什麼也沒有的地方——有聲音在呼喊：兄弟姐妹們！人死並非滅亡。耶穌基督是戰勝邪惡的勝利者。你們自己要戰勝不敬。"

這份通靈訊息是由巴黎靈性主義者協會最好的一位靈媒獲取的，其落款署名，出於尊敬，我們只能極端保留地複製，所以其真實署名享有無上的榮譽，因為這個名字已在諸多明顯虛構的文章中被廣泛濫用。這就是拿撒勒的耶穌。我們絕對相信他會顯靈。然而，如果真正的高階靈階只有在特殊的情況下才會這樣做的話，那麼理性讓我們難以相信，無比純潔的靈性會對任何請求作出回應。將毫無意義的通靈訊息歸屬他，至少是一種極大的褻瀆。

出於這些考慮，我們總是避免發表任何署有他名字的東西。我們認為，在處理這類出版物時，無論怎樣謹慎也不過分，因為它們只會引起虛榮心，而且最麻煩的是為靈性主義的反對者提供了武器。

我們曾經說過，靈性在等級制度中的地位越高，我們就越不能輕信帶有其名字的署名。對於某些人來說，要自鳴得意地認為自己享有與這些靈性通靈的特權，認為自己有資格與這些靈性交談，就好像自己也是其地位相當的人一樣，這可是需要極大的傲慢之心的。在以上的通靈訊息中，我們唯一的證據就是其語言和思想具有不可否認的優越性，至於簽署者是否會拒絕承認，我們將留給每一個人自己來評判。

關於靈媒

十

"所有的世間男女都是靈媒。每個人都有一個靈性引導他們走向道德的正途，前提是要聽取靈性的教導。有的人擁有一種特殊的通靈能力，所以能直接與這種靈性交流，有的人則只能通過心靈和思想的內在聲音聽到靈性說話——但這無關緊要，因為給你提出忠告的總是同一個熟悉的靈性。你可以稱之為靈性、理性或智慧；始終會有一個聲音回應你的靈魂，對你說有意義的話語。然而，你並不一定能理解。你們並不都知道如何按照理性的忠告行事，不是那種拖著腳步爬行而不前進的理性；不是那種在物質利益和原始欲望的迷宮中迷失自我的理性，而那種讓人類超越自我的理性，那種把人類帶往未知領域的理性，那種激發藝術家和詩人靈感的聖火，那種鼓舞哲學家的神聖思想，那種使個人和國家都歡欣鼓舞的衝動；那種理性普通人無法理解，卻能振奮世人，勝於其他任何造物，使他們更接近上帝，這種理解引導他們從已知走向未知，使他們能夠做出最崇高的行為。因此，留意那個內在的聲音，那個永遠不會停止對你說話的善靈，你將最終能夠聽到你的守護天使，她會從高處向你伸出她的手。我再重複一遍：與心靈對話的內在聲音是善靈的聲音，從這個角度來看，所有人都是靈媒。"

錢尼

"通靈能力的天賦與世界本身一樣古老。先知是靈媒。希臘神話是在通靈能力的基礎上創造出來的。迦勒底人和亞述人皆有靈媒。蘇格拉底被一個用其哲學的奇妙原理來激勵他的靈性所引導——他能聽到這個靈性的聲音。所有的文化都有自己的靈媒，聖女貞德的啟迪不過是指引她的恩人靈性的聲音。這種天賦在中世紀曾變得極為罕見，但從未完全消失，如今，它得到了很大的發展。

"斯維登堡和他的門徒組建了一個龐大的學校。過去的幾個世紀裡，喜歡嘲諷的法國人傾向於信奉一種哲學，這種哲學想要廢除宗教不容異己的弊端，卻又在愚蠢中扼殺了一切理想的東西，因此法國人不得不拒絕在北方傳播的靈性主義。上帝允許這種積極的思想與唯靈主義思想的鬥爭，因為狂熱已經變成了後者的武器。現在，隨著工業和科學的進步，以唯物主義傾向為主導的精緻生活藝術也應運而生，為此，上帝希望引導人類的思想，使其重新關注靈魂。他希望把有德之人的圓滿

第三十一章：靈性的論述

歷程轉變成其應有的樣子——這是生命的宗旨和目標。人類的靈性遵循著必要的步驟不斷進步前行，就像宇宙中所有可見之物和無形之物都需要經歷的等級層次一樣。所有的進步都會適時而為，即人類已實現了道德提升的時候。它不會在你在世的日子裡完成，但是感謝主，因為你已經見證了那被祝福的黎明。"

皮埃爾·朱蒂（靈媒之父）

十二

"上帝賦予我一項使命，我必須和受通靈使命祝福的信徒一起完成這項使命。他們從上天得到的恩惠越多，面臨的危險就越大，如果他們從上帝賜予他們的恩惠中湧出，這些危險就更大了。靈媒所享有的能力會得到別人的表揚、讚美和奉承——這就是他們的危險所在。這些靈媒，應該永遠記得他們以前的無能，然而，他們卻將此忘諸腦後。更有甚者，他們將獨屬上帝的功德歸於自己。然後，會怎樣呢？善良的靈性會拋棄他們，他們被邪惡的靈性所玩弄，再也不會有指南針為他們指明道路。他們的技巧越熟練，就越能將不屬於自己的功德歸於自己。上帝最終會懲罰他們，剝奪他們的能力，這種能力是致命的。

"我再怎麼提醒你也不過分，你要向你的守護天使求助，這樣她才可能幫助你時刻警惕你最殘忍的敵人——傲慢。請記住這一點，你們有幸成為靈性和人類之間的釋譯者：如果沒有我們神聖主人的支援，你們將受到更嚴厲的懲罰，因為你們得到了更大的恩惠。

"我希望這次通靈是富有成效的，也希望它能幫助靈媒們警惕可能讓他們屈服的陷阱。正如我所說的，傲慢是陷阱。"

聖女貞德

十三

"無論何時，你們想要接受來自善靈的通靈訊息，都需要通過心神的專注、純潔的初衷和為整體進步而修持善行的願望，來為這樣的恩典做好準備。記住，自私自利永遠是進化的絆腳石。記住，如果上帝允許你們中的一些人接受聖子的耳語——他們的行為值得他們有幸理解到無限的神聖的仁善，那是因為上帝接受了我們的請求，並考慮到你們的善意，故而願意賦予你們不斷前進的手段。所以啊，靈媒！要好好利用上帝賦予你們的能力。相信我主的善意。時刻將仁慈付諸行動。永遠不要停止踐行這一崇高的美德或寬容。願你們永遠按照你們的良心行事。這個方法定可以讓你們在現世獲得百倍的幸福，並讓你們為來世做好準備，以迎接千倍的甜蜜。

"願那些認為自己沒有力量堅持靈性主義者教導的靈媒就此放棄，因為如果他們不利用他們身上所現出的光，他們將更有罪惡感，將不得不為自己的盲目而贖罪。"

帕斯卡

十四

"今天,我要你們講的是無欲無求,與謙虛和奉獻一樣,這是靈媒必備的基本品質之一。上帝賦予他們這種能力,是為了讓他們幫助傳播真理,而不是讓他們把這種能力變成一種生意。我並不是指那些想要利用這種能力,就像利用普通能力的人,也不是指那些將自己設定靈媒,就像將自己設定為舞者和歌手一樣的人——而是指所有想要利用通靈能力為自己謀利的人。

"認為善良的靈性——甚至那些譴責貪婪的高階靈性——會同意參加展覽,並將自己當作幫兇,聽候顯靈販子的擺佈,你們覺得這合理嗎?認為善良的靈性會偏袒出於傲慢和野心的初衷,這就更沒有道理了。上帝允許靈性與人類通靈,是為了幫助人類脫離塵世的泥沼,而不是作為滿足人類世俗欲念的工具。因此,上帝不可能關照那些背離神賜天賦真正目的人。我向你們保證,即使在這個世界上,他們也會因最痛苦的失望而受到懲罰。"

德爾菲娜·德·吉拉丁

十五

"所有的靈媒都被無條件地召喚來為靈性主義事業服務,以充分發揮他們的能力。然而,鮮少有人能讓自己不被自以為是所牽累,這幾乎是百試不爽的試金石。靈媒在其通靈能力發展的最初階段——無論其曾經有多麼謙卑——未曾以為自己註定要取得傑出的成就，註定要肩負重大的使命的，百者不過其一，如果有的話。那些屈服於這種虛榮心的人——為數眾多——難免不會被那些想要毫不猶豫地征服他們、激起他們的傲慢、抓住他們弱點的靈性盯上，成為其口中的獵物。他們越想抬高自己，就會顯得越愚蠢，甚至摔下來就越慘。

　　"偉大的使命是託付給從不主動索求的出類拔萃之人的，上帝會為他們提供必要的手段和地位，將他們團結在一起可能取得最大的成就。缺乏經驗的靈媒要時刻保持警醒，因為有的靈性會告訴他們，他們註定要扮演某種自命不凡的角色，對此，靈媒切不可輕信，如果信以為真，那他們在這個世界只會收穫失望，而在另一個世界將會收穫嚴厲的懲罰。

　　"所以，要讓靈媒相信，他們可以在自己所處的溫和而模糊的領域裡提供偉大的服務，說明懷疑者皈依，或給受苦的人以安慰。如果他們註定要從默默無聞中脫穎而出，會有一隻無形的手指引他們，為他們鋪平道路，並將他們推到聚光燈下（暫且這麼說），無論他們是誰。讓他們記住這些話：那些想要自高自大的，必降為卑；那些想要低調謙卑的，必升為高。"

真理之靈

關於靈性主義者聚會

　　下文所列的通靈訊息，有一些是**巴黎靈性主義研究**

第三十一章：靈性的論述

協會獲取的，有一些是寄給該協會的。還有一部分則通過不同的靈媒進行傳播的，其中包含了針對團體及其組織和可能遇到的問題所提出的一般性建議。

十六

"為什麼你們不在會議前念一段通用禱文，這是一種可以讓你們集中注意力的祈禱？"沒有精神上的反思，你們只會收到無聊的通靈訊息。善良的靈性只會出現在熱情和真誠召喚他們的地方，但人類並不是十分清楚這一點。因此，你們要樹立榜樣，如果你們願意，你們可以成為這座新建大廈的棟樑。我們會一直心滿意足地看著你們勞動，為你們提供幫助，但有一個條件，你們也要幫助我們，以證明你們有能力完成你們註定要完成的使命。你們若同心，就必定剛強，邪惡的靈性也不能戰勝你們。上帝愛靈性單純的人，這不是指愚昧無知的人，乃是指那些棄絕自我、坦然無懼的人。你們可以成為人類的燈塔。要學會區分麥子和稗子。只播種麥子，不要撒播稗子，因為後者會阻止前者發芽，你們需要為所有的惡果負責。因此，你們要對傳播錯誤的教義負責。請記住，總有一天，這個世界會仰望你們，所以，你們要堅強起來，這樣就沒有什麼可以阻擋你們努力行善的光芒。這就是為什麼我們建議你們向上帝求助。"

聖·奧古斯丁

當我們問到通用禱文的格式時，聖·奧古斯丁回答說：

"你們知道這是沒有固定格式的。上帝太偉大了，他不會把話語看得比思想更重要。不要以為你們只要說幾句話就能驅逐邪惡的靈性。你們要特別小心，切勿使用那些只為減輕良心負擔而背誦的陳詞濫調。只有懷抱真誠的情感，尤其是一致的初衷，它們才會起作用，凡是不用心的人，不僅自己得不到任何好處，也不會給別人帶來任何好處。如果你們願意，可以寫一段格式，把它交給我。我會幫助你們的。"

下面的通用禱文格式是在這位靈性的幫助下分幾次擬定的：

"我們祈求萬能的上帝派遣善靈來幫助我們遠離那些引誘我們犯錯的靈性。請賜給我們辨別真偽的光明。

"也請讓我們遠離那些可能借由羨慕、傲慢和嫉妒在我們中間散佈不和的邪惡靈性。如果有任何靈性試圖以您的名義出現在這裡，主啊，我們懇求他們自動離去。

"願掌管我們勞動的善靈前來教導我們，使我們服從您的忠告。消除我們內心所有的個人情感，代之以對大眾有益的思想。

"我們特別請求……我們的守護靈性今天能給我們帶來幫助。"

十七

"我的朋友們，讓我給你們一些建議，因為你們正在開拓新的領域，如果你們沿著我們指給你們的道路走下去，你們就不會迷路。我們告訴你們一個真理，希望你們謹記在心：靈性主義是一種道德準則，如果你們要避免陷入單純好奇的泥潭，就不能超越哲學的邊界。把科學問題放在一邊。解決這些問題並非靈性的使命，他們這樣做只是越俎代庖了本該你們自己從事的研究。最重要的是，要努力提升自己，因為這才是真正有助於你們進化的關鍵。"

聖・路易士

十八

"他們嘲笑桌靈轉，但他們永遠不該嘲笑嚴肅通靈所蘊含的哲學、智慧和仁慈。通靈桌只是靈性主義科學的前廳，若要登堂入室，須拋棄過去的先入之見，就像拋棄舊時斗篷一般。我總是不厭其煩地要求你們把你們的通靈桌變成嚴肅的工作中心。讓那些誘導物理顯靈的人隨心所欲，為所欲為。**讓他們去別處看，讓他們去別處聽，但你們之間要互相理解，互相愛護**。當你們讓一張桌子旋轉或升到空中時，你們認為自己在高階靈性眼中會是什麼樣子？幼稚的小學生。學者們會不會把時間浪費在重複科學的基礎知識上？可當他們看到你們對嚴肅的通靈感興趣時，他們就會把你們看作探尋真理的嚴肅的人。"

聖・路易士

我們問聖·路易斯，他說這些是不是在譴責物理顯靈，他回答道：

"我不能譴責這種顯靈現象，因為如果它們發生了，那就是上帝所許可的，是有用的。說它們代表著科學的前廳，我是賦予了它們真正的地位和作用。我反駁的只是那些僅僅為了娛樂和好奇而不聽取其中教義的人。它們對於靈性主義哲學的意義就像語法對文學的意義一樣。任何一個人在一門科學領域達到了一定的程度，都不會再浪費時間去重新研究它的基礎知識。"

十九

"我的朋友和忠實的信徒，我總是很高興能夠引導你們走上正義之路。這是上帝賦予我的一項愉快的使命，我為此而獻身，因為有用永遠是一種獎賞。

"願仁慈的靈性將你們團結起來——給予的仁慈，以及愛的仁慈。對詆毀你們的人要有耐心。要堅持善行，尤其在上帝面前要謙卑。只有謙卑才能讓你們高升，這是唯一得上帝承認的偉大。只有你們保持謙卑，善良的靈性才會回應你們；否則，邪惡的靈性將會控制你們的靈魂。稱頌造物主的名字，你們將獲得人類和上帝的偏愛。"

聖·路易士

二十

"團結使人強大。團結才能強大。靈性主義已經滋長萌芽，深深紮根，而且正成長得枝繁葉茂，濃蔭匝地。面對誹謗的有毒飛鏢，面對無知、自私和虛偽的靈性組成的暗黑方陣，你們必須變得堅不可摧，無懈可擊。要做到這一點，你們要讓相互寬容和仁善在人際關係中佔據主導地位。願你們的缺點被人忽視，只有你們的優點被人看重；願純潔的友誼之火團結起來，照亮並溫暖你們的心靈。然後，你們就能抵禦邪惡的強大攻擊，就像不可動搖的岩石抵禦洶湧的海浪一樣。"

文森特·德·保羅

二十一

"我的朋友們，你們想要組建一個靈性主義者團體，我很贊成，因為靈性不喜歡看到靈媒被孤立。上帝賜予他們崇高的能力，不是為了讓他們自己的使用，而是為了大眾的福祉。讓更多的人參與進來，靈媒才能有成千上百次機會受到啟迪開化，這也是靈媒接收通靈訊息的意義所在，但若是獨自一人，靈媒偏更容易被騙人的靈性所操控，見到一個孤立無援的靈媒會讓這些騙人的靈性暗自竊喜。這就是我留給你們的忠告，如果你們不被傲慢所左右，你們就會理解並從中受益。現在，我們要來談談其他問題。

"你們真的知道什麼是靈性主義者聚會嗎？"不，你們不知道，因為你們一腔熱情地以為，最好的辦法就是召集盡可能多的人來說服他們。別那麼肯定。出席的人越少，效果才越好。要讓懷疑者信服，道德優越性的作用要遠勝於物理顯靈現象。如果你們只是通過現象來吸引他們，他們會出於好奇而來，這些人雖滿心好奇，卻不會相信你們，反而會嘲笑你們的努力。相反，如果你們中間只有值得尊敬的人，即便懷疑者不會馬上改變思想，他們也會尊重你們，而尊重總是能激發信任的。

"要相信，靈性主義會帶來道德變革。願你們的團體成為第一個基督教美德的榜樣，因為在這個自私自利的時代，真正的仁慈應在靈性主義者協會中尋求庇護。我的朋友們，這才是一個靈性主義者團體該有的樣子。以後，我還會給你們提供其他的建議。"

費奈隆

二十二

"你們曾問過，在同一地區設立眾多團體是否有可能引發對靈性主義學說不利的競爭。我的回答是，如果他們真正信奉的是靈性主義學說的基本原理，那他們會把所有的靈性主義者視為手足，而不是對手。對其他團體心懷嫉妒的人，只能說明他們別有用心，說明他們或自私，或虛榮，說明他們缺乏對真理的熱愛。我可以保證，如果你們中間有這樣的人，他們很快就會引起麻煩和分裂。真正的靈性主義以**仁愛和仁慈**為座右銘。除了在修持善行方面可一較高下之外，它不會容忍任何競爭。凡是將這句座右銘寫在自己旗幟上的團體，都可以作為友鄰攜手並進，朋友間的友誼並不會因會各居一處而變得淡漠。如果有人想要讓最好的靈性充當自己的嚮導，就應該通過展示更美好的情感來證明這一點。團體之間可以有競爭，但這種競爭是靈魂崇高的競爭、是自我克制的競爭，是仁善謙卑的競爭。無論誰朝別人扔石頭，都只能證明其受到了惡靈的影響。人與人之間相互表達的情感的本質猶如一塊試金石，通過它，我們可以認識到說明他們的靈性的本性。"

費奈隆

二十三

"靜默和專注是所有嚴肅通靈的必要條件。如果你們的聚會僅僅因為好奇心才具有吸引力的話，那你們永遠不也會接收到這樣的通靈訊息。所以，一定要讓那些好奇之人去別的地方找樂子，因為他們的分心只會帶來麻煩。

"在向靈性提問時，你們要杜絕旁人講話。有時，你們收到的通靈訊息要求你們做出嚴肅的回復，同時也要求你們召喚的靈性做出同樣嚴肅的回答，可如果參與者這時卻在彼此竊竊私語，這就會令靈性感到不悅。這種情況下是不會接收到完整或真正嚴肅的通靈訊息的。而且，正在書寫的靈媒也會因此而分心，這對他們的工作是非常有害的。"

聖·路易士

二十四

　　"我得告訴你們，在你們舉行聚會時，必須遵守一條最重要的規則，即要避免所有的混亂和思想的分歧。這種分歧會讓善良的靈性被邪惡的靈性取而代之，這樣以來，回答你們問題的就變成了邪惡的靈性。相反，在一個由互不相識的參與者所組成的聚會議上，如何才能避免思想上的矛盾和注意力的分散，更有甚者是，如何避免晦澀和嘲弄的冷漠？我希望找到一些有效和可靠的方法。這或許可以從靈媒周圍所擴散的流體的濃度著眼。只有靈媒——尤其是德高望重者——能在聚會上留住善良的靈性，但他們的影響很難驅逐輕浮的靈性可能造成的干擾。你們在通靈訊息的審查方面所做的努力是很出色的。

　　"你們要竭盡所能地對問題，尤其是回答進行深入研究。即使對於懷抱最美好初衷的靈性而言，犯錯也是一件很容易的事情。書寫過程的緩慢、靈性中途偏離其認為已經詳細討論過的主題、靈性的流動性以及他們對於某些傳統形式的漠不關心——有鑒於所有這些原因以及其他的諸多因素，你們切不可輕信你們所接收到的任何內容，凡事都要進行審查，即便是對待真實的通靈訊息，也應如此。"

喬治斯（熟悉的靈性）

二十五

"在大多數時候，你們讓靈性進行通靈的目的是什麼？是否是為了得到精美的散文範本，讓你們可以向熟人炫耀，就像炫耀自己的才華一樣，你們雖然可以把它們珍藏在冊子裡，卻不能讓它們在你的心裡佔有一席之地？你們是否認為我們很榮幸能夠參加你們的聚會，就好像這是一場比賽、一次口若懸河的雄辯，以便你們可以說，這次的會議非常有趣？你們收到了令人羨慕的通靈訊息又怎樣？以為我們想要你們的掌聲嗎？別那麼肯定。我們不打算以這樣或那樣的方式來供你們消遣。就你們而言，你們仍然被好奇心所驅使，仍試圖徒勞地掩蓋事實。而我們的目的是為了讓你們變得更好。

"當我們意識到我們的話語沒有效果，而你們的一切已變成了毫無意義的溢美之辭，我們就會尋找其他更有意願的靈魂。我們會讓位於那些為數不乏且只喜歡誇大其談的靈性。你們奇怪為什麼我們會允許他們使用我們的名字。這對你們又有什麼關係呢？反正又沒有什麼區別。

"所以，你們應當知道，我們不會允許這種事情發生在我們真正關心的人，即不浪費我們時間的人身上。這些人才是我們的最愛，我們會保護他們遠離謊言。如果你們經常被愚弄，那只能怪你們自己。對我們來說，嚴肅的人並不是不苟言笑的人，而是那些被我們的話語所感動的人，是那些認真思考並付諸實踐的人。"（參見第 268 節第 19 問和第 20 問）

馬西利翁

二十六

"靈性主義本身就應當能抵禦挑撥離間和與爭強好勝的靈性，但隨著時間的推移，這些靈性卻在人類身上揮舞著火炬，因為他們嫉妒和平與統一所帶來的幸運。靈性主義者啊！他們可能會滲透到你們的聚會中，而且無疑會試圖在聚會中散佈敵意。但對於那些真正被仁慈所激勵的人們，他們是無能為力的。所以，你們要警醒，要時刻堅守心門，堅守聚會，以防仇敵入侵。

"如果你們努力後仍無力抵禦周圍的邪惡靈性，你們也要知道，是否能阻止他們侵入你們的靈魂，始終取決於你們自己。在你們中間挑撥離間的，只能是邪惡的靈性，因為那些對真正的靈性主義的責任感和理解已上升到最高境界的靈性知道如何以文明的方式行事，他們會展示出更大的耐心、更高貴的品德和更善解人意的情性。有時，善良的靈性會允許這樣的鬥爭，目的是為了讓善良和邪惡的情感得以表達，從而把麥子和稗子區分開來。他們會永遠站在最謙卑、最仁慈的人身側。"

文森特·德·保羅

二十七

"要毫不留情地趕走一切只想提供獨家意見、煽動分裂和孤立的靈性。他們幾乎無一例外都是虛榮平庸的靈性，喜歡去欺騙那些軟弱輕信之人，對其大肆讚揚，只為達到蠱惑對方、控制對方的目的。這些靈性通

第三十一章：靈性的論述

常擁有強烈的權力欲望，他們生前要麼是統治一方的暴君，要麼是霸道蠻橫的家主，死後仍想要對受害者施行暴政。作為一般原則，不要相信那些帶有神秘色彩或怪誕性質的通靈，也不要相信那些有儀式規定和怪異行為的通靈。在這種情況下，我們有合理理由對其表示懷疑。

"從另一方面而言，要記住，任何時候向人類揭示某一真理時，其必定會同時告知所有擁有嚴肅靈媒的嚴肅團體，而非告知某一個靈媒，尤其是那些排除異己的靈媒。心受迷惑的靈媒絕不可能是最好的靈媒。如果一個靈媒只能接收來自某一個特定靈性的通靈訊息——無論這個靈性將自己標榜得多麼高貴——這個靈媒顯然受到了靈性的迷惑。因此，凡是認定自己享有通靈特權或者奉行迷信作法的團體（和靈媒），他們毫無疑問都受到了某種明顯的迷惑，尤其是當佔據支配地位的靈性為自己冠以一個靈性主義者和其他人無比敬畏，未敢絲毫褻瀆的名字時，情況更是如此。

"有一點無可爭辯，就是只要結合理性和邏輯對靈性提供的所有資訊和所有的通靈現象進行檢驗，就不難排除其荒謬和錯誤之處。靈性或許可以蠱惑一個靈媒，可以欺騙一個團體；然而，根據其他團體的嚴格驗證，根據所掌握的知識、各團體領袖的道德權威，以及主要靈媒與進化程度最高的靈性進行的合乎邏輯和真實可信的通靈交流，我們可以快速分辨出由許多虛偽或邪惡靈性進行的假冒狡詐的通靈。"

伊拉斯圖斯（聖保羅的信徒）

凡是想要強迫他人接受自己怪誕的理論思想的靈性，往往有一個顯著的特徵，即自命不凡，仿佛唯有他們自己瞭解靈性，除此之外，旁人皆一無所知。他們採用的策略是避免討論。如果他們看到自己被不可辯駁的邏輯論據徹底擊敗，他們會輕蔑地不予回應，並命令他們的靈媒離開那些不接受其思想的靈性主義者中心。這種孤立對於靈媒而言是最為致命的，因為他們毫無防備地被這些施加迷惑的靈性所玩弄，經常像瞎子一樣跟著這些靈性踏上最有害的迷途。

二十八

　　"假先知不僅有道成肉身的人類，也見於傲慢的靈性，而且後者為數更甚，他們以仁愛和仁慈的假像，在人類解放的事業中播下分裂的種子，阻礙事業的進展，並將其荒謬的理論滲透其中，使其靈媒相信這些理論。為了更好地蠱惑他們想要利用之人，讓他們的理論看上去更有分量，他們會肆無忌憚地套用為世人所尊重景仰的名字，比如被人崇拜的聖徒、耶穌、瑪麗亞，甚至上帝的名字。

　　"這些靈性在團體中播下對抗的種子，迫使團體彼此分裂隔離，相互懷疑妒忌。這就足以揭穿他們的偽裝，因為他們的這種行為正式否定了他們自稱的身份。所以說，只有盲目之人才會聽任自己落入如此明目張膽的圈套當中。

　　"此外，還有許多其他方法可以分辨出這些假先知。他們聲稱自己所屬的靈性等級不僅應當極其優秀，而且應當極其富有邏輯和理性。那麼，通過理性和常識

第三十一章：靈性的論述

的篩子來對他們的理論進行過濾，你就能看到這些理論究竟還剩下些什麼。一個靈性但凡自稱擁有治病救人的起死回春之術，但凡自稱可憑一己之力推行變革，實現不切實際的烏托邦幻想或幼稚可笑的措施，或者但凡其創立的理論有悖於最基本的科學概念，那麼這樣的靈性只能是無知虛偽的靈性。

"反過來，要記住的是，即使真理不能被某些人理解，它也總能被具有良好判斷能力的大眾接受——這是另一個判定標準。如果兩個原則相互矛盾，可以通過找出哪個原則更有共鳴、更具同情心來衡量其內在價值。那麼，接受一種支持者人數與日減少的學說，比另一種支持者人數與日增多的學說更接近真理，這種觀點合乎邏輯嗎？上帝希望真理傳播給每一個人，所以不要將其限制在一個有限的範圍內。他會讓真理出現在不同地方，使光明與黑暗同在。"

伊拉斯圖斯

要確定某個原理是否是真理，最佳可靠的方法就是看它是不是由不同的靈性通過分佈於不同地方且彼此素不相識的靈媒所傳授的；同時，還要看它是不是得到了理性的確認，是不是得到了最多信徒的認可。只有真理才能為一門學說奠定堅實的基礎。一個錯誤的理論很有可能贏得一部分追隨者，但由於它缺乏生命力的基本條件，所以只能轉瞬即逝，難以長久。因此，沒有理由擔心。它會因為自身的錯誤而毀滅自己，也會在邏輯的強大武器面前轟然倒下。

虛構的通靈

有的通靈訊息是如此的荒謬——儘管署名皆是德高望重者——以至於最普通的常識也會暴露出它們的虛偽。有的通靈訊息則將錯誤的原理和正確的原理魚龍混雜，以期誤導眾人，掩人耳目。然而，它們是經不起任何嚴肅的檢驗的。下面可以參考一些案例。

二十九

"對上帝來說，永恆不斷的創造世界是一種永恆的喜悅，因為看到它們的光芒在幸福中變得越來越明亮。上帝眼中既沒有數量，也沒有時間；故數億不多，數百不少。上帝是一位慈父，他的快樂是由所有子民的共同快樂所構成的。在創世紀中的每秒，上帝都會見證一個建立在普遍喜樂之上的新喜樂。在這永恆的運動中，既沒有停止，也沒有中斷，這巨大而持久的喜樂滋養著天地。你們對於地球的瞭解還只是滄海一粟，你們有同胞生活在人類尚未到達的領域。可怕的酷熱和致命的嚴寒有何意義，哪怕它最膽大無畏的人也無能為力？當你們無法使用岌岌可危的資源繼續前進時，你們是否認為這已到達了你們世界的極限？你們能精確地測量你們的星球嗎？不要相信它。在你們的星球上，未知的區域比已知的區域更多。然而，既然繼續宣揚你們的邪惡制度和所有不完美的法律、行為和生活方式是徒勞無益的，那麼就會有一條界線將你們限於某處，拘於在原地，直

第三十一章：靈性的論述

到你們能夠承受你們自由意志所孕育的好種子。不，你們並不知道你們稱之為地球的世界。作這則通靈訊息的證據，在這一世，你們將見證一個偉大的開始；等到時鐘敲響，在那一時刻，必將迎來前所未有的發現。你們將看到你們所知的地球範圍變大，當媒體用各種語言歌唱和撒那時，你們這些熱愛上帝、探尋神聖道路的可憐的孩子們，你們將比那些給新大陸命名的人更早知道這一點。"

文森特·德·保羅

從風格的角度來看，這則通靈訊息是經不起批判的。但凡有一點文化的人，都不難看出其中含糊、囉嗦和錯誤的表達。儘管如此，單憑這些還不能證明它不是出自署名者，因為這些缺點可能是由於靈媒自身能力的不足所造成的，如我們之前指出的。在涉及靈性時，最關鍵的是看思想；因此，當它說在我們的星球上有比已知區域更多的未知區域，即有一個新大陸將被發現時，這正好證明了這個所謂的高階靈性極度的無知。誠然，地球上除了冰凍地區，的確有幾個未知的角落有待發現，但說這些地方有人居住，而且是上帝將其當作世外桃源一樣隱藏起來，以免其沾染其他人類的邪惡制度，這只能說那些接收到荒謬言論的靈是有如盲目才會相信這些話。

三十

我的孩子們，對於我們的物質世界和靈性世界，你們還知之甚少，物質世界和靈性世界就像是一個永恆天平的兩個託盤。到現在，我們的宗教、我們的法律、我們的習俗和我們的激情已經使得天平上的邪惡託盤下沉，善良託盤上升，因為我們已經看到邪惡在統治著地球。幾個世紀以來，人類口中一直唱著同樣的哀歌，他們最後得出了一個致命的結論：上帝是不公正的。有人甚至否認上帝的存在。你們看到，這裡擁有一切，那裡什麼也沒有。你們看到的是多餘之物取代了必需之物，看到的是金子的光芒被粘土所掩蓋——這種最令人震驚的對比恰恰證明了你們本質的雙重性。這是怎麼來的呢？這是誰的錯？這是你們必須冷靜和公正地回答的問題。只要真心誠意地尋方良求，人們定能找到解藥。儘管由於你們自己的錯誤造成了邪惡對善良的支配，那為什麼你們沒有看到其他的一切都在遵循上帝的指引平穩前進呢？難道你們見過季節更替的無序？冷熱毫無章法地相互碰撞？太陽的光芒忘記普照大地？土地遺漏了播種者在那裡撒下的種子？從藥草的萌芽，到孩子，即未來人類的誕生，難道你們見過那些在你們眼前發生並延續了千年之久奇跡的終結？

　　"然而，如果一切美好都在上帝這邊，那麼一切邪惡都在人類這邊。怎樣才能補救呢？很簡單：靠近上帝。彼此相愛，彼此團結，彼此相知，心平氣和地沿著那條只有靠信仰和良心才能看見路標的道路前行。"

文森特·德·保羅

　　　　這一則和上一則通靈訊息都是在同一個圈子裡接收到的——但兩者簡直是天壤之別！——不僅在於理念，也在於風格。這其中所有的觀點都是公正、深刻和明智的，聖文森特·德·保羅當然不會否認這一點。所以，我們可以放心地將此歸屬于聖文森特・德・保羅本人。

三十一

"前進，孩子們；集結你們的隊伍！這意味著團結會讓你們更強大。你們這些為宏偉大廈奠定基礎的人，觀察和勞動是為了加固你們的基礎，這樣你們才能築起高樓，建起真正的摩天大廈！整個世界取了得巨大的進步；無數的皈依者聚集在我們的旗幟之下。許多懷疑論者，甚至是最堅定的懷疑論者也在靠近。

"前進，孩子們；昂首闊步，滿懷信心。你們要走的路是美好的；不要放慢腳步。要永遠沿著正直之路前行，指導身後的人。他們必會幸福，非常幸福！

"前進，孩子們！你們不需要憑藉刺刀的力量來支持你們的事業——你們需要的只有信仰。信念、博愛和團結是你們的武器。有了它們，你們將變得強大，比宇宙中所有的君主加起來還要強大，哪怕他們有軍隊、艦隊、大炮和子彈！

"你們這些為民眾的自由和人類大家庭的復興而戰的人們，前進吧，孩子們；鼓起勇氣，堅持下去。上帝會幫助你們的。晚安，各位。回頭見。

拿破崙

拿破崙在世時是個嚴肅認真的人，很少有人能與他相比。大家都知道他簡潔扼要的風格。難道他死後會退變得囉嗦和嘮叨？這則通靈訊息有可能來自一個自稱拿破崙的士兵。

三十二

"不,一個人不會改變自己的宗教,如果他沒有一種宗教既符合常識,又充滿智慧,而且最重要的是,可以給現世的人類以慰藉。不,一個人不會改變自己的宗教;相反,一個人會從軟弱無能和喜歡支配墮落到智慧和自由。前進吧,我們的小分隊!前進,不要害怕敵人的子彈,那些可以殺死你們的子彈尚未成型——只要你們從內心深處沿著我主的道路前行,也就是說,只要你們一直和平為你們的幸福和自由而戰,就一定能取得勝利。"

文森特·德·保羅

看到這樣的語言,看到這樣混亂而毫無意義的思想,誰能認出這是出自聖文森特·德·保羅呢?這句話是什麼意思:"不,一個人不會改變自己的宗教;相反,一個人會從軟弱無能和喜歡支配墮落到智慧和自由"?根據"子彈尚未成型"的說法,我們高度懷疑這就是上面署名為"拿破崙"的那個靈性。

三十三

"追隨我信仰的孩子們,信奉我教義的基督徒們,被唯物主義哲學的自私浪潮所遺忘,跟隨我沿著猶太之路,追隨我生命的激情,現在凝視我的敵人,看看我的苦難、我受的折磨和我為信仰所流的血。

"靈性主義者,信奉我新教義的孩子們,你們已經準備好去扶助支持,去迎接逆境的浪潮,去面對敵人的諷刺。信仰前行，永不停息；去追隨你們的那顆星吧，它會帶你們走上永恆幸福的道路，就像它會帶著東方的國王來到馬槽前一樣。無論你們可能面對的敵人是誰，無論你們可能受到的懲罰是什麼，即使你們要將眼淚灑落在這個被放逐的世界，也一定要振作起來，要說服自己，你們將在靈性世界中享受到的幸福，將遠遠超過你們在短暫的塵世所經歷的痛苦。

"淚水之穀必將消失，它將讓位給喜樂、友愛和團體的光輝居所，只要服從神聖的啟示，你們就能到達那裡。我親愛的同胞們，在這個星球上的生命只是一個前序，它所持續的時間不會超過為永不逝去的生命做好充分準備所需的時間。彼此相愛吧；同胞們，你們要彼此相愛，像我愛你們一樣！我祝福你們。我在天堂等著你們。"

耶穌

"在這些人類思想難以觸及的光輝燦爛的地方，你我話語的回聲觸及到了我的心靈。

"哦！當我看到你們，我教義的傳承者，我感到無比的喜悅。不，什麼也比不上你們美好思想的見證！我的孩子們，你們已經看到了我很久以前傳授給這個世間的重生思想，在暴君的壓力下，它曾受到過一時的迫害和拘禁，但現在，它已毫無障礙地永往直前，為在黑暗中沉淪良久的人類照亮前行的道路。

"我的孩子們，每一次偉大而無私的犧牲遲早都會結出果實。我的殉道證明了這一點；我為我的教義而流的血將拯救人類，並抹去罪魁禍首的罪孽！

"你們是有福的，今天，你們在重生的大家庭中享有你們的位置！鼓起勇氣來，我的孩子們！"

耶穌

顯然，這兩則通靈訊息並沒有什麼不好的地方，但基督何曾使用過如此這般矯揉造作、過份用力、誇大其詞的語言呢？如果將兩者與我們之前收錄的擁有相同署名的通靈訊息進行比較，就不難看出哪個具有真實性。

所有這些虛假的通靈訊息都是在同一個圈子裡接收到的。這種風格會讓人產生一種熟悉的感覺，類似短語的轉換，以及相同表達方式的頻繁重複，例如："前進，前進，我的孩子們"等等，從中我們可以得出結論，同一個靈性打著不同的名號支配著他們所有人。這個圈子裡的人雖然很有良知，但有點太過輕信別人，所以沒有人去召喚或提出問題；他們都在等待自發的通靈。由此，我們可以看出，這種方法並不能確保靈性身份的真實性。通過既苛刻又合乎邏輯的問題，才能很容易地對靈性的地位做出辨識。不過，這個靈性知道沒有什麼好怕的，因為沒有人問他任何問題，這些人只會閉著眼睛全盤接受他所說的每一句話。（參見第 269 節）

三十四

"大自然多美啊！上天是多麼的深謀遠慮啊！但是，你們的盲目，你們的人類激情，使你們無法在上帝的審慎和仁善中獲得耐心。你們對問題的抱怨多一點，你們的計畫就會延遲一點。所以，缺乏耐心的優柔寡斷者們，請相信，任何事情的發生都有其可預見的原因，都是為了所有人的利益。你們這些偽善而膽小的人哪，這樣的遲延只是為了要將你們對欠收之年的預測化為烏有。

上帝激發人們對未來的關心，以便引導他們擁有遠見。看看你們有多少的資源來解決你們故意引起的恐懼，這些恐懼隱含的是最熱切的意圖，而不是因對貧苦之人的善意所激發的審慎。看看國與國之間的關係；看看需要完成的多少交易，需要花費多少資源才能消除你們的恐懼！因為你們知道，萬事萬物皆有關聯——無論高低尊卑，皆要共同勞作。

那麼，你們難道沒看到這場運動為美國最辛苦的勞動階級帶來了某種福祉嗎？你們這些地球上無所不能的人，把這個真正有趣的階級看作是你們可以隨心所欲塑造的人，看成是只為滿足你們個人私慾而創造出來的人。

那麼，從一個極端走向另一個極端，在這一切之後會發生什麼？往往是在我們剛好衣食無憂時，天氣就會發生變化。太陽，遵從其創造者的設計，只需數日，就能讓你們的莊稼成熟。上帝讓富庶放在你們的貪婪所以為的匱乏之地，儘管如此，小人物還是能夠生活下去。你們甚至連懷疑都未曾有過，就已在不知不覺中成為了富足時代的原因。

儘管如此，事實也是如此——上帝有時會允許

——惡人的貪婪計畫得逞。然而，這是上帝希望給每個人的教導。他要激發的是人類的遠見。這是支配自然界的無限規律，人們只有效仿它，才能勇敢地面對各種事件，才能夠逆來順受地忍受它們。

　　至於那些蓄意利用災難的人，相信我，他們將受到懲罰。上帝希望萬物都能生存。人類不應干涉必需之物，也不應交易多餘之物。只是給我們的忘恩負義者乙太過美好的神聖恩惠和神聖仁慈，而上帝的安排是常人無法參透的。

　　　　博蘇特。阿爾弗雷德‧德‧馬里亞克

　　　這則通靈訊息肯定沒什麼不好的內容。它包含了同樣深刻的哲學思想和非常審慎的建議，而這些思想和建議，就靈性的身份而言，可能會欺騙到那些對文學不甚精通的人。接收到這則通靈訊息的人把它交給了巴黎靈性主義者協會，協會的人一致認為這則通靈訊息不可能出自博蘇特。在被問及此事時，聖‧路易士回應道：

　　"這則通靈訊息本身是好的，但不要相信它是博蘇特口授的。這是一個靈性書寫的，也許是在博蘇特的啟發下書寫的，然後簽上了這位大主教的名字，以便世人接受。但是，根據它的語言，你們必須認識到這是代書的。它來自一個名氣不如博蘇特的靈性。"

　　　在被問及這樣做的動機時，這位靈性說：

　　"我很想寫點什麼，好讓後人記住。但我深知自己不夠份量，所以想假借偉人之名的聲望。"

　　　"但是，你難道沒想過我們會發現那並不是出自博蘇特的？"

第三十一章：靈性的論述

"誰知道真的會發生什麼呢？你們有可能會被騙到。其他不那麼開明的人也會接受的。"

事實上，有些人很容易輕信一切來自於無形世界且打著偉人旗號的東西，這正是激勵騙人的靈性的動力。我們必須集中所有的注意力來揭露這些靈性的詭計，但我們只有通過認真的學習以積累經驗才能做到這一點。這就是為什麼我們要不斷重申：學習先於實踐，因為這是你們避免以自身為代價獲取經驗的唯一途徑。

∎∎∎

第三十二章：
靈性主義者術語表

agénère（法語）；**agenerate**（英語）；**阿格納雷斯（自發幻影）**：源自希臘語，privative、a 和 géiné、geinomai，使產生；非引起的。各種可觸摸幽靈。一種靈性狀態，即靈性可暫時以活人的形式出現，以至產生一種完全的幻覺。

erraticité（法語）；**interregnal state**（英語）；**間世狀態**：間世靈性的狀態，即未道成肉身的靈性處於連續兩世的間隔中。

esprit（法語）；**spirit**（英語）；**靈性**：在靈性主義學說中具有專門的含義：靈性是起源於創世紀的智慧生命，他們居住在物質世界之外的宇宙，構成了無形世界。靈性不是獨立的，也不是特別創造出來的，而是曾經生活在地球或其他星球上的人類的靈魂，這些靈魂已經褪去了自身的物質皮囊。

esprit frappeur（法語）；**poltergeist**（英語）；**叩擊者**：某種靈性的特性。叩擊靈性是指通過叩擊聲和各種噪音來顯示其存在的靈性。

médianimique（法語）；**medianimic**（英語）；**通靈**：靈媒所具有的特殊能力。通靈能力。

médianimité（法語）；**medianimity**（英語）；**通靈能力**：（參見 **médiumnité** / **mediumship** / 通靈力）

médium（法語）；medium（英語）；靈媒：（源自拉丁語，medium，中間、仲介）。能在靈性和化身之間充當仲介的人。

médiumat（法語）；mediumat（英語）；靈媒使命：靈媒的天賜使命。這個詞是靈性創造的。（參見第三十一章第十二則通靈訊息）

médiumnité（法語）；mediumship（英語）；通靈力：靈媒的能力。通靈能力的同義詞。這些詞經常交替使用；如果非要做出區分，可以說"通靈能力"具有更為廣泛的含義，而"通靈力"具有相對局限的含義：某人擁有通靈能力的天賦。機械型通靈力。

périsprit（法語）；perispirit（英語）；靈性包：（源自希臘語，péri，環繞）。靈性的半物質皮囊。在化身中，它充當著靈性與物質之間的紐帶或仲介。在游離的靈性中，它包含了靈性的流體。

pneumatographie（法語）；pneumatography（英語）；憑空描記法：（源自希臘語，pneuma，空氣、氣息、風、靈性；和 graphô，書寫）。靈性不借助靈媒之手直接書寫。

pneumatophonie（法語）；pneumatophony（英語）；憑空傳音法：（來自希臘語，pneuma 和 phoné，聲響或聲音）。靈性的聲音，靈性不借助靈媒的聲音進行的口頭交流。

**psychographe（法語）；psychographer（英語）；借物

描記者：（來自希臘語，psukê，蝴蝶、靈魂；和 graphô，我書寫）。進行借物描記的人；書寫型靈媒。

psychographie（法語）；psychography（英語）；借物描記法： 靈性借助靈媒之手進行書寫。

psychophonie（法語）；psychophony（英語）；借物傳音法： 靈性通過傳語型靈媒的聲音進行交流。

réincarnation（法語）；reincarnation（英語）；輪回轉世： 靈性重新回歸肉體生命；多生多世。

sématologie（法語）；sematology（英語）；符號學：（源自希臘語，semâ，符號；和 logos，單詞）。符號語言。靈性通過惰性物體的運動進行交流。

Spirite/Spiritiste（法語）；Spiritist（英語）；靈性主義者/靈性主義的： 任何與靈性主義有關的東西；信奉靈性主義的人；相信顯靈現象的人。善意的靈性主義者、惡意的靈性主義者；靈性主義學說。

Spiritisme（法語）；Spiritism（英語）；靈性主義： 以相信靈性的存在及其顯靈現象為基礎所創立的學說。

Spiritualisme（法語）；Spiritualism（英語）；唯靈主義： 與唯物主義的含義相反；相信靈性的和非物質的靈魂的存在。唯靈主義是一切宗教的基礎。

Spiritualiste（法語）；Spiritualist（英語）；唯靈主義者/唯靈主義的： 與唯靈主義有關的東西；信奉唯靈主義的人。任何人，只要相信我們不只是由物質構成的，都屬於唯靈主義者，這絕對不意味著必須要相信顯靈現象。

每個靈性主義者一定都是唯靈主義者，但唯靈主義者不一定是靈性主義者。唯物主義者則兩者都不是。有人可能會說：唯靈主義哲學；基於唯靈主義思想的著作；顯靈現象是由靈性對物質的作用而產生的；靈性主義者的道德來自靈性的教導。有些唯靈主義者會嘲笑靈性主義者的信仰。在這種情況下，使用"唯靈主義者"一詞代替"靈性主義者"會產生明顯的混淆。

stéréotite（法語）；tangible apparitions（英語）；實體性：（源自希臘語，stéréos，實體的）。可觸摸幽靈的特性。

typteur（法語）；typter（英語）；拼寫力：（源自希臘語，tuptô，我敲擊）。善於通過拼寫法進行通靈的靈媒的特性。拼寫型靈媒。

typtologie（法語）；typtology（英語）；拼寫法：借助叩擊聲進行通靈；靈性進行交流的一種方式。字母拼寫法。

∎∎∎

www.ingramcontent.com/pod-product-compliance
Lightning Source LLC
Chambersburg PA
CBHW060311230426
43663CB00009B/1665